국가
공인

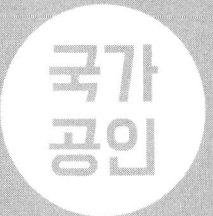

네트워크 관리사
완벽 대비서

TCP/IP 네트워크

하기종 지음

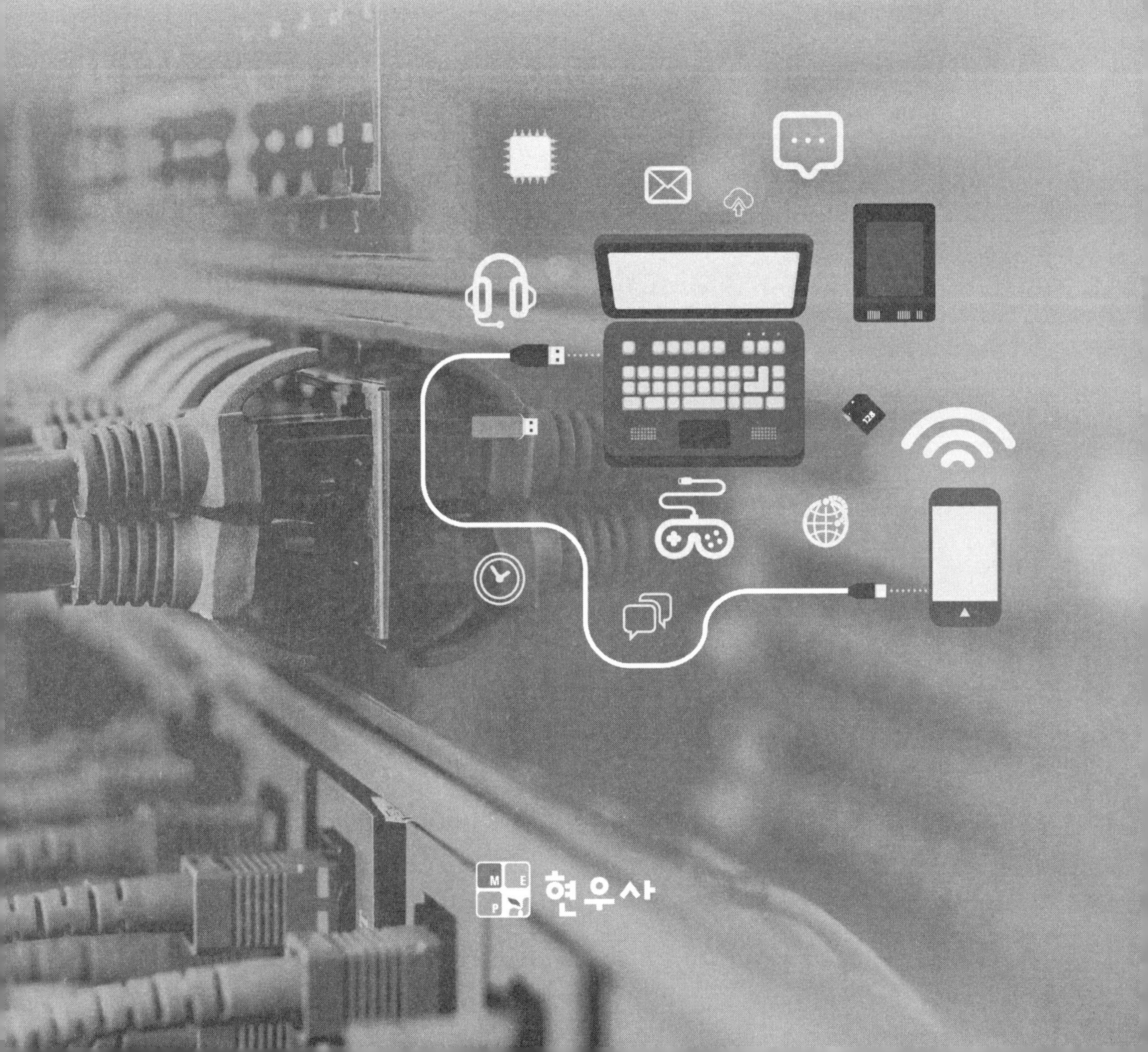

현우사

머리말

 정보통신의 시대적 변화는 유선을 사용하는 고정통신기기로부터 무선을 사용하는 이동통신기기에 의한 서비스로 발전되면서 우리의 실생활에도 많은 변화를 가져왔다. 현재는 스마트폰, 사물인터넷(IoT), 클라우드(Cloud), 빅 데이터(Big Data), 인공지능(AI) 등의 기술들이 개발되어 상호융합 형태로 발전됨에 따라 제4차 산업혁명의 시대를 맞게 되었다. 이와 같이 제4차 산업혁명 시대에 가장 중요한 기본적인 인프라는 정보의 원활한 소통을 담당하는 네트워크라 할 수 있다. 지금은 인터넷이 보편화되어 전공자 외에도 네트워크에 대한 일반인의 관심이 높아졌을 뿐만 아니라 네트워크를 기반으로 컴퓨터나 스마트폰을 이용한 상호간의 정보교환에 대한 관심도 높아졌다. 따라서 저자는 인터넷상에서 상호 정보소통의 역할을 담당하는 표준 통신규약(Protocol)인 TCP/IP와 네트워크에 대한 책을 집필하면서 TCP/IP를 처음 배우는 독자뿐 아니라 독학으로 네트워크 관련 자격시험을 대비하는 일반인들도 본서를 이용하여 쉽게 내용을 정리할 수 있도록 구성하였다.

 이 책은 인터넷의 표준 프로토콜인 TCP/IP의 기초이론과 네트워크 관련 자격시험을 대비한 내용을 수록한 입문서로 1~5장에서는 TCP/IP 개요, TCP/IP 주소의 종류, IP 주소, 서브넷 및 IPv6 주소에 대해 다루고, 6~9장에서는 TCP/IP 계층 프로토콜, 라우팅 프로토콜, 응용계층 프로토콜 및 기타 프로토콜에 대해 소개한다. 마지막으로 10장과 11장에서는 사물인터넷을 대비한 유무선 홈 네트워크 기술들을 다룬다.

 저자는 본서에 네트워크 분야 중 TCP/IP에 대한 기본적인 필수내용과 네트워크관리사 자격시험에 출제된 다년간의 기출문제들을 각 장별 마다 수록하여 자격시험에 완벽히 대비할 수 있도록 구성하였다. 앞으로도 개정되는 자격시험 출제 범위 및 경향에 따라 지속적으로 개정 및 보완하여 모든 분들로부터 사랑 받는 귀중한 책이 될 수 있도록 최선을 다할 것이다. 아울러 이 책을 통해 TCP/IP 분야를 이해하고 자격시험을 대비하는데 많은 도움이 될 수 있기를 바란다. 그리고 본서가 출판될 수 있도록 특별한 관심을 가지고 협조와 도움을 주신 도서출판 현우사의 사장님과 관계자 여러분께 깊이 감사드린다.

저자 씀

목차

Part 1 TCP/IP 일반

Chapter 01 TCP/IP 개요   12
- 제1절 TCP/IP의 정의   12
- 제2절 OSI 7-계층   13
- 제3절 TCP/IP 4-계층   32
- 제4절 LAN 계층   35
  - 용어정리   40
  - 연습문제   42

Chapter 02 TCP/IP 주소의 종류   64
- 제1절 TCP/IP에서 사용하는 주소의 종류   64
- 제2절 컴퓨터 식별 주소   65
- 제3절 서비스 및 프로토콜 식별 주소   69
- 제4절 컴퓨터 내부자원 식별 주소   72
- 제5절 명령어 정리   75
  - 연습문제   82

Chapter 03 IP 주소   96
- 제1절 IP 주소의 종류 및 정의   96
- 제2절 IP 주소의 구조   98
- 제3절 IP 주소의 유형   99
- 제4절 특수 IP 주소와 사설 IP 주소   105
- 제5절 IP 주소 배정 및 관리 기관   106
- 제6절 IPv4 헤더 구성   107
  - 연습문제   111

Chapter 04 서브넷(Subnet)   132
- 제1절 서브넷팅(Subneting)   132
- 제2절 넷 마스크(Netmask)   133
- 제3절 서브넷 마스크(Subnet Mask)   134

CONTENTS

제4절	서브넷팅 실무	136
제5절	클래스별 서브넷 수와 호스트 수	144
제6절	슈퍼네팅(Superneting)	146
	연습문제	150

Chapter 05 IPv6 주소   162

제1절	IPv6의 탄생배경 및 정의	162
제2절	IPv4와 공통점 및 차이점	163
제3절	IPv4와 주소표기 차이점	165
제4절	네트워크 ID의 분류	167
제5절	주소 표기법	168
제6절	상용주소 접두사	175
제7절	주소의 구조	177
제8절	IPv6 헤더의 형식	181
제9절	IPsec	187
	연습문제	188

Part 2 TCP/IP 관련 프로토콜

Chapter 06 TCP/IP 계층 프로토콜   198

제1절	TCP와 UDP 개념	198
제2절	TCP	202
제3절	UDP	214
제4절	ICMP	216
제5절	IP	222
제6절	ARP	224
제7절	RARP	229
	용어정리	230
	연습문제	231

CONTENTS

Chapter 07 라우팅 프로토콜 274
- 제1절 라우팅의 개요 274
- 제2절 라우티드 프로토콜 278
- 제3절 라우팅 프로토콜 281
- 제4절 라우팅 프로토콜의 분류 287
  - 용어정리 293
  - 연습문제 296

Chapter 08 응용계층 프로토콜 310
- 제1절 텔넷(telnet) 310
- 제2절 FTP와 TFTP 311
- 제3절 SSH 315
- 제4절 HTTP 317
- 제5절 SMTP와 POP, IMAP 319
- 제6절 DNS와 DDNS 321
- 제7절 SNMP 324
- 제8절 BOOTP와 DHCP 327
  - 용어정리 328
  - 연습문제 331

Chapter 09 기타 프로토콜 366
- 제1절 RTP 366
- 제2절 PPTP 369
- 제3절 CSLIP 371
- 제4절 NWLink 372
- 제5절 AppleTalk 373
- 제6절 WINS 375
- 제7절 NAT 376
  - 연습문제 379

Part 3 홈 네트워크

Chapter 10 유선 홈 네트워크   386
- 제1절 홈 네트워크의 개요   386
- 제2절 홈 PNA   394
- 제3절 IEEE 1394   398
- 제4절 USB   400
- 제5절 전력선통신(PLC)   403
- 제6절 이더넷(Ethernet)   406
- 연습문제   410

Chapter 11 무선 홈 네트워크   418
- 제1절 블루투스(Bluetooth)   418
- 제2절 적외선통신(IrDA)   423
- 제3절 무선랜(WLAN)   424
- 제4절 지그비(ZigBee)   430
- 제5절 초광대역(UWB)   433
- 제6절 홈 RF   438
- 제7절 무선 1394   439
- 용어정리   440
- 연습문제   441

찾아보기   448

Part 1

TCP/IP 일반

Chapter 01 TCP/IP 개요
Chapter 02 TCP/IP 주소의 종류
Chapter 03 IP 주소
Chapter 04 서브넷(Subnet)
Chapter 05 IPv6 주소

Chapter **01**

TCP/IP 개요

1 TCP/IP의 정의
2 OSI 7-계층
3 TCP/IP 4-계층
4 LAN 계층
5 용어 정리

CHAPTER 01 TCP/IP 개요

제1절 TCP/IP의 정의

1 TCP/IP 용어정리

(1) TCP
  ① Transmission Control Protocol의 약어
  ② 전송제어 프로토콜

(2) IP
  ① Internet Protocol 의 약어
  ② 인터넷 프로토콜

2 TCP/IP란?

(1) 다양한 형태의 네트워크상에서 서로 다른 시스템들 사이의 데이터 교환을 가능하게 해주는 프로토콜
(2) 인터넷에서 정보전송을 위한 표준 프로토콜
(3) OSI(Open System Interconnection : 개방형 시스템 상호접속) 7-계층을 축소하여 만든 프로토콜

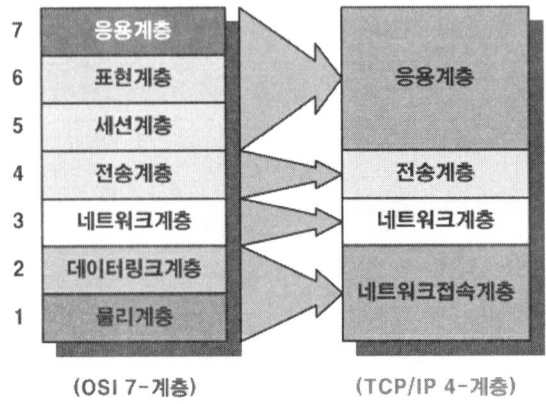

그림 1.1 OSI 7-계층과 TCP/IP의 계층 관계

제2절 OSI 7-계층

1 프로토콜의 개념

(1) 프로토콜의 원어
① 외교에서 파생된 언어
② 국가 사이에 교류를 원활히 하기 위해 정한 약속

(2) 통신 분야에서의 정의
서로 다른 시스템 간에 통신을 원활하게 하기 위한 통신규약

(3) 프로토콜의 기본구성 요소
① 구문(syntax) : 데이터 형식, 코딩(coding), 신호크기 등을 규정
② 의미(semantics) : 전송 및 오류처리를 위한 제어정보를 규정
③ 순서(timing) : 속도 조정과 순서 관리를 규정

2 프로토콜의 발전단계

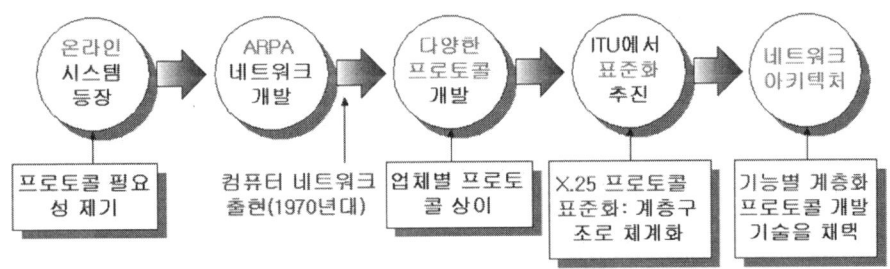

그림 1.2 프로토콜의 발전단계

3 네트워크 아키텍처

(1) 네트워크 아키텍처(Network Architecture)란?
① 분산처리를 효율적으로 수행하기 위한 구조
② 컴퓨터나 단말기와 같은 하드웨어 및 소프트웨어의 각종 기능 및 담당 역할을 계층(layer)적으로 체계화

(2) 네트워크 아키텍처의 제품
① 대표적인 네트워크 아키텍처 : 표 1.1
② 서로 다른 네트워크 아키텍처의 제품을 사용하는 시스템을 연결할 경우 호환성 결

여 문제가 발생

표 1.1 대표적인 네트워크 아키텍처

제품명	의미	발표일자	개발업체
SNA	System Network Architecture	1974. 09	IBM
DNA	Digital Network Architecture	1975. 04	DEC
BNA	Burroughs Network Architecture	1976. 06	Burroughs
DCA	Distributed Communication Architecture	1976. 11	UNIVAC
NSA	Advanced Network System Architecture	1976. 12	도시바
DSE	Distributed System Environment	1977. 02	하니웰

(3) 표준 컴퓨터 네트워크
① 1978년, 국제표준화기구(ISO와 ITU)에서 표준 컴퓨터 네트워크 개발
② 개방형 시스템간의 상호접속(OSI)
③ OSI란?
  규정된 표준안을 따르면 어떤 시스템과도 통신이 가능함을 의미

(4) 표준 프로토콜의 필요성

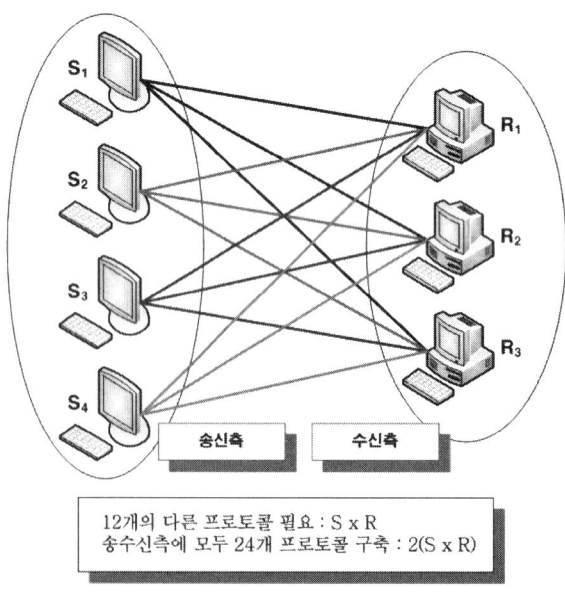

12개의 다른 프로토콜 필요 : S x R
송수신측에 모두 24개 프로토콜 구축 : 2(S x R)

그림 1.3 비표준화인 경우의 네트워크

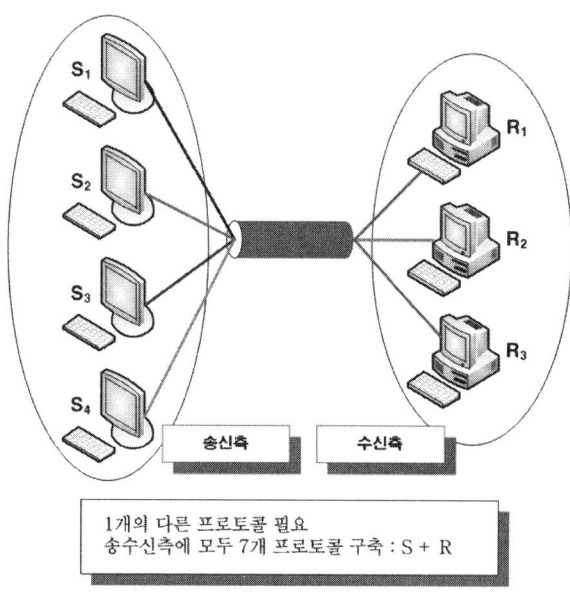

그림 1.4 표준화인 경우의 네트워크

① 비표준화 네트워크의 경우 그림 1.3과 같이 송수신 간에 통신을 위하여 12개의 다른 프로토콜이 필요하고, 송수신 측에 모두 24개의 프로토콜 설치가 필요
② 표준화 네트워크의 경우 그림 1.4와 같이 송수신 간에 통신을 위하여 한 종류의 프로토콜만 필요하고, 송수신 측에 모두 7개의 프로토콜 설치가 필요

4 OSI의 7-계층 참조 모델

(1) OSI 참조모델(RM: Reference Model)이란?

① 네트워크를 처리하는 일(통신기능)을 분업화(계층화)
서로 다른 시스템에서 동작하는 프로세스 사이에 정보전송을 위해 통신기능을 7-계층(layer)으로 분할하여 모델화한 것

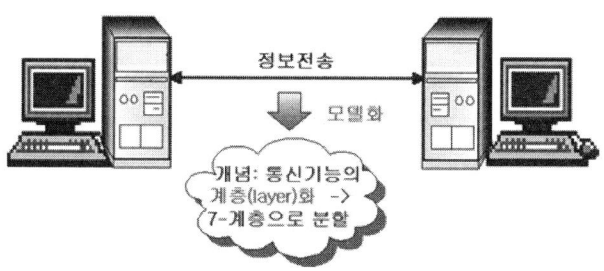

그림 1.5 OSI 참조모델의 정의

② ISO와 CCITT에서 공동으로 표준화
  ⓐ 1977년, 컴퓨터 제조업체의 주축으로 구성된 ISO에서 시작
  ⓑ 1978년, 통신사업자 주축으로 구성된 CCITT에서 착수
  ⓒ 1981년, 일본 교토회의에서 OSI 표준화 공동진행에 합의

(2) OSI 7-계층의 탄생 배경
① 국제표준화기구인 ISO에서 업체별 통신장비의 다양한 프로필에 대한 호환성이 제기됨
② 그 결과로 OSI 7-계층 참조모델을 발표

그림 1.6 OSI 7-계층의 탄생 배경

(3) OSI 7-계층의 목적
① 업체별 다양한 통신장비들의 호환성을 위해 표준화를 추진
② 최종적으로 표준화에 따른 비용을 절감

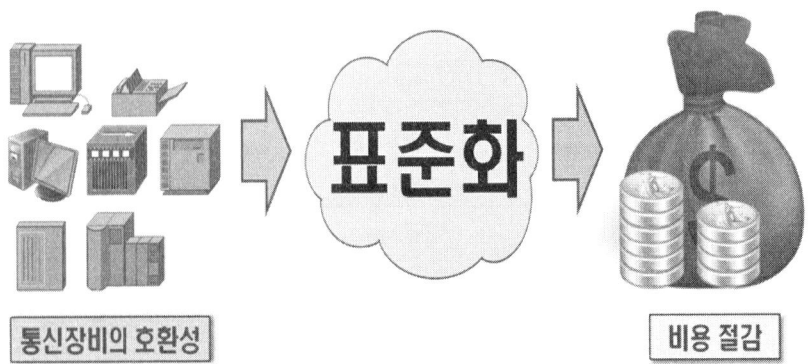

그림 1.7 OSI 7-계층의 목적

(4) 계층 구조의 개요
  ① 계층
    ⓐ 개방 시스템(open system)을 논리적으로 여러 개의 서브시스템으로 구성하여 순서를 부여한 것
    ⓑ 인터페이스와 프로토콜의 정의
      - 인터페이스(interface) : 상위계층과 하위계층 간의 연결 기능
      - 프로토콜 : 개방시스템간의 통신에서 상호 동일한 위치에 있는 계층과 통신 기능

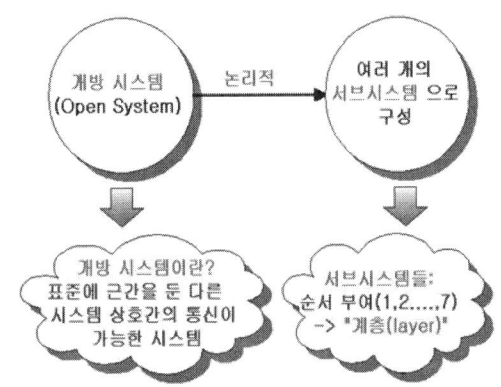

그림 1.8   개방시스템과 계층

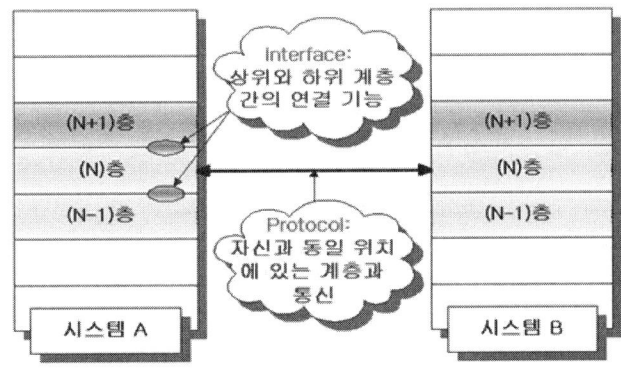

그림 1.9   인터페이스와 프로토콜

  ② 개체(entity)
    ⓐ 개체란?
      - 시스템에서 각 계층의 일을 수행하는 기능 모듈의 실체

→ 흐름제어, 데이터 변형, 시퀀스(sequence) 등의 기능을 포함
- 각 계층에는 복수개의 개체가 존재
ⓑ N-개체가 수행하는 행동 : "N-기능"
③ 서비스(service)
ⓐ 서비스란?
각 계층이 자신의 상위 계층에 제공하는 역할
ⓑ N-계층이 (N+1)-계층에 서비스를 제공하는 것 : "N-서비스"
④ 서비스 액세스 점(SAP : Service Access Point)
ⓐ SAP란?
(N+1)-계층이 N-계층의 서비스를 제공받는 점
ⓑ N-SAP : N-계층과 (N+1)-계층 사이의 논리적 인터페이스

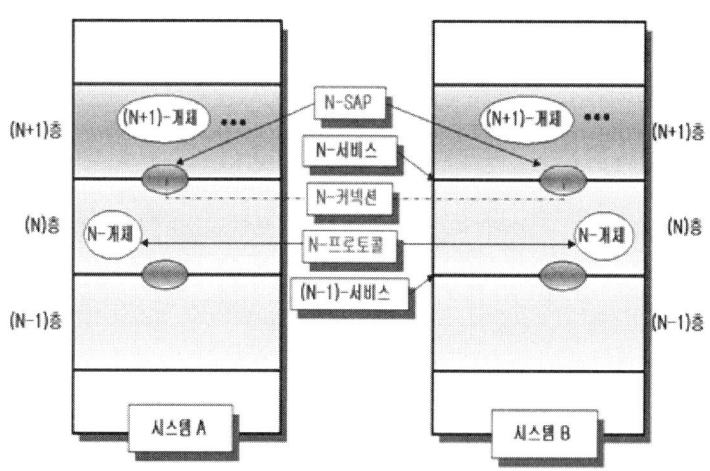

그림 1.10 서비스, 서비스 액세스 점(SAP), 프로토콜 및 커넥션의 정의

⑤ 프로토콜(protocol)
ⓐ 프로토콜이란?
서로 다른 개방시스템에 존재하는 N-개체 사이 통신 : N-프로토콜
ⓑ N-프로토콜 : N-기능(개체)의 수행과정 및 방법 등을 기술
⑥ 커넥션(connection)
ⓐ 커넥션이란?
각 (N+1)-개체가 액세스하는 N-SAP를 서로 연결하는 통신로 : N층에 의해 제공
ⓑ N-커넥션 : (N+1)-개체 사이의 결합관계를 나타냄

(5) OSI 7-계층의 구조

① OSI 개발 과정

　ⓐ 개발 기간 : 6년 이상

　ⓑ 개발 완성 : 1983년, 국제 네트워크 표준(X.200)

② 개발 목적

　전 세계적으로 서로 다른 네트워크들을 상호연결하기 위해 만들어 졌음

③ OSI 7-계층의 구조

　- 하위계층 : 1~3계층(물리계층, 데이터링크계층, 네트워크계층)으로 구성, 통신기기와 통신 패스를 설정 및 유지하기 위한 규정

　- 상위계층 : 4~7계층(전송계층, 세션계층, 표현계층, 응용계층)으로 구성, 통신기기 상호간에 하위계층의 통신 패스를 이용하여 정보를 교환하기 위한 규정

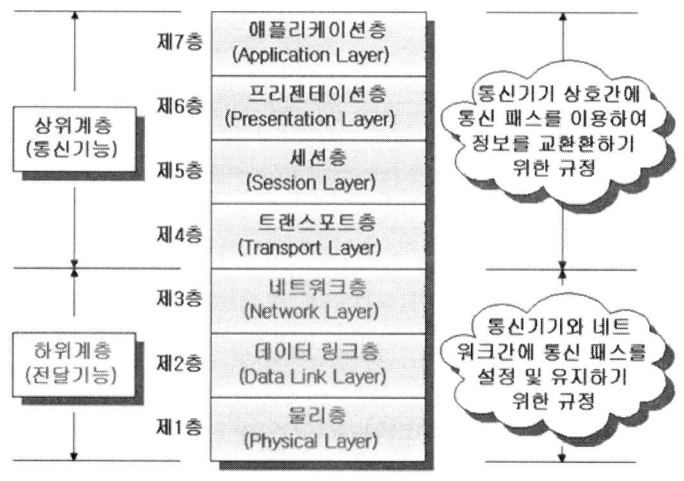

그림 1.11　OSI 7-계층의 구조

(6) OSI의 데이터 전달 과정

① 송신측

　ⓐ 응용계층에서 발생된 데이터 : 하위계층으로 전달

　ⓑ 하위계층 : 받은 데이터에 헤더정보 추가

　　- "캡슐화(encapsulation)"라 함

　ⓒ 보다 하위계층으로 보냄 : 헤더와 데이터를 단일 개체(PDU 단위)로 취급

용어 설명

(1) SDU와 PDU란?
① SDU : Service Data Unit
 - N 계층과 N+1 계층 간의 전송 단위
② PDU : Protocol Data Unit
 - 같은 계층 간의 데이터 전송 단위
 - PDU = PCI + SDU
   여기서 PCI는 Protocol Control Information(헤더 정보)

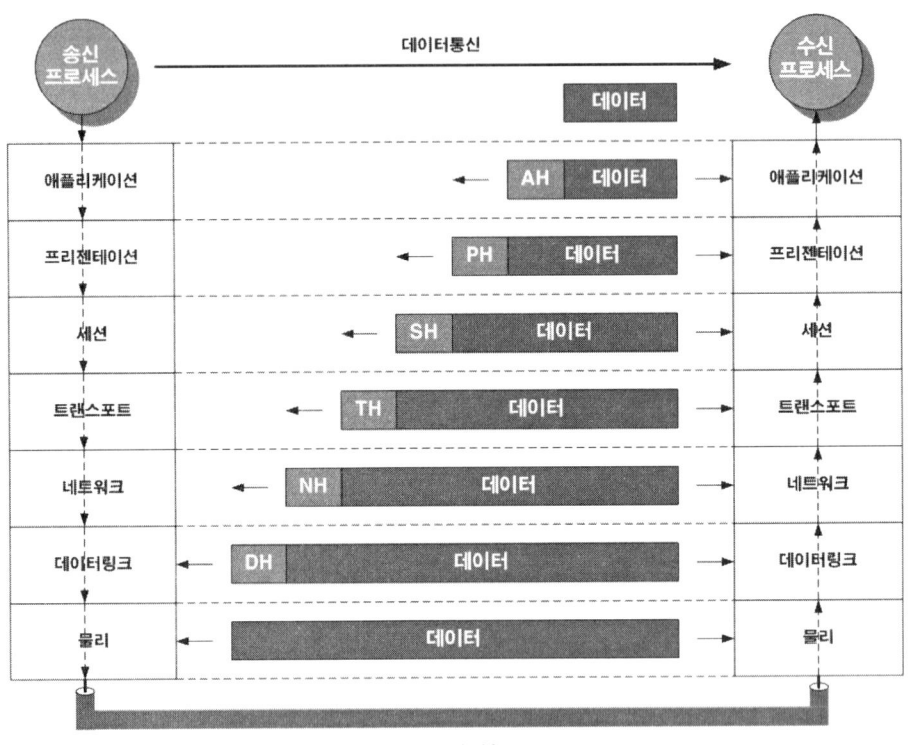

그림 1.12 OSI의 데이터 전달 과정

② 수신측
  ⓐ 각각의 계층 : PDU 수신
  ⓑ 해당 계층의 헤더를 벗겨냄 : "디캡슐화(decapsulation)"라 함
  ⓒ 보다 높은 레벨의 개체로 전달
  ⓓ 각 계층에 대해 반복적인 과정 적용 : 응용계층의 프로세스에 순수한 데이터만 전달

5 OSI 7-계층의 기능

(1) 응용계층

① Application 계층(최상위 계층)
② 기능 : 응용 프로세스간의 정보교환, 서비스 제공
③ 사용자의 응용 프로그램이 네트워크 환경에 접근하는 창구역할
④ 응용계층의 프로토콜과 포트번호
    ⓐ FTP(20, 21), SSH(22), Telnet(23), SMTP(25), HTTP(80), POP2(99), POP3(100)
    ⓑ DNS(53), BOOTP(67, 68), TFTP(69), SNMP(161, 162)
       ※ 괄호 안의 숫자는 포트번호를 나타냄

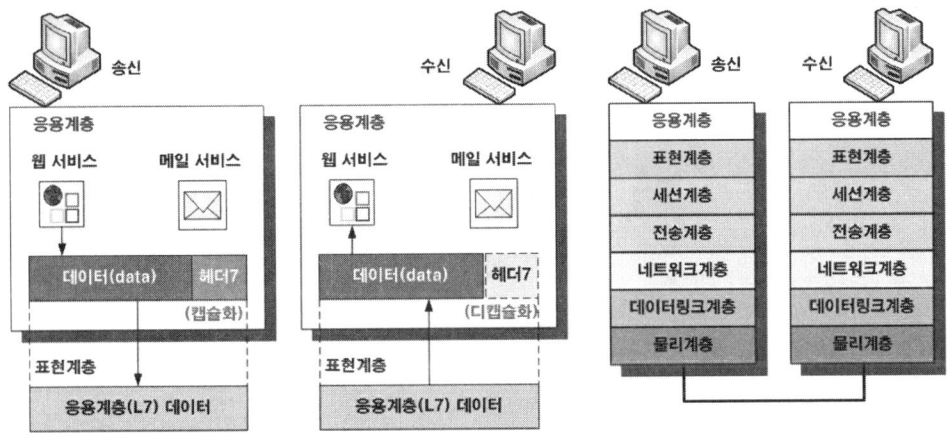

그림 1.13 응용계층의 서비스

용어 설명

(1) SMTP, POP, IMAP
　① SMTP
　　– Simple Mail Transfer Protocol
　　– 전자메일 전송 프로토콜
　② POP
　　– Post Office Protocol
　　– 전용 메일서버의 전자메일 수신 프로토콜
　　– 메일 클라이언트가 메일을 사용자 자신의 PC로 다운로드 할 수 있도록 해주는 프로토콜
　　– 버전 : POP1, POP2, POP3
　③ IMAP
　　– Internet Message Access Protocol
　　– 인터넷 전자메일 수신 프로토콜 : 열람은 가능하나 PC로 다운로드는 불가

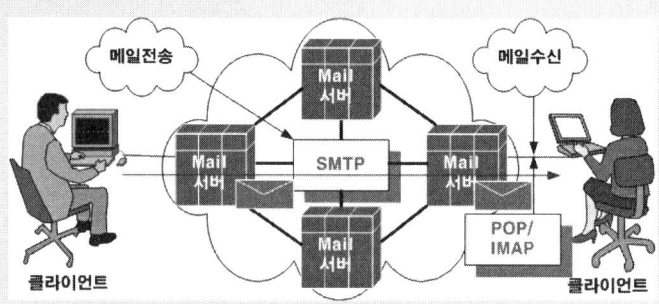

그림 1.14　메일 송수신 프로토콜

(2) BOOTP
　① Bootstrap Protocol : 초기적재 통신규약
　② 네트워크 IP 관리 프로토콜 : 정적 프로토콜
　　– 네트워크 사용자가 자동으로 IP 주소를 받을 수 있도록 구성
　　– 사용자의 간여 없이도 Boot되는 운영체계를 가지도록 해줌
　③ 하드디스크 없는 컴퓨터에 이용
　　– 설정정보(IP 주소)를 자동으로 할당 및 관리
　　– BOOTP 서버 : 일정 시간 동안 IP 주소를 자동으로 할당
　④ 네트워크 규모가 아주 작을 경우 적용 → 규모 커지면서 DHCP로 발전

(3) DHCP
　① Dynamic Host Configuration Protocol
　② BOOTP의 대안으로 사용
　　– 네트웍 관리자가 중앙에서 IP 주소를 관리 및 할당
　　– IP 주소를 동적으로 할당 : 일정시간 동안 "임대" 개념
　③ 사용분야 : 학교와 같이 사용자들이 자주 바뀌는 환경에 유용

(4) 포트번호(Port Number)
① TCP나 UDP에서 어플리케이션이 상호 통신을 위해 사용하는 번호
② 프로세스를 인식하기 위한 방법

(2) 표현계층

① Presentation 계층
② 기능 : 데이터를 표현하는 방식을 다룸
  - 코드변환 : 이해할 수 있는 데이터 포맷(format)으로 변환
  - 전송할 데이터의 인코딩 및 디코딩
  - 압축 및 암호화
③ 표현계층의 프로토콜 : JPEG, MPEG, SMB, AFP
  ※ 네트워크 파일 공유 프로토콜 : NFS, SMB, AFP 등

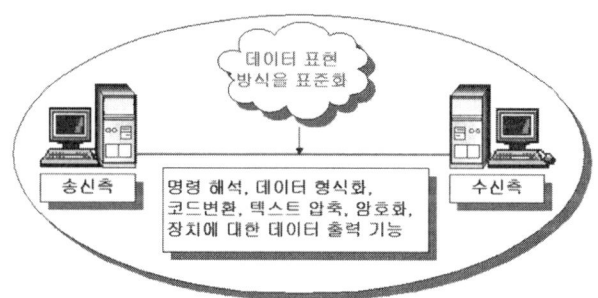

그림 1.15 표현계층의 기능

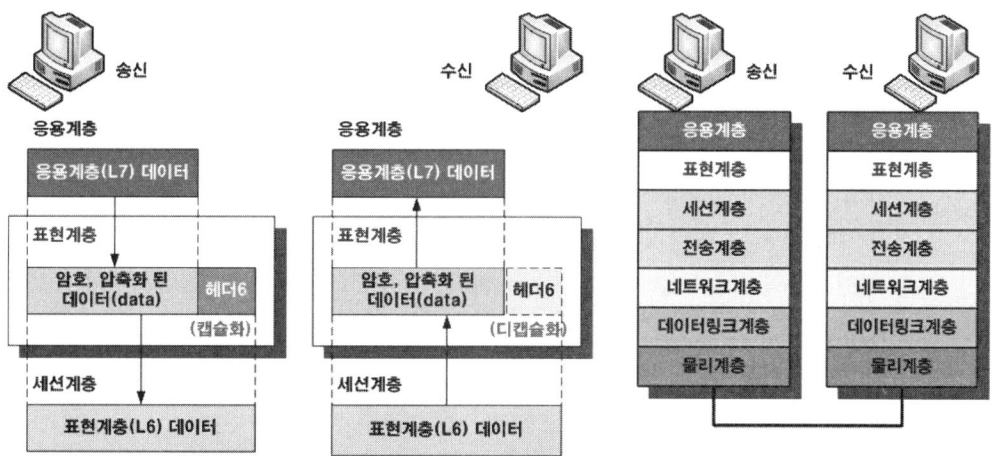

그림 1.16 표현계층의 서비스

용어 설명

(1) JPEG
① Joint Photographic Experts Group : 합동 사진전문가 단체
② ISO와 ITU-T에서 표준화
③ 손실 압축 방식의 표준 : 이미지 품질이 떨어짐
④ 파일 크기가 작음 : 웹에 많이 사용

(2) MPEG
① Moving Picture Experts Group : 동영상 전문가 단체
② ISO 산하의 전문가 그룹에서 표준화
③ 영상 압축 기술에 대한 표준
④ MPEG 그룹에 의해 상용화된 유명한 기술 : MPEG1
   - MPEG1 : 비디오테이프 수준의 동영상과 음악을 CD 1장에 압축
   - MPEG2 : 멀티미디어 서비스(DVD), 방송 서비스(직접 위성방송, 유선방송, 고화질 TV), 영화/광고 편집 기술에 사용
   - MPEG3 : 음악 파일인 "MP3"는 이 기술 사용
   - MPEG4 : 저화질 압축 기술에 사용(통신, 화상회의, 방송, 원격감시)
   - MPEG7 : 차세대 동영상 압축 재생기술

(3) 네트워크 파일 공유 프로토콜 : NFS, SMB, AFP 등
① NFS : Network File Sytem, 공유된 원격 호스트의 파일을 현지에서 사용할 수 있도록 개발
② SMB(삼바) : Server Message Block, 윈도 환경에 사용되는 파일 및 인쇄기 공유 프로토콜
③ AFP : Apple Filing Protocol

(3) 세션계층

① Session 계층
② 세션은 사용자가 접속 중인 응용프로그램을 한 쌍으로 연결하는 작업
   - 사용자간의 포트 연결 유효 확인/설정
   - 응용계층의 응용프로그램을 네트워크계층과의 I/F 제공
③ 세션을 확립하여 순차적인 대화의 흐름이 원활하게 이루어지도록 동기화 기능 제공
④ 데이터 전송 방향 결정
⑤ 세션계층의 프로토콜 : SSH(Secure Shell), TLS(Transport Layer Security), NetBIOS, AppleTalk
   - TLS : 넷스케이프(NS)사에서 개발한 전자상거래 등의 보안용 프로토콜인 SSL(Secure Sockets Layer)이 이후 TLS로 표준화 됨

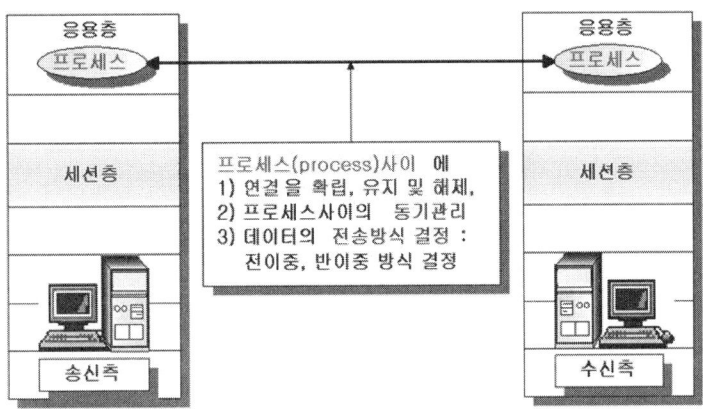

그림 1.17 세션계층의 기능

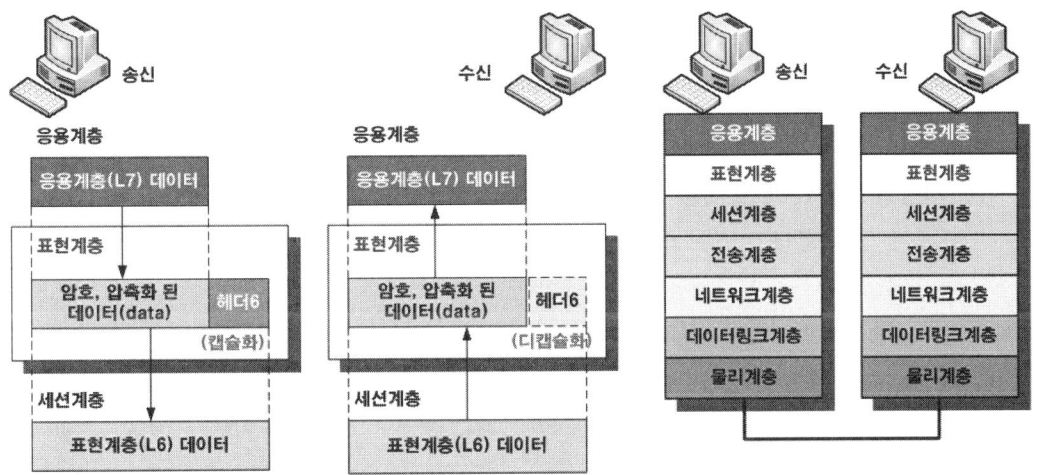

그림 1.18 세션계층의 서비스

(4) 전송계층

① Transport 계층

② 기능
- 사용자 간에, 컴퓨터 간에 연결을 확립 및 유지
- 종단사이에 신뢰성 있는 정확한 데이터 전송을 담당
- 오류검출 코드 추가 및 통신 흐름제어

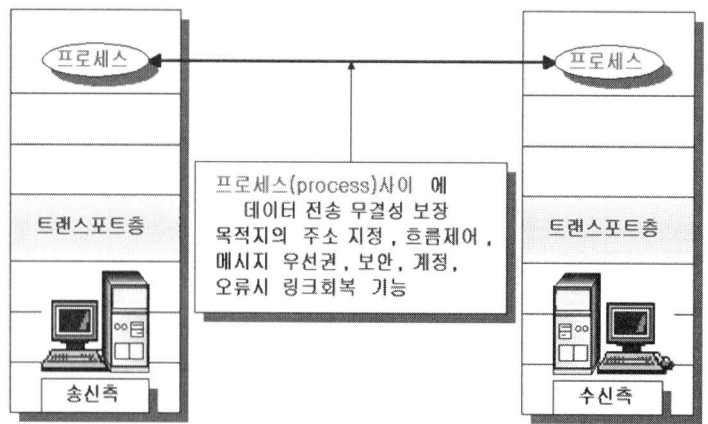

그림 1.19 전송계층의 기능

③ 세션 계층에서 넘어온 데이터를 세그먼트(segment) 단위로 분할하고 번호를 붙임
④ 전송계층의 프로토콜 : TCP, UDP, SPX
⑤ 대표적인 장비 : 게이트웨이(Gateway)

※ 계층별 종단의 통신 대상
① 제4층~제7층 : 모두 프로세스사이의 통신에 관여
② 제1층~제3층 : 시스템사이의 통신에 관계

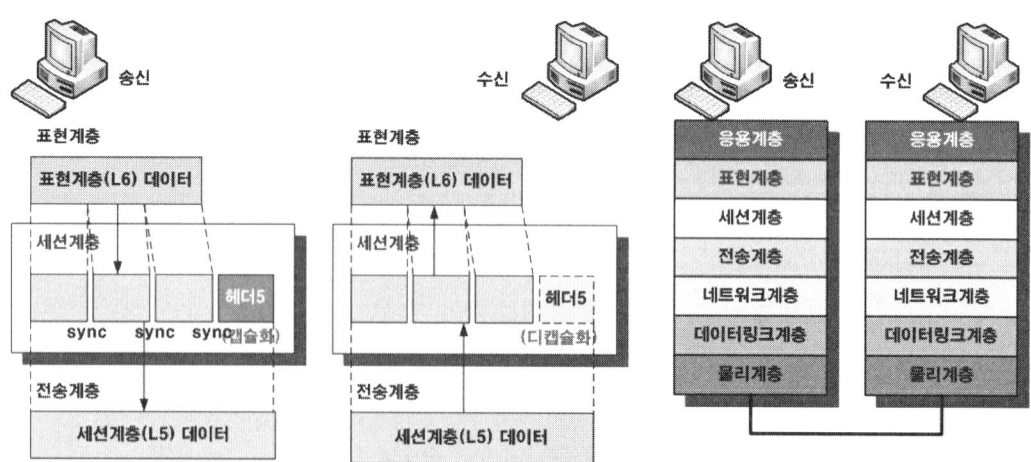

그림 1.20 전송계층의 서비스

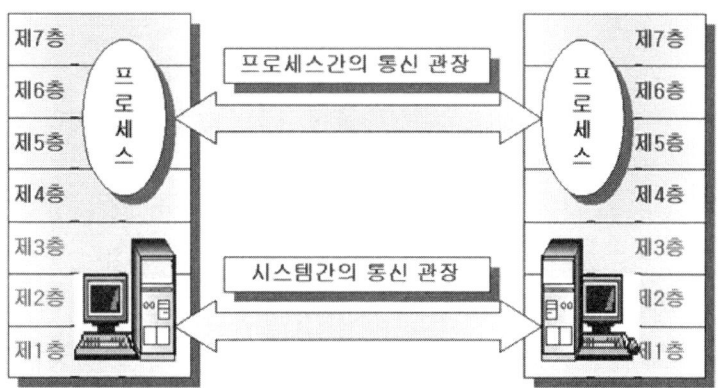

그림 1.21 계층별 종단의 통신대상

(5) 네트워크계층

① Network 계층
② 송수신 간에 보이지 않는 논리적인 링크를 구성
③ 기능 : 최적 경로를 설정해주는 라우팅 기능 제공

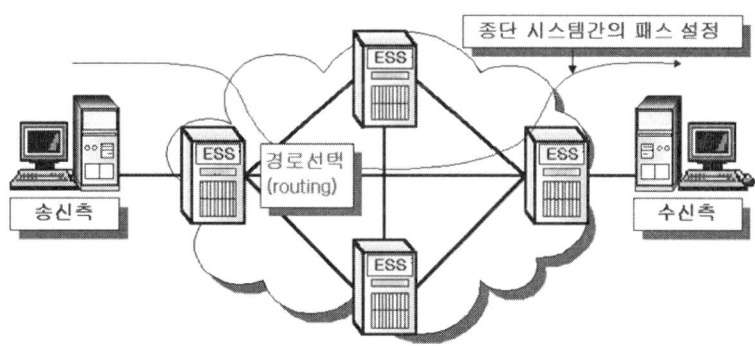

그림 1.22 네트워크계층의 기능

④ 데이터를 패킷(packet) 단위로 분할하여 전송한 후 조립
⑤ 네트워크계층의 프로토콜 : IP, ICMP, ARP, RARP, IGMP, IPX
⑥ 대표적인 장비 : 라우터(Router)

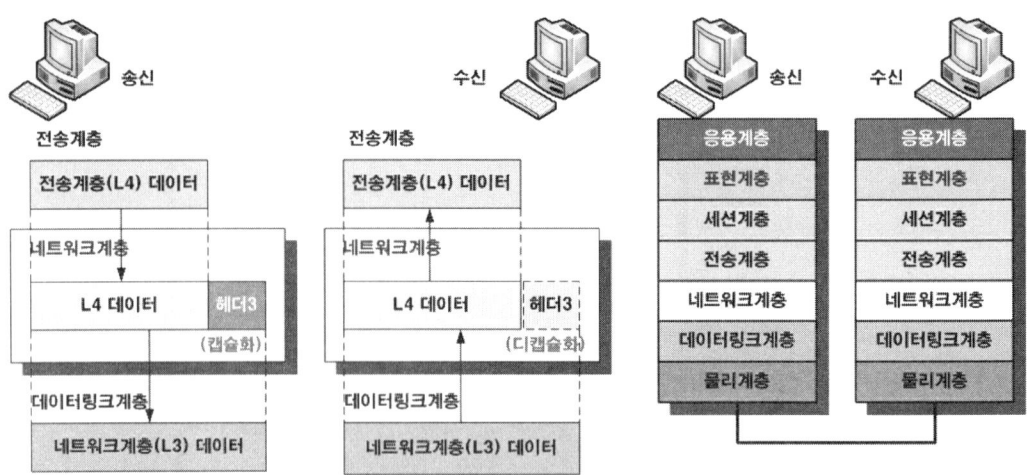

그림 1.23 네트워크계층의 서비스

> 아래의 서로 다른 두 네트워크에서 Host1에서 Host2로 TCP/IP 프로토콜 이용해 정보를 전송할 경우
> ① Router : 3계층(L3) 장비
>   - 우편배달부 역할(IP 정보만 가지고 배달)
> ② Host (컴퓨터) : 7계층(L7) 장비

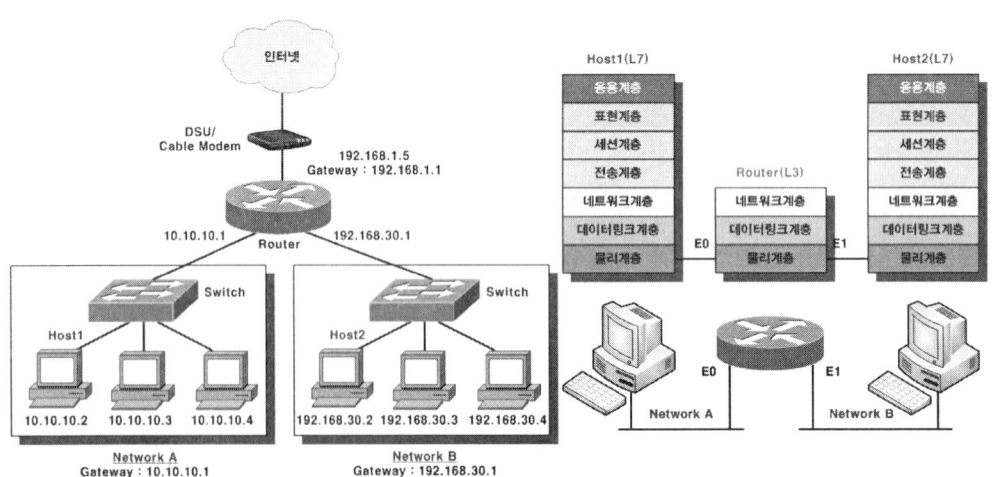

그림 1.24 다로 다른 네트워크 연결을 위한 라우터의 사용

(6) 데이터링크계층

① Data Link 계층

② 기능
   - 물리적 주소 지정(MAC & LLC)
   - 물리적인 연결을 통해 인접 장비사이에 신뢰성 있는 정보전송을 담당
③ 데이터 블록인 프레임(frame) 전송을 담당
④ 데이터 블록의 시작과 끝을 인식하는 동기화 및 순서제어(sequence control)
⑤ 발생된 오류를 검출 및 재전송에 의한 복원, 혼선 제어
⑥ 타임-아웃 레벨(time-out levels) 서비스
⑦ 데이터링크계층의 프로토콜
   - MAC, HDLC, Ethernet, FDDI, SLIP, PPP, Token Ring
⑧ 대표적인 장비 : 브리지(Bridge), 스위치(Switch)

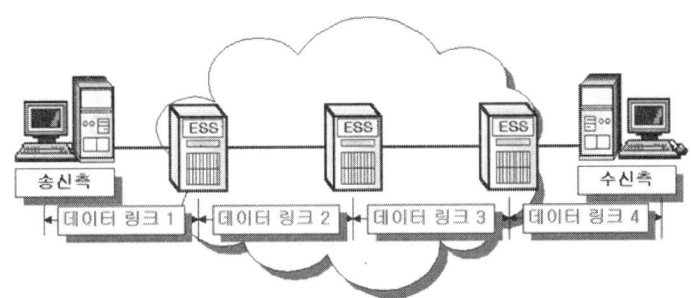

그림 1.25　데이터링크계층의 기능(인접 노드사이에 통신링크 설정)

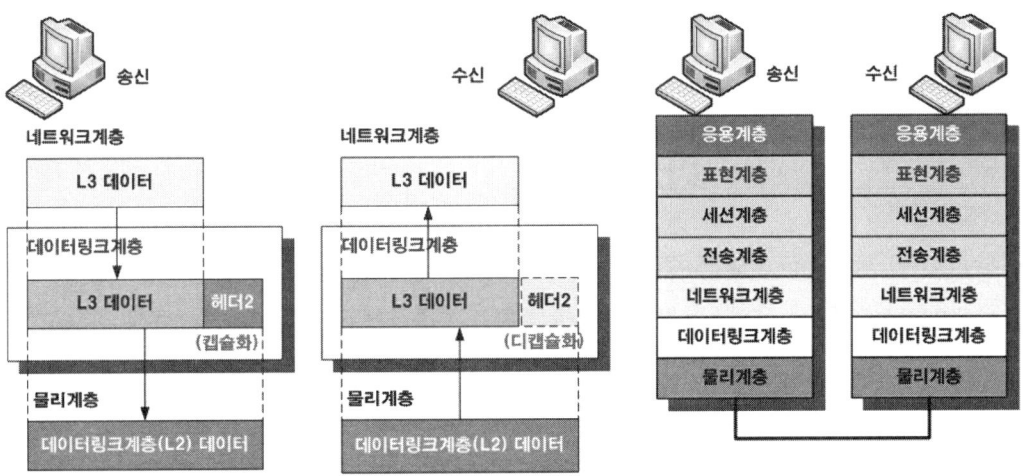

그림 1.26　데이터링크계층의 서비스

(7) 물리계층

① Physical 계층
② 전송매체 상의 비트 스트림(bit stream) 전송에 관여
③ 기능 : 기계적, 전기적, 기능적, 절차적 특성을 이용하여 전송매체로 전기적 신호를 전송
④ 커넥터(connector)의 핀 수 및 형상과 같은 물리적 조건을 표준화
⑤ 통신회선을 이용하기 위한 속도 및 전압레벨과 같은 전기적 조건 표준화
⑥ 대표적인 장비 : 허브(Hub), 리피터(Repeater)

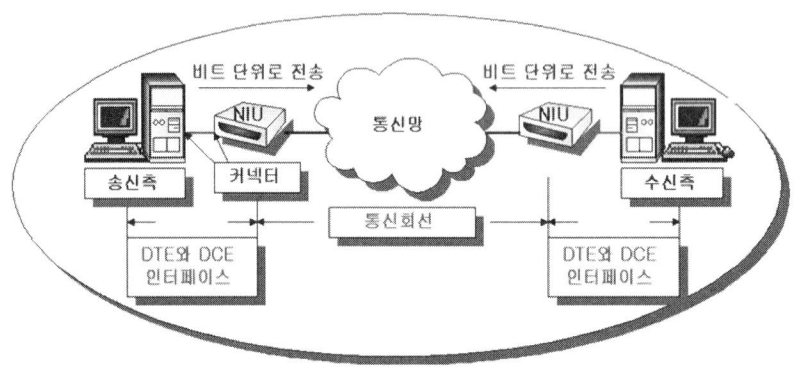

그림 1.27 물리계층의 기능

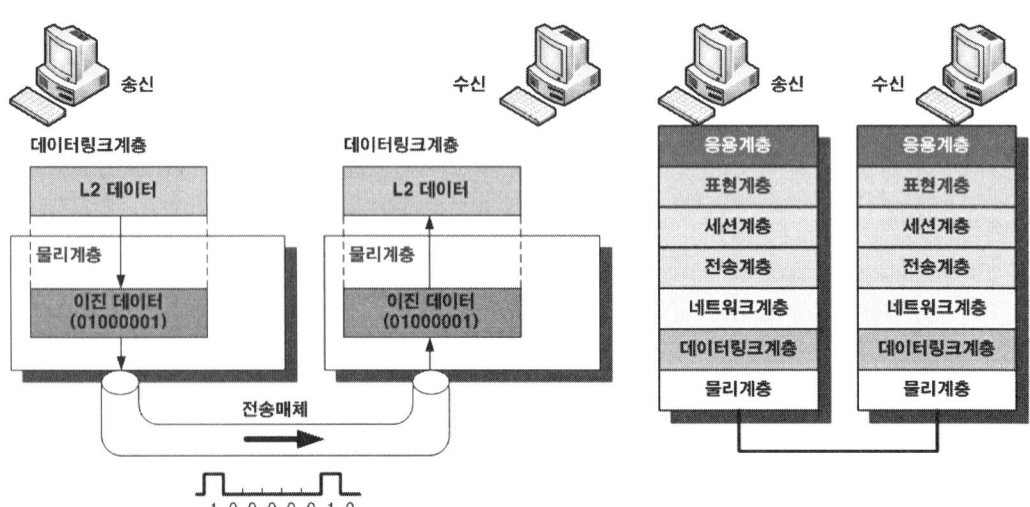

그림 1.28 물리계층의 서비스

6 OSI 7-계층별 데이터 단위

① 응용계층, 표현계층, 세션계층에서 취급하는 데이터 단위
- 데이터(data)

② 전송계층에서 취급하는 데이터 단위
- 세그먼트(segments)

구분	데이터 단위	계층(Layers)	기능	기능분류
호스트 계층 (통신기능)	데이터(Data)	응용계층(Application)	네트워크 프로세스	데이터 처리 부분
		표현계층(Presentation)	데이터 표현, 암호화	
		세션계층(Session)	호스트간의 통신	
	세그먼트(segments)	전송계층(Transport)	종단간의 연결, 신뢰성	전송 부분
미디어 계층 (전달기능)	패킷(Packets)	네트워크계층(Network)	패스 결정, 논리적 주소 지정(IP)	네트워크 부분
	프레임(Frames)	데이터링크계층(Data Link)	물리적 주소 지정(MAC & LLC)	물리적 처리 부분
	물리계층(Bits)	물리계층(Physical)	미디어, 이진 신호 전송	

그림 1.29 계층별 데이터 단위 및 기능

③ 네트워크계층에서 취급하는 데이터 단위
ⓐ 패킷(packets)
ⓑ 또는 데이터그램(datagram)

④ 데이터링크계층에서 취급하는 데이터 단위
- 프레임(frames)

⑤ 물리계층에서 취급하는 데이터 단위
- 비트(bits)

제 3 절 TCP/IP 4-계층

1 TCP/IP 프로토콜 계층구조

① OSI 7-계층을 축소하여 만든 것
② 4-계층 구조를 가짐
    ⓐ 1, 2계층 통합하여 네트워크접속 (Network Access)계층으로 사용
    ⓑ 3계층은 인터넷(Internet) 계층, 또는 네트워크 계층으로 사용
    ⓒ 4계층은 전송(Transport) 계층으로 사용
    ⓓ 5, 6, 7계층을 합해서 응용(Application) 계층으로 사용

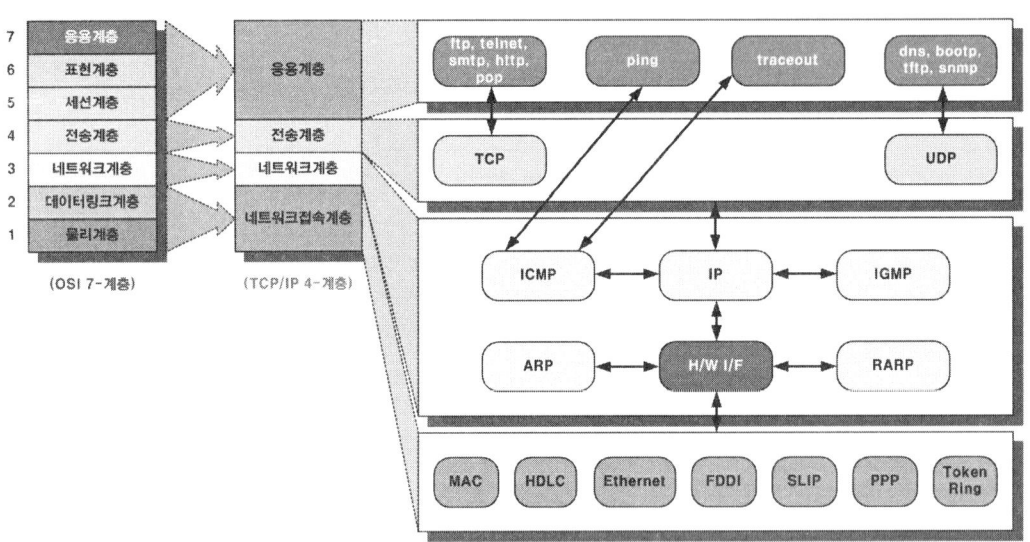

그림 1.30 TCP/IP 계층구조 및 계층별 구성 프로토콜

2 TCP/IP 계층의 기능

(1) 응용계층

① Application 계층
② TCP/IP 기반의 응용프로그램을 식별
③ OSI 7-계층에서 5~7 계층에 해당
④ 응용계층의 프로토콜 및 포트번호
    ⓐ FTP(20, 21), SSH(22), Telnet(23), SMTP(25), HTTP(80), POP2(99), POP3(100)
    ⓑ DNS(53), BOOTP(67, 68), TFTP(69), SNMP(161, 162)

(2) 전송계층
① Transport 계층
② 통신 노드 사이의 연결을 확립하고 유지, 신뢰성 있는 정확한 데이터 전송담당
③ OSI 7-계층에서 4계층에 해당
④ 전송계층의 프로토콜 : TCP, UDP

(3) 인터넷계층
① Internet 계층 또는 네트워크(Network) 계층
② 라우팅 기능과 IP 패킷 전송 기능을 제공
③ OSI 7-계층에서 3계층에 해당
④ 인터넷계층의 프로토콜 : IP, ARP, RARP, ICMP, IGMP, IPX, OSPF, RIP, BGP

(4) 네트워크접속계층
① Network Access 계층 또는 Network 인터페이스 계층
② 네트워크에 접속하는 하드웨어적인 기능을 담당
③ OSI 7-계층에서 1, 2계층에 해당
④ 네트워크접속계층의 프로토콜 : MAC, Ethernet(CSMA/CD), FDDI, SLIP, PPP, Token Ring, LAN, ISDN, PSTN 등

용어 설명

(1) SLIP
① Serial Line Internet Protocol(직렬회선 인터넷 프로토콜)
② RS-232 시리얼 포트를 인터넷에 연결할 때 사용하는 프로토콜

(2) PPP
① Point-to-Point Protocol
② SLIP의 개선된 프로토콜
③ 해당 연결에 대한 인증, 전송 데이터 압축과 암호화 제공

(3) IGMP
① Internet Group Management Protocol
② 서브넷(로컬 네트워크 : LAN)상의 멀티캐스팅을 위한 제어용 프로토콜

(4) MAC
① Media Access Control
② 매체접근제어 방식
③ 3가지 방식
 - CSMA/CD 방식
 - 토큰버스(Token Bus) 방식
 - 토큰링(Token Ring) 방식

(5) FDDI
① Fiber Distributed Data Interface
② 광섬유 분산 데이터 인터페이스
③ LAN기술 중에 하나
- 파일 서버와 LAN을 결합한 백본 기술이 주로 사용됨
④ 사용 전송매체, 구성 및 전송방식
- 전송매체 : 광섬유
- 구성 : 모든 노드들을 듀얼 링에 연결
- 데이터 전송방식 : IEEE 802.5 토큰 링 방식과 유사, 고속전송 기술
⑤ 최대 프레임 크기 : 4,500-byte
⑥ 1,000개 정도의 노드 규모에서
- 전송거리 : 약 200km
- 전송속도 : 100Mbps

(6) ISDN
① Integrated Services Digital Network
② 종합정보통신망
③ 음성, 데이터, 문서, 화상 및 신호와 같은 기존의 통신서비스에 향후도입 될 모든 통신서비스를 하나의 디지털통신망으로 통합하여 제공
④ 기본 채널 : 2B+1D (B : 64Kbps, D : 16Kbps)
⑤ 공통선 신호방식 사용 : No.7 CCS(Common Channel Signaling System)

(7) PSTN
① Public Switched Telephone Network
② 공중전화교환망
③ 통신 사업자가 통상적인 전화 서비스를 제공하는 전화망
④ 대표적인 아날로그통신망에 해당

제4절 LAN 계층

1 LAN 계층구조

① LAN 계층은 2계층인 데이터링크 계층에 해당
② 데이터링크 계층은 2개의 부계층으로 구성
   ⓐ MAC(Media Access Control) 계층
   ⓑ LLC(Logical Link Control) 계층

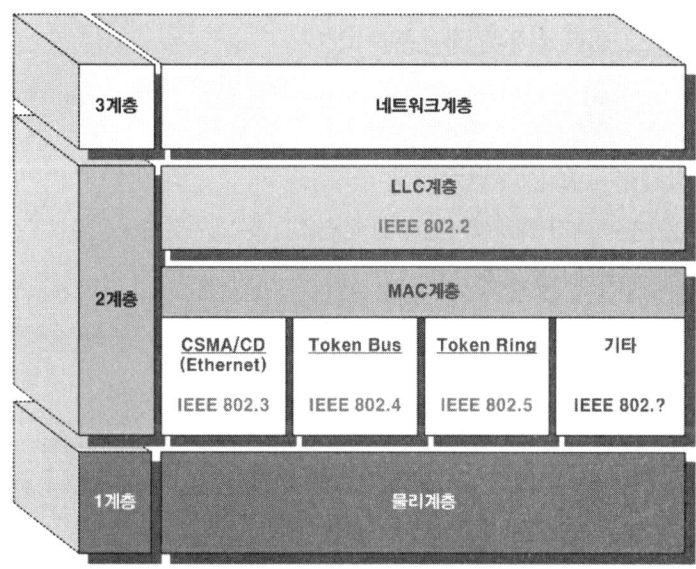

그림 1.31 LAN 계층(2계층인 데이터 링크계층에 해당)

2 MAC 계층

- 데이터링크 계층의 효율을 높이기 위한 계층
- 매체접근제어(MAC) 방식 : 3가지(CSMA/CD, Token Bus, Token Ring)

(1) CSMA/CD 방식

① Carrier Sense Multiple Access with Collision Detection :
반송파 감지 다중접근/충돌검출
② 매체에서 두 개의 데이터가 충돌할 경우 두 개의 손상된 데이터들이 전송 되고 있는 동안에는 매체를 이용할 수 없기 때문에 이와 같은 문제점을 보완하기 위한 방식

③ 원리
  ⓐ 논리적 링크 제어(LLC) 부계층으로부터 데이터 송신요구를 받은 매체접근제어 (MAC) 부계층은 매체가 비어 있는지 여부를 반송파(carrier)로 조사
    – 비어 있으면 어떠한 국(station)도 데이터 송신이 가능함
  ⓑ 그러나 복수 국이 동시에 전송할 경우
    – 매체 상에서 충돌발생 여부를 조사하며
    – 이때 충돌이 감지되면 데이터 전송을 즉시 중지하고
    – 모든 국에 충돌사실을 쨈(jam)이라는 통신신호를 송신하여 알리고
    – 이 신호를 수신한 국들은 임의의 설정된 시간만큼 기다린 후에 CSMA/CD 프로토콜을 이용해 재전송을 시도
④ 적용분야 : 주로 버스(bus)와 트리(tree) LAN에 많이 사용
⑤ CSMA/CD의 두 가지 방식
  ⓐ 기저대역(baseband) CSMA/CD 방식
    – Xerox사에서 개발한 Ethernet LAN
  ⓑ 광대역(broadband) CSMA/CD 방식
    – Mitre사에서 개발한 Mitrenet LAN
⑥ 장단점
  ⓐ 프로토콜이 간단하여 구현하기 쉬워 가격이 저렴
  ⓑ 전송지연에 의한 거리의 제약이 따름
  ⓒ 이더넷인 경우 : 케이블 길이는 최대 500m 이하로 제한됨, 이를 초과하여 케이블을 사용할 경우는 리피터(repeater)를 사용

(2) 토큰버스(Token Bus) 방식
  ① 물리적으로 버스망 형태의 구조를 가짐
  ② 버스상의 모든 국은 논리적 링(ring)을 형성하여 토큰(token)을 순환시킴
    ⓐ 토큰 순환 순서
      – 현재 국에서 다음으로 낮은 주소를 가진 국으로 이동시킴
    ⓑ 토큰이 도착한 국에서 전송할 정보가 없을 경우
      – 다시 다음으로 낮은 주소를 가진 국으로 이동시킴
    ⓒ 전송할 정보가 있을 경우
      – 토큰 수신 → 보낼 정보를 전송한 후 → 다음 국으로 토큰을 이동시킴
  ③ 토큰을 확보한 국에만 전송권한을 부여하는 방식
  ④ 단점

ⓐ 논리적 링에 국의 추가 및 삭제 어려움
ⓑ 토큰 전송 시에 에러처리 복잡
 - 버스상의 어떤 국의 장애 발생 시에 처리가 매우 복잡

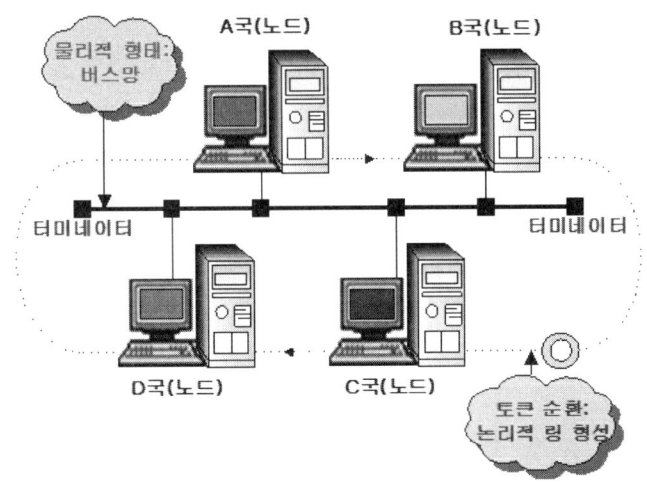

그림 1.32 토큰버스(Token Bus) 방식

(3) 토큰링(Token Ring) 방식

① 토큰버스 방식 : 논리적 링을 형성하여 토큰을 전달
   토큰링 방식 : 망 형태를 링 형태로 구성하여 노드에서 노드로 전달
② 토큰 패턴(8-bit 정보) : "01111111"
③ 정보전송을 원하는 노드는
   ⓐ 순회하는 토큰을 검출
   ⓑ 토큰 비트 패턴 중 한 비트를 변경
      - 자유토큰(free token)을 사용토큰(busy token)으로 바꾼 후
        • 자유토큰 패턴 : "01111111"
        • 사용토큰 패턴 : "11111111"
   ⓒ 토큰 패턴 뒤에 전송할 정보 프레임을 붙여서 전송
   ⓓ 다른 노드들은 자유토큰을 얻을 수 없으므로 정보전송이 불가능
④ 전송된 사용토큰 뒤의 프레임 중에 주소 정보를 읽어 자신의 주소이면 정보를 복사
⑤ 토큰을 사용 중인 노드가 정보전송을 완료하면
   - 다시 순회하여 돌아온 사용토큰을 자유토큰으로 변경

- 다음 노드에 정보전송 기회를 부여
ⓖ 장점
ⓐ 노드마다 전송기회가 공평하게 주어짐
ⓑ 전송권한을 얻기 위한 대기시간이 정해져 있어 과부하시 성능저하가 심하지 않음
ⓒ 실시간처리가 요구되는 분야에 CSMA/CD 방식보다 더 효율적임
ⓖ 단점
- 토큰 운용관리가 복잡

(4) 기타 매체접근방식

표 1.2 기타 매체접근방식의 종류

IEEE 802.6		MAN의 표준안으로 만들어진 DQDB 프로토콜
IEEE 802.11		최초의 무선 LAN 표준(1997.06) 2.4GHz 대역에서 1~2Mbps급 전송속도
확장표준	IEEE 802.11a	5GHz 대역에서 최대 속도 : 54Mbps(1999.09)
	IEEE 802.11b	2.4GHz 대역에서 최대 속도 : 11Mbps(1999.09)
	IEEE 802.11g	5GHz 대역에서 최대 속도 : 22 또는 54Mbps(200.06)
	IEEE 802.11n	차세대 무선 LAN(MAC 부계층에서 100Mbps 이상의 처리율)
	IEEE 802.11ac	5GHz 대역에서 6Gbps 속도 목표, 일명 "기가급 와이파이" 현재 최대속도 : 2.6Gbps(2013)

3 LLC 계층

① Logical Link Control : 논리 링크 제어
② LAN 프로토콜과 관련된 데이터링크 계층 내의 두개의 부속계층 중 하나
③ IEEE 802.2 표준
④ 여러 상이한 MAC 부계층 프로토콜을 사용할 수 있게 하여 네트워크의 토폴로지에 관계없이 통신이 가능토록 하는 목적임
⑤ 네트워크의 매개체를 통해 데이터를 전송할 경우, 두 컴퓨터 사이의 연결을 유지하는 기능을 수행

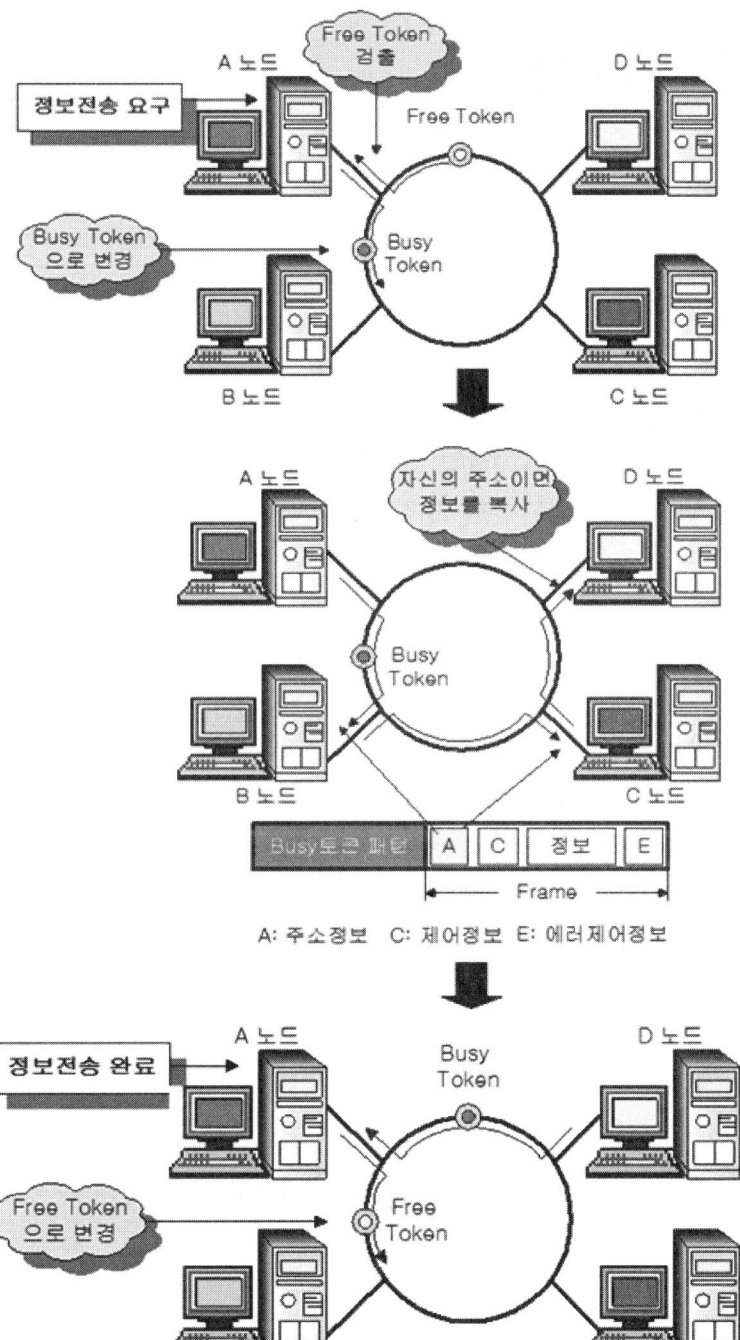

그림 1.33 토큰링(Token Ring) 방식

용어정리

1 DQDB

(1) Distributed Queue Dual Bus : 분산 큐(역방향) 이중버스
(2) 1990년 IEEE 802.6 도시권통신망(MAN : Metropolitan Area Network)의 표준안으로 만들어진 다중접속 프로토콜
　① 고속방송망으로 이용
　② MAN으로 LAN(근거리[구내정보]통신망)을 상호 연결하기 위하여 개발된 것
　③ MAN에서 사용하도록 설계된 데이터링크 계층의 통신 프로토콜
　　　- 데이터링크 계층의 하위에 있는 MAC 계층에 해당
　④ 각각 다른 방향으로 데이터를 전송하는 이중버스 구조
　　　ⓐ 각각의 버스에 53-btye의 고정길이 패킷을 전송
　　　ⓑ 2개의 단방향 논리적 버스를 사용해 다수의 시스템 상호 연결이 가능
　⑤ 반송파 전송 표준과 호환성을 가지도록 설계된 개방형 표준
　　　- 비동기전송방식(ATM)을 의식하여 만든 이중버스 방식의 LAN형 프로토콜
(3) 물리적 매체 상에서 흐름제어나 에러제어 등 트래픽 관리에 관여

2 NFS

① Network File System
② SUN 마이크로 시스템즈에서 파일시스템과 서버자원 공유를 위해 1980년대 후반에 NIS(Network Information Service)와 함께 개발됨
③ 현재 여러 운영체제에서 지원되는 서비스로 서버(Server)의 리소스(Resource)를 클라이언트(Client)에서 마치 자신의 리소스를 사용하는 것처럼 사용할 수 있도록 제공되는 것
④ 파일시스템 공유 및 분산된 파일시스템으로 부하 분산으로 활용

3 NetBIOS

(1) Network Basic Input/Output System : 네트워크 기본 입출력 시스템
(2) 네트워크의 기본적인 입출력(자원을 읽고 쓰기)을 정의한 규약 : 5계층 프로토콜
(3) 사용 분야

① IBM 토크링에서 사용되는 적은 규모의 LAN환경인 클라이언트와 서버 어플리케이션에서 사용되는 세션 레이어 통신 서비스
② 통신망에 연결된 개인용 컴퓨터 등에 NetBIOS명을 부가해서 그 명칭을 근거로 통신을 실행
　- 현재 윈도 통신망의 기본형이 되어 있음
③ NetBIOS는 네트워크 계층인 IP 프로토콜 기반 위에서 동작하며 애플리케이션 계층과 네트워크 계층을 연결하는 역할
④ IBM의 PC-Networks, MS사의 윈도우 네트워크인 Windows-NT와 Windows 95, LAN 매니저 등에서 채용

4 NetBEUI

① NetBios Extended User Interface : 넷바이오스 확장된 사용자 인터페이스
② LAN 내의 컴퓨터끼리 서로 통신할 수 있게 해주는 네트워크 프로토콜
　ⓐ 대개 1~200개까지의 클라이언트로 구성된 작은 LAN에 사용되는 네트워크 프로토콜
　ⓑ 네트워크 내(LAN)에서 프린터나 폴더의 공유가 가능하도록 해 주는 프로토콜
　ⓒ 단일 LAN 내의 통신에서 가장 좋은 성능을 보임
　ⓓ NetBEUI는 3, 4계층 프로토콜
③ IBM이 개발, 나중에 MS사에서 윈도우NT 등의 제품에 사용
④ Netbios와 같이 NetBEUI도 다른 네트워크로의 라우팅을 지원하지 않기 때문
　ⓐ 외부 연결 : TCP/IP로 연결
　ⓑ 내부 연결 : NetBEUI, 혹은 IPX로 연결
⑤ 각 컴퓨터에 NetBEUI와 TCP/IP 모두를 설치하는 추천 방법
　ⓐ LAN 내부에서 통신을 위해 서버에 NetBEUI를 셋업하고
　ⓑ LAN 외부와의 통신을 위해 TCP/IP를 셋업

표 1.3　Windows 2000 서버에서 많이 사용되는 프로토콜

프로토콜	특징	적용범위
TCP/IP	• 라우팅 지원 • 인터넷 표준(광범위한 주소 지정 가능)	• 인터넷 응용프로그램과 WAN을 지원 • 중형에서 대형 네트워크 환경에 적당
NetBEUI	• 라우팅 미지원 • LAN에서 빠르고 효율적임	• 소형에서 중형 네트워크 규모의 윈도우 환경에서 파일 및 프린터 서비스에 적당
NWLink	• 라우팅 지원 • 노벨(Novell)사의 넷웨어(NetWare)를 지원 • 자동 주소지정과 이기종간 통신지원	• 노벨사의 넷웨어를 지원하는 환경에 적당

연습문제

CHAPTER 01

01. 네트워크상에서 한 장치로부터 다른 곳으로 전송되는 정보의 단위를 무엇이라 하는가? 1999년 제1회, 2006년 제4회

　가. 홉(Hop)　　나. 노드(Node)　　다. 토큰(Token)　　라. 패킷(Packet)

02. 다음 OSI 참조 모델의 계층 중 TCP/IP 프로토콜에 존재하지 않는 계층은? 1999년 제1회

　가. Presentation 계층　　나. Transport 계층
　다. Network 계층　　라. Physical 계층

03. 다음 중 인터넷에서 사용가능한 URL이 아닌 것은? 1999년 제1회

　가. ftp://ftp.icqa.or.kr　　나. gopher://gopher.icqa.or.kr
　다. telnet://icqa.or.kr　　라. html://icqa.or.kr

04. IP 패킷의 라우팅에 사용되는 프로토콜이 아닌 것은? 1999년 제1회

　가. ARP　　나. TFTP　　다. IGP　　라. EGP

05. TCP/IP 모델에서 TCP가 동작되는 계층은? 2000년 제2회

　가. 응용계층　　나. 전송계층
　다. 인터넷 계층　　라. 네트워크 인터페이스 계층

06. TCP/IP에서 데이터링크 계층의 데이터 단위는? 2000년 제2회, 2014년 제2회, 2016년 제4회, 2018년 제3회

　가. 메시지　　나. 세그먼트　　다. 데이터그램　　라. 프레임

07. TCP/IP 응용계층에서 지원하지 않는 Protocol은? (2000년 제3회)

　가. ICMP　　나. Rlogin　　다. NFS　　라. SNMP

08. UNIX 기반 네트워크의 Transport 프로토콜을 TCP/IP 또는 UDP라고 한다. 그러면 DOS 기반 네트워크의 Transport 프로토콜은? 2000년 제4회

   가. SPX/IPX 나. NetBEUI 다. ATP 라. NetBIOS

09. 다음은 일반적인 FTP(File Transfer Protocol)서비스가 사용하는 포트를 나타낸 것이다. FTP가 사용하는 두 개의 포트를 올바르게 짝지은 것은? 2000년 제4회, 2007년 제1회

   가. 포트 20 – 데이터 전송, 포트 21 – 제어용
   나. 포트 20 – 데이터 전송, 포트 21 – 데이터 전송
   다. 포트 20 – 제어용, 포트 21 – 데이터 전송
   라. 포트 20 – 제어용, 포트 21 – 제어용

10. 일반적으로 서버 한대에는 많은 서비스가 구동을 하고 있다. 이러한 서버내 서비스들은 서로가 다른 문을 통하여 데이터를 주고받는데 이를 포트라고 한다. 다음은 서비스에 따른 기본 포트 번호들이다. 잘못 연결된 것을 선택하시오. 2001년 제1회

   가. FTP-21 나. Telnet-23 다. SMTP-25 라. WWW-81

11. 네트워크를 사용하는데 있어 Dial Up Networking을 지원하는 프로토콜이 존재한다. 다음 중 이런 프로토콜 중 SLIP에 대한 설명이 아닌 것은? 2001년 제1회

   가. 정적 IP Address를 필요로 한다. 나. 압축 및 오류 검사 기능이 제공된다.
   다. TCP/IP 프로토콜만 지원한다. 라. 로그온 시 암호화를 제공하지 않는다.

12. 다음은 NetBEUI라는 Protocol에 대한 설명이다. 이중 틀리게 설명한 것을 선택하시오. 2001년 제1회, 2008년 제4회

   가. 소규모 네트워크에서는 빠른 전송속도를 가짐
   나. 인터넷을 사용할 수 있음
   다. 흐름 제어와 에러 체크 기능이 좋음
   라. 사용법이 간단하고 윈도우에 설정이 간단함

13. 다음 중 TCP/IP와 OSI 7 계층과의 비교로서 적당하지 못한 것은? 2001년 제1회, 2002년 제3회
    가. TCP 프로토콜은 OSI 7 계층의 전송계층에 해당한다.
    나. IP 프로토콜은 OSI 7 계층의 네트워크 계층에 해당한다.
    다. 파일전송 프로토콜인 FTP 는 OSI 7 계층의 응용계층에 해당한다.
    라. HTTP 프로토콜은 OSI 7 계층의 표현계층에 해당한다.

14. 프로토콜 계층간 노드간 통신을 구성하며 라우팅과 관계있는 네트워크 주소를 정의하는 계층은? 2001년 제4회
    가. 데이터링크 계층   나. 네트워크 계층
    다. 트랜스포트 계층   라. 세션 계층

15. 다음 중 IP 계층의 프로토콜이 아닌 것은? 2002년 제1회
    가. ICMP   나. IP   다. RIP   라. ARP

16. IP 계층의 프로토콜로 옳지 않은 것은? 2011년 제4회
    가. ICMP   나. IP   다. SMTP   라. ARP

17. 다음 중 프로토콜 스택에서 가장 하위 계층에 속하는 것은? 2002년 제1회
    가. TCP   나. HTTP   다. IP   라. UDP

18. TCP를 사용하는 프로토콜로 옳지 않은 것은? 2002년 제1회, 2012년 제2회, 2014년 제4회
    가. FTP   나. TFTP   다. Telnet   라. SMTP

19. 다음 중 TCP/IP 응용 프로토콜만으로 구성된 것은? 2002년 제1회
    가. FTP – SNMP – FTAM   나. TFTP – SMTP – HTTP
    다. FTP – CMIP – NNTP   라. TFTP – SNMP – SMIP

20. 통신관련 약어의 풀이로 옳지 않은 것은? 2002년 제2회, 2010년 제1회

　　가. TCP-Transfer Control Protocol　　나. UDP-User Datagram Protocol
　　다. IP-Internet Protocol　　라. FTP-File Transfer Protocol

21. TCP/IP 모델은 몇 개의 계층으로 구성되어 있는가? 2002년 제2회

　　가. 2개　　나. 4개　　다. 7개　　라. 9개

22. 다음 중 TCP/IP 응용 프로토콜이 아닌 것은? 2002년 제3회

　　가. ICMP　　나. SMTP　　다. SNMP　　라. TFTP

23. 다음 중 TCP/IP 프로토콜에 대한 설명으로 틀린 것은? 2002년 제3회

　　가. 계층적 모델에 따라서 구현된 프로토콜이다.
　　나. LAN 환경에서만 사용할 수 있는 제한된 프로토콜이다.
　　다. 비용이 무료인 개방형 표준이다
　　라. 인터넷 환경의 표준 프로토콜이다.

24. 다음 TCP/IP 계층 중 호스트 간의 메시지 단위의 정보 교환 및 관리를 주 기능으로 하는 계층은? 2002년 제4회

　　가. 응용프로세스 계층　　나. TCP/UDP 계층
　　다. 네트워크 접속 계층　　라. IP 계층

25. TCP/IP 응용계층 프로토콜로 옳지 않은 것은? 2003년 제1회, 2011년 제2회

　　가. HTTP(Hyper Text Transfer Protocol)
　　나. FTP(File Transfer Protocol)
　　다. SMTP(Simple Mail Transfer Protocol)
　　라. ARP(Address Resolution Protocol)

26. 네트워크 계층의 TCP/IP 프로토콜이 아닌 것은? 2003년 제1회
    가. IP   나. ICMP   다. IGMP   라. TCP

27. TCP/IP의 Telnet, FTP 등에 대응되는 OSI 7의 계층은? 2003년 제1회
    가. 세션계층   나. 프레젠테이션계층
    다. 트랜스포트계층   라. 응용계층

28. 사용자 그룹에게 메시지를 동시에 보낼 때 사용하는 프로토콜은? 2003년 제2회
    가. IGMP   나. ICMP   다. DHCP   라. BOOTP

29. TCP/IP에 대한 설명으로 옳지 않은 것은? 2003년 제2회
    가. Telnet과 FTP는 모두 TCP/IP 프로토콜이다.
    나. 100개 이상의 프로토콜로 구성되어 있다.
    다. IP는 데이터의 에러검출을 담당한다.
    라. TCP/IP의 데이터는 Packet이라 불리는 작은 단위로 전송된다.

30. TCP/IP의 프로토콜에서 응용(Application)계층에서 제공하는 응용 서비스 프로토콜로, 컴퓨터 사용자들 사이의 전자우편을 교환하는 서비스를 제공하는 프로토콜은? 2003년 제3회
    가. SNMP   나. SMTP   다. VT   라. FTP

31. OSI 계층 구조상의 트랜스포트 계층에 속하며, 사용자에게 안정된 데이터 전송을 지원하는 인터넷 프로토콜은? 2003년 제3회
    가. IP   나. TCP   다. UDP   라. RARP

32. 다음 중 응용계층 프로토콜과 그 역할이 잘못 짝지어진 것은? 2003년 제3회)

    가. Finger – 로그인하고 있는 사용자의 정보 확인
    나. FTP – 파일송수신
    다. Telnet – 원격지 시스템 로그인
    라. SMTP – 네트워크 관리

33. OSI 모델에서 Transport Layer에서 동작하는 프로토콜들만으로 구성된 것은? 2003년 제3회

    가. IP, TCP, NetBEUI, IPX   나. IP, TCP
    다. TCP, NetBEUI   라. NetBEUI, IPX

34. TCP/IP 모델에서 UDP(User Datagram Protocol)가 동작되는 계층은? 2003년 제4회, 2012년 제4회, 2014년 제3회

    가. 응용계층   나. 전송계층
    다. 인터넷계층   라. 네트워크 인터페이스계층

35. IGMP(Internet Group Management Protocol)에 대한 설명으로 가장 타당한 것은? 2004년 제1회

    가. 다중 전송을 위한 프로토콜이다.
    나. 네트워크간의 IP 정보를 물리적 주소로 매핑 한다.
    다. 하나의 메시지는 하나의 호스트에 전송된다.
    라. TTL(Time To Live)이 제공되지 않는다.

36. 다음 중 포트 넘버와 프로토콜이 바르게 짝지어진 것은? 2004년 제1회

    가. Telnet – 21번 포트   나. POP2 – 27번 포트
    다. POP3 – 25번 포트   라. HTTP – 80번 포트

37. 인터넷의 계층적 구조가 순서에 맞게 배치된 것은? 2004년 제1회

　가. 네트워크계층–데이터링크계층–트랜스포트계층–응용계층
　나. 데이터링크계층–네트워크계층–트랜스포트계층–응용계층
　다. 네트워크계층–트랜스포트계층–데이터링크계층–응용계층
　라. 트랜스포트계층–네트워크계층–응용계층–네트워크 인터페이스 계층

38. 인터넷 그룹 관리 프로토콜로 사용자들로 하여금 멀티캐스트 그룹에 참여하고 멤버간의 관계를 유지할 수 있도록 하는 프로토콜은? 2004년 제2회

　가. ICMP　　　나. IGMP　　　다. EGP　　　라. IGP

39. 전자 메일 전송 프로토콜로 25번 포트를 이용하여 메시지를 전송하는 프로토콜은?
2004년 제2회, 2011년 제1회, 2013년 제2회

　가. SMTP　　　나. SMMP　　　다. SNMP　　　라. SLIP

40. 포트번호가 잘못 짝 지워진 것은? 2004년 제2회

　가. HTTP–80번　　　나. FTP–21번
　다. TELNET–24번　　라. DHCP 서버–68번

41. TCP/IP 프로토콜 중 같은 계층에서 동작하지 않는 것은? 2004년 제2회, 2018년 제3회

　가. SMTP　　　나. RARP　　　다. ICMP　　　라. IGMP

42. 다이얼 접속에 사용되는 SLIP과 PPP 프로토콜을 비교한 설명 중 가장 적절하지 않는 것은? 2004년 제2회

　가. SLIP은 PPP와 마찬가지로 암호화된 사용자 인증을 제공한다.
　나. SLIP은 오직 TCP/IP 프로토콜만 지원한다.
　다. PPP는 TCP/IP 이외에 IPX/SPX, NetBEUI와 같은 프로토콜을 지원한다.
　라. PPP는 SLIP과는 달리 동적으로 IP 주소를 할당한다.

43. TCP/IP 4계층에서 인터넷 데이터그램으로 패킷을 캡슐화 하고 필요한 라우팅 알고리즘의 실행을 담당하는 계층은? 2004년 제3회
  가. Transport Layer 나. Network Interface Layer
  다. Internet Layer 라. Application Layer

44. TCP/IP 프로토콜에서 IP 계층에서 캡슐화 하여 만들어지는 데이터 단위는? 2004년 제3회
  가. 메시지 나. 세그먼트 다. 데이터그램 라. 프레임

45. TCP/IP가 지원하는 링크 계층 프로토콜이 아닌 것은? 2004년 제3회
  가. DQDB 나. RS-232C 다. FDDI 라. Ethernet

46. OSI 7 Layer에 대응되는 TCP/IP 프로토콜 계층구조가 하위층에서 상위층으로 바르게 배열된 것은? 2005년 제1회, 2009년 제3회
  가. 네트워크접속계층 – 전송계층 – 인터넷계층 – 응용계층
  나. 네트워크접속계층 – 인터넷계층 – 전송계층 – 응용계층
  다. 전송계층 – 인터넷계층 – 네트워크접속계층 – 응용계층
  라. 네트워크접속계층 – 인터넷계층 – 응용계층 – 전송계층

47. 인터넷의 잘 알려진 포트번호로 맞지 않는 것은? 2005년 제1회, 2006년 제1회
  가. FTP-21 나. SMTP-25 다. POP3-110 라. TFTP-68

48. 인터넷에서 멀티캐스트를 위하여 사용되는 프로토콜은? 2005년 제1회, 2014년 제1회, 2017년 제2회
  가. IGMP 나. ICMP 다. SMTP 라. DNS

49. TCP/IP 응용 계층에서 지원하지 않는 프로토콜은? 2005년 제2회

　가. SMTP(Simple Mail Transfer Protocol)
　나. IGMP(Internet Group Management Protocol)
　다. NFS(Network File System)
　라. SNMP(Simple Network Management Protocol)

50. 호스트 컴퓨터 aaa.bbb.ccc에 텔넷으로 접속하기 위해 "telnet aaa.bbb.ccc : 9999"라고 명령을 입력한 경우 9999가 뜻하는 것은? 2005년 제2회, 2015년 제1회

　가. 사용자 번호　　나. 네트워크 주소　　다. 포트 번호　　라. IP 주소

51. 전송계층에서 동작하는 프로토콜들만으로 구성된 것은? 2005년 제3회

　가. IP, TCP, NetBEUI, IPX　　나. IP, TCP
　다. TCP, UDP　　라. NetBEUI, IP

52. OSI 7 Layer의 전송 계층에서 동작하는 프로토콜들만으로 구성된 것은?
2011년 제2회, 2017년 제3회

　가. ICMP, NetBEUI　　나. IP, TCP
　다. TCP, UDP　　라. NetBEUI, IP

53. 네트워크 관리자인 당신은 보안상의 이유로 FTP 서버의 기본 포트를 변경하려고 한다. 당신의 네트워크 서버에는 메일서버와 함께 웹 서버, FTP 서버도 같이 있다. 다음 중 사용가능한 포트 번호는? 2005년 제3회

　가. 25　　나. 110　　다. 81　　라. 21

54. TCP/IP 인터네트워킹 구조에서 라우터가 포함할 수 있는 계층으로 옳지 않은 것은?
2005년 제4회

　가. 물리계층　　나. 링크계층　　다. 네트워크계층　　라. 응용계층

55. TCP를 직접 이용하는 응용 프로그램으로만 묶인 것은? 2005년 제4회, 2007년 제4회

   가. TFTP(Trivial FTP), FTP
   나. DNS(Domain Name System), Telnet
   다. Ping, BOOTP
   라. Telnet, SMTP

56. TCP/IP 프로토콜 중 같은 계층에서 동작하지 않는 것은? 2005년 제4회

   가. SMTP　　　　나. RARP　　　　다. ICMP　　　　라. IGMP

57. OSI 모델에서 볼 때 세션계층과 트랜스포트계층에 해당하는 계층으로, 도착하고자 하는 시스템까지 데이터를 전송하는 역할을 가진 TCP/IP 프로토콜 계층은? 2005년 제4회

   가. 전송계층　　　나. 인터넷계층　　　다. 응용계층　　　라. 네트워크접속계층

58. TCP/IP의 응용계층 프로토콜에 해당하는 것은? 2005년 제4회

   가. 전송계층을 담당하는 TCP(Transmission Control Protocol)
   나. 네트워크계층을 담당하는 IP(Internet Protocol)
   다. 전송계층을 담당하는 UDP(User Datagram Protocol)
   라. 웹 검색을 가능하게 하는 HTTP(Hyper Text Transfer Protocol)

59. 하나의 서버는 서로 다른 서비스를 제공하고 있으며, 이 서비스는 포트라고 불리는 서로 다른 문을 통하여 제공된다. 다음은 서버가 일반적으로 사용하는 포트 번호를 나타내고 있다. 서비스에 따른 포트번호가 잘못 짝지어진 것은? 2005년 제4회

   가. HTTP – 81　　　나. FTP – 21　　　다. Telnet – 23　　　라. SMTP – 25

60. TCP/IP Protocol 군에서 네트워크 계층의 프로토콜로만 연결된 것은? 2006년 제1회, 2018년 제2회

   가. TCP–UDP–IP　　　　　　　나. ICMP–IP–IGMP
   다. FTP–SMTP–Telnet　　　　라. ARP–RARP–TCP

61. TCP/IP 계층 중 다른 계층에서 동작하는 계층은? 2006년 제1회

가. IP 나. SMTP 다. RARP 라. ARP

62. 다음 TCP/IP 계층 중 호스트 간의 메시지 단위의 정보 교환 및 관리를 주 기능으로 하는 계층은? 2006년 제2회

가. 응용프로세스 계층 나. TCP/UDP 계층
다. 네트워크 접속 계층 라. IP 계층

63. OSI 7 Layer 중 제 3계층의 Protocol에 해당되지 않는 것은? 2006년 제2회

가. ARP 나. ICMP 다. SNMP 라. IGMP

64. 인터넷 프로토콜들 중에서 OSI 계층 구조상의 네트워크 계층에 속하지 않는 프로토콜은? 2006년 제2회, 2007년 제2회, 2014년 제2회

가. IP 나. ICMP 다. UDP 라. ARP

65. 인터넷의 잘 알려진 포트(Well-Known Port) 번호로 옳지 않은 것은? 2006년 제2회

가. HTTP-80번 나. FTP-21번
다. Telnet-24번 라. SMTP-25번

66. 다음 중 프로토콜과 포트 번호가 올바르게 짝지어진 것은? 2006년 제3회

가. Telnet-21번 포트 나. POP2 - 27번 포트
다. POP3 - 25번 포트 라. HTTP - 80번 포트

67. 트랜스포트 계층의 프로토콜과 그 응용이 잘못 연결된 것은? 2006년 제3회

가. TCP-Telnet 나. UDP-DNS
다. TCP-TFTP 라. UDP-BOOTP

68. 웹 사이트를 생성할 경우, 웹 사이트 만들기 마법사 대화상자에서 디폴트로 설정된 TCP 포트 번호는? 2006년 제4회, 2007년 제1회

가. 80   나. 77   다. 17   라. 8080

69. TCP/IP 프로토콜 중 같은 계층에서 동작하지 않는 것은? 2007년 제1회

가. SMTP   나. RARP   다. ICMP   라. IGMP

70. 현재 인터넷 연결을 위해 전 세계적으로 가장 많이 사용되고 있는 프로토콜은? 2007년 제2회

가. NetBEUI   나. IPX/SPX   다. TCP/IP   라. OSPF

71. TCP/IP 프로토콜들을 계층별로 구분한 것으로 올바른 것은? 2007년 제3회

가. 네트워크계층-IP, ARP, RARP/전송계층-TCP, UDP/응용계층-TELNET, FTP
나. 네트워크계층-IP, TCP, UDP/전송계층-ARP, RARP/응용계층-TELNET, FTP
다. 네트워크계층-IP, ARP, RARP/전송계층-TCP, UDP, FTP/응용계층-TELNET
라. 네트워크계층-IP, ARP, TELNET/전송계층-TCP, UDP/응용계층-FTP

72. TCP/IP의 네트워크 계층 프로토콜로 옳지 않은 것은? 2007년 제4회, 2009년 제2회

가. IP   나. ICMP   다. IGMP   라. TCP

73. TCP/IP에 대한 설명으로 옳지 않은 것은? 2008년 제3회

가. TCP는 전송 계층(Transport Layer) 프로토콜이다.
나. IP는 링크 계층(Link Layer) 프로토콜이다.
다. TCP는 전송 및 에러 검출을 담당한다.
라. Telnet과 FTP는 모두 응용 프로토콜이다.

74. 서버 내 서비스들은 서로가 다른 문을 통하여 데이터를 주고받는데 이를 포트라고 한다. 서비스에 따른 기본 포트 번호로 옳지 않은 것은? 2008년 제3회, 2018년 제1회

가. FTP-21　　　나. Telnet-23　　　다. SMTP-25　　　라. WWW-81

75. 인터넷의 기본적인 통신 프로토콜로서, 인트라넷이나 엑스트라넷과 같은 사설망에서도 사용되는 프로토콜은? 2008년 제3회

가. IPX　　　나. SMTP　　　다. SPX　　　라. TCP/IP

76. 잘 알려진 인터넷 포트 번호로 옳지 않은 것은? 2008년 제4회

가. Telnet-23　　　나. SMTP-25　　　다. POP3-110　　　라. SSH-69

77. 시리얼 라인(RS-232, 모뎀, 전용선) 사용자가 TCP/IP 연결을 가능하게 만드는 프로토콜은? 2008년 제4회

가. SLIP/PPP　　　나. Telnet　　　다. FTP　　　라. VERONICA

78. TCP/IP 프로토콜의 계층을 하위에서 상위로 올바르게 배치한 것은? 2008년 제4회

가. 응용프로세스 계층 → 전달 계층 → IP 계층 → 네트워크 접속 계층
나. 네트워크 접속 계층 → IP 계층 → 전달계층 → 응용프로세스계층
다. IP 계층 → 네트워크 계층 → 전달계층 → 응용프로세스계층
라. 응용프로세스계층 → IP계층 → 전달계층 → 네트워크접속 계층

79. TCP/IP에 대한 설명으로 옳지 않은 것은? 2009년 제1회

가. TCP는 전송계층(Transport Layer) 프로토콜이다.
나. IP는 네트워크계층(Network Layer) 프로토콜이다.
다. IP는 전송 및 에러검출을 담당한다.
라. Telnet과 FTP는 모두 TCP/IP 프로토콜 위에서 동작한다.

80. 소규모 네트워크에 적합하며, 라우팅을 지원하지 않아 대규모의 네트워크나 WAN에 적합하지 않은 프로토콜은? 2009년 제1회

    가. NetBEUI   나. TCP/IP   다. NWLink   라. DLC

81. 다음은 서버가 일반적으로 사용하는(Well-Known) 포트 번호를 나타내고 있다. 서비스에 따른 포트번호가 잘못 짝지어진 것은? 2009년 제1회, 2011년 제2회, 2015년 제3회

    가. Telnet-23   나. HTTP-81   다. FTP-21   라. SMTP-25

82. OSI 7 Layer와 TCP/IP를 비교하였을 때 틀린 내용은? 2009년 제2회

    가. TCP/IP의 계층 아키텍처는 4계층으로 추상화하고, TCP 계층 위의 층을 응용 프로그램으로 묶는다.
    나. 3계층은 IP계층이라 하며, 계층간에 주고받는 데이터를 Packet이라 한다.
    다. OSI 7 Layer는 개방형, TCP/IP는 독립형 프로토콜이라 한다.
    라. TCP/IP를 이용한 Application으로는 Telnet, FTP 등이 있다.

83. OSI 7 Layer와 그 계층에서 동작하는 것과의 관계가 올바르게 연결된 것은? 2009년 제3회

    가. Transport Layer - TCP   나. Network Layer - FTP
    다. Application Layer - Ethernet   라. Physical Layer - SMTP

84. OSI 7 Layer와 그 계층에서 동작하는 것과의 관계가 올바르게 연결된 것은? 2011년 제3회

    가. Network Layer - IP   나. Transport Layer - FTP
    다. Application Layer - Ethernet   라. Physical Layer - SMTP

85. NetBEUI의 특징으로 옳지 않은 것은? 2009년 제3회

    가. 빠른 속도와 적은 메모리 오버헤드를 가진다.
    나. 근거리통신망 내의 컴퓨터들이 상호 통신할 수 있게 해준다.
    다. 라우팅이 가능하다.
    라. 자체적으로 설정되고 튜닝 된다.

86. TCP/IP 프로토콜 계층 모델에서 최상위 계층은? 2009년 제4회
가. 네트워크 계층   나. 응용 계층   다. 인터넷 계층   라. 전송 계층

87. 프로토콜과 일반적으로 사용되는(Well Known) 포트번호의 연결이 옳지 않은 것은?
2009년 제4회, 2014년 제1회, 2017년 제4회
가. FTP : 21번   나. Telnet : 23번   다. HTTP : 180번   라. SMTP : 25번

88. OSI 7 Layer 중 네트워크 계층 Protocol에 해당되지 않는 것은? 2010년 제1회, 2016년 제3회
가. ARP   나. ICMP   다. SNMP   라. IGMP

89. 웹 페이지를 전달하는데 사용하는 HTTP가 사용하는 기본 포트 번호는? 2010년 제2회
가. 21번   나. 23번   다. 53번   라. 80번

90. 호스트 컴퓨터 "icqa.or.kr"에 텔넷으로 접속하기 위해 "Telnet icqa.or.kr:1094"라고 명령을 입력한 경우 "1094"의 의미는? 2010년 제2회
가. User ID   나. Port Number
다. IP Address   라. Network Address

91. OSI 7 Layer와 TCP/IP 동작과의 관계에서, 각 계층과 프로토콜과의 관계를 올바르게 연결된 것은? 2010년 제2회
가. 전송계층-Ethernet   나. 물리계층-TCP
다. 응용계층-ARP   라. 네트워크계층-IGMP

92. TCP/IP 프로토콜 계층 중 TCP와 UDP를 사용하여 도착하고자 하는 시스템까지 데이터를 전송하는 역할을 하는 계층? 2010년 제3회
가. 전송 계층   나. 인터넷 계층   다. 응용 계층   라. 네트워크 접속 계층

93. 인터넷의 잘 알려진 포트(Well-Known Port) 번호로 옳지 않은 것은? 2010년 제3회, 2014년 제4회, 2016년 제4회, 2018년 제3회

가. SSH-22번　　　나. FTP-21번　　　다. Telnet-24번　　　라. SMTP-25번

94. TCP/IP 프로토콜 계층 구조에서 전송 계층의 데이터 단위를 부르는 이름은? 2010년 제3회, 2015년 제2회, 2016년 제2회

가. Segment　　　나. Frame　　　다. Datagram　　　라. User Data

95. 네트워크 케이블에서 실제로 움직이는 패킷은 크게 3 섹션으로 구별된다. 다음 중 패킷의 섹션으로 옳지 않은 것은? 2010년 제3회

가. 헤더　　　나. 데이터　　　다. 데이터그램　　　라. 트레일러

96. TCP/IP 프로토콜 중 응용 계층에서 동작하지 않는 것은? 2010년 제4회, 2014년 제3회

가. SMTP　　　나. Telnet　　　다. FTP　　　라. IGMP

97. 하나의 서버는 서로 다른 서비스를 제공하고 있으며, 이 서비스는 포트라고 불리는 서로 다른 문을 통하여 제공된다. 다음은 서버가 일반적으로 사용하는 포트 번호를 나타내고 있다. 서비스에 따른 포트 번호가 잘못 짝지어진 것은? 2010년 제4회

가. FTP-11　　　나. SSH-22　　　다. Telnet-23　　　라. SMTP-25

98. 인터넷의 Well-Known Port로 옳지 않은 것은? 2011년 제4회

가. TFTP : 68　　　나. FTP : 21　　　다. Telnet : 23　　　라. Finger : 79

99. 인터넷의 잘 알려진 포트(Well-Known Port) 번호로 옳지 않은 것은? 2012년 제1회, 2013년 제4회

가. 23번-FTP　　　나. 25번-SMTP　　　다. 80번-WWW　　　라. 110번-POP

100. TCP/IP 인터넷 프로토콜에 기반을 둔 응용 계층에서 지원하지 않는 프로토콜은? 2012년 제1회, 2015년 제3회

　가. ICMP(Internet Control Message Protocol)
　나. rlogin(Remote Login)
　다. NFS(Network File System)
　라. SNMP(Simple Network Management Protocol)

101. TCP/IP 프로토콜의 특징으로 옳지 않은 것은? 2012년 제2회

　가. 인터넷과 직접적인 통신이 가능하다.
　나. 강력한 라우팅 기능을 지원한다.
　다. 인터넷상의 HOST에 제공하는 IP의 수에 제한이 없다.
　라. 현재 사용되고 있는 대부분의 네트워크와의 연결을 제공한다.

102. 프로토콜과 기본 포트 번호로 사용되는 잘 알려진(Well Known) 포트 번호가 올바르게 짝지어진 것은? 2012년 제3회

　가. Telnet-21　　나. POP2-27　　다. POP3-25　　라. HTTP-80

103. TCP/IP 프로토콜 계층 중 TCP와 UDP를 사용하여 도착하고자 하는 시스템까지 데이터를 전송하는 역할을 하는 계층은? 2012년 제3회

　가. 전송 계층　　　　　　　　나. 인터넷 계층
　다. 응용 계층　　　　　　　　라. 네트워크 접속 계층

104. TCP의 프로토콜 이름과 일반 사용(Well-Known) 포트 연결로 옳지 않은 것은? 2012년 제4회, 2014년 제2회, 2016년 제2회

　가. SMTP : 25　　　　　　　　나. HTTP : 80
　다. POP3 : 100　　　　　　　　라. FTP-Data : 20

105. TCP/IP에 대한 설명으로 옳지 않은 것은? 2012년 제4회, 2016년 제4회

　가. TCP는 전송계층(Transport Layer)프로토콜이다.
　나. IP는 네트워크계층(Network Layer)의 프로토콜이다.
　다. TCP는 전송을 담당하고, IP는 데이터의 에러검출을 담당한다.
　라. Telnet과 FTP는 모두 TCP/IP 프로토콜이다.

106. 인터넷 서비스를 위해 기본으로 할당된 Telnet의 포트 번호는? 2013년 제1회

　가. 23　　　　　나. 22　　　　　다. 80　　　　　라. 70

107. TCP/IP 프로토콜 계층 구조에서 볼 때, 응용 계층에서 동작하는 프로토콜로 옳지 않은 것은? 2013년 제2회, 2014년 제2회, 2015년 제2회, 2017년 제3회

　가. ICMP　　　나. SMTP　　　다. SNMP　　　라. TFTP

108. SSH 프로토콜이 사용하는 포트 번호는? 2013년 제1회, 2014년 제3회

　가. TCP 22번　　나. TCP 23번　　다. UDP 24번　　라. UDP 25번

109. TCP/IP 계층 모델 중 트랜스포트 계층에서 제공하는 프로토콜은? 2013년 제1회, 2014년 제1회

　가. SNMP　　　나. Telnet　　　다. UDP　　　라. FTP

110. TCP/IP 계층 모델에 해당되지 않는 것은? 2013년 제3회

　가. 네트워크 인터페이스 계층　　　나. 트랜스포트 계층
　다. 표현 계층　　　　　　　　　　라. 응용 계층

111. 인터넷에서 전자 메일을 주고받을 때 사용되는 프로토콜로만 짝지어진 것은? 2013년 제3회

　가. HTTP, POP3　　　　　　　　나. HTTP, ICMP
　다. ICMP, SMTP　　　　　　　　라. POP3, SMTP

112. TCP/IP 계층과 OSI 7 Layer를 비교한 내용 중 옳지 않은 것은? 2013년 제4회

　가. TCP 프로토콜은 OSI 7 Layer의 전송계층에 해당한다.
　나. IP 프로토콜은 OSI 7 Layer의 네트워크계층에 해당한다.
　다. FTP는 OSI 7 Layer의 응용계층에 해당한다.
　라. HTTP 프로토콜은 OSI 7 Layer의 표현계층에 해당한다.

113. 아래 프로토콜 중 TCP/IP 계층 모델로 보았을 때, 나머지와 다른 계층에서 동작하는 것은? 2013년 제4회

　가. IP　　　　　　나. ARP　　　　　　다. RARP　　　　　　라. UDP

114. 인터넷 그룹 관리 프로토콜로 컴퓨터가 멀티캐스트 그룹을 인근의 라우터들에게 알리는 수단을 제공하는 인터넷 프로토콜은? 2015년 제2회

　가. ICMP　　　　　나. IGMP　　　　　다. EGP　　　　　　라. IGP

115. 멀티캐스트 라우터에서 멀티캐스트 그룹을 유지할 수 있도록 메시지를 관리하는 프로토콜은? 2015년 제4회, 2017년 제1회

　가. ARP　　　　　　나. ICMP　　　　　다. IGMP　　　　　라. FTP

116. TCP/IP 4 Layer 중 전송 계층에 속하는 것은? 2016년 제1회, 2017년 제4회

　가. Telnet　　　　　나. FTP　　　　　　다. IP　　　　　　　라. TCP

117. TCP/IP 4계층 모델에 해당되지 않는 것은? 2016년 제2회

　가. 세션(Session) 계층
　나. 인터넷(Internet) 계층
　다. 네트워크 인터페이스(Network Interface) 계층
　라. 응용(Application) 계층

118. OSI 7 Layer에 Protocol을 연결한 것 중 옳지 않은 것은? 2016년 제2회

가. Application : FTP, SNMP, Telnet
나. Transport : TCP, SPX, UDP
다. DataLink : NetBIOS, NetBEUI
라. Network : ARP, DDP, IPX, IP

119. 'xxx.yyy.zzz' 서버에 접속하기 위해 'telnet xxx.yyy.zzz:5555'를 입력했다. 여기서 '5555'의 의미는? 2017년 제2회

가. 포트 번호   나. 사용자 번호   다. 이더넷 주소   라. IP Address

120. TCP/IP 모델에서 TCP(Transmission Control Protocol)가 동작되는 계층은? 2017년 제2회

가. 응용 계층
나. 전송 계층
다. 인터넷 계층
라. 네트워크 접속 계층

121. IGMP에 대한 설명 중 올바른 것은? 2017년 제4회

가. 라우터가 주어진 멀티캐스트 그룹에 속한 호스트 존재 여부를 판단하기 위해 사용되는 인터넷 프로토콜
나. IP Address를 물리적인 랜카드 주소로 변환시키는 주소 결정 프로토콜
다. 신뢰성이 있는 연결형 프로토콜
라. 신뢰성이 없는 비연결형 프로토콜

122. 프로토콜과 일반적으로 사용되는(Well Known) 포트번호의 연결이 옳지 않은 것은? 2017년 제4회

가. FTP: 21번
나. Telnet: 23번
다. HTTP: 180번
라. SMTP: 25번

123. TCP/IP Protocol Suit에서 전송 계층의 프로토콜은? 2018년 제2회

가. TFTP   나. UDP   다. RARP   라. PPP

124 TCP/IP 계층 중 다른 계층에서 동작하는 프로토콜은? 2018년 제4회

가. NNTP　　　　나. ICMP　　　　다. SMTP　　　　라. FTP

정답

01	02	03	04	05	06	07	08	09	10
라	가	라	나	나	라	가	가	가	라
11	12	13	14	15	16	17	18	19	20
나	나	라	나	다	다	다	나	나	가
21	22	23	24	25	26	27	28	29	30
나	가	나	나	라	라	라	가	다	나
31	32	33	34	35	36	37	38	39	40
나	라	다	나	가	라	나	나	가	다
41	42	43	44	45	46	47	48	49	50
가	가	다	다	가	나	라	가	나	다
51	52	53	54	55	56	57	58	59	60
다	다	다	라	라	가	가	라	가	나
61	62	63	64	65	66	67	68	69	70
나	나	다	다	다	라	다	가	가	다
71	72	73	74	75	76	77	78	79	80
가	라	나	라	라	라	가	나	다	가
81	82	83	84	85	86	87	88	89	90
나	다	가	가	다	나	다	다	라	나
91	92	93	94	95	96	97	98	99	100
라	가	다	다	다	라	가	가	가	가
101	102	103	104	105	106	107	108	109	110
다	라	가	다	다	가	가	가	다	다
111	112	113	114	115	116	117	118	119	120
라	라	라	나	다	라	가	다	가	나
121	122	123	124						
가	다	나	나						

Chapter **02**

TCP/IP 주소의 종류

1 TCP/IP에서 사용하는 주소의 종류
2 컴퓨터 식별 주소
3 서비스 및 프로토콜 식별 주소
4 컴퓨터 내부자원 식별 주소
5 명령어 정리

CHAPTER 02 TCP/IP 주소의 종류

국가 공인 **네트워크관리사** 완벽 대비서 **TCP/IP 네트워크**

제1절 TCP/IP에서 사용하는 주소의 종류

1 컴퓨터 식별 주소

① 도메인네임(Domain Name)
② IP 주소(IP Address)
③ 물리 주소(Physical Address)

2 서비스 및 프로토콜 식별 주소

① 포트 번호(Port Number)
② 프로토콜 번호(Protocol Number)
③ 이더넷 타입 번호(Ethernet Type Number)

3 컴퓨터 내부자원 식별 주소

① E-mail 주소
② URL(Uniform Resource Locator) 주소

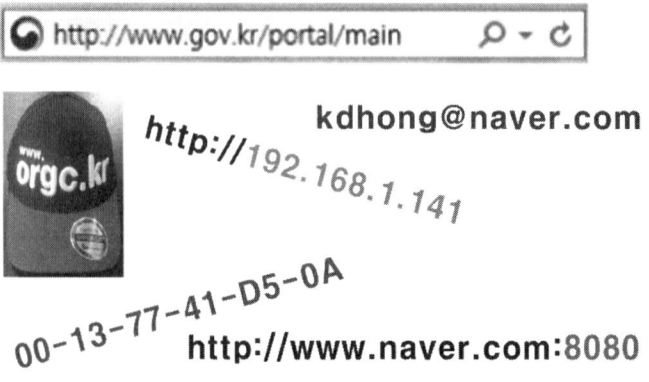

그림 2.1 TCP/IP 사용 주소의 종류

제2절 컴퓨터 식별 주소

1 도메인 네임(Domain Name)

① TCP/IP 환경에서 호스트나 네트워크의 일부분을 식별하기 위한 인터넷 주소 지정 단위의 이름
② 사용자가 주소를 기억하기 용이하도록 의미 있는 문자로 구성한 것
  ⓐ 강릉영동대학교 IP 주소 : 114.71.13.217
    ☞ 도메인 이름으로 IP 주소 알아내기 : nslookup www.gyc.ac.kr
  ⓑ 숫자로 구성된 주소 : 기억하기 힘들뿐만 아니라 분류하기도 어려움
③ 5계층에서 사용하는 컴퓨터 식별 주소에 해당
④ 도메인 이름 등록
  ⓐ InterNIC(Inter-Network Information Center)나 각 국가 NIC 등록
    ☞ 우리나라의 NIC 등록 기관 : KRNIC(Korea NIC)
  ⓑ 등록한 컴퓨터는 각기 유일한 문자로 구성된 이름을 부여 받게 됨
⑤ 도메인이란?
  ⓐ 네트워크 관리를 위한 영역을 나타냄
  ⓑ 예 국가, 학교, 기업과 같은 영역
⑥ 미국 외의 국가에서 사용되는 도메인 이름 형식
  ⓐ 서브 도메인과 최상위 도메인으로 구성
    ☞ 서브 도메인 : 호스트 이름, 기관 이름, 기관 성격을 나타냄
    ☞ 최상위 도메인 : 국가 이름을 나타냄
  ⓑ 도메인 이름을 구성하는 문자: 알파벳, 숫자, -(dash)를 사용
    ☞ 반드시 알파벳이나 숫자로 시작
⑦ 미국에서 사용되는 도메인 이름 형식
  ⓐ 최상위 도메인으로 구성
  ⓑ 최상위 도메인(기관의 성격) : 표참조
  ⓒ 미국 외의 지역에서 최상위 도메인으로 com이나 net 등을 사용하려면 InterNIC에 등록하여 사용

그림 2.2 미국 외의 국가에서 사용하는 도메인 네임의 형식

그림 2.3 미국에서 사용하는 도메인 네임의 형식

⑧ DNS(Domain Name System)란?
    ⓐ 도메인 주소를 IP 주소로 바꾸거나 그 역 변환 기능을 제공하는 시스템
       ☞ 컴퓨터에서 도메인 주소를 입력하면
       ☞ 인터넷상에서는 컴퓨터의 고유 주소가 IP 주소로만 인식
       ☞ 도메인 주소를 숫자로 구성된 IP 주소로 변환하는 작업이 필요
    ⓑ 따라서 컴퓨터가 DNS에 연결되어 있지 않으면 IP주소를 사용해야만 다른 컴퓨터

에 연결할 수 있음
※ DNS 서비스 확인 방법 : nslookup, ping 명령어 이용
☞ nslookup 도메인주소[또는 IP주소]
☞ ping 도메인주소[또는 IP주소]
ⓒ 도메인 이름과 IP 주소의 관계
☞ 보통 1:1 대응
☞ 1:n 또는 n:1 대응도 지원

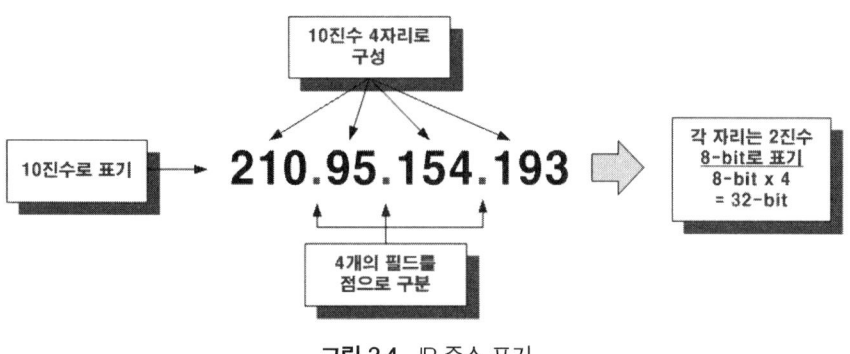

그림 2.4 IP 주소 표기

2 IP 주소

① 인터넷에 연결된 모든 컴퓨터 숫자로 구성된 고유의 주소 가짐
② 3계층에서 사용하는 주소
③ 표기 방법
　ⓐ 4 바이트(byte)로 구성
　ⓑ 각각 1 바이트씩 나누어져 점(dot: .)으로 구분
　ⓒ 10진수 4자리의 숫자로 표기
④ 현재 사용하고 있는 IP 주소 → IPv4 버전
　ⓐ IPv4 버전 : 32-bit
　ⓑ IPv6 버전 : 128-bit

3 물리주소

① LAN 카드 식별번호로 일명 MAC 주소, 어뎁터(Adaptor) 주소, 이더넷 주소라 함
② 1, 2계층에서 사용하는 주소
③ 표기 방법

ⓐ 48-bit로 구성
ⓑ 앞의 6자리 숫자(16진수)
  ☞ 회사식별 코드(OUI: Organizational Unique Identifier)
  ☞ 24비트로 구성되고 IEEE에서 할당하는 주소
ⓒ 뒤의 6자리 숫자(16진수)
  ☞ 회사관리 코드
  ☞ 24비트로 구성, 장비 제조업체에서 임의로 설정

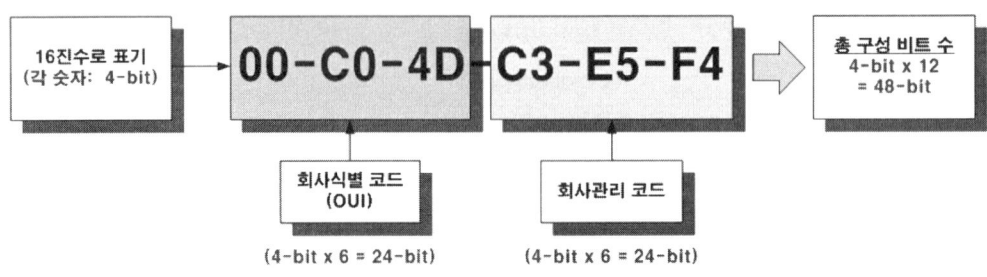

그림 2.5 물리주소 표기

ⓓ LAN 카드의 물리 주소(MAC 주소) 확인방법
  ☞ Windows의 경우 실행 창에서 cmd 명령어를 실행
  ☞ 명령어 창이 나타나면 "ipconfig /all" 명령어를 실행

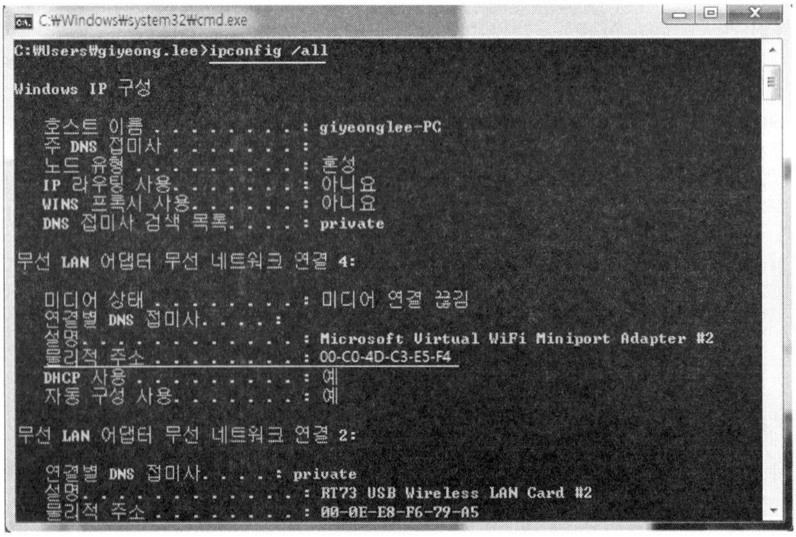

그림 2.6 명령어에 의한 물리주소 확인

제3절 서비스 및 프로토콜 식별 주소

1 포트번호(Port Number)

① 4계층의 TCP와 UDP 프로토콜에서 사용되는 16비트 응용서비스 식별자
  ⓐ 컴퓨터는 사용자 언어를 알지 못함 → 포트번호를 이용
    예 Telnet 명령어를 사용하여 처리를 요청했을 경우
      ☞ 컴퓨터는 Telnet이 무엇인지 알지를 못함
      ☞ 해결책 : 컴퓨터가 인지할 수 있게 되어 있는 포트번호 이용해 처리
  ⓑ 컴퓨터에서 사용되는 모든 네트워크 프로그램 : 포트번호가 부여되어 있음
② TCP와 UDP는 상위계층과 통신을 위해 포트번호를 이용
  ⓐ 출발지 포트 : 송신측 응용프로그램 계층 프로토콜과 통신을 할 때 사용
    ☞ 보통 응용프로그램 계층에서 임의로 생성하여 사용
    ☞ 1,024 이상의 번호를 사용하도록 권고

표 2.1 잘 알려진 포트번호(RFC 1700)

TCP 포트이름	포트번호	UDP 포트이름	포트번호
ftp-data	20	dns	53
ftp	21	bootps	67
ssh	22	bootpc	68
telnet	23	tftp	69
smtp	25	snmp	161
http	80	snmptrap	162
pop3	110	netbios-ns	137
whois	43	netbios-dgm	138
finger	79	rip	52-
rlogin	513	※ ns : Name Service	
rsh	514	dgm : Datagram Service	

  ⓑ 목적지 포트 : 수신측 응용프로그램 계층 프로토콜과 통신을 할 때 사용

용어 설명
(1) RFC
① Request for Comments
② 인터넷 기술과 관련된 공문서 간행물

2 프로토콜 번호(Protocol Number)

① 8비트 상위계층 프로토콜 식별자로 사용
② 3계층의 IP에서 사용

표 2.2 프로토콜 번호

프로토콜 이름	프로토콜 번호
ICMP	1
IGMP	2
TCP	6
EGP	8
IGP	9
UDP	17

용어 설명
(1) IGMP
① Internet Group Management Protocol
② 멀티캐스트 지원 프로토콜
(2) EGP
① Exterior Gateway Protocol
② AS(Autonomous System : 자율 시스템) 사이의 게이트웨이가 상호 라우팅 정보 교환을 하기 위한 인터넷 프로토콜
(3) IGP
① Interior Gateway Protocol
② 근거리통신망과 같은 AS 내의 게이트웨이들 간에 라우팅 정보를 주고받는데 사용되는 프로토콜

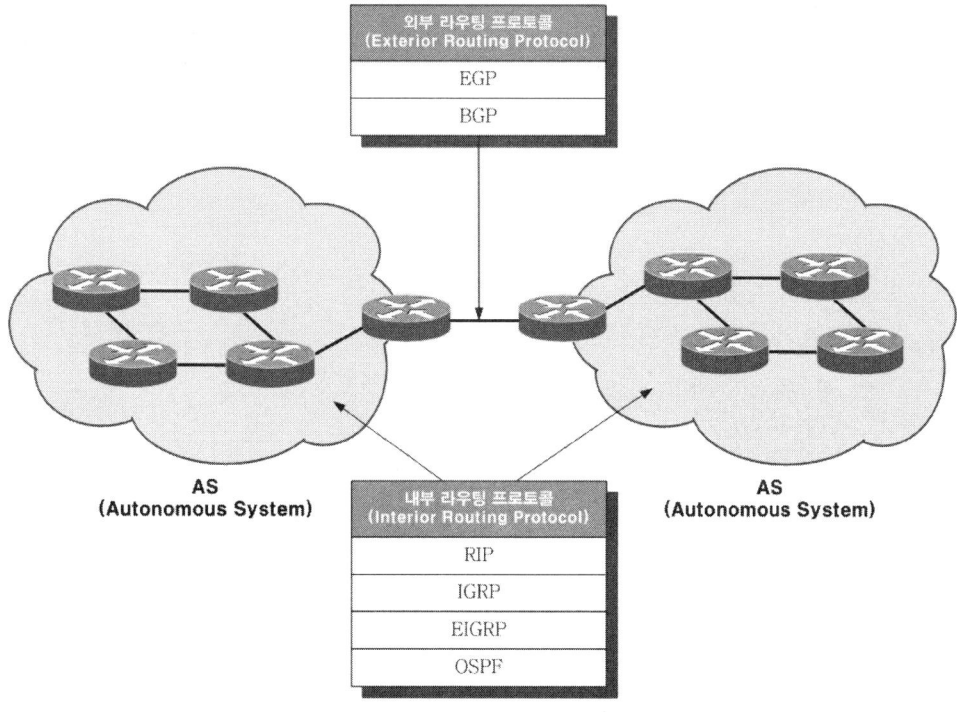

그림 2.7 내부 및 외부 라우팅 프로토콜

3 이더넷 타입 번호(Ethernet Type Number)

① Ethernet LAN 프로토콜에서 사용
② 16비트 상위계층 프로토콜 식별자로 사용

제 4 절 컴퓨터 내부자원 식별 주소

1 전자우편 주소(E-mail Address)
① 전자우편을 보낼 때 수신하는 상대편의 주소
② 형식
    ⓐ 사용자의 계정과 도메인 네임을 조합
    ⓑ "@" 표기
        ☞ "at" 또는 "골뱅이"
        ☞ 사용자 ID와 호스트 도메인 주소를 구분하기 위해 사용
    ⓒ 호스트 도메인 주소는 기관명 앞에 호스트명이 붙을 수도 있음

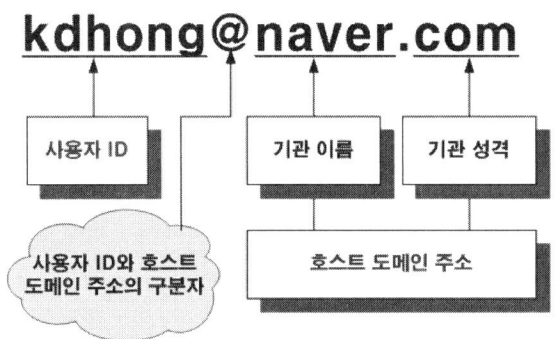

그림 2.8 전자메일 주소의 표기

    ⓓ 전자우편의 전달 과정
        ☞ 사용자에 의해 작성된 메일이 사용자의 서버로 전달
        ☞ SMTP(Simple Mail Transfer Protocol) 프로토콜에 의해 원격지의 메일 서버로 전달
        ☞ 원격지의 메일 서버에서는 수신된 메일을 해당 사용자의 메일박스(mailbox)로 이동시켜 관리
        ☞ 목적지의 메일 수신자는 POP이나 IMAP(Internet Message Access Protocol) 프로토콜을 이용하여 서버로부터 메일을 수신

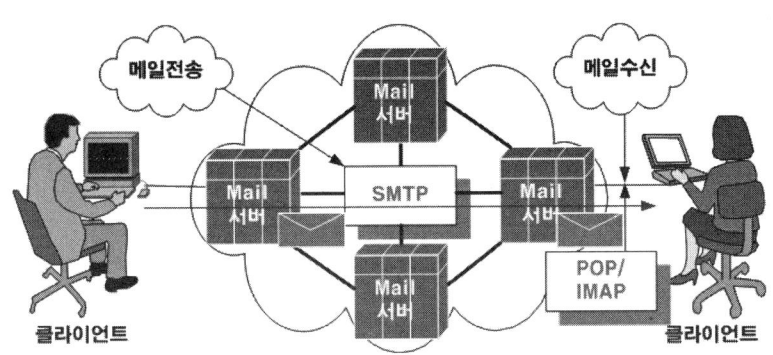

그림 2.9 전자우편 전달과정 및 사용 프로토콜

2 URL(Uniform Resources Locator) 주소

① 인터넷에서 웹 사이트, 웹 페이지, 그림 등과 같은 정보 위치를 표시하기 위해 사용하는 주소
② 형식
    ⓐ 크게 세 가지의 정보로 구성
       ☞ 프로토콜명
       ☞ 구분자
       ☞ 문서경로명

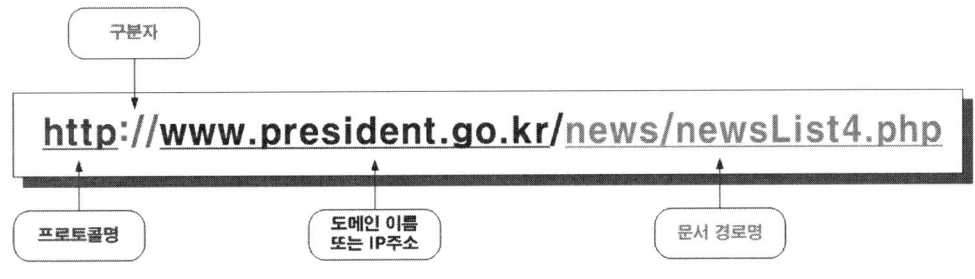

그림 2.10 URL 주소의 표기

    ⓑ 프로토콜명
       ☞ http(hyper text transfer protocol: 웹전송 프로토콜), telnet(원격접속 프로토콜), ftp(파일전송 프로토콜), news(뉴스전송 프로토콜), mailto(메일전송 프로토콜), file(지정파일 직접읽기) 등 유형 사용
    ⓒ "://" 구분자
       ☞ 프로토콜명과 뒤에 연결되는 도메인 이름이나 IP 주소와 구분

ⓓ 문서경로명
- ☞ 도메인 이름이나 IP 주소와
- ☞ 문서가 존재하는 "디렉터리 경로/문서명"으로 나타냄

제 5 절 명령어 정리

1 finger 명령어

① UNIX나 LINUX에서 사용자 계정 정보를 확인하는 명령어
② 명령어 옵션

표 2.3 finger 명령어의 옵션

옵션	의미
-l	정보를 자세하게 출력
-s	정보를 간단하게 출력

③ 명령어 사용 예
   ⓐ finger → 현재 login 되어있는 사용자들을 출력
   ⓑ finger @host → 호스트에 접속되어 있는 사용자 출력
④ finger는 /etc/services에서 서비스됨

2 netstat 명령어

① 현재 PC에 다른 PC가 접속하고 있는지 여부를 확인하는 명령어
② 명령어 옵션

표 2.4 netstat 명령어의 옵션

옵션	의미
-a	연결된 또는 연결을 기다리고 있는 모든 포트의 상태를 표시
-b	연결 또는 수신대기 포트생성과 관련된 실행파일을 표시
-n	호스트나 도메인 이름 대신 IP주소로 표시(numeric)
-r	라우팅 테이블(routing table)을 표시
-s	프로토콜별 통계를 표시(statistic)
-ps	프로토콜 상태를 표시(디폴트 옵션)
-p protocol	지정한 프로토콜의 연결을 표시

③ netstat -na(외부 PC의 접속 상태정보) 출력결과

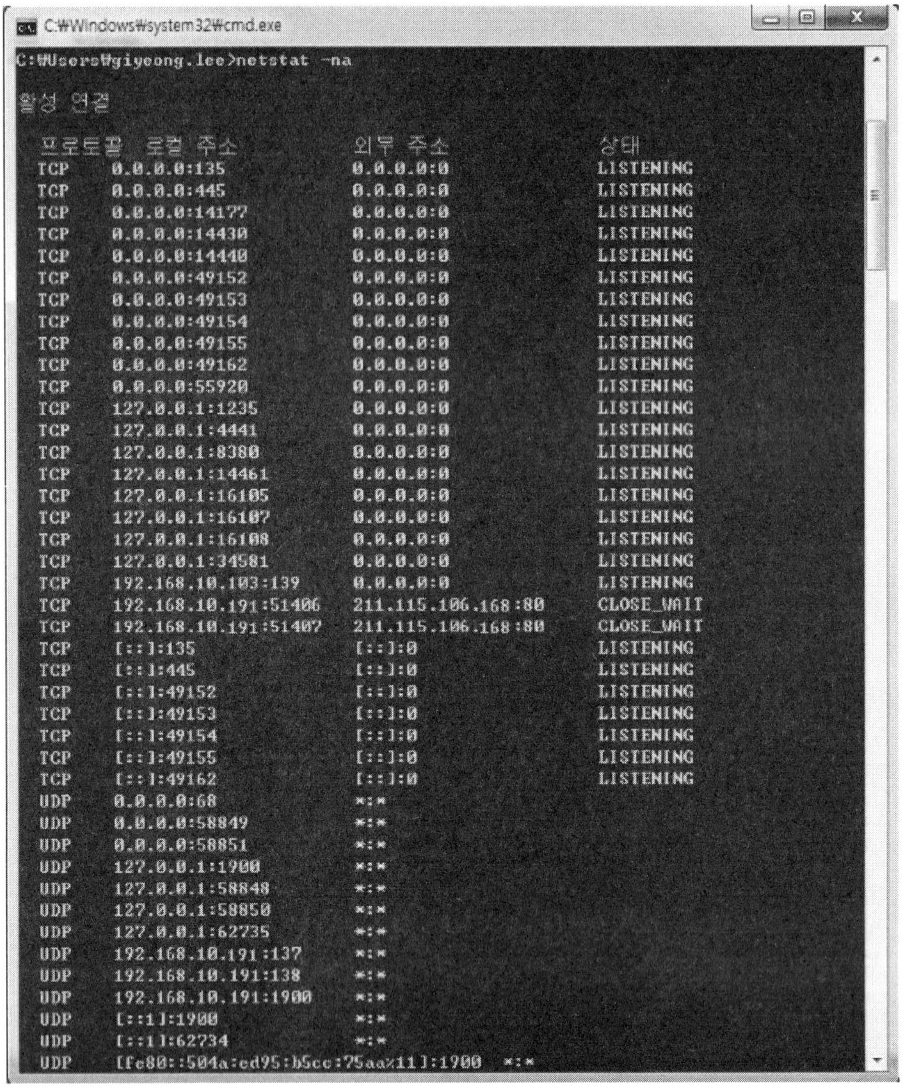

```
C:\Windows\system32\cmd.exe

C:\Users\giyeong.lee>netstat -na

활성 연결

  프로토콜  로컬 주소              외부 주소              상태
  TCP       0.0.0.0:135            0.0.0.0:0              LISTENING
  TCP       0.0.0.0:445            0.0.0.0:0              LISTENING
  TCP       0.0.0.0:14177          0.0.0.0:0              LISTENING
  TCP       0.0.0.0:14430          0.0.0.0:0              LISTENING
  TCP       0.0.0.0:14440          0.0.0.0:0              LISTENING
  TCP       0.0.0.0:49152          0.0.0.0:0              LISTENING
  TCP       0.0.0.0:49153          0.0.0.0:0              LISTENING
  TCP       0.0.0.0:49154          0.0.0.0:0              LISTENING
  TCP       0.0.0.0:49155          0.0.0.0:0              LISTENING
  TCP       0.0.0.0:49162          0.0.0.0:0              LISTENING
  TCP       0.0.0.0:55920          0.0.0.0:0              LISTENING
  TCP       127.0.0.1:1235         0.0.0.0:0              LISTENING
  TCP       127.0.0.1:4441         0.0.0.0:0              LISTENING
  TCP       127.0.0.1:8380         0.0.0.0:0              LISTENING
  TCP       127.0.0.1:14461        0.0.0.0:0              LISTENING
  TCP       127.0.0.1:16105        0.0.0.0:0              LISTENING
  TCP       127.0.0.1:16107        0.0.0.0:0              LISTENING
  TCP       127.0.0.1:16108        0.0.0.0:0              LISTENING
  TCP       127.0.0.1:34581        0.0.0.0:0              LISTENING
  TCP       192.168.10.103:139     0.0.0.0:0              LISTENING
  TCP       192.168.10.191:51406   211.115.106.168:80     CLOSE_WAIT
  TCP       192.168.10.191:51407   211.115.106.168:80     CLOSE_WAIT
  TCP       [::]:135               [::]:0                 LISTENING
  TCP       [::]:445               [::]:0                 LISTENING
  TCP       [::]:49152             [::]:0                 LISTENING
  TCP       [::]:49153             [::]:0                 LISTENING
  TCP       [::]:49154             [::]:0                 LISTENING
  TCP       [::]:49155             [::]:0                 LISTENING
  TCP       [::]:49162             [::]:0                 LISTENING
  UDP       0.0.0.0:68             *:*
  UDP       0.0.0.0:58849          *:*
  UDP       0.0.0.0:58851          *:*
  UDP       127.0.0.1:1900         *:*
  UDP       127.0.0.1:58848        *:*
  UDP       127.0.0.1:58850        *:*
  UDP       127.0.0.1:62735        *:*
  UDP       192.168.10.191:137     *:*
  UDP       192.168.10.191:138     *:*
  UDP       192.168.10.191:1900    *:*
  UDP       [::1]:1900             *:*
  UDP       [::1]:62734            *:*
  UDP       [fe80::504a:ed95:b5cc:75aa%11]:1900   *:*
```

그림 2.11 netstat -na 명령어 실행결과

ⓐ 출력에 대한 용어 설명
  ☞ 로컬 주소 → 자신PC(IP 또는 호스트명) : 포트번호로 구성
  ☞ 외부 주소 → 외부PC(IP 또는 호스트명) : 포트번호로 구성
  ☞ 상태 → 현재 Network 상태
ⓑ 상태에 대한 용어 설명

☞ ESTABLISHED : 현재 연결되어 있는 상태
☞ LISTENING : 연결을 위하여 접속대기 상태
☞ SYN_SENT : 접속하기 위해 패킷을 전송했다는 의미
☞ CLOSE_WAIT : 접속을 끊으려(기다리)는 상태
☞ FIN_WAIT : SYN 관련 문구는 현재 교신중인 상태
☞ TIME_WAIT : 해당사이트와 연결이 이미 종료되었거나 다음 연결을 위해 대기 상태

④ 사용 PC가 좀비 PC인지 여부 확인해 보기

프로토콜	로컬 주소	외부 주소	상태
TCP	110.61.52.32:49111	210.130.45.10:80	ESTABLISHED
TCP	110.61.52.32:49155	210.130.45.10:80	ESTABLISHED
TCP	110.61.52.32:49211	210.130.45.10:80	CLOSE_WAIT
TCP	110.61.52.32:49352	210.130.45.10:80	ESTABLISHED
TCP	110.61.52.32:49544	210.130.45.10:80	TIME_WAIT
TCP	110.61.52.32:49658	210.130.45.10:80	TIME_WAIT

그림 2.12 netstat 명령어의 실행결과 일례

ⓐ 동일한 외부PC의 IP주소의 80번 포트가 많이 열려 사용되고 있다면, 내 PC가 좀비일 가능성을 의심
ⓑ 사용 PC가 연결하는 곳이 없는데 해당포트가 LISTENING되고 ESTABLISHED로 연결되어 있다면 좀비 PC로 의심

3 ipconfig 명령어

① Internet Protocol Configuration
② MS 윈도에서 사용되는 콘솔 프로그램
   ⓐ 현재 컴퓨터의 TCP/IP 네트워크(환경) 설정 값을 표시
   ⓑ DHCP와 DNS 설정을 확인 및 갱신하는데 사용
③ 명령어 옵션

표 2.5 ipconfig 명령어의 옵션

옵션	의미
/all	전체 구성 정보를 표시
/release	DHCP 서버에서 자동할당 받아온 IPv4 주소를 변환(제거)
/renew	DHCP 서버에서 새로운 IPv4 주소를 자동할당 요청
/displaydns	DNS 캐시테이블(cash table)을 표시
/flushdns	DNS 캐시테이블 내용을 제거
/setclassid	DHCP 클래스 ID를 수정
/showclassid	어뎁터(adpator)에 대해 허용된 모든 DHCP 클래스 ID를 표시

④ 명령어 사용 예
　ⓐ "ipconfig /all" 명령어로 확인할 수 있는 정보
　　☞ 물리주소
　　☞ IP주소
　　☞ 서브넷 마스크
　　☞ 기본 게이트웨이
　　☞ DNS 서버

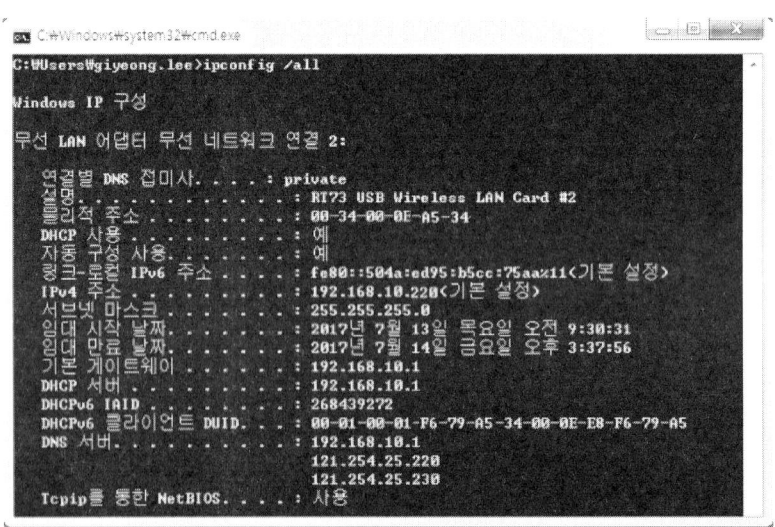

그림 2.13　ipconfig /all 명령어의 실행결과

　ⓑ "ipconfig" 명령어로 확인할 수 있는 정보
　　☞ "ipconfig /all" 명령어 결과에서 물리주소, DNS 서버 정보를 제외한 정보만 표시

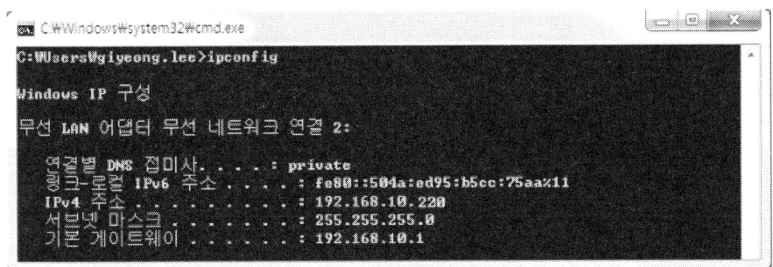

그림 2.14 ipconfig 명령어의 실행결과

4 ifconfig 명령어

① 네트워크 인터페이스(interface)의 정보를 확인 및 설정 변경
② 명령어 사용 예

    #ifconfig　　　　　→ 네트워크 인터페이스 정보 확인
    #ifconfig eth0 up　　→ eth0 네트워크 인터페이스를 활성화
    #ifconfig eth0 down → eth0 네트워크 인터페이스를 비활성화
    #ifconfig eth0 172.16.50.230 netmask 255.255.255.0 up
        → eth0 네트워크 인터페이스의 IP 주소와 netmask 주소를 변경

5 route 명령어

① 네트워크 명령어에 해당
② 라우터 테이블 정보 확인 및 변경
③ 명령어 사용 예

    #route　　　　　　　→ 라우터 테이블 정보 확인
    #route del default　 → 라우터 테이블의 default 게이트웨이(GW) 삭제
    #route add default gw 172.162.50.230 → 라우터 테이블에 default GW 추가

6 ping 명령어

① 네트워크 명령어에 해당
② Packet Internet Grouper
③ 유래

    ⓐ 물체의 위치를 찾는 음파탐지기로부터 유래
    ⓑ Mike Muuss에 의해 개발

④ TCP/IP 프로토콜을 사용하는 응용 프로그램

ⓐ 다른 호스트에 IP 데이터그램이 도착할 수 있는지를 검사
ⓑ 진단용으로 사용 : 네트워크 또는 시스템에 장애가 발생했는지의 여부를 조사
⑤ 명령어 옵션 : ping [옵션] 목적지주소(IP주소 or 도메인이름)

표 2.6 ping 명령어의 옵션

옵션	의미
-t	중지될 때 까지 지정한 호스트를 ping
	① 중지하려면 〈CTRL+C〉 키 입력
	② 입력통계를 보고 계속하려면 〈CTRL+Break〉키 입력
-n count	보낼 에코(echo) 요청 수
-l size	전송할 버퍼 크기(byte)
-f	패킷 조각화 하지 않음의 플래그(flag)를 설정(IPv4에만 해당)
-i TTL	네트워크상에서 패킷의 잔류시간(Time To Live)
-w timeout	각 응답의 대기시간 제한(ms)
-4	IPv4를 사용
-6	IPv6를 사용

⑥ 명령어 사용 예
  #ping -n 5 www.daum.net → 보낼 에코 요청 수를 5번
  #ping -l 50 www.daum.net → 보낼 데이터 크기를 50-byte로 설정
  #ping -i 126 www.daum.net → 라우터 호핑 카운트를 126으로 설정
  #ping -w 130 www.daum.net → 응답 대기시간을 130ms로 제한

7 tracert 명령어

① 네트워크 명령어에 해당
② 패킷이 목적지까지 도달하는 동안 거쳐 가는 라우터의 IP를 확인할 수 있는 툴
  ☞ 컴퓨터로부터 목적지 주소까지 패킷이 도달하는데, 몇 개의 장비를 거치는지 보여줌
③ tracert와 traceroute의 차이점

표 2.7 tracert와 traceroute 명령어의 차이점

명령어	사용 운영체제(OS)	사용 패킷
tracert	Windows	ICMP 기반
tracetoute	UNIX, CISCO 라우터	UDP 기반

④ UDP(또는 ICMP)와 IP의 TTL 값을 이용
⑤ 명령어 옵션

표 2.8 tracert 명령어의 옵션

옵션	의미
-d	주소를 호스트명으로 확인하지 않도록 함(IP로 함)
-h hop_count	검색을 위한 최대 홉 수(default = 30)
-w timeout	각 응답의 대기시간 제한(ms)
-R	왕복 경로 추적(IPv6)에 해당
-S sourc_addr	사용할 원본 주소(IPv6)에 해당
-4	IPv4를 사용
-6	IPv6을 사용

⑥ 명령어 사용 예

#tracert 168.126.63.1

☞ 한국통신 코넷 DNS 주소 : kns.kornet.net(168.126.63.1)
☞ 목적지까지 11개의 게이트웨이를 거침

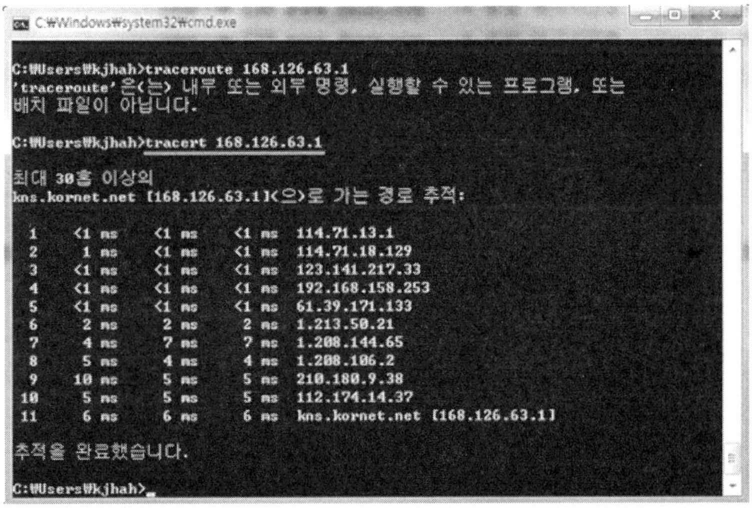

그림 2.15 ipconfig 명령어의 실행결과

연습문제

CHAPTER 02

01. 다음 중 인터넷에서 사용 가능한 URL이 아닌 것은? 1999년 제1회

　가. ftp://ftp.icqa.or.kr　　　　　　나. gopher://gopher.icqa.or.kr
　다. telnet://icqa.or.kr　　　　　　라. html://icqa.or.kr

02. TCP/IP가 정확하게 구성이 되었는지를 확인 할 수 있는 PING Protocol은? 1999년 제1회

　가. Packet Inetrnet Network Group
　나. Packet Identification Network Group
　다. Packet InterNet Groper
　라. Packet IntraNet Groper

03. 다음 중 물리적 네트워크의 인터페이스를 시험하고 로컬호스트의 NIC의 올바른 동작여부를 검사할 수 있는 명령은? 2000년 제1회, 2003년 제2회, 2007년 제2회

　가. ipconfig　　　나. traceroute　　　다. nslookup　　　라. netstat

04. 도메인의 구성체계 요소가 아닌 것은? 2000년 제2회

　가. 기관의 이름　　나. 사용자 ID　　다. 기관의 성격　　라. 국가표시

05. 각 인터페이스에 대한 MTU, input packet, output packet, errors, collisions, queue size 등의 인터페이스 정보를 제공해 주는 명령어는? 2000년 제2회, 2003년 제2회

　가. ifconfig　　　나. Ping　　　다. netstat　　　라. Traceroute

06. 네트워크의 패킷을 캡처하기 위해 네트워크 모니터를 사용할 때 지정할 수 있도록 하드웨어에 할당한 주소는? 2000년 제3회

　　가. IP 주소　　　　나. 메일링 주소　　다. MAC 주소　　라. 서브넷 주소

07. 시스템 인터페이스 정보를 출력하면서 송수신 패킷 수 및 오류수 충돌횟수, 현재 출력큐에 대기 중인 패킷 등에 관한 정보를 제공하는 것은? 2000년 제3회

　　가. MIB　　　　나. Netstat　　　다. CMIP　　　　라. Route

08. 다음의 TCP/IP 진단 유틸리티 중에서 패킷이 원격으로 가는 경로를 확인 할 수 있는 유틸리티는? 2000년 제4회

　　가. Ping　　　　나. Ipconfig　　다. Route　　　라. Tracert

09. Windows 2000 Server의 'netstat' 명령 중 Ethernet Interface와 Protocol별 통계결과를 출력하는 명령은? 2000년 제4회, 2002년 제2회, 2004년 제3회

　　가. netstat -a -n　　　　　　　나. netstat -e -s
　　다. netstat -n -s　　　　　　　라. netstat -r -e

10. kim00@icqa.or.kr 이라는 전자우편 주소를 가진 사람이 웹브라우저를 이용하여 자신의 홈디렉토리에 파일을 업로드(Upload)하려 한다. URL을 어떻게 지정하여 접속해야 하는가? 2001년 제1회, 2003년 제1회

　　가. http://kim00@icqa.or.kr　　　　나. http://icqa.or.kr/~kim00
　　다. ftp://kim00@icqa.or.kr　　　　라. ftp://icpa.or.kr/~kim00

11. 'network@icqa.or.kr'이라는 전자우편 주소를 가진 사람이 웹을 이용하여 자신의 홈 디렉터리에 파일을 업로드하려고 할 때, 올바른 URL을 사용한 예는? 2011년 제4회, 2012년 제2회

　　가. ftp://icpa.or.kr/~network　　　나. http://icqa.or.kr/~network
　　다. http://network@icqa.or.kr　　　라. ftp://network@icqa.or.kr

12. 컴퓨터가 DHCP 서버로부터 IP 주소를 할당받을 경우 이에 대한 정보를 알려주는 유틸리티는? 2001년 제2회

    가. ARP
    나. Ipconfig /all
    다. Ipconfig /release
    라. Ping /services

13. URL에 대한 다음 설명 중 적당하지 않은 것은? 2001년 제2회

    가. URL은 인터넷상의 정보 위치를 나타내기 위한 방법으로서 인터넷의 모든 자원 및 서비스에 대해 사용되는 표준 명명 규칙이다.
    나. URL의 구성은 프로토콜, 호스트명, 도메인명, 디렉토리 이름, 파일이름 순으로 구성되며 다음과 같은 형식으로 표현될 수 있다. protocol://host.domain/directory/file
    다. 도메인 이름(domain name)은 지정된 컴퓨터를 식별하기 위해 사용되는 것으로서 전 세계 적으로 유일한 이름을 가질 뿐만 아니라 하나의 호스트는 오직 하나의 도메인 이름과 대응할 수 있다.
    라. URL에 참여할 수 있는 프로토콜들로는 HTTP를 비롯, FTP, TELNET 등을 이용 할 수 있다.

14. URL에 대한 설명 중 옳지 않은 것은? 2005년 제3회, 2006년 제2회

    가. URL은 인터넷상의 정보 위치를 나타내기 위한 방법으로서 인터넷의 자원 및 서비스에 대해 사용되는 표준 명명 규칙이다.
    나. URL의 구성은 프로토콜, 호스트 명, 도메인 명, 디렉터리 이름, 파일 이름순으로 구성되며, protocol://host.domain/directory/file와 같은 형식으로 표현될 수 있다.
    다. URL은 지정된 컴퓨터를 식별하기 위해 사용되는 것으로서 전 세계적으로 유일한 이름을 가질 뿐만 아니라 하나의 도메인 이름은 오직 하나의 호스트와 대응한다.
    라. URL에 참여할 수 있는 프로토콜들로는 HTTP, FTP, Telnet 등을 이용할 수 있다.

15. 먼 곳에 있는 컴퓨터와 현재 사용 중인 컴퓨터 사이의 연결성을 테스트하려고 한다. 다음 중 하나의 TCP/IP 유틸리티를 사용하여 연결성을 테스트 할 수 있는 유틸리티는? 2001년 제3회

    가. ARP   나. NETSTAT   다. IPCONFIG   라. PING

16. TCP 프로토콜 패킷 구조에서 상위 사용자를 구분하는데 사용하는 것은? 2001년 제3회

  가. 포트 번호　　　　나. 순서 번호　　　　다. IP 주소　　　　라. 긴급 포인터

17. Microsoft Windows 2000의 IPCONFIG 유틸리티는 호스트상에 설정된 IP 주소와 서브넷 마스크 등 TCP/IP 구성 파라미터를 확인하는데 사용하는 유틸리티이다. 다음 중 IPCONFIG 유틸리티를 사용하여 확인할 수 없는 설정은? (단, IPCONFIG의 /ALL과 같은 파라미터는 사용하지 않는다.) 2001년 제3회, 2002년 제3회

  가. IP Address　　　　　　　　나. Subnet Mask
  다. Default Gateway　　　　　　라. DNS Server

18. ipconfig는 TCP/IP 설정을 확인하는 유틸리티이다. 다음 중 이 유틸리티를 사용하여 확인할 수 있는 정보로 옳지 않은 것은? (단, ipconfig의 /all과 같은 파라미터는 사용하지 않는다.)
2011년 제4회, 2013년 제4회, 2014년 제2회, 2015년 제2회

  가. IP Address　　　　　　　　　나. DNS 서버
  다. 서브넷 마스크(Subnet Mask)　　라. 기본 게이트웨이(Default Gateway)

19. DHCP 서버로 IP 주소(Address)를 되돌려 주기 위해 사용하는 명령어는?
2001년 제3회, 2013년 제2회

  가. ipconfig　　　　　　　　나. ipconfig /all
  다. ipconfig /release　　　　라. ipconfig /renew

20. 다음 중 DNS 서버에 의한 이름 풀기 과정을 진단하는데 사용될 수 있는 유틸리티는? 2001년 제4회

  가. netstat　　　　나. nbtstat　　　　다. nslookup　　　　라. hostname

21. 다음 중 인터넷에서 전자우편을 위한 URL은? 2001년 제4회

  가. ftp://ftp.icqa.or.kr　　　　　　　나. mail://mail.icqa.or.kr
  다. mailto://webmaster@icqa.or.kr　　라. mailto://news.icqa.or.kr

22. 호스트 컴퓨터 xxx.yyy.zzz에 접속하기 위해 'telnet xxx.yyy.zzz : 5555'라고 명령을 입력했다. 여기서 5555가 의미하는 것은? 2002년 제1회

    가. 포트 번호   나. 사용자 번호   다. 이더넷 주소   라. IP 주소

23. 호스트 컴퓨터 'icqa.or.kr'에 텔넷으로 접속하기 위해 'telnet icqa.or.kr:1094'라고 명령을 입력한 경우 '1094'의 의미는? 2017년 제1회

    가. User ID   나. Port Number   다. IP Address   라. Network Address

24. 다음 중 도메인 네임으로 IP 주소(Address)를 조회할 수 있는 명령은?
    2002년 제1회, 2005년 제2회, 2007년 제1회

    가. finger   나. nslookup   다. netstat   라. telnet

25. DHCP로부터 새로운 IP 주소를 부여받기 위해 사용되는 명령어 옵션은? 2002년 제2회

    가. ipconfig /renew   나. ipconfig /release
    다. ipconfig /flushdns   라. ipconfig /setclassid

26. 다음 중 특정 IP 주소를 호스트명으로 할당하기 위해 DNS 파일을 검색할 수 있는 유틸리티는? 2002년 제2회

    가. ARP   나. NSTSTAT   다. NETSTAT   라. NSLOOKUP

27. 이더넷 네트워크 통계를 알고자 할 때 사용하는 명령어는? 2002년 제2회

    가. ether /stst   나. TRACERT   다. Event Viwer   라. netstat -e

28. 다음 DNS 최상위 레벨 도메인 중 틀린 것은? 2002년 제2회

    가. org - 비영리 단체   나. net - 네트워크(인터넷 백본)
    다. arp - DNS   라. num - 전화번호

29. 다음 프로토콜과 프로토콜 ID가 바르게 연결된 것은? 2002년 제3회

　　가. ICMP-1　　　나. IGMP-3　　　다. UDP-6　　　라. TCP-8

30. 다음 중 TCP Connection의 상태를 파악하는데 사용되는 유틸리티는? 2002년 제4회

　　가. nbstat　　　나. netstat　　　다. nslookup　　　라. route

31. Windows 2000 Server에서 지원하는 TCP/IP 관련 명령어가 아닌 것은? 2003년 제1회

　　가. telnet　　　나. traceroute　　　다. netstat　　　라. arp

32. 다음 중 ipconfig를 실행하였을 때 생성되지 않는 정보는?(단, 옵션 사용 안함) 2003년 제3회

　　가. DNS　　　나. Gateway　　　다. IP 주소　　　라. 서브넷 마스크

33. 유틸리티 중에서 TCP/IP 통계를 통한 NetBIOS를 연결시키는 것은? 2003년 제4회

　　가. NBTSTAT　　　　　　　　나. NetBEUI /all
　　다. NETSTAT　　　　　　　　라. Netsho /nbt

34. 인터넷 서비스 중에서 Finger는 현재 인터넷의 호스트에 접속 중인 각 사용자에 대한 정보를 알려준다. 다음 중 일반적으로 Finger를 통해 알 수 있는 정보와 거리가 먼 것은?
2004년 제1회

　　가. 해당 사용자의 주민등록번호
　　나. 해당 사용자가 계정 등록 때 사용한 이름
　　다. 해당 사용자가 메일을 보았는지 확인
　　라. 해당 사용자가 호스트에 접속하기 위해 사용한 컴퓨터의 IP 주소

35. MAC Address의 설명으로 올바른 것은? 2004년 제2회, 2009년 제4회, 2015년 제1회

가. NIC 설치 시에 온라인을 통하여 할당 받는다.
나. 하위 3Byte는 컴퓨터 제조업체에서 구입한다.
다. MAC Address에 대한 세부 사항은 IEEE에서 결정한다.
라. 총 40bit로 구성되어 있다.

36. 인터넷의 도메인 네임(Domain Name)의 설명 중 옳지 않은 것은? 2005년 제4회

가. 도메인 네임은 숫자, 영문자 또는 숫자와 영문자의 조합으로 표현할 수 있다.
나. 도메인 네임의 길이는 최대 256자까지 가능하다.
다. 도메인 네임에 언더바(_), 대시(-) 기호를 사용할 수 있다.
라. 최상위 도메인은 일반 도메인과 국가 도메인으로 구성된다.

37. KRNIC에 의해 새롭게 추가된 학교와 관련된 최상위 도메인 중에서 초등학교에 해당하는 것은? 2006년 제1회

가. hs 나. sc 다. es 라. ms

38. KRNIC에서 부여하는 차상위 도메인 중에서 초등학교에 해당하는 것은? 2015년 제1회

가. hs 나. sc 다. es 라. ms

39. Windows 2000 Server에서 동적 호스트 구성(DHCP), DNS 등의 서버 주소를 포함하여, 서브넷 마스크, 기본 게이트웨이 등 TCP/IP 구성 파라미터를 확인할 수 있는 명령어는? 2006년 제1회, 2006년 제4회

가. Ifconfig 나. Ipconfig 다. Netstat 라. Ping

40. 인터넷의 도메인(Domain) 중 최상위 도메인으로 옳지 않은 것은? 2006년 제2회, 2006년 제3회

가. NET 나. ORG 다. COM 라. GO

41. IP(Internet Protocol)를 직접 이용하는 응용 프로그램은? 2007년 제2회

　　가. Traceroute　　나. DNS　　다. Ping　　라. SMTP

42. 다음 중 DHCP 클라이언트가, 자기가 갖고 있던 IP Address와 TCP/IP 관련 설정을 모두 버리고 초기화하는 명령으로 올바른 것은? 2007년 제3회

　　가. ipconfig /flushdns　　나. ipconfig /all
　　다. ipconfig /new　　라. ipconfig /release

43. 목적지 노드까지의 연결 경로를 알기 위해 사용하는 유틸리티는? 2007년 제4회, 2008년 제4회

　　가. Tracert　　나. Ping　　다. Netstat　　라. Nslookup

44. TCP/IP의 기본 설정 DNS 서버 주소를 확인할 수 있는 명령어로 올바른 것은?
2007년 제4회, 2008년 제3회

　　가. ipconfig /release　　나. ipconfig /renew
　　다. ipconfig /setup　　라. ipconfig /all

45. 각 주소를 나타내는 비트 크기가 옳게 표현된 것은? 2009년 제2회

　　가. IPv6 > 이더넷주소 > IPv4　　나. IPv6 > IPv4 > 이더넷주소
　　다. 이더넷주소 > IPv6 > IPv4　　라. 이더넷주소 > IPv4 > IPv6

46. NIC와 관련한 다음 설명 중 올바른 것은? 2009년 제2회, 2012년 제2회

　　가. 네트워크 내에서 NIC는 유일한 MAC 주소를 가지고 있다.
　　나. 일반적으로 컴퓨터의 NIC를 교체하는 경우에 이전에 사용하던 MAC 주소를 할당해야 한다.
　　다. Ethernet의 경우 MAC 주소는 4Byte로 구성된다.
　　라. NIC는 OSI 참조모델에서 3계층에 해당한다.

47. 목적지 주소에 대하여 라우팅경로를 추적할 때 사용되는 명령어는? 2009년 제4회

　가. route　　　나. tracert　　　다. netstat　　　라. nslookup

48. 도메인 이름을 알고 있는 호스트의 IP Address를 알아내는 데 사용되는 서비스로, 일반적으로 ISP(Internet Service Provider)에서 IP를 할당받을 때 같이 신청하는 것은? 2010년 제4회

　가. Inverse Domain　　　나. Generic Domain
　다. Country Domain　　　라. Administrative Domain

49. DNS에 대한 설명 중 옳지 않은 것은? (2010년 제4회)

　가. 다른 호스트에 접근하고자 할 때 기억하기 어려운 IP Address 대신에 좀 더 이해하기 쉬운 계층적인 호스트 이름을 사용할 수 있도록 하는 기반 서비스이자 프로토콜이다.
　나. 호스트 이름에 대한 분산 데이터베이스이다.
　다. 호스트 이름은 단순한 나열이 아니라 하나의 논리적인 구조를 형성하고 있다는 것을 말한다. 이들 호스트들은 하나의 도메인으로 그룹화 되어 있고, 내부에 다른 도메인을 포함할 수 있다.
　라. 호스트 이름은 영문자와 숫자 그리고 "@", "#"과 같은 특수 문자로 구성이 된다.

50. 네트워크에서 도메인이나 호스트 이름과 IP Address를 매핑시켜 주는 시스템은?
2011년 제1회

　가. NFS　　　나. DNS　　　다. NNTP　　　라. MIB

51. FTP의 URL을 작성하는 방법으로 올바른 것은? 2011년 제1회

　가. ftp//ftp.icqa.or.kr　　　나. ftp://ftp.icqa.or.kr
　다. ftp@ftp.icqa.or.kr　　　라. ftp://ftp@icqa.or.kr

52. Windows 2000 Server에서 현재 사용 중인 프로토콜과 Local, Foreign의 IP Address 및 사용 중인 포트를 알 수 있는 명령어는? 2011년 제1회
   가. Nbtstat   나. Netstat   다. Nslookup   라. Route

53. Windows 2000 Server에서 사용 중인 호스트 컴퓨터에 설정된 IP Address, Subnet Mask, Gateway Address, DNS Address를 확인할 수 있는 명령어는? 2011년 제2회, 2013년 제3회
   가. ipconfig   나. ping   다. netstat   라. ARP

54. 패킷이 라우팅 되는 경로의 추적에 사용되는 유틸리티로, 목적지 경로까지 각 경유지의 응답속도를 확인할 수 있는 것은? 2011년 제3회, 2017년 제2회, 2018년 제1회
   가. ipconfig   나. route   다. tracert   라. netstat

55. 인터넷 주소에 사용되는 도메인 네임에 대한 설명 중 옳지 않은 것은? 2011년 제3회
   가. 도메인 네임은 숫자, 영문자 또는 숫자와 영문자의 조합으로 표현할 수 있다.
   나. 도메인 네임은 영문자의 대, 소문자 구분이 없다.
   다. 도메인 네임에 언더바(_), 대시(-) 기호를 사용할 수 있다.
   라. 최상위 도메인은 일반 도메인과 국가 도메인으로 구성된다.

56. MAC Address에 대한 설명으로 옳지 않은 것은? 2011년 제3회, 2015년 제2회, 2016년 제3회
   가. 48bit의 길이를 갖는다.
   나. 데이터링크 계층에서 이용된다.
   다. 실제 데이터 전송은 IP Address를 이용하기 때문에, 같은 네트워크 내에 중복된 MAC Address가 할당되어도 네트워크 오류가 발생되지 않는다.
   라. 장치 디바이스가 가지고 있는 Address이다.

57. Domain Name을 IP Address로 변환하는 것은 2012년 제1회
   가. ARP   나. DHCP   다. WINS   라. DNS

58. Telnet을 이용하여 상대방 컴퓨터에 접속을 시도하려고 한다. 상대방 컴퓨터에게 일정한 데이터를 보내 상대방 컴퓨터의 정상 동작 여부를 확인하고 싶을 때 사용하는 명령어는? 2012년 제3회, 2013년 제4회

　가. ping　　　　　나. nslookup　　　다. netstat　　　　라. finger

59. 네트워크 인터페이스 카드(NIC)에 대한 설명으로 옳지 않은 것은? 2012년 제3회, 2013년 제1회

　가. OSI 7 Layer 중 4 계층 장비이다.
　나. 케이블을 통해 데이터 전송하기 위한 장치이다.
　다. 병렬 데이터를 받아 직렬로 전송한다.
　라. 고유한 네트워크 어드레스인 MAC Address가 있다.

60. NIC(Network Interface Card)에 대한 설명으로 옳지 않은 것은? 2013년 제2회

　가. NIC는 네트워크 형태에 따라 독립적인 어댑터이다.
　나. 컨트롤 칩과 통신전용 칩, 버퍼 등으로 이루어져 있다.
　다. OSI 7 Layer 중 물리 계층과 데이터 링크 계층에서 동작한다.
　라. 일반적으로 각각의 NIC에는 고유한 IP 주소가 할당되는데, 이는 제조 시 제조업체에서 할당이 된다.

61. DHCP 서버로 IP Address를 되돌려 주기 위해 사용하는 명령어는? 2013년 제2회

　가. ipconfig　　　　　　　　　　나. ipconfig /all
　다. ipconfig /release　　　　　　라. ipconfig /renew

62. NIC(Network Interface Card)에 대한 설명으로 옳지 않은 것은? 2010년 제3회, 2013년 제4회

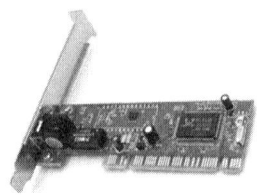

　가. NIC는 이더넷, 토큰링, FDDI와 같은 네트워크 형태에 따라 설계된 어댑터이다.
　나. OSI 7 Layer 중 전송 계층에서 사용된다.
　다. LAN 카드라 불리고 컴퓨터 내에 설치되는 확장카드이다.
　라. 대부분의 NIC에는 MAC(Media Access Control) 주소가 부여되어 있다.

63. Ping에 대한 설명 중 옳지 않은 것은? 2014년 제3회, 2015년 제3회, 2016년 제3회

가. TCP/IP 프로토콜을 사용하는 응용 프로그램이다.
나. 원격 호스트까지의 패킷이 도달하는 왕복 시간을 측정할 수 있다.
다. 원격 호스트에 네트워크 오류가 있을 경우, 이를 확인하고 오류를 정정해 준다.
라. 원격 호스트와의 연결 상태를 진단할 수 있다.

64. 네트워크의 상태정보를 나타내는 netstat 명령을 실행 했을 때 제공하지 않는 정보는?
2014년 제3회, 2015년 제1회, 2018년 제4회

가. 커널의 경로 배정표
나. 네트워크 인터페이스의 상태 정보
다. 인터페이스의 구성 정보
라. IP 패킷이 목적지에 도착하기 위해 방문하는 게이트웨이의 순서 정보

65. LAN 카드의 노드 Address에 실제로 사용하는 bit 수는? 2015년 제3회

가. 16bit   나. 32bit   다. 48bit   라. 64bit

66. 현재 LAN 카드의 MAC Address는 몇 비트의 번호체계인가? 2014년 제2회, 2018년 제1회

가. 32 비트   나. 48 비트   다. 64 비트   라. 128 비트

67. 도메인 네임을 IP Address로 바꿔 주는 명령어로, 이름 변환 동작을 요청함으로써 DNS의 문제를 진단하는데 사용되는 것은? 2018년 제2회

가. ipconfig   나. netstat   다. nslookup   라. ping

68. DNS 서버에 질의를 보내 IP Address와 도메인 주소의 결과를 알려주는데 사용될 수 있는 유틸리티는? 2018년 제3회

가. Netstat   나. Nbtstat   다. Nslookup   라. Hostname

정답

1	2	3	4	5	6	7	8	9	10
라	다	가	나	다	다	나	라	나	다
11	12	13	14	15	16	17	18	19	20
라	나	다	다	라	가	라	나	다	다
21	22	23	24	25	26	27	28	29	30
다	가	나	나	가	라	라	라	가	나
31	32	33	34	35	36	37	38	39	40
나	가	가	가	다	다	다	다	나	라
41	42	43	44	45	46	47	48	49	50
가	라	가	라	가	가	나	가	라	나
51	52	53	54	55	56	57	58	59	60
나	나	가	다	다	다	라	가	가	라
61	62	63	64	65	66	67	68		
다	나	다	라	다	나	다	다		

Chapter 03

IP 주소

1 IP 주소의 종류 및 정의
2 IP 주소의 구조
3 IP 주소의 유형
4 특별 IP 주소와 사설 IP 주소
5 IP 주소 배정 및 관리 기관
6 IPv4 헤더 구성

CHAPTER 03 IP 주소

국가 공인 **네트워크관리사** 완벽 대비서 **TCP/IP 네트워크**

제1절 IP 주소의 종류 및 정의

1 IP 주소의 종류

① IP(Internet Protocol)는 네트워크기기(OSI 3-계층) 사이의 통신을 위해 2가지 주소체계 (IPv4, IPv6)를 가짐
　ⓐ IPv4
　　☞ 의미 : Internet Protocol version 4
　　☞ 32-bit 주소체계
　　☞ 42억 개 정도의 주소 (2^{32} = 4.3 x 10^9)
　ⓑ IPv6
　　☞ 128-bit 주소체계
　　☞ 340간 개 정도(무한 개)의 주소 (2^{128} = 3.4 × 10^{38})
　　　(340간 2823구 6692양 938자 4634해 6337경 4607조 4317억 7000만)
② IPv4를 대체하는 IPv6 도입 및 확산
　☞ 주소 부족, 보안, 이동성의 문제점으로 IPv6로 대체

2 인터넷 주소를 표현하는 방식

① IPv4 주소 표현방식
② 도메인 이름(domain name) 표현방식

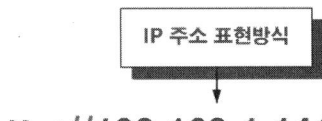

그림 3.1 인터넷 주소를 표현하는 방식

3 IPv4 주소란?

① 10진수 4자리의 숫자로 표기 : 4개의 필드(field)
② 각각 숫자는 점(dot : .)으로 구분
③ 각각의 숫자는 8비트(octet : 옥텟)로 구성 : 1-바이트(byte)
　☞ 표현할 수 있는 숫자 : 0 ~ 255 (2^8 = 256)
④ 4 바이트(byte)로 구성 : 총 32-bit로 구성

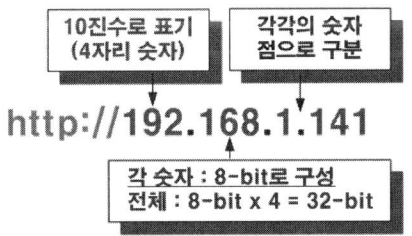

그림 3.2 IP 주소 표기

제2절 IP 주소의 구조

1 IP 주소의 구조

① IP 주소 : 네트워크 번호와 호스트(Node: 노드) 번호로 구성
  ⓐ 네트워크 번호 : 각 기관의 네트워크에 할당되는 주소
  ⓑ 호스트 번호 : 컴퓨터 자체에 부여되는 주소
② 마스크(Mask) : 네트워크와 호스트 주소를 구분해 주는 것
  ⓐ 마스크 번호가 1이면 네트워크 번호
  ⓑ 마스크 번호가 0이면 호스트 번호
③ IP 주소 표기 방법
  ⓐ IP 주소와 마스크 번호에 대한 표기법 : 3가지
    ☞ IP 주소와 마스크 주소를 각각 10진수를 사용하여 표기 : 표기법1
    ☞ IP 주소는 10진수를 사용하여 표기하고, 마스크 주소는 슬래쉬(slash : /) 뒤에 네트워크의 비트 수를 붙여 표기 : 표기법2
    ☞ IP 주소와 마스크 주소를 각각 2진수를 사용하여 표기 : 2진 표기법
  ⓑ IP 주소 표기법들 중에 가장 많이 선호되는 표기법 : 표기법2

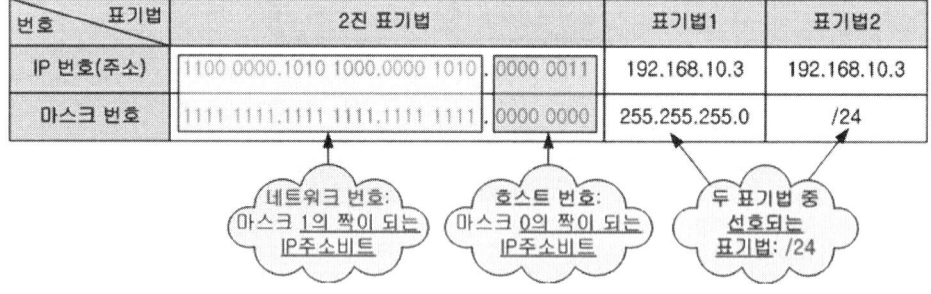

번호 \ 표기법	2진 표기법		표기법1	표기법2
IP 번호(주소)	1100 0000.1010 1000.0000 1010	0000 0011	192.168.10.3	192.168.10.3
마스크 번호	1111 1111.1111 1111.1111 1111	0000 0000	255.255.255.0	/24

네트워크 번호: 마스크 1의 짝이 되는 IP주소비트
호스트 번호: 마스크 0의 짝이 되는 IP주소비트
두 표기법 중 선호되는 표기법: /24

그림 3.3 IP 주소 표기 방법

제3절 IP 주소의 유형

1 IP 주소 체계의 유형
① 5가지 클래스(class)로 분류
　☞ A, B, C, D, E 클래스
② 국내의 대부분의 기관들은 C 클래스의 주소로 할당됨

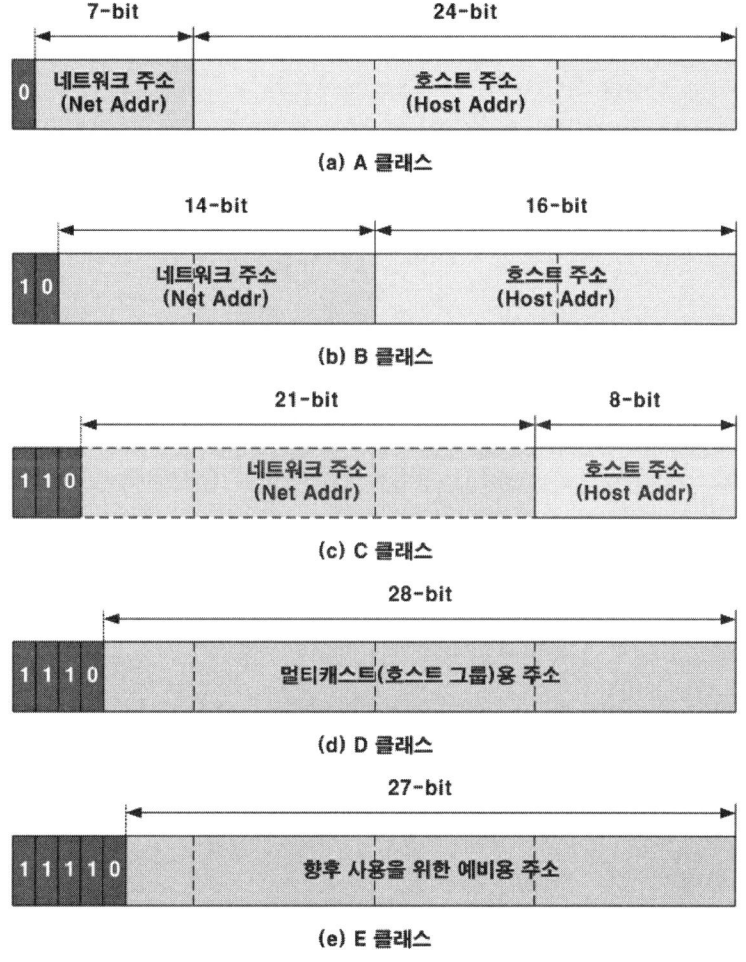

그림 3.4　IP 주소의 5가지 클래스(class)

2 A 클래스

① 32-bit 중 최상위 비트 0
② 네트워크 주소 부분 : 7 비트
 ⓐ 128개(2^7)로 구성
 ⓑ 0~127까지 표현
 ⓒ 보통 첫 번째 1 바이트가 0, 127, 255일 경우 : 특수목적으로 사용되기 때문에 사용되지 않음
 ⓓ 나타낼 수 있는 주소 범위 : 1.0.0.0에서 126.255.255.255까지
 ⓔ 첫 번째 숫자 : 네트워크의 주소이므로 126개의 네트워크를 사용
③ 네트워크에 연결할 수 있는 호스트 컴퓨터의 수
 ⓐ 16,777,214((256×256×256)−2)대
 ⓑ 특수 목적용 2대를 제외한 것
  ☞ 64.0.0.0(서브망 주소)
  ☞ 64.255.255.255

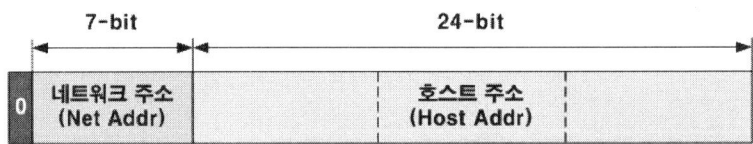

그림 3.5   A 클래스

3 B 클래스

① 최상위 비트 : 10
② 네트워크 주소 부분 : 14 비트
 ⓐ 첫 번째 바이트 : 네트워크용으로 6-bit가 사용
  ☞ 64개(2^6)로 구성: 128~191까지 표현
 ⓑ 두 번째 바이트 : 8-bit가 사용
  ☞ 256개로 구성 : 0~255까지 표현
  ☞ 나타낼 수 있는 주소 범위 : 128.0.0.0에서 191.255.255.255까지
③ 호스트 컴퓨터의 주소
 ⓐ 2 바이트 사용
 ⓑ 네트워크마다 65,534((256×256)−2)대를 연결

ⓒ 2대를 제외한 것 : 152.14.0.0과 152.14.255.255

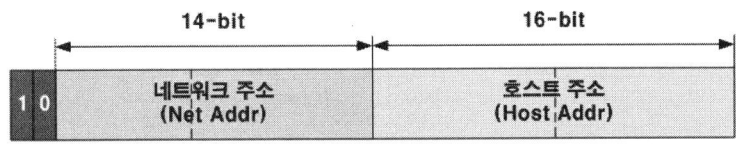

그림 3.6　B 클래스

4 C 클래스

① 최상위 3비트 : 110
② 네트워크 주소 부분 : 21 비트
　ⓐ 많은 네트워크를 가지는 반면에 호스트의 수가 제한적임
　ⓑ 첫 번째 바이트 : 네트워크용으로 5-bit가 사용
　　☞ 32개(2^5)로 구성 : 192~223까지 표현
　ⓒ 두 번째 바이트 : 8-bit가 사용
　　☞ 각각 256개로 구성 : 0~255까지 표현
③ 호스트 컴퓨터의 주소
　ⓐ 1 바이트 사용
　ⓑ 네트워크마다 254(256-2)대를 연결
　ⓒ 2대를 제외한 것 : 0과 255

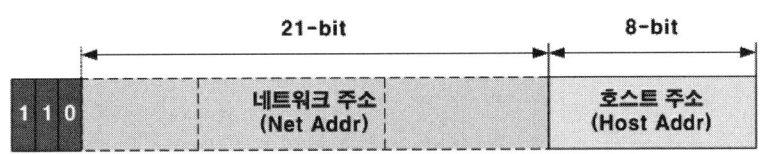

그림 3.7　C 클래스

5 D 클래스

① 최상위 4비트 : 1110
　☞ 호스트 그룹(multicasting)용으로 사용, 즉 멀티캐스트용 주소
② 네트워크 주소 부분 : 첫 번째 바이트 중 4 비트
　☞ 16개(2^4)로 구성 : 224~239까지 표현

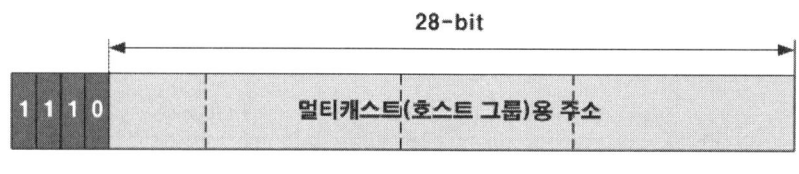

그림 3.8 D 클래스

③ 현재 사용되고 있는 멀티캐스트 주소

표 3.1 현재 사용되고 있는 멀티캐스트 주소

IP 주소	멀티캐스트 주소명
224.0.0.4	DVMRP(Distance Vector Multicast Routing Protocol)
224.0.0.5	모든 OSPF(Open Shortest Path First) 프로토콜
224.0.0.6	OSPF DR(Designated Router)
224.0.0.9	RIPv2 프로토콜
224.0.0.10	EIGRP(Enhanced Interior Gateway Routing Protocol)
224.0.0.12	DHCP 서버/릴레이 에이전트(Relay Agent)
224.0.0.13	PIM(Protocol Independent Multicast)
224.0.0.18	VRRP(Virtual Router Redundancy Protocol)
224.0.0.22	IGMP(Internet Group Management Protocol)
224.0.0.102	HSRP2(Hot Standby Router Protocol 2)

6 E 클래스

① 최상위 5비트 : 11110
  ☞ 향후 IP 주소의 예비용으로 확보된 것
② 네트워크 주소 부분 : 사용되지 않은 주소의 나머지 부분(첫 번째 바이트 중 3비트)
  ☞ 사용되지 않은 주소의 나머지 부분
  ☞ 240~254까지 표현

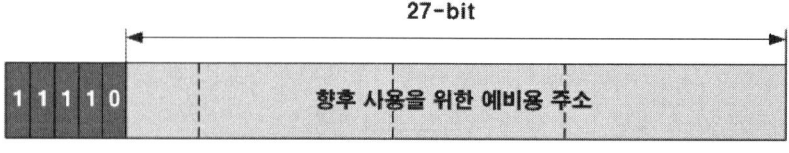

그림 3.9 E 클래스

7 IP 주소의 유형 정리

① IP 주소의 클래스별 정리

표 3.2 IP 주소의 클래스별 정리

클래스(class)	시작비트	주소 범위	넷마스크
A	0XXXXXXX	1~126	255.0.0.0
B	10XXXXXX	128~191	255.255.0.0
C	110XXXXX	192~223	255.255.255.0
D	1110XXXX	224~239	–
E	11110XXX	240~254	–

② IP 주소 클래스별 주소범위 및 특징

표 3.3 클래스별 IP 주소의 범위 및 특징

클래스(class)	주소 범위	특징
A	1.0.0.0~126.255.255.255	국제적 네트워크, 대국의 호스트
B	128.0.0.0~191.255.255.255	학술기관
C	192.0.0.0~223.255.255.255	국내 대부분의 기관
D	224.0.0.0~239.255.255.255	호스트 그룹
E	240.0.0.0~254.255.255.255	향후 예비용

8 수신자에 따른 IP 주소와 MAC 주소의 분류

③ 수신자에 따른 IP 주소 분류

  ⓐ 유니캐스트(Unicast) : 하나의 호스트에게만 송신
  ⓑ 멀티캐스트(Multicast) : 특정한 호스트 집단에게 송신
  ⓒ 브로드캐스트(Broadcast) : 같은 네트워크 부분을 가지는 모든 호스트에게 송신

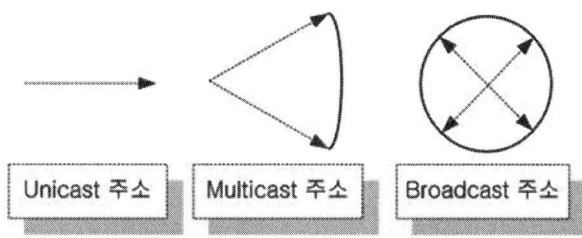

그림 3.10 수신자에 따른 IP 주소의 분류

② 수신자에 따른 IP주소와 MAC 주소 분류

표 3.4 수신자에 따른 IP 주소와 MAC 주소 분류

주소의 분류	IP 주소	MAC 주소
Unicast 주소	XXX.XXX.XXX.XXX	0xYYYY.YYYY.YYYY
Multicast 주소	224~239.XXX.XXX.XXX	0x0100.5EYY.YYY
Broadcast 주소	255.255.255.255	0xFFFF.FFFF.FFFF

제4절 특수 IP 주소와 사설 IP 주소

1 특수 IP 주소

① 특수 IP 주소의 종류
    ⓐ 루프백(Loopback) 테스트용 주소
    ⓑ 로컬호스트(Local Host) 주소

② 루프백 테스트용 주소
    ⓐ 127.x.x.x
    ⓑ 127로 시작하는 IP 주소는 루프백 주소로 할당되어서 일반 IP 주소로 사용할 수 없음

③ 로컬호스트(Local Host) 주소
    ☞ 127.0.0.1
    ☞ 서버를 구축하여 로컬용으로만 사용할 경우 할당되는 IP 주소

2 사설 IP 주소

① 사용 목적
    ⓐ TCP/IP를 통한 통신망이 전 세계로 확산되면서 IP주소의 부족이 심각한 문제로 대두
    ⓑ 인터넷의 공인 IP주소를 절약하기
        ☞ 사설망에 연결된 여러 대의 컴퓨터에 사설 IP를 사용
        ☞ 하나 또는 복수 개의 공인 IP는 공동으로 사용

② 클래스별 사용되는 사설 IP 주소의 영역

표 3.5 사설 IP 주소 영역

클래스(class) 구분	사설 IP 주소 영역	비고
A	10.x.x.x	공인 IP 주소 : 1~223
B	172.16.x.x~172.31.x.x	
C	192.168.x.x	

제 5 절 IP 주소 배정 및 관리 기관

1 IP 주소 배정 및 관리

① ISOC(Internet Society) 산하의 NIC에서 총괄 담당
  ⓐ 인터넷 사용 확대 및 기술발전을 위해 만들어진 비영리 전문가 단체
  ⓑ 우리나라에서는 한국정보화진흥원(NIA)산하의 KRNIC에서 담당
② ICANN(Internet Corporation for Assigned Names and Numbers)
  ⓐ 국제도메인관리기구 또는 국제인터넷주소관리기구
  ⓑ 인터넷 도메인네임과 주소를 지정하는 미국의 비영리 사설 기관
  ⓒ 일상생활 분야에 인터넷 의존도가 높아짐에 따라 인터넷주소 관리주체 변경 문제가 제기
    ☞ 글로벌 다수 이해관계자의 의견을 수렴하기 위함
  ⓓ 정부의 인터넷주소 관리권한 → 민간(ICANN)에 넘기는 것이 제기됨
    ☞ 미국 : 인터넷주소 관리권한을 민간에 이양 발표(2014년 3월)
    ☞ 우리나라 : ICANN에서 관리권한 이양 요청(2014년 12월)

2 인터넷 관련 국제기구

① ISOC
  ⓐ Internet Society(인터넷 협회)
  ⓑ 인터넷을 국제적으로 대표하고, 기술개발이나 운용상의 제반 문제를 총괄하는 기구
② IAB
  ⓐ Internet Architecture Board(인터넷 아키텍처 위원회)
  ⓑ 인터넷 발전과 관련된 방침, 기획 및 기술정책적인 문제를 담당
③ IETF
  ⓐ Internet Engineering Task Force(국제 인터넷 표준화 기구)
  ⓑ IAB의 산하기관으로 IAB의 감독을 받음
  ⓒ 인터넷의 운영, 관리, 개발에 대해 협의하고 프로토콜과 구조적인 사안들을 분석하는 인터넷 표준화 작업기구
  ⓓ 인터넷 표준화 작업에 초점을 둔 컴퓨터 통신망 연구자들의 공동체

제 6 절 IPv4 헤더 구성

1 IPv4 헤더(header) 내용 및 구조

① 헤더 내용
- ☞ IP 패킷의 앞부분에 주소 등 각종 제어정보를 담고 있는 부분

② 헤더 구조
- ☞ 버전, 서비스 형태, 상위 프로토콜 타입 등으로 구성

Bit	4	8	16	32
32	Version	Header Length	Priority & Type Of Service	Total Length
64	Identification		Flags	Fragment Offset
96	Time-To_Live		Protocol	Header Checksum
128	Source IP Address			
160	Destination IP Address			
192	Options(0 or 32 if any)			
224	Data(Varies if any)			

그림 3.11 IPv4 헤더 구조

③ 헤더 사이즈
- ⓐ IPv4의 경우 : 20-byte(옵션 미지정)
- ⓑ IPv6의 경우 : 최소 40-byte

2 IPv4 헤더 구성의 내용

(1) Version
- ① 4일 경우 : IPv4를 사용
- ② 6일 경우 : IPv6를 사용

(2) Header Length(HLEN)
- ① 헤더의 길이 : 32비트(4 바이트) 워드 단위로 헤더 길이를 표시
- ② 고정 부분 : 20-byte
  옵션(가변) 부분 : 0 ~ (최대)40-byte
- ③ 최소 20-byte ~ 최대 60-byte

(3) Type of Service(TOS)
　① 요구되는 서비스 품질을 나타냄
　② 현재 대부분의 시스템에서는 이 필드를 무시함
(4) Total (Packet) Length
　① IP 패킷 전체의 길이 : IP 헤더 + 데이터
　② 단위 : byte로 표시
　③ 최대값 : 65,535 = $(2^{16} - 1)$
(5) Identifier
　각 조각이 동일한 데이터그램(IP 계층에서 데이터 단위)에 속하면 같은 일련번호를 공유함
(6) Flags
　① 조각(Fragmentation)의 특성을 나타내는 플래그
　② 3-bit 사용

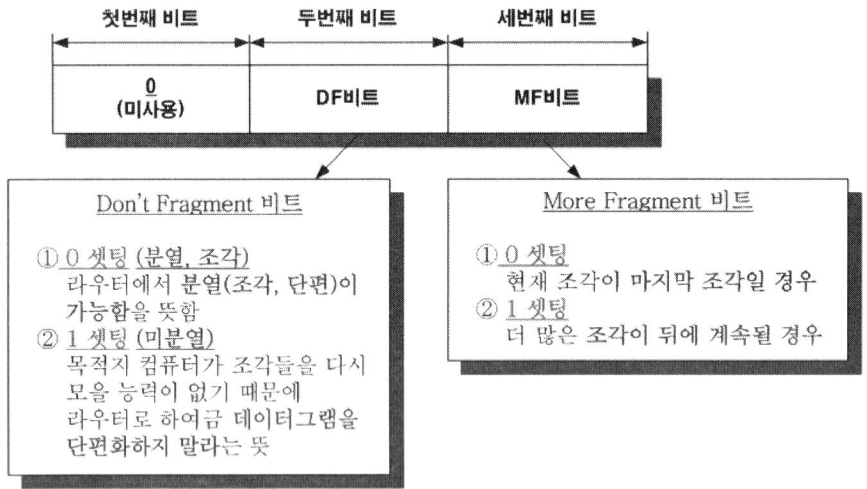

그림 3.12 패킷의 조각(fragmentation) 특성을 나타내는 플래그(flags)

(7) Fragment Offset
　① 조각(Fragment)나기 전 원래 데이터그램(datagram)의 위치를 나타냄
　　☞ byte 단위로 표시
　② 각 조각들이 순서 바뀌어 도착할 수도 있기 때문에 이 필드가 중요
(8) Time To Live(TTL)
　① IP 패킷 수명 : IP 패킷 전달에 대한 생존 시간

② 인터넷에서 IP 패킷이 라우팅시 거쳐야할 라우터의 개수를 표현
③ 각 라우터는 IP 패킷을 라우팅할 때 마다 TTL의 값을 감소시킴
④ TTL 크기
　ⓐ 기본 값 : 64
　　☞ IANA(Internet Assigned Numbers Authority : 인터넷 할당번호 관리기관)에서는 TTL 기본 값을 64로 할당하여 제안하고 있으나, 필요에 따라 다른 값을 사용할 수 있음
　ⓑ 최대 값 : 255
　　☞ 8비트의 홉 한계를 가짐 : $2^8 = 256 \rightarrow 0{\sim}255$
　ⓒ 타임아웃(time out) : 2분
　　☞ RFC(Request For Comments : 인터넷 기술과 관련된 공문서) 1122에서는 2분이 넘으면 홉 한계가 되기 전에도 IP 패킷의 수명이 다했음을 권고

(9) Protocol ID(프로토콜 번호)
① 패킷 또는 프레임 내에 상위계층 프로토콜을 수납시켜 전송하게 되는데, 수납되는 상위계층 프로토콜을 나타내는 식별자/유형/번호

표 3.6 IP 패킷 내 주요 프로토콜들의 번호

프로토콜 이름	프로토콜 번호
ICMP	1
IGMP	2
TCP	6
EGP	8
IGP	9
UDP	17
OSPF	89

② IP 계층에서 서비스를 제공할 대상이 되는 상위계층의 프로토콜(전송 프로토콜 등)이 어느 것인지를 보여줌
③ 크기 : 1 바이트
④ IP 패킷 내 주요 프로토콜 번호들 : 표 참조

(10) Header Checksum
　☞ 헤더에 대한 오류검출

(11) Source IP Address

☞ 송신처 IP 주소
(12) Destination IP Address
　　☞ 목적지 IP 주소
(13) IP 헤더 옵션(선택옵션)
　　① 가변 길이 비트(bits)
　　② 0 ~ 40-byte
　　③ 현재는 거의 사용하지 않으나, IP 헤더에 부가적인 필드 제공하는데 사용
(14) Padding
　　① 필요한 경우에만 사용
　　② 가변 길이 비트(bits)

연습문제

CHAPTER 03

01. 다음 중 Class C에서 유효한 주소는? 1999년 제1회
   가. 33.114.17.24   나. 199.46.283.25
   다. 202.67.13.87   라. 155.23.94.3

02. C Class에서 유효한 IP Address는? 2004년 제3회, 2005년 제1회, 2008년 제3회, 2018년 제4회
   가. 33.114.17.24   나. 128.46.83.25
   다. 202.67.13.87   라. 222.248.256.34

03. "C Class" 네트워크에서 유효한 IP Address는? 2009년 제4회
   가. 33.114.17.24   나. 199.46.263.25
   다. 202.67.13.87   라. 229.23.94.3

04. 다음 TCP/IP 주소 중 잘못된 것은? 1999년 제1회
   가. 123.225.112.3   나. 2.3.5.7
   다. 203.230.221.34   라. 192.257.125.53

05. IP address Class 중에서 소형 망에 적합하며 가장 적은 수의 호스트를 가질 수 있는 IP address class는? 1999년 제1회, 2006년 제4회
   가. A class   나. B class   다. C class   라. D class

06. TCP/IP에서 Unicast의 의미는? 2000년 제1회, 2013년 제1회, 2015년 제1회

　가. 메시지가 한 호스트에서 다른 여러 호스트로 전송되는 패킷
　나. 메시지가 한 호스트에서 다른 한 호스트로 전송되는 패킷
　다. 메시지가 한 호스트에서 망상의 다른 모든 호스트로 전송되는 패킷
　라. 메시지가 한 호스트에서 망상의 특정그룹 호스트들로 전송되는 패킷

07. 다음은 TCP/IP 프로토콜이다. IP 주소유형 중에서 특정 호스트로부터 케이블상의 모든 호스트로 정보를 전달하는 서비스를 제공하는 것은? 2000년 제1회

　가. 유니캐스트(Unicast)　　　　　나. 브로드캐스트(Broadcast)
　다. 멀티캐스트(Multicast)　　　　라. UDP(User Datagram Protocol)

08. 다음 국제기구 중에서 Internet Address를 담당하는 기구는? 2000년 제1회

　가. IAEA　　　나. IANA　　　다. InterNIC　　　라. AM 포럼

09. 다음은 표준제정기관에 대한 설명이다. 옳지 않은 것은? 2000년 제1회

　가. ITU : Telecommunication에 대한 권고안을 발표하는 국제표준기구
　나. IETF : 무선통신 분야의 표준을 제정하는 기구
　다. ISO : 광범위한 분야의 표준을 제정하는 국제기구
　라. IAB : 인터넷과 관련한 표준을 제정하는 기구

10. 인터넷에서 사용되는 네트워크 클래스 B에서 한 네트워크 내의 최대 호스트 수는?
2000년 제2회, 2004년 제4회, 2007년 제1회, 2008년 제4회

　가. 65,534　　　나. 254　　　다. 1024　　　라. 128

11. 첫 번째 옥텟의 MSB가 0의 값을 갖는 IP 주소의 Class 종류는? 2000년 제3회

　가. Class A　　　나. Class B　　　다. Class C　　　라. Class D

12. 호스트 주소와 네트워크 주소를 구분하여 시스템 네트워크 주소를 제어하는 방법을 제공하는 것은? 2000년 제3회

    가. Interface   나. Hop Count
    다. Default Gateway   라. Subnet Mask

13. 호스트 어드레스와 네트워크 어드레스를 구분하게 하는 것으로 어드레스제어를 쉽게 할 수 있게 하는 방법은? 2002년 제1회, 2005년 제3회

    가. Interface   나. Hop Count
    다. Default Gateway   라. Subnet Mask

14. 다음 중 Loopback 주소를 나타내는 특수 IP 주소는? 2000년 제3회

    가. 127.X.X.X   나. 1.X.X.X
    다. 255.255.255.255   라. 0.0.0.0

15. IPv4에서 Loopback 주소를 나타내는 특수 IP Address는? 2006년 제4회, 2011년 제1회

    가. 10.x.x.x   나. 127.x.x.x
    다. 0.0.0.0   라. 255.255.255.255

16. Loopback 주소를 나타내는 특수 IP Address는? 2007년 제2회, 2010년 제2회, 2011년 제2회

    가. 127.x.x.x   나. 255.255.x.x
    다. 0.0.x.x   라. 1.1.x.x

17. 다음 중 멀티 캐스팅에 대한 설명으로 틀린 것은? 2000년 제3회

    가. 동일한 데이터를 임의로 선발된 임의 크기의 수신자에게 동시에 전송하는 것이다.
    나. 유니캐스트와 브로드캐스트는 멀티캐스트의 특수한 형태이다.
    다. 멀티캐스트 그룹에는 브로드캐스트 주소가 할당된다.
    라. IP 멀티캐스트는 멀티캐스트 그룹을 이루는 각 호스트들에게 패킷을 최선(Best-Effort)으로 전송한다.

18. 다음 중 IP 프로토콜에 대한 설명으로 틀린 것은? 2000년 제4회

    가. IP의 클래스에는 A, B, C, D, E가 있다.
    나. 4개의 구분되는 숫자로 32 비트를 사용한다.
    다. 인터넷에서 하나의 컴퓨터를 구분하기 위한 주소이다.
    라. Network ID와 Host ID가 모두 0인 경우는 Broadcast 주소이다.

19. 다음 중 테스트용으로 예약되어 있는 IP 주소로 맞는 것은? 2000년 제4회

    가. 255.255.255.0   나. 129.0.0.1
    다. 127.24.212.0   라. 129.255.255.255

20. 다음 중 Class C 기반의 네트워크 주소로 적당한 것은? 2001년 제1회, 2015년 제3회

    가. 193.0.0.1   나. 140.37.33.100
    다. 154.92.255.100   라. 127.89.34.100

21. 다음 중 가장 많은 호스트를 가질 수 있는 클래스는? 2001년 제1회, 2009년 제2회

    가. CLASS A   나. CLASS B   다. CLASS C   라. CLASS D

22. TCP/IP에서 Broadcast의 의미는? 2001년 제2회

    가. 메시지가 한 호스트에서 다른 한 호스트로 전송하는 것
    나. 메시지가 한호스트에서 망상의 특정그룹 호스트들로 전송하는 것
    다. 메시지가 한호스트에서 망상의 다른 모든 호스트들로 전송하는 것
    라. 메시지가 한 호스트에서 여러 호스트로 전송하는 것

23. Broadcast의 의미는? 2018년 제1회

    가. 메시지가 한 호스트에서 다른 호스트로 전송되는 패킷
    나. 메시지가 한 호스트에서 망상의 다른 한 호스트들로 전송되는 패킷
    다. 메시지가 한 호스트에서 망상의 다른 모든 호스트로 전송되는 패킷
    라. 메시지가 한 호스트에서 여러 호스트로 전송되는 패킷

24. TCP/IP에서 Broadcast의 의미는? 2013년 제3회, 2014년 제3회, 2016년 제1회

가. 메시지가 한 호스트에서 다른 한 호스트로 전송하는 것
나. 메시지가 한 호스트에서 망상의 특정 그룹 호스트들로 전송하는 것
다. 메시지가 한 호스트에서 망상의 모든 호스트들로 전송하는 것
라. 메시지가 한 호스트에서 가장 가까이 있는 특정 그룹 호스트들로 전송하는 것

25. TCP/IP에서 Broadcast의 의미로 올바른 것은? 2007년 제4회, 2010년 제3회

가. 한 호스트에서 다른 한 호스트로 메시지가 전송되는 것
나. 한 호스트에서 로컬 랜 상의 특정 그룹 호스트들에게 메시지가 전송되는 것
다. 한 호스트가 로컬 랜 상의 모든 호스트에게 메시지가 전송하는 것
라. 그룹 호스트들이 특정 그룹 호스트들에게 메시지가 전송되는 것

26. Class B에서 유효한 주소는? 2001년 제2회, 2009년 제2회, 2012년 제4회

가. 33.114.17.24
나. 190.46.283.25
다. 130.67.13.87
라. 223.23.94.3

27. 다음 중 IP 주소 지정의 일반적인 규칙과 거리가 먼 것은? 2001년 제2회

가. 네트워크 구획상의 각 호스트는 같은 호스트 IP 주소를 가진다.
나. 같은 네트워크 구획상의 모든 호스트는 모두 같은 네트워크 ID를 가진다.
다. 네트워크 ID가 모두 1이 될 수 없다.
라. 호스트 ID 가 모두 1이 될 수 없다.

28. IP 주소 지정에 대한 다음 설명 중 적당하지 않은 것은? 2001년 제2회

가. A 클래스의 주소는 최상위 비트를 '0', 7 비트를 networkid, 나머지 24 비트를 hostid로 설정한다.
나. B 클래스의 경우 최상위 두 비트가 '10', 다음의 14 비트가 networkid, 나머지 16 비트를 hostid로 설정한다.
다. C 클래스의 경우 최상위 3 비트가 '110', 다음의 21 비트가 networkid, 나머지 8 비트를 hostid로 설정한다.
라. C 클래스의 경우 하나의 networkid에 대해 허용 가능한 최대 hostid 가 0~255까지이며 실제로 이들 hostid를 모두 사용한다.

29. TCP/IP에 대한 설명 중 타당한 것은? 2001년 제2회

　가. 인터넷 접속을 위한 기본 프로토콜이지만 좀 더 편리하게 이용하기 위해서는 이 외에도 IPX/SPX 프로토콜이 추가로 필요하다.
　나. Subnet Mask의 설정은 항상 255.255.255.0 으로 고정시켜야 한다.
　다. 호스트에 할당되는 IP 주소 지정방식은 네트워크의 규모에 따라 일반적으로 A, B, C 세 개의 클래스로 구성되며 클래스 당 할당할 수 있는 호스트의 수가 제한되어 있다.
　라. TCP/IP에서 호스트에 대한 이름 해석 서비스는 DNS 이외에 다른 대안이 없다.

30. 다음 중 IP 어드레스에 대한 설명으로 거리가 먼 것은? 2001년 제3회

　가. IP 어드레스는 32 비트 길이의 어드레스를 네트워크부와 호스트부로 나누어 이용하고 있다.
　나. 현재는 클래스 A, B, C, D, E로 나누어 있다.
　다. 계산상으로 가능한 어드레스 수에서 각각 4를 뺀 수가 실제로 사용 가능한 네트워크 어드레스 수, 호스트 어드레스 수가 된다.
　라. 클래스 A에서 네트워크는 1부터 126까지이다.

31. 다음 네트워크 ID와 호스트 ID를 지정할 때 잘못된 것은?(인터넷에 연결되어 있는 경우)
2001년 제3회

　가. 네트워크 ID는 127이 될 수 없다.
　나. 네트워크 ID와 호스트 ID 모두는 0이 되어서는 안 된다.
　다. 네트워크 ID와 호스트 ID 모두는 1이 되어서는 안 된다.
　라. 127.0.0.1의 IP 주소는 호스트 ID로 지정이 가능하다.

32. 다음의 IP Address 클래스 중 C 클래스는? 2001년 제4회

　가. 56.303.23.66　　　　　　　　나. 198.237.192.6
　다. 240.237.190.56　　　　　　　라. 128.255.255.255

33. 다음 중 Class C에 해당하는 유효한 IP 주소는? 2002년 제1회

　가. 190.77.88.53　　　　　　　　나. 37.117.45.64
　다. 179.44.211.3　　　　　　　　라. 216.211.33.77

34. 다음 중 IP 어드레스의 설명 중 잘못된 것은? 2002년 제3회

가. Network ID부분은 컴퓨터가 접속되어 있는 Network의 식별번호를 의미한다.
나. Host ID부분은 Network에 접속되어 있는 컴퓨터의 식별번호를 의미한다.
다. 하나의 TCP/IP Network 상에 접속되어 있는 복수의 컴퓨터에 동일한 Host ID를 설정할 수 없다.
라. 상호 접속하는 복수의 TCP/IP Network에 동일 Network ID를 할당할 수 있다.

35. 다음 중 설명이 잘못 연결된 것은? 2002년 제3회

가. 유니캐스트 – 단일 송신자와 단일 수신자간의 통신
나. 멀티캐스트 – 다중 송신자와 다중 수신자간의 통신
다. 애니캐스트 – 어떠한 송신자와 가장 가까이 있는 수신자 그룹간의 통신
라. 브로드캐스트 – 그룹의 모든 구성원들에 정보를 일방적으로 전송

36. IP 그룹동보통신에 관한 설명 중 잘못된 것은? 2002년 제3회

가. 주소는 D클래스의 IP 주소에 기반을 두고 있다.
나. 224.0.0.1은 예약된 주소이다.
다. IP 호스트는 IP 그룹동보통신에 동적으로 참여할 수 있다.
라. IP 그룹동보통신의 주소는 시작지의 주소로 나타난다.

37. 다음 중 IP 주소 할당에 대한 설명으로 잘못된 것은? 2002년 제3회

가. 198.34.45.255는 개별 호스트에 할당 가능한 주소이다.
나. 127.X.X.X는 루프백으로 사용되는 특별한 주소이다.
다. 167.34.0.0은 네트워크를 나타내는 대표 주소이므로 개별 호스트에 할당할 수 없다.
라. 호스트 ID의 모든 비트가 1로 채워진 경우는 브로드캐스트로 사용되므로 이러한 주소는 개별 호스트를 위하여 사용될 수 없다.

38. 다음은 각각의 HOST에 입력한 IP주소를 보여준다. 이중 잘못 입력된 IP는? 2002년 제4회

가. IP 주소 : 210.182.73.37
나. IP 주소 : 134.75.217.13
다. IP 주소 : 127.1.1.3
라. IP 주소 : 123.234.12.1

39. IP 주소가 203.253.192.21인 컴퓨터는 어느 클래스에 속하는가? 2003년 제1회

　가. Class A　　　　나. Class B　　　　다. Class C　　　　라. Class D

40. IP 어드레스의 설명 중 잘못된 것은? 2003년 제1회

　가. 같은 네트워크 구획상의 모든 호스트는 똑같은 네트워크 ID를 갖는다.
　나. 네트워크 구획상의 각 호스트는 같은 호스트 IP 어드레스를 갖는다.
　다. 네트워크 ID는 절대로 127이 될 수 없다.
　라. 호스트 ID가 모두 0이 될 수 없다.

41. IP 주소에 대한 설명 중 잘못된 것은? 2003년 제1회

　가. 현재는 IPv4를 사용하고 있고, 대안으로 IPv5가 거론되고 있다.
　나. Host ID 부분은 그 Network에 접속되어 있는 컴퓨터의 식별번호를 의미한다.
　다. IP 주소는 000.000.000.000부터 255.255.255.255까지 이다.
　라. IP 주소는 Network ID와 Host ID이다.

42. IPv4에서 IP Address에 대한 설명으로 옳지 않는 것은? 2006년 제2회

　가. Network ID 부분과 Host ID 부분으로 되어 있다.
　나. 인터넷상에서 컴퓨터를 찾기 위한 주소이다.
　다. 000.000.000.000부터 255.255.255.255까지 이다.
　라. 40 bit의 숫자 조합으로 표현된다.

43. IP 주소의 가이드라인에 대한 설명이 아닌 것은? 2003년 제2회

　가. 네트워크 ID는 127이 될 수 없다.
　나. 네트워크 ID와 호스트 ID 비트가 모두 1인 경우는 브로드캐스트와 멀티캐스트로만 사용한다.
　다. 네트워크 ID와 호스트 ID 비트는 모두 0이 되어서는 안 되며, 모두 0이면 해당 주소는 네트워크전용이다.
　라. 호스트 ID는 네트워크 ID에 대하여 유일(unique)해야 한다.

44. IP Address 체계로 틀린 것은? 2003년 제2회

　가. 인터넷은 TCP/IP 프로토콜 기반으로 IP(Internet Protocol) 주소체계를 따른다.
　나. IP V4의 주소체계는 4Octet로 구성되며, 각 부분은 "."으로 구분된다.
　다. IP Address는 2대 이상의 컴퓨터가 동시에 공유할 수 있다.
　라. IP Address는 네트워크의 크기에 따라 적용 가능하도록 5개의 Class로 나뉘며, 인터넷은 주로 A, B, C Class가 사용된다.

45. 중간규모의 네트워크에 사용되며, 처음 옥테트(Octet) 128-191를 갖는 주소클래스는?
2003년 제2회

　가. A 클래스　　　나. B 클래스　　　다. C 클래　　　라. D 클래스

46. InterNIC의 설명으로 적절한 것은? 2003년 제3회

　가. Intranet Network Information Center　　나. 호스트 ID를 부여한다.
　다. 네트워크 ID를 부여한다.　　　　　　　　라. TCP/IP 표준을 규정한다.

47. IP 주소부여 시 기준사항으로 올바르지 않는 것은? 2003년 제3회

　가. 네트워크 ID 127은 기본 서브넷(CustomSubnet) 마스크와 진단기능을 위해 사용된다.
　나. 호스트 ID는 지역 네트워크 ID에 대하여 유일해야 한다.
　다. 네트워크 호스트 ID 비트 모두 1이 될 수 없다.
　라. 네트워크 호스트 ID 비트 모두 0이 될 수 없다.

48. TCP/IP에 대한 설명 중 가장 타탕한 것은? 2003년 제4회

　가. 255.255.0.0으로 Subnet Mask의 설정을 항상 고정시켜야 한다.
　나. 인터넷 접속을 위한 기본 프로토콜이지만 좀 더 편리하게 이용하기 위해서는 이 외에도 NetBUEI 프로토콜이 추가로 필요하다.
　다. TCP/IP에서 호스트에 대한 이름 해석 서비스는 반드시 DNS로 해야 한다.
　라. 호스트에 할당되는 IP주소 방식은 네트워크의 규모에 따라 일반적으로 A, B, C 세 개의 클래스로 구성된다.

49. 인터넷 주소(IP Address)에 대한 설명 중 잘못된 것은? 2003년 제4회

　가. IP주소는 40Bit로 구성되어 있다.
　나. Network Address와 Host Address로 이루어진다.
　다. IP 주소의 효율적인 사용을 위해 한 개의 주소를 여러 개의 주소로 나누어서 사용하는 Subnet Mask가 이용된다.
　라. 모든 컴퓨터는 고유한 IP Address를 갖는다.

50. IP Address에 대한 설명 중 옳지 않은 것은? 2005년 제4회

　가. IP Address는 40bit로 구성되어 있다.
　나. Network Address와 Host Address로 이루어진다.
　다. IP Address의 효율적인 사용을 위해 한 개의 주소를 여러 개의 주소로 나누어서 사용하는 Subnet Mask가 이용된다.
　라. IP Address 부족으로 IPv6가 도입되고 있다.

51. IP Address에 대한 설명 중 옳지 않은 것은? 2011년 제3회

　가. IPv4는 40bit로 구성되어 있다.
　나. Network Address와 Host Address로 이루어진다.
　다. IPv6은 128bit로 구성되어 있다.
　라. 공인(Public) IP Address를 쓰는 모든 컴퓨터는 고유한 IP Address를 갖는다.

52. IP(155.100.100.5)가 속하는 Class는? 2004년 제1회, 2012년 제2회

　가. Class A　　나. Class B　　다. Class C　　라. Class D

53. 호스트의 IP Address "50.221.100.5"에 해당하는 네트워크의 Class는?
2004년 제2회, 2005년 제3회, 2007년 제3회

　가. A Class　　나. B Class　　다. C Class　　라. D Class

54. IP Addressing에 대한 설명으로 타당하지 않은 것은? 2004년 제2회

가. Class B의 최상위 2비트는 "01"로 설정한다.
나. Class C의 주소 범위는 192.0.0.0 ~ 223.255.255.0 이다.
다. 하나의 Network ID에 대해 중복된 Host ID가 존재하지 않는다.
라. Class E는 일반적인 용도로 사용되지 않는다.

55. IP 주소에 대한 설명으로 가장 올바른 것은? 2004년 제3회

가. Network ID로 126은 사용할 수 없다.
나. Class B의 최상위 2비트는 '0'로 설정한다.
다. 하나의 Network ID에 대해 중복된 Host ID가 존재한다.
라. Class C는 주로 소규모 기업의 LAN 환경에 할당된다.

56. IP Address에 대한 설명으로 가장 올바른 것은? 2007년 제4회

가. Network ID로 126은 사용할 수 없다.
나. B Class의 최상위 2비트는 '11'으로 설정한다.
다. 하나의 Network ID에 대해 중복된 Host ID가 존재한다.
라. C Class는 주로 소규모 기업의 LAN 환경에 할당된다.

57. TCP/IP에서 Multicast의 의미는? 2004년 제3회

가. 메시지가 한 호스트에서 망상의 특정 그룹 호스트들로 전송하는 것
나. 메시지가 한 호스트에서 망상의 다른 모든 호스트들에게 전송하는 것
다. 메시지가 한 호스트에서 같은 망에 있는 한 호스트로 전송하는 것
라. 메지시가 한 호스트에서 다른 망에 있는 한 호스트로 전송하는 것

58. TCP/IP에서 Multicast에 대한 설명으로 올바른 것은? 2011년 제3회

가. 하나의 호스트가 네트워크 내의 정해진 호스트 그룹으로 메시지를 보내는 것
나. 하나의 호스트가 네트워크 내의 모든 호스트에게 메시지를 보내는 것
다. 하나의 호스트가 네트워크 내의 하나의 호스트로 메시지를 보내는 것
라. 하나의 호스트가 다시 자기 자신에게 메시지를 보내는 것

59. 다음 중 TCP/IP 프로토콜의 특징이 아닌 것은? 2004년 제4회

가. 인터넷과 직접적인 통신이 가능하다.
나. 강력한 라우팅 기능을 지원 한다.
다. 인터넷상의 HOST에 제공하는 IP의 수에 제한이 없다.
라. 현재 사용되고 있는 대부분의 네트워크와의 연결을 제공한다.

60. 다음 중 정상적인 IP Address는? 2004년 제4회, 2006년 제1회

가. 203.237.192.36 나. 203.247.256.89
다. 203.199.203.256 라. 203.237.192

61. IP Address 체계에서 가장 많은 네트워크를 수용할 수 있는 클래스는? 2005년 제1회

가. A Class 나. B Class 다. C Class 라. D Class

62. 일반적으로 PC에서 TCP/IP 망을 구성하는데 필요한 항목으로 가장 옳지 않은 것은?
2005년 제3회

가. IPX/SPX 주소 나. IP Address
다. DNS 서버 주소 라. 서브넷 마스크

63. Windows 2000 Server에서 TCP/IP 망을 구성하는데 필요한 항목으로 옳지 않은 것은?
2011년 제3회, 2014년 제3회

가. IPX/SPX 주소 나. IP Address
다. DNS 서버 주소 라. 서브넷 마스크

64. 호스트의 IP Address가 "200.221.100.5"을 갖는다면 어떤 Class에 속하는가? 2005년 제4회

가. A Class 나. B Class 다. C Class 라. D Class

65. IP Address "127.0.0.1"이 의미하는 것은? 2006년 제1회

가. 모든 네트워크를 의미한다.
나. 자신의 네트워크를 의미한다.
다. 특정한 네트워크의 모든 노드를 의미한다.
라. 루프백 테스트용이다.

66. IP Address "127.0.0.1"이 의미하는 것은? 2008년 제4회, 2012년 제2회, 2013년 제2회, 2015년 제3회

가. 모든 네트워크를 의미한다.
나. 사설 IP Address를 의미한다.
다. 특정한 네트워크의 모든 노드를 의미한다.
라. 루프 백 테스트용이다.

67. 어떤 호스트의 IP Address가 "200.221.100.152"를 갖는다면 어떤 Class에 해당 하는가?
2006년 제3회, 2018년 제1회

가. A Class　　　나. B Class　　　다. C Class　　　라. D Class

68. 각 IP Address Class의 Local Address 공간으로 옳지 않은 것은? 2006년 제3회

가. A Class : 24Bit　　　　나. B Class : 16Bit
다. C Class : 8Bit　　　　라. D Class : 4Bit

69. C Class의 IP Address는? 2007년 제2회

가. 56.303.23.66　　　　나. 198.237.192.6
다. 240.237.190.56　　　라. 128.255.255.255

70. LAN Card의 IP Address를 세팅할 때 디폴트 게이트웨이(Default Gateway) 주소는 일반적으로 어디 주소를 의미하는가? 2007년 제2회

가. 해당 PC가 접속되어 있는 허브의 IP Address
나. 해당 PC의 IP Address의 맨 첫 주소
다. 해당 PC의 IP Address의 맨 끝 주소
라. 해당 PC가 접속되어 있는 라우터의 IP Address

71. IP Address "190.1.0.0"가 속한 주소로 가장 올바른 것은? 2007년 제3회
  가. 호스트 IP Address
  나. 직접 브로드 캐스트 주소
  다. 네트워크 ID 주소
  라. 제한된 브로드 캐스트 주소

72. IP Address에서 Host ID의 모든 비트가 '0'인 경우는? 2007년 제3회
  가. 자신의 망
  나. 멀티 캐스트
  다. 브로드 캐스트
  라. 유니 캐스트

73. IPv4의 IP Address체계는 몇 개의 옥텍트(Octect)로 구성되어 있는가? 2007년 제4회
  가. 2개
  나. 4개
  다. 6개
  라. 8개

74. 국가 도메인은 각 대륙별, 나라별로 등록 기구를 두고 관리하고 있다. 우리나라가 속해 있는 대륙별 등록 기구는? 2007년 제4회
  가. JPNIC
  나. APNIC
  다. RIPE-NCC
  라. InterNIC

75. IPv4에 대한 설명으로 올바른 것은? 2009년 제1회, 2011년 제4회
  가. 정확하게 두 개의 Class로 나누어진다.
  나. 고정된 길이의 HostID를 갖는다.
  다. 한 바이트씩 점(.)으로 분리하여 16진수로 나타낸다.
  라. 길이가 32비트이다.

76. IP Address 중 "127"로 시작하는 주소의 의미는? 2009년 제2회
  가. 제한적 브로드캐스트 주소
  나. 네트워크 ID 주소
  다. 네트워크의 한 호스트 주소
  라. 루프백(Loopback) 주소

77. IPv4 Address 중 네트워크 ID가 '127'로 시작하는 주소의 용도는? 2014년 제2회
  가. 제한적 브로드캐스트 주소
  나. B Class의 멀티캐스트 주소
  다. C Class의 사설(Private) IP 주소
  라. 루프백(Loopback) 주소

78. 네트워크상에서 기본 서브네트마스크가 구현될 때 IP Address가 '170.30.45.67'인 호스트가 속한 Class는? 2009년 제3회

　가. A Class　　　나. B Class　　　다. C Class　　　라. D Class

79. IP Address가 "203.253.192.21"인 Server가 속한 Class는? 2010년 제1회

　가. A Class　　　나. B Class　　　다. C Class　　　라. D Class

80. IP Address 설정에 관한 내용으로 올바른 것은? 2010년 제2회

　가. IP Address는 네트워크 주소와 호스트 주소로 구성된다.
　나. IPv6에서 IP Address의 크기는 32Bits이다.
　다. IP Address의 A, B, C Class에서 존재 할 수 있는 네트워크의 개수는 "A > B > C" 순이다.
　라. IP Address 중 '255'는 Broadcast하기 위해 이용되고, 주소가 모두 '0'일 때는 로컬 호스트를 가리킨다.

81. IPv4의 IP Address 할당에 대한 설명으로 옳지 않은 것은? 2010년 제3회, 2018년 제2회

　가. 모든 Network ID와 Host ID의 비트가 '1'이 되어서는 안 된다.
　나. Class B는 최상위 2비트를 '10'으로 설정한다.
　다. Class A는 최상위 3비트를 '110'으로 설정한다.
　라. '127.x.x.x' 형태의 IP Address는 Loopback 주소를 나타내는 특수 Address로 할당하여 사용하지 않는다.

82. C Class의 IP Address에 대한 설명으로 옳지 않은 것은?
2010년 제4회, 2013년 제3회, 2014년 제4회, 2015년 제4회

　가. Network ID는 "192.0.0 ~ 223.255.255"이고, Host ID는 "1 ~ 254"이다.
　나. IP Address가 203.240.155.32인 경우, Network ID는 203.240, Host ID는 155.32가 된다.
　다. 통신망의 관리자는 Host ID "0", "255"를 제외하고, 254개의 호스트를 구성할 수 있다.
　라. Host ID가 255일 때는 메시지가 네트워크 전체로 브로드 캐스트 된다.

83. IPv4에서 처음 옥테트(Octet)의 상위 비트가 '10'으로 시작하는 Class는? 2011년 제1회

　가. A Class　　　나. B Class　　　다. C Class　　　라. D Class

84. 다음은 각각의 HOST에 입력한 IP Address를 보여준다. 잘못 입력된 IP Address는? 2011년 제2회, 2014년 제1회

　가. 210.182.73.37　　　　　　나. 211.75.217.13
　다. 127.0.256.1　　　　　　　라. 203.234.12.1

85. 인터넷에서 사용되는 네트워크 C Class에서 한 네트워크 내의 일반적인 최대 호스트 수는? 2011년 제2회

　가. 65,534　　나. 254　　다. 1,024　　라. 128

86. IPv4 Address 체계에서 가장 많은 네트워크를 가지는 Class로, 시작 옥텟의 비트가 '110'인 것은? 2011년 제3회, 2014년 제3회

　가. A Class　　나. B Class　　다. C Class　　라. D Class

87. Class가 다른 IP Address는? 2011년 제3회, 2012년 제3회, 2014년 제2회

　가. 223.235.47.35　　　　　　나. 224.128.105.4
　다. 225.114.58.5　　　　　　　라. 226.204.26.34

88. IP Address의 Class에 대한 설명으로 올바른 것은? 2012년 제1회, 2013년 제4회, 2014년 제3회

　가. A Class 주소는 실제 128개의 네트워크에 할당할 수 있다.
　나. B Class는 IP Address에서 최상위 비트를 '10'으로 설정하고, 그 이후 총 2 Octet 까지 네트워크 ID로 사용한다.
　다. C Class 네트워크에서는 특별한 목적의 예약 주소를 제외하고 최고 256개의 호스트를 가질 수 있다.
　라. D Class는 앞으로 사용하기 위해 남겨둔 실험적인 범위이다.

89. 인터넷 전송 방식 중, 특정 호스트로부터 같은 네트워크상의 모든 호스트에게 데이터를 전송하는 방식은? 2012년 제2회

　가. Unicast　　　　　　　　　나. Broadcast
　다. Multicast　　　　　　　　라. User Datagram Protocol

90. B Class에 대한 설명 중 옳지 않은 것은? 2012년 제3회, 2016년 제1회

가. Network ID는 128.0 ~ 191.255 이고, Host ID는 0.1 ~ 255.254 가 된다.
나. IP Address가 150.32.25.3인 경우, Network ID는 150.32 Host ID는 25.3 이 된다.
다. Multicast 등과 같이 특수한 기능이나 실험을 위해 사용된다.
라. Host ID가 255.255일 때는 메시지가 네트워크 전체로 브로드 캐스트 된다.

91. IP Address 설정에 관한 내용으로 올바른 것은? 2013년 제1회

가. IP Address는 네트워크 주소와 호스트 주소로 구성된다.
나. IPv6에서 IP Address의 크기는 32Bits이다.
다. IP Address '129.120.120.88'은 A Class 범위에 속한다.
라. IP Address 중 '255'는 Broadcast하기 위해 이용되고, 주소가 모두 '0'일 때는 로컬 호스트를 가리킨다.

92. 브로드캐스트(Broadcast)에 대한 설명 중 올바른 것은? 2013년 제2회, 2017년 제2회

가. 어떤 특정 네트워크에 속한 모든 노드에 대하여 데이터 수신을 지시할 때 사용한다.
나. 단일 호스트에 할당이 가능하다.
다. 서브네트워크로 분할할 때 이용된다.
라. 호스트의 Bit가 전부 '0'일 경우이다.

93. B Class의 호스트 ID에 사용 가능한 Address 개수는? 2013년 제2회

가. 116,777,224개   나. 65,534개   다. 254개   라. 126개

94. IPv4에서 잘못된 형식의 IP Address는? 2013년 제3회

가. 128.110.125.18   나. 221.251.256.111
다. 222.210.21.95   라. 192.54.110.21

95. IP Address '11101011.10001111.11111100.11001111' 가 속한 Class는? 2013년 제4회

가. A Class   나. B Class   다. C Class   라. D Class

96. 멀티캐스트(Multicast)에 사용되는 IP Class는? 2014년 제4회, 2015년 제1회

　가. A Class　　　나. B Class　　　다. C Class　　　라. D Class

97. IPv4 Class 중에서 멀티캐스트 용도로 사용되는 것은? 2018년 제1회

　가. B Class　　　나. C Class　　　다. D Class　　　다. E Class

98. IPv4에서 가장 많은 호스트를 가질 수 있는 IP Class로, 처음 옥텟의 비트가 '0'으로 시작하는 것은? 2015년 제1회

　가. A Class　　　나. B Class　　　다. C Class　　　라. D Class

99. IP Address 중 Class가 다른 주소는? 2015년 제2회

　가. 191.235.47.35　　　　　나. 128.128.105.4
　다. 169.146.58.5　　　　　 라. 195.204.26.34

100. IP Address '138.212.30.25'가 속하는 Class는? 2016년 제3회, 2017년 제1회

　가. A Class　　　나. B Class　　　다. C Class　　　라. D Class

101. IP Address '128.10.2.3'을 바이너리 코드로 전환한 값은? 2016년 제4회, 2017년 제3회

　가. 11000000 00001010 00000010 00000011
　나. 10000000 00001010 00000010 00000011
　다. 10000000 10001010 00000010 00000011
　라. 10000000 00001010 10000010 00000011

102. IP Address 중 Class가 다른 주소는? 2017년 제2회

　가. 191.234.149.32　　　　　나. 198.236.115.33
　다. 222.236.138.34　　　　　라. 195.236.126.35

103. C Class인 IP Address는? 2018년 제3회

　　가. 191.234.56.34　　　　　　나. 125.76.133.234
　　다. 131.15.45.120　　　　　　라. 192.168.17.34

104. IP 헤더 필드들 중 처리량, 전달 지연, 신뢰성, 우선순위 등을 지정해 주는 것은? 2018년 제3회

Version	IHL (Header Length)	Type of Service (TOS)	Total Length	
Identification			IP Flags x D M	Fragment Offset
Time To Live (TTL)		Protocol	Header Checksum	
Source Address				
Destination Address				
IP Option (variable length, optional, not common)				

　　가. IHL(IP Header Length)　　　　나. TOS(Type of Service)
　　다. TTL(Time To Live)　　　　　　라. Header Checksum

105. IP Address 할당에 대한 설명으로 옳지 않은 것은? 2018년 제4회

　　가. Class A는 최상위 3비트를 '110'으로 설정한다.
　　나. Class B는 최상위 2비트를 '10'으로 설정한다.
　　다. 모든 Host ID의 비트가 '1'일 경우 브로드캐스트 주소로 인식되기 때문에 할당하여 사용하지 않는다.
　　라. Network ID로 '127.x.x.x'는 할당하여 사용할 수 없다.

106. IPv4의 헤더필드에 대한 설명으로 옳지 않은 것은? 2018년 제4회

　　가. VER 필드는 IP프로토콜의 버전을 나타낸다.
　　나. HLEN 필드는 헤더의 길이를 표시한다.
　　다. Identification 필드는 수신 호스트에 의해 생성되는 유일한 식별자이다.
　　라. Protocol 필드는 패킷이 전송되어져야 할 트랜스포트 프로토콜의 ID를 담는다.

정답

01	02	03	04	05	06	07	08	09	10
다	다	다	라	다	나	나	다	나	가
11	12	13	14	15	16	17	18	19	20
가	라	라	가	나	가	다	라	다	가
21	22	23	24	25	26	27	28	29	30
가	다	다	다	다	다	가	라	다	다
31	32	33	34	35	36	37	38	39	40
라	나	라	라	나	라	가	다	다	나
41	42	43	44	45	46	47	48	49	50
가	라	나	다	나	다	가	라	가	가
51	52	53	54	55	56	57	58	59	60
가	나	가	가	라	라	가	가	다	가
61	62	63	64	65	66	67	68	69	70
다	가	가	다	라	라	다	라	나	라
71	72	73	74	75	76	77	78	79	80
다	가	나	나	라	라	라	나	다	가
81	82	83	84	85	86	87	88	89	90
다	나	나	다	나	다	가	나	나	다
91	92	93	94	95	96	97	98	99	100
가	가	나	나	라	라	다	가	라	나
101	102	103	104	105	106				
나	가	라	나	가	다				

Chapter **04**

서브넷
(Subnet)

1 서브넷팅(Subneting)
2 넷 마스크(Netmask)
3 서브넷 마스크(Subnet Mask)
4 서브넷팅 실무
5 클래스별 서브넷 수와 호스트 수
6 슈퍼넷팅(Superneting)

CHAPTER 04 서브넷(Subnet)

국가 공인 네트워크관리사 완벽 대비서 TCP/IP 네트워크

제1절 서브넷팅(Subneting)

1 서브넷팅이란?

① A, B, C 등의 클래스에 존재하는 호스트 주소의 일부를 네트워크 주소의 일부로 사용하여 네트워크 주소를 세분화하는 것
② 클래스별 IP 주소를 쪼개어 이용하는 것
③ 네트워크 주소 하나만으로도 여러 개의 네트워크를 구성할 수 있음

2 서브넷팅의 목적

① 네트워크 규모가 클 경우
  ☞ 트래픽이 많이 발생
  ☞ 장애 발생 시 많은 문제점이 발생
② 작은 규모의 서로 연결된 네트워크에서는 트래픽을 감소시킬 수 있음
③ 장애처리를 용이하게 함

3 서브넷팅의 장점

① 네트워크 트래픽을 감소시킬 수 있음
② 장애처리의 효율성을 제공

제2절 넷 마스크(Netmask)

1 마스크(Mask)란?

① 제3장 IP 주소에서 설명한 바와 같이 네트워크 주소와 호스트 주소를 구분해 주는 것
  ⓐ 마스크 번호가 1이면 네트워크 번호를 나타냄
  ⓑ 마스크 번호가 0이면 호스트 번호를 나타냄
② 클래스별 마스크
  ⓐ A 클래스의 마스크 : 255.0.0.0
  ⓑ B 클래스의 마스크 : 255.255.0.0
  ⓒ C 클래스의 마스크 : 255.255.255.0

2 넷 마스크

① IPv4 주소에서 네트워크 주소와 호스트 주소를 구분하는 마스크
  ⓐ C 클래스일 경우 10진 표기의 마스크 : "255.255.255.0"
  ⓑ 2진 표기의 마스크 : 8비트짜리 4개로 구성 = 32-bit
    ☞ "11111111 11111111 11111111 00000000"
② A, B, C 클래스의 마스크를 "넷 마스크"라 함

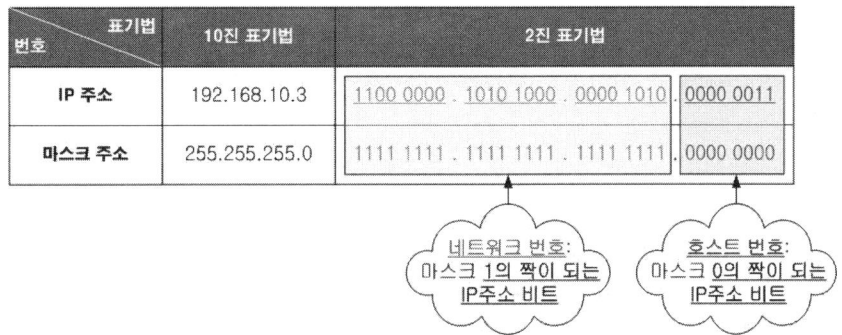

그림 4.1 넷 마스크 표기

제3절 서브넷 마스크(Subnet Mask)

1 기본 서브넷 마스크(Default Subnet Mask)

① 주어진 네트워크를 나누지 않고 그대로 모두 다 사용할 경우는 기본 서브넷 마스크를 사용
② 기본 서브넷 마스크
  ⓐ A 클래스 : 255.0.0.0
  ⓑ B 클래스 : 255.255.0.0
  ⓒ C 클래스 : 255.255.255.0

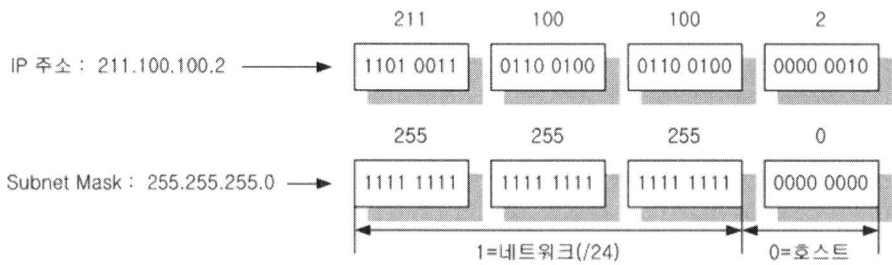

그림 4.2 기본 서브넷 마스크 표기

2 서브넷 마스크

① 서브넷 마스크는 IP 주소를 이해하는데 가장 중요한 요소이고, 네트워크 시험에 단골 문제로 출제
② 임의의 IP 주소를 배정받게 되면 이 주소를 그대로 사용하지 않고 사용자들의 환경에 맞도록 네트워크를 구성하여 사용해야 함
  ⓐ 주어진 네트워크를 나누어 사용할 경우는 기본(default) 서브넷 마스크를 사용하지 않고 변경하여 사용
  ⓑ 클래스별 IP 주소에 대한 서브넷 마스크는 기본 서브넷 마스크 영역 이외에 호스트 주소용 일부 비트를 네트워크 주소용 비트에 편입 적용함으로써 가능
  ⓒ 이 때 변경하여 사용되는 마스크를 "서브넷 마스크"라 함
③ 이 때 나누어진 서브넷 사이의 통신은 라우터를 통해야만 가능

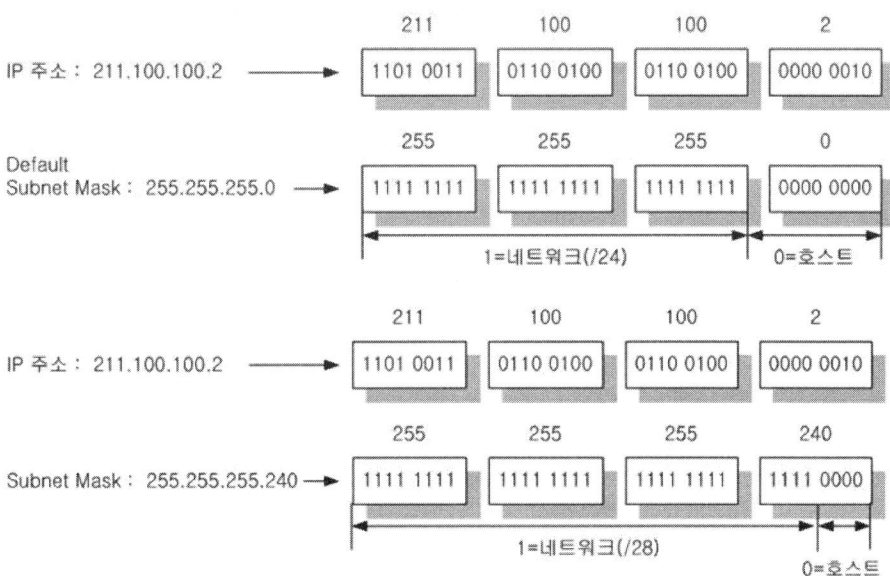

그림 4.3 서브넷팅 예 : 호스트 주소용 4-bit를 네트워크 주소용 비트에 편입

 하나의 네트워크에 65,000개의 호스트를 가질 수 있는 B 클래스의 IP 주소를 받아 네트워크를 구축할 경우 문제점과 그 해결책을 설명하라.

예제 1

문제점 네트워크마다 65,534((256×256)-2)대를 연결. 이렇게 큰 규모의 네트워크를 구성했다면, 브로드캐스트(Broadcast) 영향이 너무 많아 통신을 거의 할 수 없다.

해결책 작은 여러 개의 네트워크 규모로 나누어 써야 한다.
→ Subnet Mask 사용

제4절 서브넷팅 실무

1 클래스 B의 IP 주소에 대한 서브넷팅 실무

서브넷 마스크를 기본 서브넷 마스크보다 8비트 증가시킨 서브넷팅의 실무
① 호스트 주소용 8비트를 네트워크 주소용 비트에 편입
　ⓐ 호스트 영역의 비트 : 8비트 감소
　ⓑ 네트워크영역의 비트 : 8비트 증가
② 150.150.0.0에 대해 서브넷 마스크 255.255.255.0을 적용
③ 하나의 네트워크 주소에 대해 늘어난 개수 : 254개
　ⓐ (2^8-2)=254개만큼의 새로운 서브넷을 더 만들어 사용할 수 있음
　　☞ −2는 IP 주소 범위에서 특수용도용 2개를 제외한 것
　　☞ 150.150.0.0(네트워크 주소용) 제외
　　☞ 150.150.255.0(브로드캐스트 주소용) 제외
　ⓑ 150.150.1.0, 150.150.2.0, … , 150.150.254.0

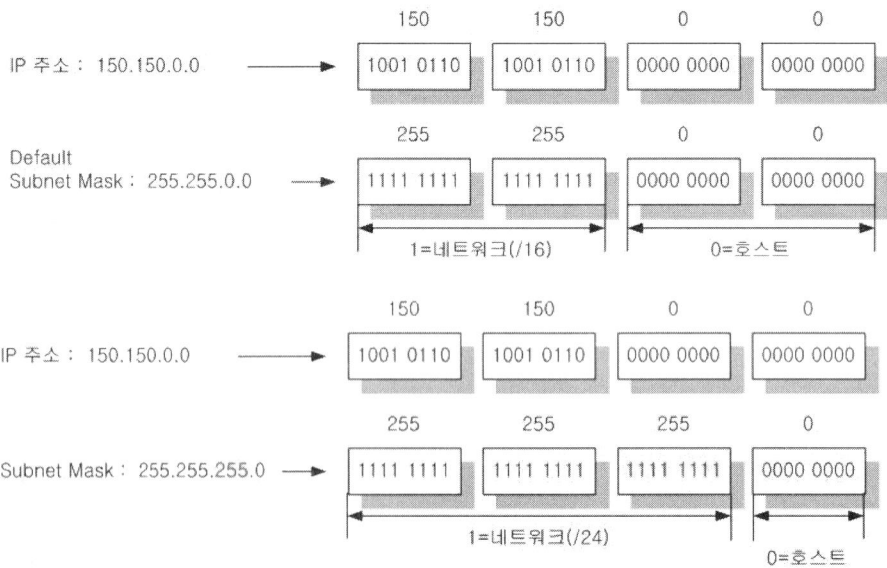

그림 4.4　150.150.0.0에 대한 서브넷 마스크 255.255.255.0을 적용

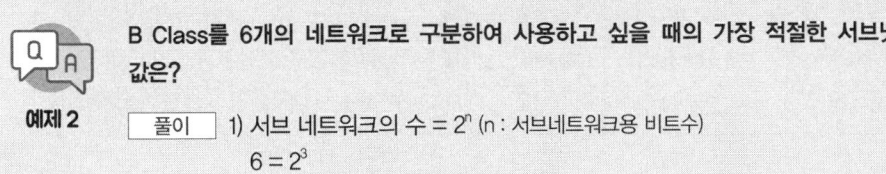

예제 2 B Class를 6개의 네트워크로 구분하여 사용하고 싶을 때의 가장 적절한 서브넷 마스크 값은?

풀이 1) 서브 네트워크의 수 = 2^n (n : 서브네트워크용 비트수)
$6 = 2^3$
서브 네트워크용 비트수(n) = 3-bit
2) 네트워크 비트 = 19-bit, 호스트 비트 = 13-bit
☞ 서브넷 마스크 : 255.255.224.0

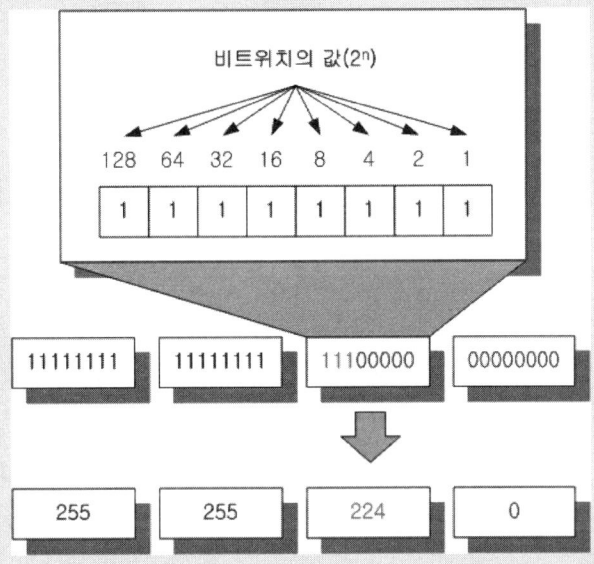

그림 4.5 B 클래스를 6개의 서브넷을 만들기 위한 서브넷 마스크

2 클래스 C의 IP 주소에 대한 서브넷팅 실무

192.168.10.3인 IP 주소로 60개 정도의 호스트를 갖는 4개의 네트워크로 서브넷팅

① IP 주소에서 192 숫자 : C 클래스 의미
  ⓐ 네트워크 주소 : 192.168.10
  ⓑ 호스트 주소 : 3
② 넷 마스크 : 255.255.255.0
  ☞ 약 250여개의 호스트(PC, 컴퓨터)가 IP를 나누어 쓸 수 있음
③ 한 네트워크에 60개 정도의 호스트를 연결 : 2^6 = 64개 호스트
  ⓐ 호스트용 8-bit 중 6-bit 사용
  ⓑ 2-bit는 네트워크용 비트로 편입 : 2^2 = 4개 네트워크

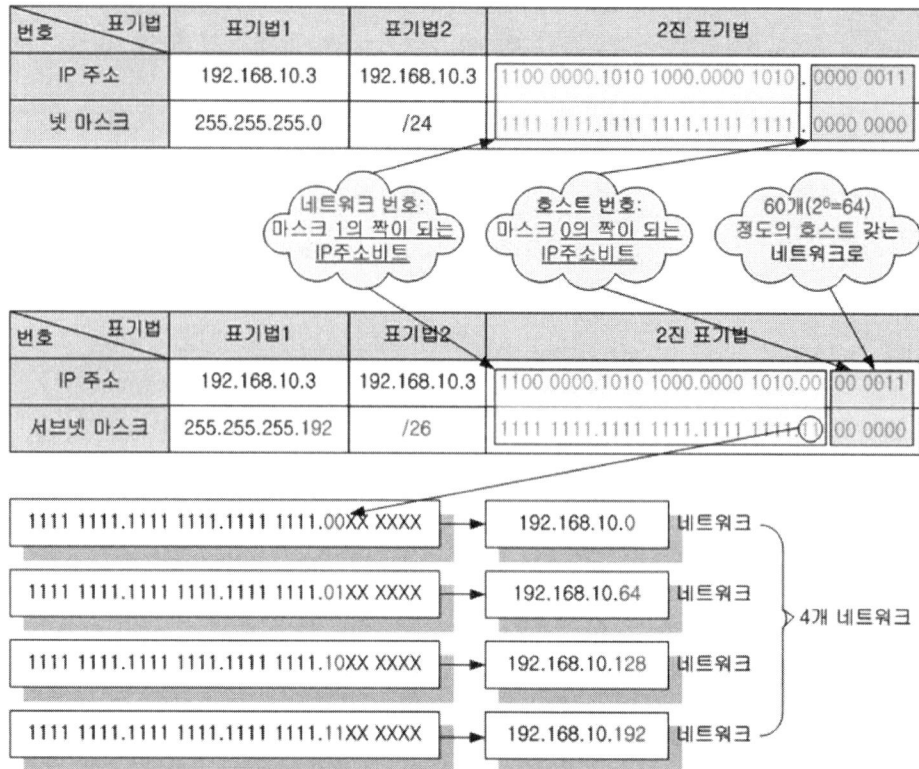

그림 4.6 192.168.10.3에 대한 4개의 네트워크로 서브넷팅

예제 3 클래스 C인 공인 IP 주소로 210.100.1.0 네트워크를 받았다. 네트워크 관리자는 이 공인 IP 주소를 이용해서 4개 이상의 서브넷을 만들고, 서브넷당 호스트 수는 30대를 연결할 수 있도록 하여라.

풀이
1) 주어진 공인 주소는 클래스 C 주소
2) 네트워크 관리자가 210.100.1.0 주소를 서브넷 마스크의 변환 없이 디폴트 서브넷 마스크를 사용한다면
   ① 사용할 수 있는 IP 주소
      ☞ 256개(210.100.1.0 ~ 210.100.1.255)
   ② 2개의 주소는 제외 : 254개를 사용
      ⓐ 호스트 영역이 모두 0인 것(210.100.1.0)
         ☞ 네트워크 주소로 사용
      ⓑ 호스트 영역이 모두 1인 것(210.100.1.255)
         ☞ 210.100.1.0 네트워크의 브로드캐스트 주소로 사용
   ③ 호스트 30대를 사용하려면 호스트 비트 수
      ⓐ $30 = 2^{(HOST\ 비트수)} - 2$, 호스트 비트 수 = 5-bit
      ⓑ 2개를 제외하면 30개의 호스트를 사용할 수 있음
         ☞ 호스트 5비트 모두 0 이면 : 네트워크 주소
         ☞ 모두 1 이면 : 브로드캐스트 주소

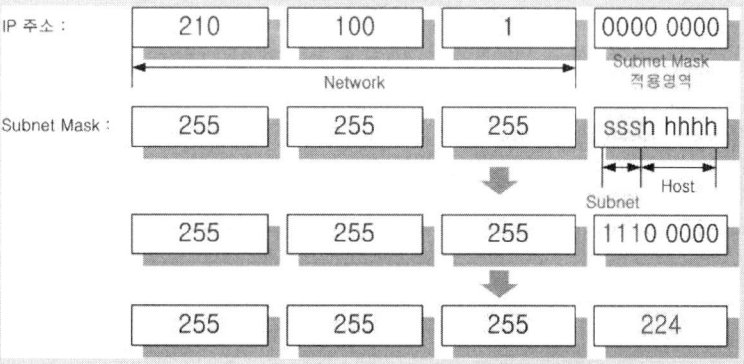

그림 4.7 호스트 30대 수용을 위한 서브넷 마스크 만들기

3) 클래스 C 주소
   210.100.1.0에 대한 30개의 호스트를 가지는 최소 서브넷을 4개 이상 만들려면 서브넷 마스크는 210.100.1.224를 사용해야 함

예제 4

클래스 C인 공인 IP 주소로 211.168.7.0 네트워크를 받았다. 네트워크 관리자는 이 공인 IP 주소를 이용해서 서브넷을 20개 이상을 만들고, 서브넷당 호스트는 6대를 연결할 수 있도록 하여라.

풀이 1) 사용 가능한 호스트의 수 = $2^{(HOST 비트수)} - 2$
$6 = 2^3 - 2$, ∴ 호스트 비트 수 = 3비트
2) 서브넷 마스크 : 255.255.255.248

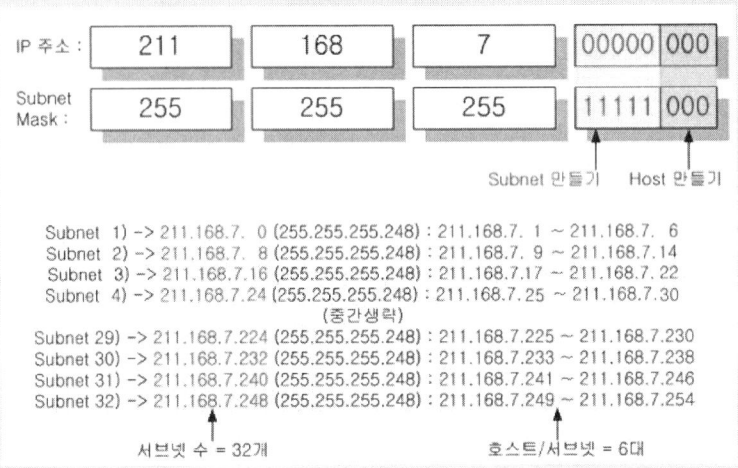

그림 4.8 6대/호스트 수용을 위한 서브넷 마스크 만들기

예제 5

다음은 4개의 네트워크 그룹을 구성한 그림이다. 구성도 상의 서브넷 마스크는?

풀이 1) 그림에서 서브 네트워크의 수 = 4개
$4 = 2^n$, 서브네트워크용 비트수(n) = 2-bit
2) 네트워크 비트 = 26-bit, 호스트 비트 = 6-bit
3) 서브넷 마스크 : 255.255.255.192

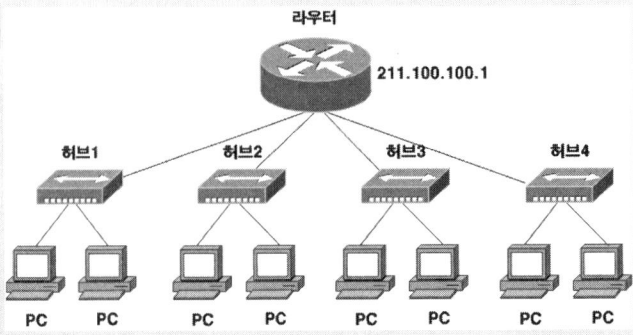

그림 4.9 4개의 네트워크 그룹 구성도

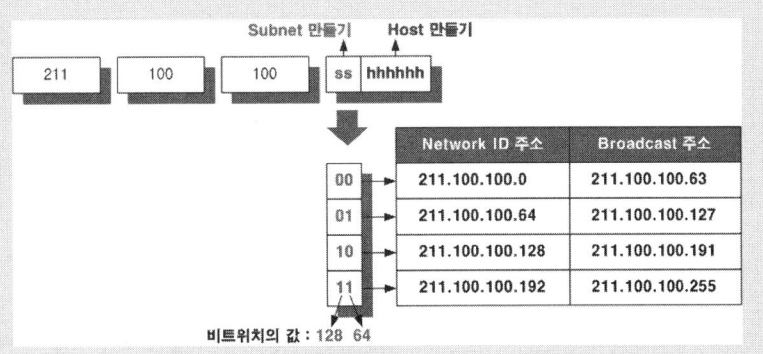

그림 4.10 네트워크 그룹에 대한 네트워크 ID 주소와 브로드캐스트 주소

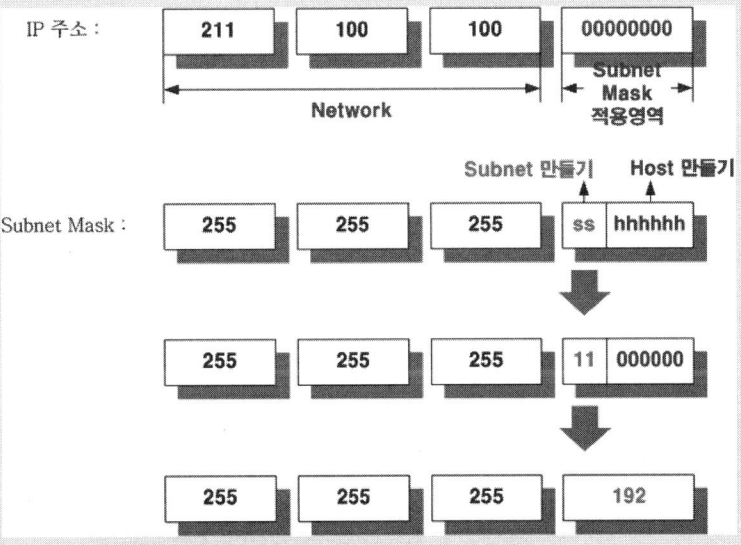

그림 4.11 네트워크 그룹에 대한 네트워크 서브넷 마스크 만들기

예제 6 현재 사용하고 있는 IP 주소 192.168.101.44/26에 대한 다음 네 가지 값을 구하시오.

(1) 서브넷 마스크?

(2) 네트워크 ID 주소?

(3) 브로드캐스트(Broadcast) IP주소?

(4) IP(192.168.101.44)가 속한 IP 범위는?

> 풀이   1) 서브넷 마스크 : 255.255.255.192

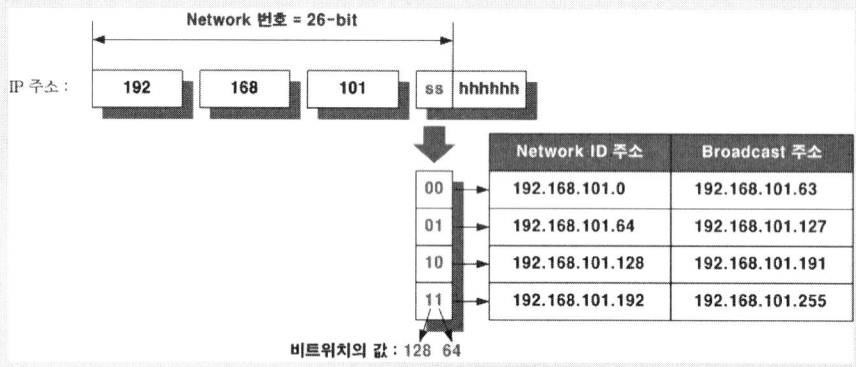

그림 4.12   192.168.101.44/26에 대한 서브넷 마스크

그림 4.13   192.168.101.44/26에 대한 네트워크 ID 주소와 Broadcast 주소

2) 네트워크 ID 주소 : 192.168.101.0
   Broadcast 주소 : 192.168.101.63
   IP 주소가 속한 IP범위 : 192.168.101.1~192.168.101.62

예제 1 A회사의 호스트가 2,500대가 존재한다. 이 경우 B클래스 주소를 신청하면 주소의 낭비가 심하므로 이에 대한 해결책으로 연속된 C클래스를 13개 신청하여 이들을 하나의 네트워크로 구성하려고 한다. 서브넷의 설정은?

풀이 1) Host 개수 = $2^n - 2$ (n : 호스트 비트수)
$2^{11} - 2 = 2,048 - 2 = 2,046$
$2^{12} - 2 = 4,096 - 2 = 4,094$
2) 서브넷 마스크 : 255.255.240.0

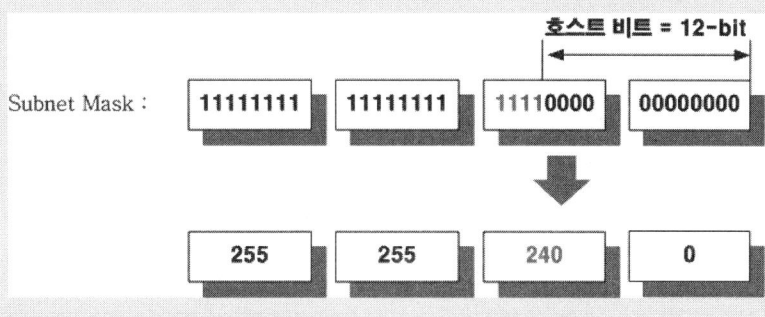

그림 4.14 호스트 2,500대에 대한 서브넷 마스크

제 5 절 클래스별 서브넷 수와 호스트 수

1 클래스 B의 IP 주소를 서브넷팅할 경우

① 클래스 B의 IP 주소에 대한 디폴트 서브넷 마스크는 255.255.0.0
② 네트워크 주소에 대한 서브넷 마스크를 확장하면 표와 같이 서브넷의 수는 2^n-2 만큼 가능

표 4.1 클래스 B의 IP 주소에 대한 서브넷팅

서브넷 비트수	Subnet Mask	2진 표기(Subnet Mask)	비트마스크 표기법	Subnet 수	Host 수
2	255.255.192.0	11111111.11111111.11000000.00000000	/18	$2(2^2-2)$	$16,382(2^{14}-2)$
3	255.255.224.0	11111111.11111111.11100000.00000000	/19	$6(2^3-2)$	$8,190(2^{13}-2)$
4	255.255.240.0	11111111.11111111.11110000.00000000	/20	$14(2^4-2)$	$4,094(2^{12}-2)$
5	255.255.248.0	11111111.11111111.11111000.00000000	/21	$30(2^5-2)$	$2,046(2^{11}-2)$
6	255.255.252.0	11111111.11111111.11111100.00000000	/22	$62(2^6-2)$	$1,022(2^{10}-2)$
7	255.255.254.0	11111111.11111111.11111110.00000000	/23	$126(2^7-2)$	$510(2^9-2)$
8	255.255.255.0	11111111.11111111.11111111.00000000	/24	$254(2^8-2)$	$254(2^8-2)$
9	255.255.255.128	11111111.11111111.11111111.10000000	/25	$510(2^9-2)$	$126(2^7-2)$
10	255.255.255.192	11111111.11111111.11111111.11000000	/26	$1,022(2^{10}-2)$	$62(2^6-2)$
11	255.255.255.224	11111111.11111111.11111111.11100000	/27	$2,046(2^{11}-2)$	$30(2^5-2)$
12	255.255.255.240	11111111.11111111.11111111.11110000	/28	$4,094(2^{12}-2)$	$14(2^4-2)$
13	255.255.255.248	11111111.11111111.11111111.11111000	/29	$8,190(2^{13}-2)$	$6(2^3-2)$
14	255.255.255.252	11111111.11111111.11111111.11111100	/30	$16,382(2^{14}-2)$	$2(2^2-2)$

표 4.2 클래스 C의 IP 주소에 대한 서브넷팅

서브넷 비트수	Subnet Mask	2진 표기(Subnet Mask)	비트마스크 표기법	Subnet 수	Host 수
2	255.255.255.192	11111111.11111111.11111111.11000000	/26	$2(2^2-2)$	$62(2^6-2)$
3	255.255.255.224	11111111.11111111.11111111.11100000	/27	$6(2^3-2)$	$30(2^5-2)$
4	255.255.255.240	11111111.11111111.11111111.11110000	/28	$14(2^4-2)$	$14(2^4-2)$
5	255.255.255.248	11111111.11111111.11111111.11111000	/29	$30(2^5-2)$	$6(2^3-2)$
6	255.255.255.252	11111111.11111111.11111111.11111100	/30	$62(2^6-2)$	$2(2^2-2)$

2 클래스 C의 IP 주소를 서브넷팅할 경우

① 클래스 C의 IP 주소에 대한 디폴트 세브넷 마스크는 255.255.255.0
② 네트워크 주소에 대한 서브넷 마스크를 확장하면 표와 같이 서브넷의 수는 2^n-2 만큼 가능

제 6 절 슈퍼네팅(Superneting)

1 슈퍼넷팅의 의미

① 서브넷팅의 반대개념
   ⓐ 서브넷팅 : 호스트 비트에서 서브넷팅 비트로 편입
   ⓑ 슈퍼넷팅 : 서브넷팅 비트에서 호스트 비트로 편입
② 슈퍼넷팅에 대한 이해를 돕기 위해 예를 들어 설명하면, 서브넷팅 주소를 각각 172.16.32.0/25와 172.16.32.128/25이라 가정했을 경우, 이 서브넷팅 주소들로부터 슈퍼넷팅 주소는 다음 그림으로부터 172.16.32.0/24 임을 알 수 있다.

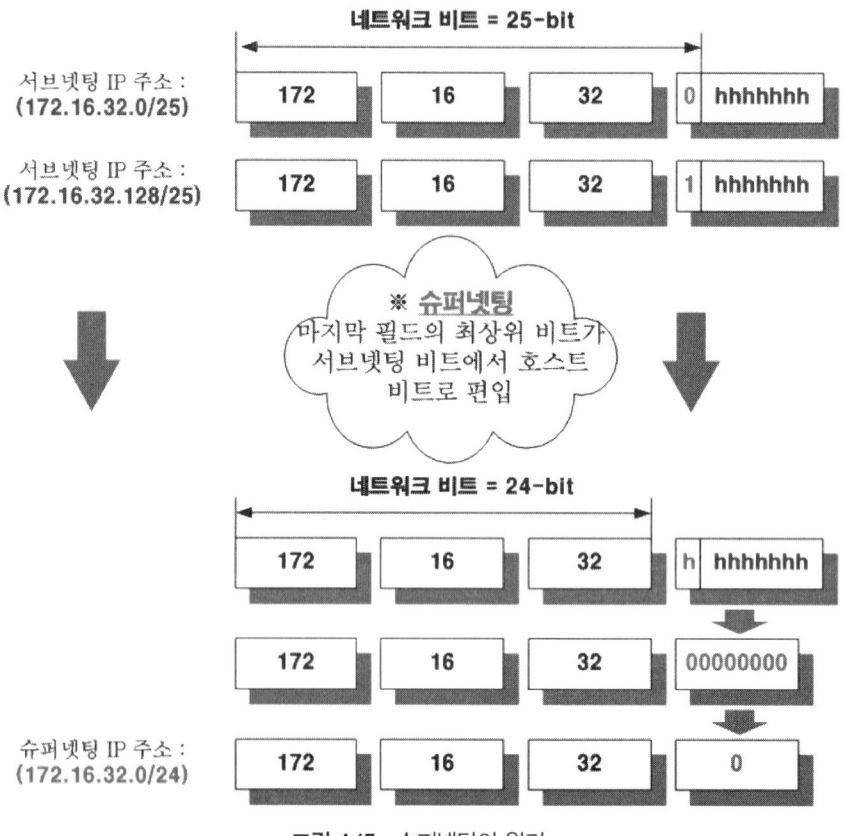

그림 4.15 슈퍼넷팅의 원리

2 슈퍼넷팅의 용도

☞ 라우팅테이블의 크기를 줄이는데 사용

예제 8 서브넷팅 주소가 각각 192.168.50.0/26, 192.168.50.64/26, 192.168.50.128/26, 192.168.50.192/26일 경우, 이 서브넷팅 주소들로부터 슈퍼넷팅 주소는?

풀이 슈퍼넷팅 주소 : 192.168.50.0/24

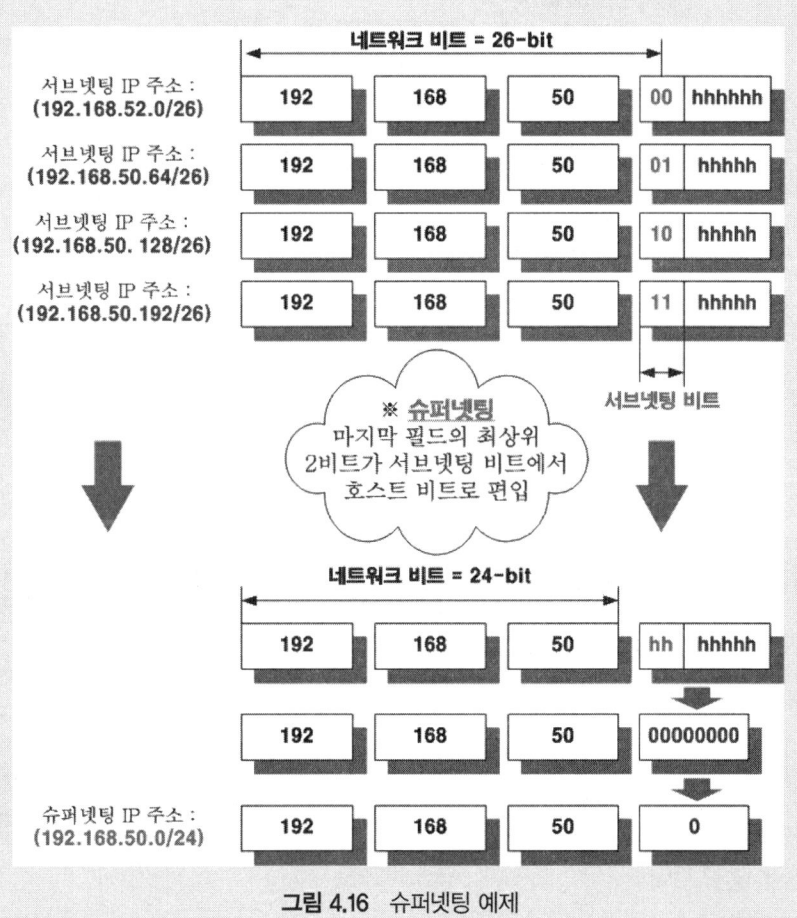

그림 4.16 슈퍼넷팅 예제

예제 9 아래 그림의 네트워크 경로에 대한 슈퍼넷팅 주소는?

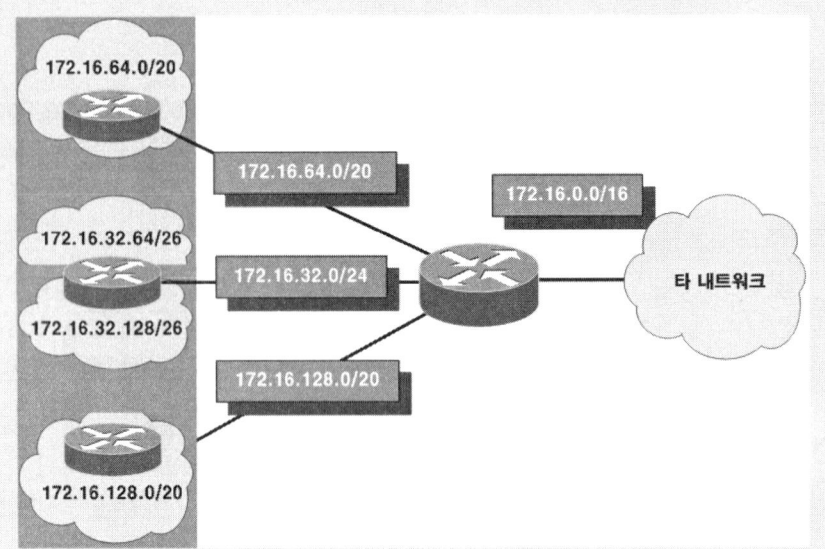

그림 4.17 슈퍼넷팅에 대한 네트워크 경로 요약

풀이 1) 172.16.32.64/26과 172.16.32.128/26에 대한 슈퍼넷팅

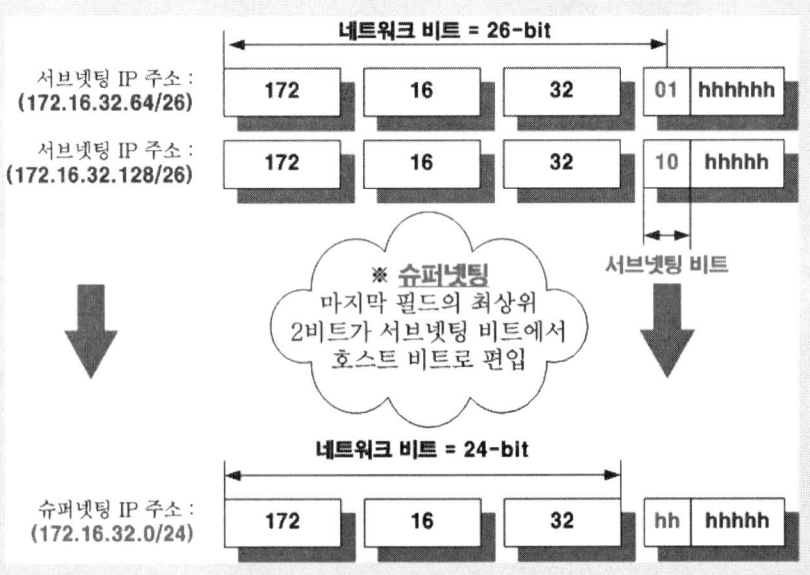

그림 4.18 네트워크 경로에 대한 1차 슈퍼넷팅

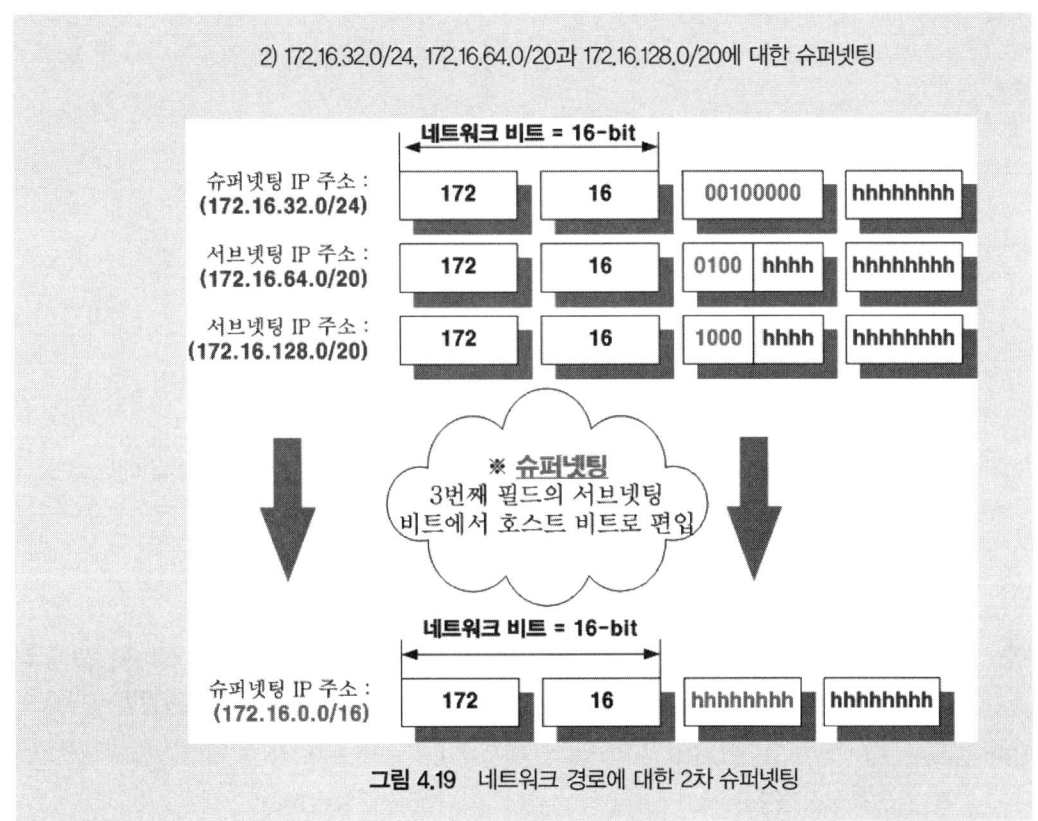

그림 4.19 네트워크 경로에 대한 2차 슈퍼넷팅

연습문제

CHAPTER 04

01. 다음 보기 중 IP 주소에 관한 설명으로 옳은 것은? 2000년 제2회

　가. Network Interface에 부여되는 물리적 유일번호이다.
　나. IPv4 주소는 64 비트로 구성된다.
　다. IP 주소부의 네트워크 주소부분은 InterNIC에서 관리하며, IP 주소 중의 호스트 주소 부분이 있기 때문에 전체 망에서 네트워크 주소는 중복될 수 있다.
　라. 호스트 주소는 다시 서브넷 주소와 호스트 주소를 나누어 활용함으로써 네트워크 주소를 확장하여 사용할 수 있다.

02. 네트워크 ID 210.182.73.0을 6개의 서브넷으로 나누고, 각 서브넷 마다 적어도 30개 이상의 Host ID를 필요로 한다. 다음 중 어떤 서브넷 마스크를 사용해야 하는가? 2001년 제1회, 2003년 제2회

　가. 255.255.255.224　　　　　나. 255.255.255.192
　다. 255.255.255.128　　　　　라. 255.255.255.0

03. Subnetting을 하는 이유로 올바르지 않은 것은? 2001년 제4회, 2003년 제2회, 2003년 제3회, 2009년 제3회

　가. IP 주소를 효율적으로 사용할 수 있다.
　나. 트래픽 관리 및 제어가 가능하다.
　다. 불필요한 Broadcasting Message를 제한할 수 있다.
　라. Host ID를 사용하지 않아도 된다.

04. Subnetting을 하는 이유로 옳지 않은 것은? 2005년 제2회, 2007년 제1회, 2012년 제3회

　가. IP Address를 효율적으로 사용할 수 있다.
　나. Network ID와 Host ID를 구분 할 수 있다.
　다. 불필요한 Broadcasting Message를 제한할 수 있다.
　라. Host ID를 사용하지 않아도 된다.

05. 서브넷이 최대 25개의 IP 주소를 필요로 할 때 가장 적합한 서브넷 마스크는? 2002년 제1회, 2016년 제2회

   가. 255.255.255.192
   다. 255.255.192.0
   나. 255.255.255.224
   라. 255.255.224.0

06. 어느 부서 또는 회사의 서브넷에 설정된 서브넷 마스크가 '255.255.255.240'이다. 이때 해당 서브넷에서 연결하여 사용할 수 있는 최대 컴퓨터 수는? 2002년 제2회

   가. 11
   나. 12
   다. 13
   라. 14

07. A 회사에 호스트가 2,500대가 존재한다. 이 경우 B 클래스 주소를 할당받게 되면 주소의 낭비가 많이 생기게 된다. 이에 대한 해결책으로 연속된 C 클래스를 13개를 신청했는데 이들을 하나의 네트워크로 구성하려고 한다. 서브넷의 올바른 설정은?
   2002년 제2회, 2004년 제3회, 2011년 제1회

   가. 255.255.240.0
   다. 255.255.128.0
   나. 255.255.255.240
   라. 255.255.192.0

08. 네트워크 ID 210.182.73.0을 몇 개의 서브넷으로 나누고, 각 서브넷은 적어도 40개 이상의 Host ID를 필요로 한다. 적절한 서브넷 마스크 값은? 2002년 제4회, 2002년 제4회, 2014년 제4회, 2015년 제1회, 2016년 제1회, 2017년 제3회, 2019년 제4회

   가. 255.255.255.192
   다. 255.255.255.240
   나. 255.255.255.224
   라. 255.255.255.248

09. IP 서브넷에 관한 설명으로 올바른 것은? 2002년 제4회
   가. 서브넷은 IP 주소 중 호스트 주소의 부족현상을 해결하기 위한 것이다.
   나. IP 주소 중 호스트 주소 부분이 Subnet number 와 Host number로 분리된다.
   다. 서브넷은 라우팅 테이블의 크기를 증가시킨다.
   라. 서브넷은 서브넷 내부에 존재하는 라우터와 외부 라우터에게 모두 알려진다.

10. 서브넷 마스크에서 각 네트워크의 세그먼트 당 유효한 호스트의 수를 결정하기 위해 주소의 호스트 부분을 나타내려고 남겨둔 비트 수를 12 비트로 할 경우는? 2002년 제4회

    가. 4,096　　　　나. 4,094　　　　다. 1,024　　　　라. 2,048

11. 너무 많은 패킷이 서브넷 상에 존재하여 전송 속도를 저하시키는 것을 혼잡(Congestion)이라 한다. 다음 중 혼잡이 더욱 심하여져 패킷이 더 이상 움직이지 못하는 상태는?
    2003년 제3회, 2004년 제4회, 2009년 제2회, 2016년 제4회

    가. Multipath　　　나. Datagram　　　다. Preallocation　　　라. Deadlock

12. 서브넷 마스크에 대한 설명으로 옳지 않은 것은? 2004년 제2회, 2017년 제2회

    가. A Class는 기본 서브넷 마스크(기본 netmask)로 '255.0.0.0'을 이용한다.
    나. B Class에서 두 개의 네트워크로 나누고자 한다면, 실제 서브넷 마스크는 '255.255.128.0'이 된다.
    다. C Class는 기본 서브넷 마스크(기본 netmask)로 '255.255.255.0'을 이용한다.
    라. C Class에서 다섯 개의 네트워크로 나누고자 한다면, 실제 서브넷 마스크는 '255.255.224.0'이 된다.

13. B Class를 6개의 서브넷으로 사용하고 싶을 때의 서브넷 마스크는? 2004년 제4회, 2007년 제1회

    가. 255.255.224.0　　　　나. 255.255.240.0
    다. 255.255.248.0　　　　라. 255.255.255.0

14. "B Class" 네트워크에서 한 서브넷 당 사용할 수 있는 호스트의 개수를 최대한 확보하면서 6개의 서브넷이 필요할 때 올바른 서브넷 마스크는? 2009년 제4회

    가. 255.255.192.0　　　　나. 255.255.224.0
    다. 255.255.240.0　　　　라. 255.255.248.0

15. B Class 네트워크에서 6개의 서브넷이 필요할 때, 가장 많은 호스트를 사용할 수 있는 서브넷 마스크 값은? 2010년 제2회

　　가. 255.255.192.0　　　　　　　나. 255.255.224.0
　　다. 255.255.240.0　　　　　　　라. 255.255.248.0

16. 서브 네트워킹(Sub Networking)의 장점이라고 할 수 없는 것은? 2005년 제1회

　　가. 여러 물리적 세그먼트에 대해 하나의 네트워크로 관리하여 이더넷과 토큰링과 같은 다른 기술을 적용할 수 있다.
　　나. IP Address의 네트워크 ID를 이용하므로 호스트 수가 확대되는 효과를 얻을 수 있다.
　　다. 브로드캐스트를 줄여 네트워크의 혼잡을 줄이고 사용량을 관리할 수 있다.
　　라. 각각의 세그먼트 마다 최대의 호스트를 사용할 수 있다.

17. 서브넷의 기능에 대한 설명으로 옳지 않은 것은? 2006년 제1회

　　가. 서브넷은 단일 네트워크 ID로 부터 파생된 IP Address를 사용하는 TCP/IP 환경의 물리적 세그먼트를 가리킨다.
　　나. 호스트 ID를 두 부분으로 나누어 각 세그먼트에 대해 고유한 서브넷 ID를 생성한다.
　　다. 네트워크 ID를 두 부분으로 나누어 각 세그먼트에 대해 고유한 서브넷 ID를 생성한다.
　　라. 네트워크의 불필요한 트래픽을 줄일 수 있다.

18. 서브넷의 기능에 대한 설명으로 가장 옳지 않은 것은? 2006년 제4회

　　가. 서브넷은 단일 네트워크 ID로 부터 파생된 IP Address를 사용하는 TCP/IP 환경의 물리적 세그먼트를 가리킨다.
　　나. 한정된 IP Address를 효율적으로 사용 할 수 있다.
　　다. 네트워크 ID를 두 부분으로 나누어 각 세그먼트에 대해 고유한 서브넷 ID를 생성한다.
　　라. 서브넷 마스크(Subnet Mask)는 IP Address와 결합하여 사용자의 컴퓨터가 속한 네트워크를 식별한다.

19. 호스트의 IP Address가 '201. 100. 5. 68/28' 일 때, Network ID로 올바른 것은?
2008년 제4회, 2013년 제1회, 2016년 제4회

가. 201. 100. 5. 32
나. 201. 100. 5. 0
다. 201. 100. 5. 64
라. 201. 100. 5. 31

20. IP 주소 체계에서 서브넷을 이용하는 이유로 옳지 않은 것은? 2011년 제3회

가. IP 주소를 효율적으로 사용할 수 있다.
나. 전달되는 패킷의 경로를 바꿈으로써 트래픽을 관리할 수 있다.
다. 불필요한 Broadcasting Message를 줄일 수 있다.
라. IP 헤더의 체크섬(checksum) 필드와 비교하여, 데이터 전송 오류를 방지하고, 오류 발생 시 재전송을 요청할 수 있다.

21. C Class의 네트워크 주소가 '192.168.10.0' 이고, 서브넷 마스크가 '255.255.255.240' 일 때, 최대 사용 가능한 호스트 수는? (단, 네트워크 주소와 브로드캐스트 호스트는 제외한다.)
2011년 제3회, 2014년 제1회, 2018년 제1회

가. 10개
나. 14개
다. 26개
라. 32개

22. '255.255.255.224'인 서브넷에 최대 할당 가능한 호스트 수는?
2012년 제4회, 2015년 제3회, 2015년 제4회, 2016년 제3회

가. 2개
나. 6개
다. 14개
라. 30개

23. IP Header의 내용 중 TTL(Time To Live)의 기능을 설명한 것으로 옳지 않은 것은?
2012년 제4회

가. IP 패킷은 네트워크상에서 영원히 존재할 수 있다.
나. 일반적으로 라우터의 한 홉(Hop)을 통과할 때마다 TTL 값이 '1' 씩 감소한다.
다. Ping과 Tracert 유틸리티는 특정 호스트 컴퓨터에 접근을 시도하거나 그 호스트까지의 경로를 추적할 때 TTL 값을 사용한다.
라. IP 패킷이 네트워크상에서 얼마동안 존재 할 수 있는가를 나타낸다.

24. IP Address '172.16.0.0'인 경우에 이를 14개의 서브넷으로 나누어 사용하고자 할 경우 서브넷 마스크 값은? 2013년 제4회

　　가. 255.255.228.0　　　　　　　　나. 255.255.240.0
　　다. 255.255.248.0　　　　　　　　라. 255.255.255.192

25. C Class 네트워크에서 6개의 서브넷이 필요하다고 할 때 가장 적당한 서브넷 마스크는? 2014년 제2회, 2015년 제2회, 2017년 제1회

　　가. 255.255.255.0　　　　　　　　나. 255.255.255.192
　　다. 255.255.255.224　　　　　　　라. 255.255.255.240

26. C Class의 네트워크를 서브넷으로 나누어 각 서브넷에 4~5대의 PC를 접속해야 할 때, 서브넷 마스크 값으로 올바른 것은? 2014년 제3회, 2018년 제2회

　　가. 255.255.255.240　　　　　　　나. 255.255.0.192
　　다. 255.255.255.248　　　　　　　라. 255.255.255.0

27. '211.203.50.130/26'의 네트워크 주소는? 2015년 제2회, 2016년 제2회

　　가. 211.203.50.0　　　　　　　　　나. 211.203.50.128
　　다. 211.203.50.130　　　　　　　　라. 255.255.255.0

28. '10.0.0.0/8' 인 네트워크에서 115개의 서브넷을 만들기 위해 필요한 서브넷 마스크는? 2017년 제2회, 2017년 제4회

　　가. 255.0.0.0　　　　　　　　　　나. 255.128.0.0
　　다. 255.224.0.0　　　　　　　　　라. 255.254.0.0

29. 'C Class'인 IP Address에 대한 보기의 설명 중 옳지 않은 것은? 2017년 제4회

    가. 서브넷 마스크로 '255.255.255.0'을 사용했을 경우, '210.111.4.4'와 '210.111.4.5'는 같은 네트워크임을 인식한다.
    나. 서브넷 마스크로 '255.255.255.0'을 사용했을 경우, '210.111.104.1'과 '210.111.104.254'는 같은 네트워크임을 인식한다.
    다. C Class에서는 서브넷 마스크로 '255.255.255.128'은 사용할 수 없다.
    라. C Class에서 네 개의 네트워크로 나누고자 한다면, 실제 서브넷 마스크는 '255.255.255.192'가 된다.

30. 라우터에서 패킷의 목적지를 결정하는 방법으로 올바른 것은? 2007년 제2회, 2018년 제2회

    가. 해당 Default Gateway와 AND 연산이 이루어진다.
    나. 해당 서브넷 마스크와 OR 연산이 이루어진다.
    다. 해당 Default Gateway와 OR 연산이 이루어진다.
    라. 해당 서브넷 마스크와 AND 연산이 이루어진다.

31. 서브넷 마스크(Subnet Mask)에 대한 설명으로 옳지 않은 것은? 2014년 제3회, 2018년 제3회

    가. A, B, C Class 대역의 IP Address는 모두 같은 서브넷 마스크를 사용한다.
    나. 하나의 네트워크 클래스를 여러 개의 네트워크로 분리하여 IP Address를 효율적으로 사용할 수 있다.
    다. 서브넷 마스크는 목적지 호스트의 IP Address가 동일 네트워크상에 있는지 확인한다.
    라. 서브넷 마스크를 이용하면, Traffic 관리 및 제어가 가능하다.

32. C Class의 네트워크에서 호스트 수가 12개 일 때 분할할 수 있는 최대 서브넷 수는? 2018년 제3회

    가. 2   나. 4   다. 8   라. 16

33. 네트워크 ID 210.182.73.0을 몇 개의 서브넷으로 나누려고 하며, 각 서브넷은 적어도 40개 이상의 Host ID를 필요로 한다. 이때 어떤 서브넷 마스크를 사용해야 하는가? 2001년 제2회

　　가. 255.255.255.192　　　　　　　　나. 255.255.255.224
　　다. 255.255.255.240　　　　　　　　라. 255.255.255.248

34. 서브넷 마스크(Subnet Mask)에 대한 설명으로 올바른 것은? 2001년 제2회, 2016년 제1회

　　가. IP Address에서 네트워크 Address와 호스트 Address를 구분하는 기능을 수행한다.
　　나. 여러 개의 네트워크 Address를 하나의 Address로 통합한다.
　　다. Address는 효율적으로 관리하나 트래픽 관리 및 제어가 어렵다.
　　라. 불필요한 Broadcasting Message는 제한 할 수 없다.

35. 서브넷 마스크(Subnet Mask)에 대한 설명 중 올바른 것은? 2016년 제4회, 2017년 제4회

　　가. IP Address에서 Network Address와 Host Address를 구분하는 기능을 수행한다.
　　나. 하나의 Network를 두 개 이상의 Network로 나눌 수 없다.
　　다. IP Address는 효율적으로 관리하나 트래픽 관리 및 제어가 어렵다.
　　라. 불필요한 브로드캐스트 메시지를 제한할 수 없다.

36. 192.168.55.0의 네트워크 ID를 가지고 있다. 각 서브넷은 25개의 호스트 ID 가 필요하며 가장 많은 서브넷을 가져야한다. 어떤 서브넷 마스크를 할당할 것인가? 2001년 제3회

　　가. 255.255.255.192　　　　　　　　나. 255.255.255.224
　　다. 255.255.255.240　　　　　　　　라. 255.255.255.248

37. 몇 개의 비트가 네트워크를 식별하는데 사용되고, 몇 개의 호스트를 식별하는데 사용되는지를 나타내기 위해 지정하는 것은? 2003년 제2회, 2006년 제3회

　　가. 서브넷 마스크　　　　　　　　　　나. 라우팅 테이블
　　다. 루프백(Loopback)　　　　　　　　라. IP Address

38. 다음은 클래스 B 주소를 클래스 C 주소의 형태로 서브네팅 한 것이다. 서브넷 마스크 값은? 2003년 제4회

가. 255.255.255.255
나. 255.255.255.0
다. 255.255.0.0
라. 255.0.0.0

39. 다음 중 서브넷 마스크(Subnet Mask)에 대한 설명으로 옳지 않은 것은? 2005년 제2회

가. 서브넷 마스크를 이용하면, 트래픽 관리 및 제어가 가능하다.
나. 서브넷 마스크는 목적지 호스트의 IP Address가 동일 네트워크상에 있는지 확인한다.
다. 하나의 네트워크 클래스를 여러 개의 네트워크로 분리하여 IP Address를 효율적으로 사용할 수 있다.
라. 서브넷 마스크는 클래스 A, B, C의 IP Address는 항상 같은 서브넷 마스크를 사용한다.

40. 서브넷 마스크에 대한 설명으로 옳지 않은 것은? 2005년 제4회, 2007년 제2회, 2010년 제1회

가. IP Address 체계에서 Network ID와 Host ID로 구분한다.
나. 목적지 호스트가 동일한 네트워크상에 있는지 확인한다.
다. 필요한 서브넷의 수를 결정하여 세팅한다.
라. 서브넷 마스크는 Network ID 필드는 0으로 Host ID의 필드는 1로 채운다.

41. 서브넷 마스크에 대한 설명으로 옳지 않은 것은? 2014년 제2회, 2015년 제3회, 2018년 제1회

가. 서브네팅이란 주어진 IP 주소 범위를 필요에 따라서 여러 개의 서브넷으로 분리하는 작업이다.
나. 서브넷 마스크를 이용하여 목적지 호스트가 동일한 네트워크상에 있는지 확인한다.
다. 필요한 서브넷의 수를 고려하여 서브넷 마스크 값을 결정한다.
라. 서브넷 마스크는 Network ID 필드는 '0'으로, Host ID 필드는 '1'로 채운다.

42. 목적지 호스트의 IP Address가 동일 네트워크상에 있는지 확인하기 위해 사용하는 방법은? 2006년 제2회, 2007년 제3회

가. Network Name
나. Subnet Mask
다. Subnet Name
라. Host ID

43. IP Address가 B Class이고, 전체를 하나의 네트워크로 사용할 때 적절한 서브넷 마스크 값은? 2006년 제2회, (2007년 제3회)

　　가. 255.0.0.0　　　　　　　　　　나. 255.255.0.0
　　다. 255.255.255.0　　　　　　　　라. 255.255.255.255

44. 라우터의 이더넷 IP Address가 196.253.177.1/24 이며, 시리얼 IP Address는 220.163.177.2/30 이다. 이때, 이 라우터의 내부 LAN에 연결된 PC의 IP Address와 Gateway로 가능한 Address 는? 2006년 제2회

　　가. IP Address : 196.253.176.7, Gateway: 196.253.177.1
　　나. IP Address : 196.253.177.111, Gateway: 220.163.177.2
　　다. IP Address : 196.253.177.10, Gateway: 196.253.177.1
　　라. IP Address : 196.253.177.7, Gateway: 220.163.177.2

45. 서브넷 마스크에 대한 설명으로 옳지 않은 것은? 2009년 제2회, 2012년 제2회

　　가. IP Address 체계에서 Network ID와 Host ID로 구분한다.
　　나. 목적지 호스트가 동일한 네트워크상에 있는지 확인한다.
　　다. Class A는 기본 서브넷 마스크로 254.0.0.0을 이용한다.
　　라. 서브넷 마스크는 Network ID, 필드는 1로, Host ID의 필드는 0으로 채운다.

46. Subnet Mask에 대한 설명으로 옳지 않은 것은? 2013년 제1회

　　가. 각 IP Address의 Broadcasting 범위를 지정하기 위해 사용된다.
　　나. 모든 IP Address의 Subnet Mask가 동일하다.
　　다. 하나의 네트워크 Class를 여러 개의 네트워크 Segment로 분리하여 IP Address를 효율적으로 사용할 수 있게 한다.
　　라. 하나의 네트워크 IP Segment란 Broadcasting Boundary를 의미한다.

47. B Class에 속한 IP Address가 '117.68.122.32'로 할당되었는데, 서브넷 마스크가 '255.255.255.0'이다. 이 때의 네트워크 ID는? 2013년 제2회

　　가. 117.0.0.0　　나. 117.68.0.0　　다. 117.68.122.0　　라. 117.68.122.32

48. 서브넷 마스크(Subnet Mask)의 기능은? 2015년 제1회

가. TCP/IP 네트워크에서 각각의 컴퓨터에 IP Address을 지정한다.
나. 네트워크ID와 호스트ID를 구분한다.
다. 네트워크 관리자가 IP 블록(Block)을 중앙에서 제어한다.
라. IPX의 상위에 놓이며 접속 중심의 통신 기능을 제공한다.

49. 네트워크상에서 기본 서브넷 마스크가 구현될 때, IP Address가 '203.240.155.32'인 경우 아래 설명 중 올바른 것은? 2016년 제3회, 2017년 제3회

가. Network ID는 203.240.155 이다.
나. Network ID는 203.240 이다.
다. Host ID는 155.32가 된다.
라. Host ID가 255일 때는 루프백(Loopback)용으로 사용된다.

정답

1	2	3	4	5	6	7	8	9	10
라	가	라	라	나	라	가	가	나	나
11	12	13	14	15	16	17	18	19	20
라	라	가	나	나	나	다	다	다	라
21	22	23	24	25	26	27	28	29	30
나	라	가	나	다	다	나	라	다	라
31	32	33	34	35	36	37	38	39	40
가	라	가	가	가	나	가	나	라	라
41	42	43	44	45	46	47	48	49	
라	나	나	다	다	나	다	나	가	

Chapter **05**

IPv6 주소

1 IPv6의 탄생배경과 정의
2 IPv4와 공통점 및 차이점
3 IPv4와 주소표기 차이점
4 네트워크 ID의 분류
5 주소 표기법
6 상용주소 접두사
7 주소의 구조
8 IPv6 헤더의 형식
9 IPsec

CHAPTER 05 IPv6 주소

제1절 IPv6의 탄생배경 및 정의

1 IPv6의 탄생배경
① 인터넷 사용이 급속히 증가함에 따라 사용자와 호스트가 증대
② 이로 인해 기존에 사용한 IPv4 주소가 절대적으로 부족한 상태
③ 그리고 새로운 기술(멀티미디어, 보안)의 접목이 어려움
   ☞ IPv4 헤더의 구조가 고정으로 어려움
④ 기존 IPv4 주소의 유선 인터넷망 중심에서 유무선 인터넷망과 상호연동뿐만 아니라 최신기술 서비스 활성화를 위해 주소체계 변환 필요
   ☞ 무선인터넷 서비스
   ☞ 유무선 홈 네트워크 서비스
   ☞ VoIP 및 IPTV
   ☞ IoT와 IoE
   ☞ 4차산업혁명

2 IPv6의 정의
① 차세대 인터넷 주소체계
   ⓐ 128비트로 구성
      ☞ 32비트의 IPv4 주소길이에 4배
   ⓑ 보안을 기본 기능으로 제공
      ☞ 보안기능을 기본적으로 내장하는 빌트인 보안(Built-in Security)
   ⓒ 자동 네트워킹 기능 제공
      ☞ 사용자의 개입 없이 IP 주소를 동적 할당
   ⓓ QoS 지원
      ☞ IP 패킷의 연속적 흐름을 플로우(flow)로 정의
      ☞ IPv6 헤더에서 플로우 레벨(flow level) 필드로 식별
② IETF에서 표준화
   ⓐ 1996년 IPv6 규격을 표준으로 제정
   ⓑ RFC2460

제2절 IPv4와 공통점 및 차이점

1 IPv4와 공통점

① Network와 Host를 식별하는 유일한 주소체계 사용
② 주소구성
  ☞ Network 구별 부분과
  ☞ 해당 Network 내 각 Host를 구분하는 부분으로 구성

2 IPv4와 차이점

① Class로 구분하지 않음
  ⓐ Network와 Host를 구분하는 경계
    ☞ 주소의 어느 부분에서든 위치할 수 있음
    ☞ 주소만 가지고 판단할 수 없음
  ⓑ 따라서 Network 부분 길이에 대한 정보가 주소와 함께 따라가야 함
② Broadcasting을 위한 특별한 주소를 정의
  ⓐ 유니캐스트(Unicast)
    ☞ 하나의 Host에게만 송신
    ☞ 일대일(1:1) 통신
  ⓑ 멀티캐스트(Multicast)
    ☞ 특정한 Host 집단에게 송신
    ☞ 즉, 같은 서브네트워크 상에 있는 인식되는 모든 인터페이스로 전달
    ☞ 일대다(1:n) 통신
  ⓒ 애니캐스트(Anycast)
    ☞ 공통의 네트워크 부분을 가지는 모든 Host에게 송신
    ☞ 이때 가장 라우팅 거리가 가까운 인터페이스인 단일 인터페이스로 전달
    ☞ 단일 인터페이스로 배달되는 일대일 통신

표 5.1 IPv4와 IPv6 비교

구분	IPv4 주소	IPv6 주소
주소 길이	32-bit	128-bit
주소 개수	2^{32} = 약 43억	2^{128} = 약 340간(무한대)
패킷 헤더 사이즈	변동	고정
헤더 필드 수	12	8
주소할당 방법	클래스 단위 비순차적 할당	클래스 없는 주소 체계(CIDR)
품질제어	Qos 부분지원	Qos 지원
보안기능	IPsec 별도 설치	기본 제공
모바일 IP	지원 어려움	지원 용이
멀티미디어 실시간처리	지원 어려움	지원 용이
P&P(Plug & Play)	없음	있음

※ CIDR(Classless Inter Domain Routing) : 클래스 없는 주소체계
- 클래스 주소 체계의 문제점(주소 낭비)을 해결한 체계
- 네트워크 규모와 단말기 수에 따른 순차적 할당

용어 설명

(1) 클래스 주소체계(Classful Addressing)
   ① A, B, C, D 클래스 사용 : 제3장(IP 주소) 참조
   ② 문제점 : 낭비되는 주소가 많음
(2) 클래스 없는 주소체계(CIDR)
   ① Classless Inter Domain Routing
   ② 클래스 주소체계의 문제점인 주소 낭비를 해결한 주소체계
   ③ 클래스 없는 주소체계로 약 150개의 IP주소가 필요할 경우, 어느 크기의 IP 접두사(prefix)를 할당 받는 것이 좋은가?
      ☞ /25 하나 : 128개
      ☞ /27 하나 : 32개
      ☞ 총 160개 할당

제3절 IPv4와 주소표기 차이점

1 IPv4의 주소표기

제3장 IP 주소에서 설명한바와 같이 IPv4 주소표기법은
① 10진수 4자리의 숫자로 표기
  ☞ 각각의 숫자는 8비트(octet: 옥텟)로 구성 : 1-바이트(byte)
  ☞ 표현할 수 있는 숫자 : 0 ~ 255 (2^8 = 256)
② 각각 숫자는 점(dot : .)으로 구분
③ 4 바이트(byte)로 구성 : 총 32-bit로 구성

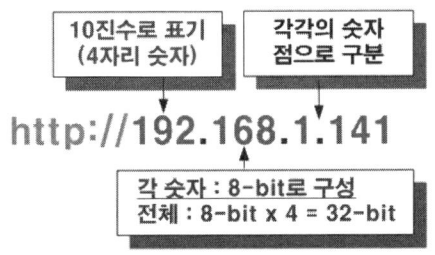

그림 5.1   IPv4의 주소표기

2 IPv6의 주소표기

① 16-byte로 구성
  ☞ 총 128-bit로 구성
② 16진으로 표기, 콜론(:)으로 구분
  ⓐ 10진수 → 16개

그림 5.2   IPv6 주소표기를 위한 10진수 16개의 예

  ⓑ 16진수 → 2개씩 8개 필드

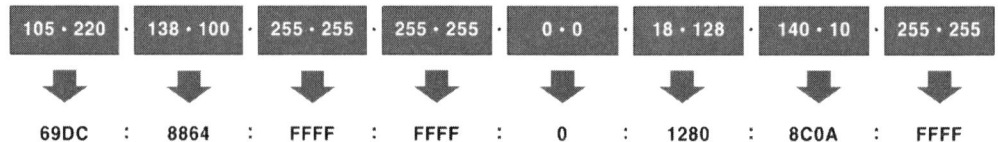

그림 5.3 IPv6 주소표기를 위한 10진수 2개씩 8개 필드의 예

제4절 네트워크 ID의 분류

1 Link Local(Host ID)
① 동일 네트워크에서 통신할 때 사용
② 전화통신 예 : 동일지역(서울과 서울)간의 통화
☞ 지역번호(Network ID)가 필요 없음

2 Site Local
① 다른 네트워크간의 통신할 때 사용
② 전화통신 예 : 다른 지역(서울과 부산)간의 통화
☞ 지역번호(Network ID)가 필요함

3 Global Local
① WAN 상의 네트워크와 통신할 때 사용
② 전화통신 예 : 다른 나라와 서울간의 통화
☞ 국가번호와 지역번호(Network ID)가 필요함

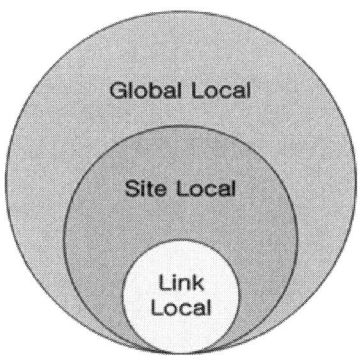

그림 5.4 네트워크 ID의 분류

제 5 절 주소 표기법

1 IPv6의 주소표기

① Network ID : 상위 64-bit
② Host ID : 하위 64-bit

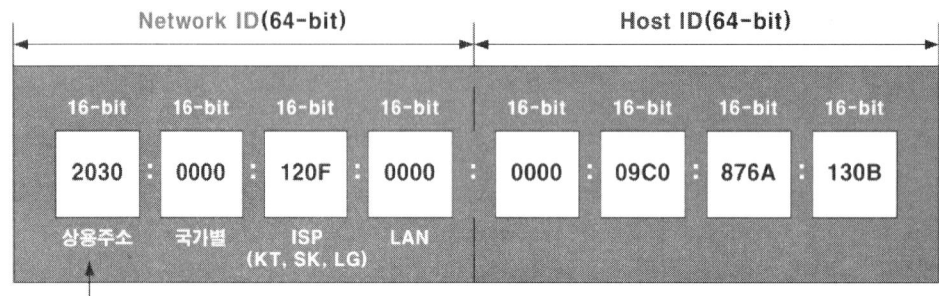

2000::/3 → Global Unicast
FC00::/7 → Unique Local Unicast
FE80::/10 → Link Local Unicast
FF00::/8 → Multiicast

그림 5.5 IPv6의 주소표기

표 5.2 상용주소별 IPv6 표기

상용주소의 종류	Binary Prefix	IPv6 표기
Global Unicast(전역 유니캐스트 주소)	001	2000::/3
Unique Local Unicast(특정지역 내)	1111 110	FC00::/7
Link Local Unicast(동일 네트워크 내)	1111 1110 10	FE80::/10
Multicast	1111 1111	FF00::/8
Unspecified Address*	0000 … 0000(128-bit)	::/128
Loopback Address**	0000 … 0001(128-bit)	::1/128

* 사용 가능한 주소가 없을 때 사용됨, 초기 DHCP request
** IPv4의 127.0.0.1과 동일 용도

2 Network ID

(1) IPv6 통신방식 종류

　　① 유니캐스트(Unicast)

　　② 멀티캐스트(Multicast)

　　③ 애니캐스트(Anycast)

(2) 유니캐스트

　　① IPv4에서의 유니캐스트(1:1 통신시 I/F 식별)와 유사한 개념

　　② 종류

　　　　ⓐ 글로벌(Global) 유니캐스트 주소

　　　　ⓑ 링크 로컬 유니캐스트 주소

　　③ 글로벌 유니캐스트 주소

　　　　ⓐ IPv4에서 공인 IP 주소와 유사한 개념

　　　　ⓑ IPv6 인터넷상에서 범용으로 사용하는 주소 : 2000::/3부터 시작

　　　　ⓒ 현재 사용 중인 IPv6 글로벌 유니캐스트 주소

　　　　　☞ 2001::/16

　　　　　☞ 2002::/16

　　　　　☞ 2003::/18

　　　　　☞ 3FFE::/16 등

　　　　ⓓ IPv6 글로벌 유니캐스트 주소 포맷(format)

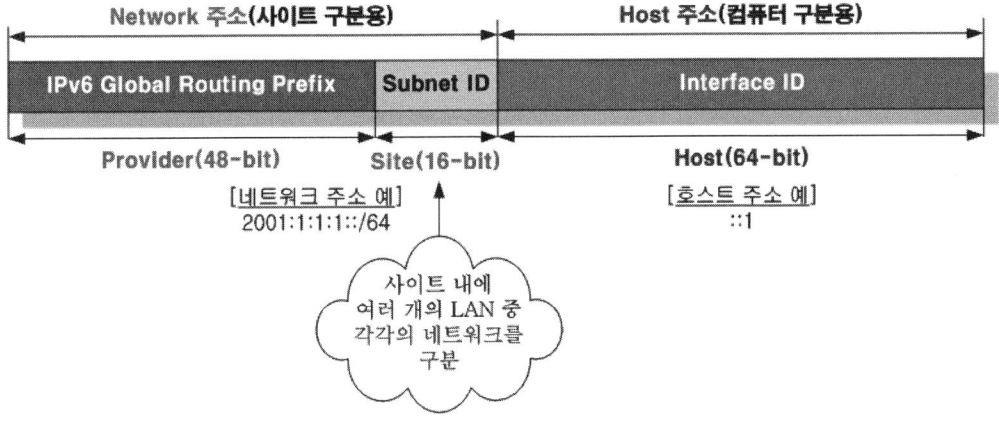

그림 5.6 IPv6 글로벌 유니캐스트 주소 포맷

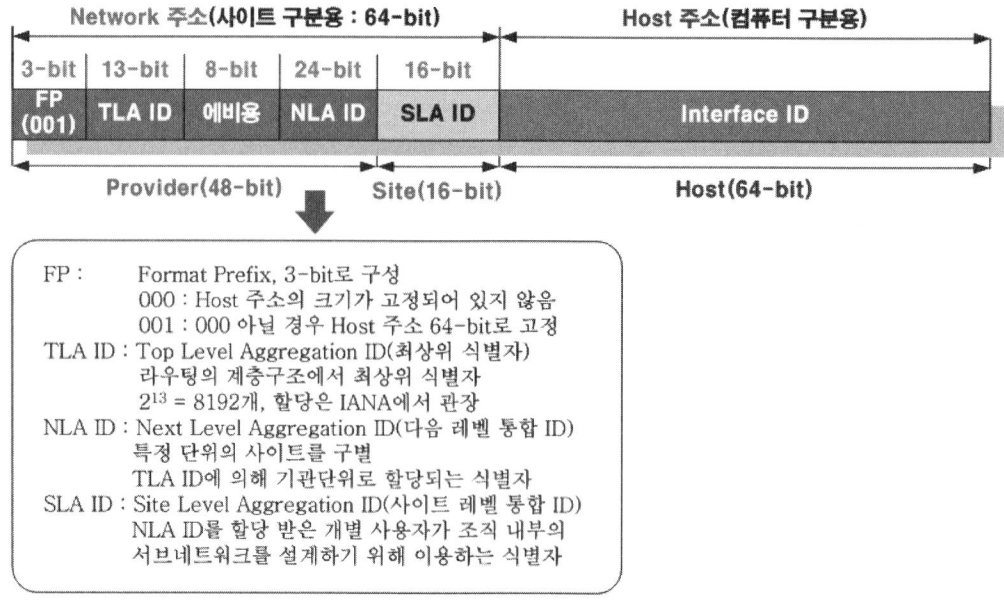

그림 5.7 IPv6 글로벌 유니캐스트 주소에서 첫 3-bit에 의한 포맷

④ 링크 로컬 유니캐스트 주소
   ⓐ 직접 연결된 동일한 링크와 동일한 서브넷(subnet)에서 보안문제를 위해 사용하는 주소 : 인트라넷(Intra-Net)에서 사용하는 주소
   ⓑ 다른 링크의 글로벌 주소와 다른 링크 로컬 주소와는 통신 불가능
   ⓒ 현재 사용 중인 링크 로컬 유니캐스트 주소 : FE80::/10
   ⓓ IPv6 링크 로컬 유니캐스트 주소 포맷(format)

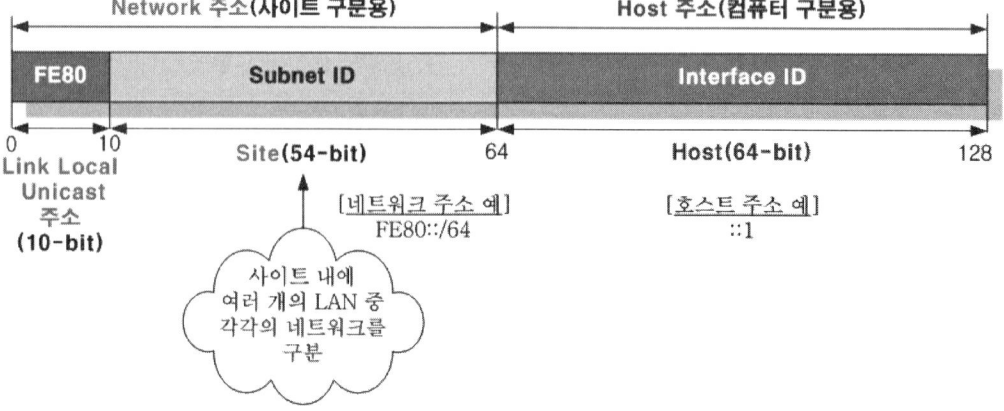

그림 5.8 IPv6 링크 로컬 유니캐스트 주소 포맷

3 Host ID

(1) MAC 주소 48-bit가 64-bit로 mapping 되어 생성됨
　① EUI(Extended Unique Identifier)-64 ID로 결합
　② IPv4의 DHCP와 유사
(2) MAC 주소를 EUI 64-bit로 매핑 방법
　① MAC 주소(48-bit)를 양분
　② FFFE(Reserved Code)를 가운데에 삽입 : 24번째 이후 비트에 삽입

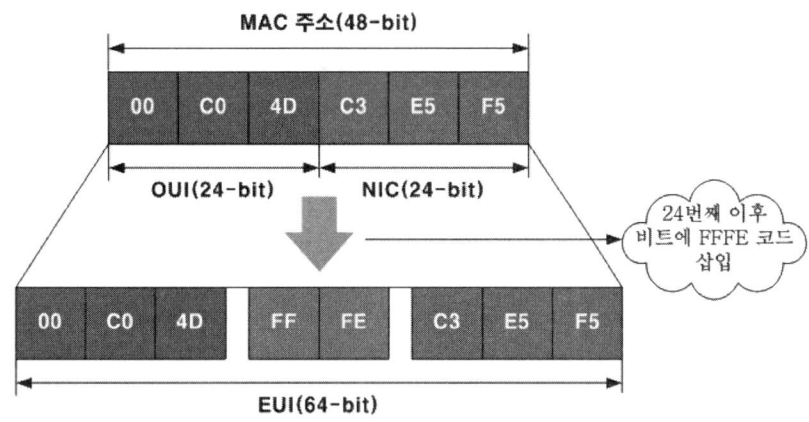

그림 5.9　MAC 주소에 FFFE 코드를 가운데에 삽입

　③ 7번째 비트를 1로 설정
　　☞ MAC 주소의 앞에서 7번째 비트 : 0 ? 1 또는 1 ? 0으로 바뀜
　　　• 글로벌 비트(Global or universal bit) 또는 로컬 비트(local bit)라 함
　　　• 0으로 맞추어져 있을 경우 : Globally unique 의미
　　　　1로 맞추어져 있을 경우 : Locally administered 의미
　④ MAC 주소(48-bit)로 Host ID(64-bit) Mapping 완성
　　☞ 02C0:4DFF:FEC3:E5F5(총64-bit)

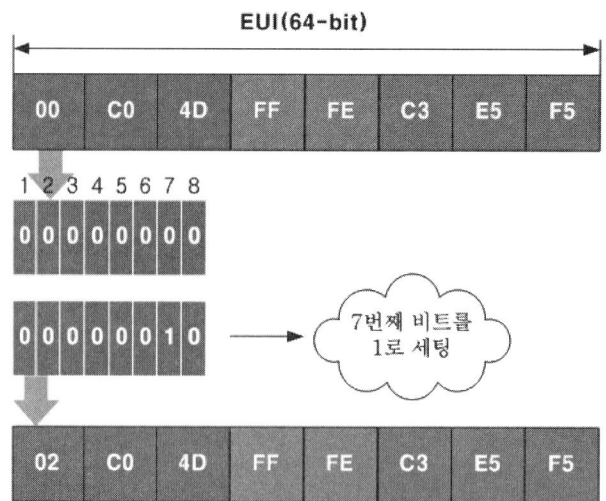

그림 5.10 MAC 주소를 앞에서 7번째 비트에 1로 설정

(3) 안드로이드와 윈도우즈 OS는 Interface ID(Host ID)를 EUI-64 방식을 이용하지 않고 랜덤(random)하게 생성하여 사용
　① 두 OS에서 IPv6 주소의 Interface ID는 물리적 주소와 전혀 무관
　　ⓐ 외부 공격으로부터 사생활 보호 목적
　　ⓑ 글로벌 유니캐스트 주소 2개 생성됨
　　　☞ IPv6 주소와 임시 IPv6 주소
　　　☞ 확인 명령어 : ipconfig /all
　② EUI-64 방식을 이용하여 IPv6 주소를 생성하는 분야
　　☞ 네트워크 장비에서만 이루어 짐

예제 1 48-bit의 MAC 주소인 1910:09C0:1311를 64-bit의 Host ID로 Mapping을 완성하라.

풀이 (1) 24번째 이후 비트에 FFFE 코드를 삽입

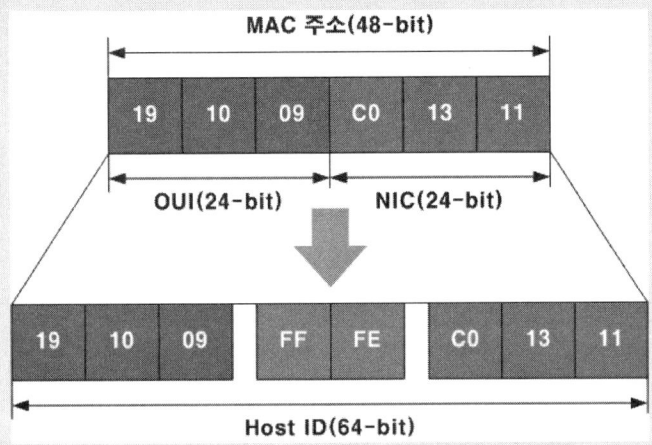

그림 5.11 24번째 이후 비트에 FFFE 코드를 삽입

(2) 7번째 비트를 1로 설정

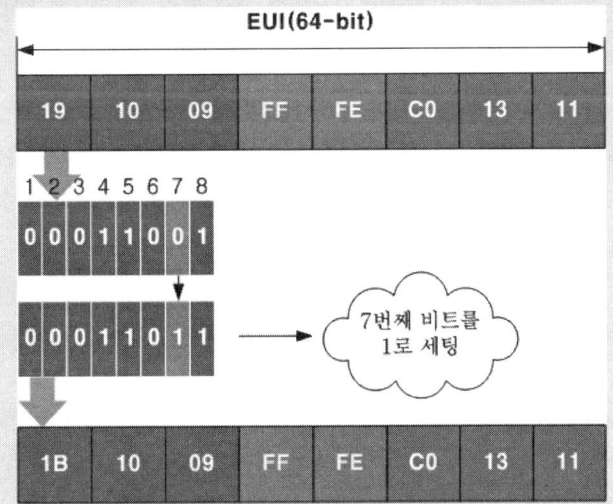

그림 5.12 7번째 비트에 1로 설정

(3) 48-bit의 MAC 주소를 64-bit의 Host ID로 Mapping한 코드
☞ 1B10:09FF:FEC0:1311

4 주소 생략법

① 주소 필드 중에 처음 시작하는 0은 생략 가능

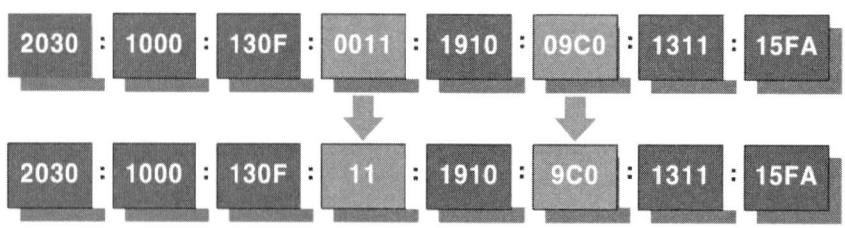

그림 5.13 주소 필드에서 처음 시작하는 0은 생략하여 표기

② 필드의 모든 값이 0이면 해당 값을 0으로 생략

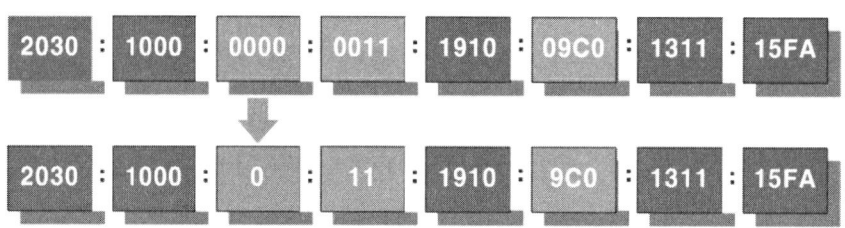

그림 5.14 필드의 모든 값이 0이면 해당 값을 0으로 표기

③ 0인 필드가 2개 이상 연속이면 0을 모두 삭제하고 이중콜론(::) 하나만 표기

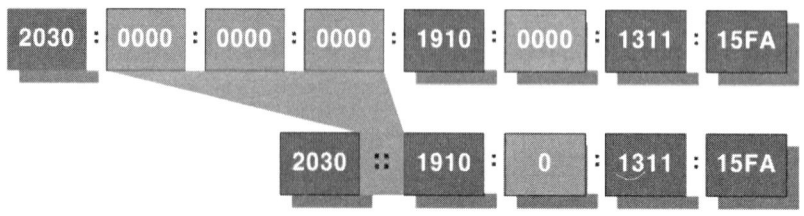

그림 5.15 0인 필드가 2개 이상 연속일 경우 이중콜론 표기

제6절 상용주소 접두사

1 링크 로컬 주소(Link Local Address)

① 주소범위 : FE8x ~ FEBx
② 주소표기
　ⓐ FE8의 주소표기

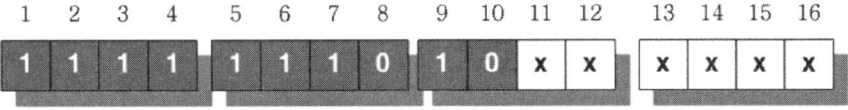

그림 5.16　FE8의 주소표기

　ⓑ 16비트 중에 x는 아무 비트가 와도 Link Local Address가 됨

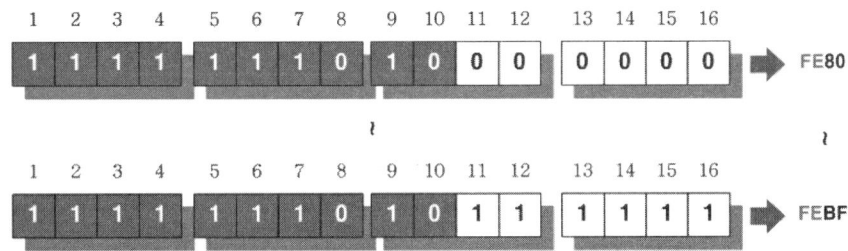

그림 5.17　링크 로컬 주소(Link Local Address)의 범위

2 사이트 로컬 주소(Site Local Address)

① 주소범위 : FECx ~ FEFx
② 주소표기
　ⓐ FEC의 주소표기

그림 5.18　FEC의 주소표기

ⓑ 16비트 중에 x는 아무 비트가 와도 Site Local Address가 됨

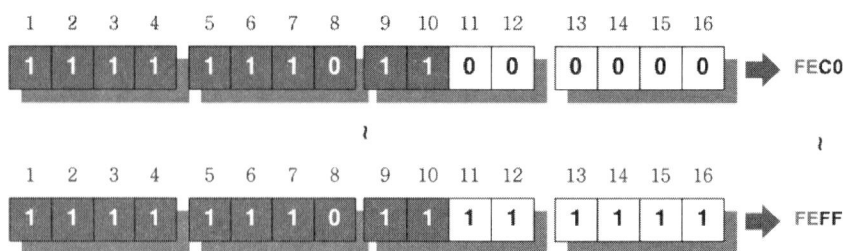

그림 5.19 사이트 로컬 주소(Site Local Address)의 범위

3 멀티캐스트 주소(Multicast Address)

① 주소범위 : FFxx(FF00 ~ FFFF)
② 주소표기
    ⓐ FF의 주소표기

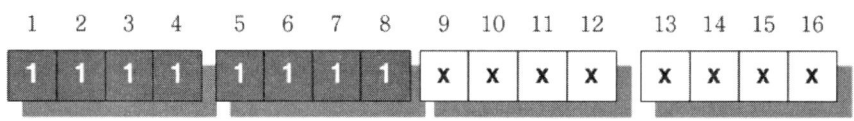

그림 5.20 FF의 주소표기

ⓑ 16비트 중에 x는 아무 비트가 와도 Multicast Address가 됨

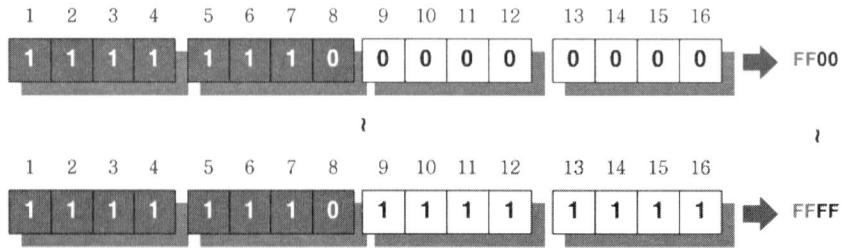

그림 5.21 멀티캐스트 주소(Multicast Address)의 범위

제 7 절 주소의 구조

1 미지정 주소(Unspecified Address)

① 호스트를 초기화할 경우에 자신의 주소를 알 수 없으므로 이 때 자신의 IP 주소를 알아내기 위하여 사용하는 주소
② 모든 128-bit가 0
③ 미지정 주소표기
☞ 0:0:0:0:0:0:0:0 → ::/128

2 루프백 주소(Loopback Address)

① IPv4의 127.0.0.1과 동일
② 마지막 128번째 비트가 1, 나머지 모든 비트는 0
③ 루프백 주소표기
☞ 0:0:0:0:0:0:0:1 → ::1/128

3 링크 로컬 주소

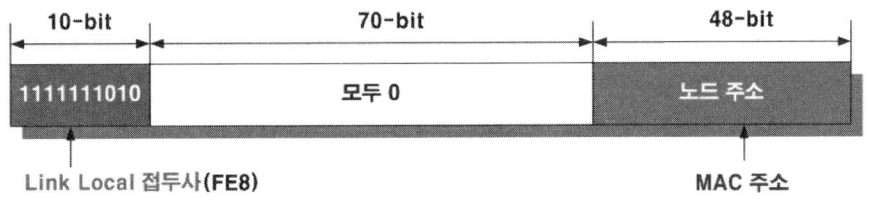

그림 5.22 링크 로컬 주소의 포맷

4 사이트 로컬 주소

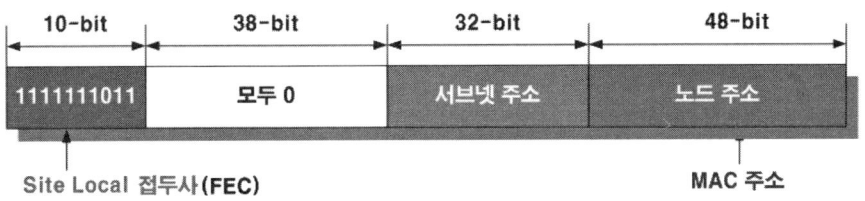

그림 5.23 사이트 로컬 주소의 포맷

5 멀티캐스트 주소

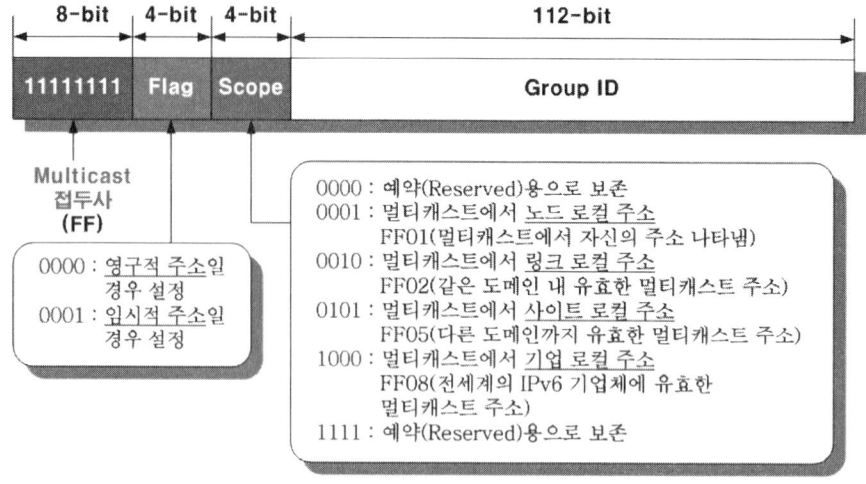

그림 5.24 멀티캐스트 주소의 포맷

(1) 플래그(Flag)

① 설정된 멀티캐스트의 주소가 잘 알려진 주소(well-known address)인지 임시적으로 사용되는 주소인지 구분

② 4-bit 중 마지막 1-bit만 사용

☞ 0000 : 영구적 주소일 경우(잘 알려진 주소 사용할 경우 설정)

☞ 0001 : 임시적 주소 사용할 경우 설정

(2) 스코프(Scope)

① 어디에 사용하는지를 나타내는 정보

② 4-bit 사용

ⓐ 0000과 1111 : 예약(Reserved)용으로 보존

ⓑ 0001 : 멀티캐스트에서 노드 로컬(Node Local) 주소

☞ FF01 : 멀티캐스트에서 자신의 주소를 나타냄

ⓒ 0010 : 멀티캐스트에서 링크 로컬(Link Local) 주소

☞ FF02 : 같은 도메인까지 유효한 멀티캐스트 주소

ⓓ 0101 : 멀티캐스트에서 사이트 로컬(Site Local) 주소

☞ FF05 : 다른 도메인까지 유효한 멀티캐스트 주소

ⓔ 1000 : 멀티캐스트에서 기업 로컬(Organizational Local) 주소

☞ FF08 : 멀티캐스트를 전세계의 IPv6 기업체에 날릴 때 사용

6 애니캐스트 주소(Anycast Address)

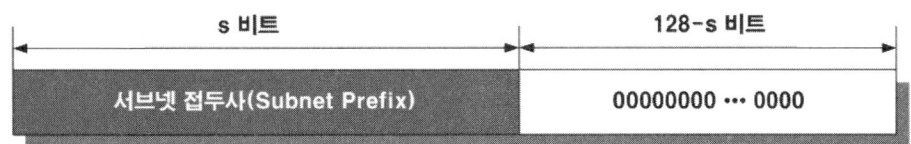

그림 5.25 애니캐스트 주소의 포맷

① 서브네트워크 상에서 가장 가까운 인터페이스(또는 자원)를 찾아 이곳으로 패킷을 보내기 위해 사용하는 주소
② 네트워크상에서 자원의 거리는 라우팅 프로토콜에 의해 산출됨
③ 이 주소는 발신지의 주소나 호스트의 주소로 사용될 수 없음

7 IPv4 호환 주소(Compatible Address)

① IPv6 주소를 IPv4 주소로 변환 : 6 to 4
② IPv6 패킷이 IPv4 네트워크 지역을 경유하려고 할 때 사용
③ 211.10.10.100 → D30A:0A64
   (8-bit x 4-field) (16-bit x 2-field)
   ☞ 211 : 11010011 → D3
   ☞ 10 : 00001010 → 0A
   ☞ 10 : 00001010 → 0A
   ☞ 100 : 01100100 → 64
④ 주소 구조 → 96-bit(모두 0) : 32-bit(IPv4 주소)

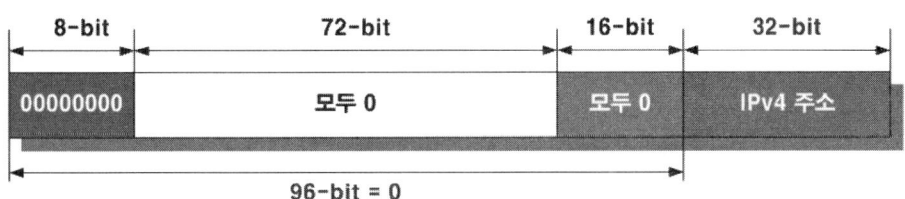

그림 5.26 IPv6 주소를 IPv4 주소로 변환(6 to 4)

※ **IPv4와 IPv6 패킷의 변환**

① IPv4-IPv6 연계 게이트웨이(Gateway)를 통해 서로 다른 네트워크상의 패킷을 변환

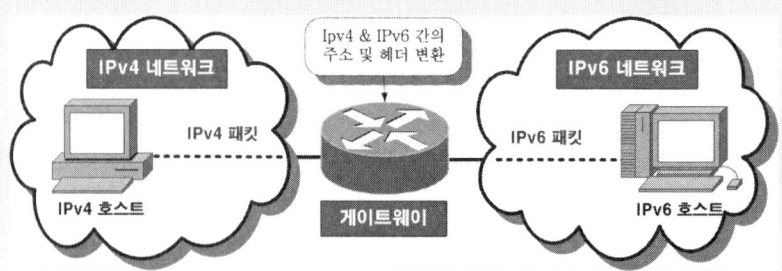

그림 5.27 IPv4와 IPv6 패킷의 변환

② 게이트웨이의 분류
    ⓐ 네트워크 레벨의 게이트웨이
    ⓑ 애플리케이션 레벨의 게이트웨이
③ 게이트웨이의 패킷 변환 기능
    ⓐ NAT-PT(Network Address Translation-Protocol Translation)
    ⓑ IPv4와 IPv6 경계점에서 네트워크 주소를 변환
    ⓒ 프로토콜 변환 기법을 기반으로 IPv4와 IPv6간의 헤더를 변환

8 IPv4-매핑 주소(mapping Address)

① IPv4의 호스트 주소를 IPv6 주소로 변환할 때 사용하는 주소
② 211.10.10.100 → FFFF:D30A:0A64(FFFF 추가)
③ 주소 구조 → 80-bit(모두 0) : 16-bit(FFFF) : 32-bit(IPv4 주소)

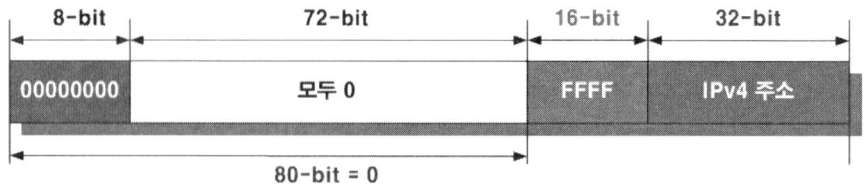

그림 5.28 IPv4 주소를 IPv6 주소로 변환(4 to 6)

제 8 절   IPv6 헤더의 형식

1 기본 헤더(Base Header) 형식

(1) 헤더 형식(Header Format)

　① 40-byte

　② 필드 수 : 8개 (IPv4의 경우 : 12개)

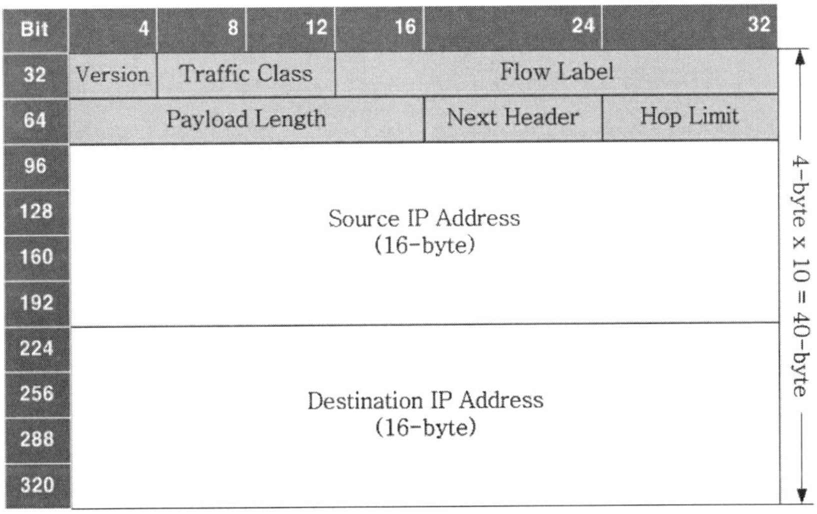

Bit	4	8	12	16	24	32
32	Version	Traffic Class		Flow Label		
64	Payload Length				Next Header	Hop Limit
96						
128	Source IP Address (16-byte)					
160						
192						
224						
256	Destination IP Address (16-byte)					
288						
320						

4-byte × 10 = 40-byte

그림 5.29　IPv6 헤더 구성

(2) Version : 4-bit

　① IP Protocol의 버전 표시

　② 4 : IPv4, 6 : IPv6

(3) Traffic Class : Priority(8-bit)

　① IPv4의 TOS(Type Of Service)와 유사

　　☞ TOS : 요구되는 서비스 품질

　② IP 패킷 마다 서로 다른 서비스 요구사항을 구분하기 위함

　　　예 ☞ 민감한 실시간 응용 데이터 패킷과

　　　　☞ 긴급하지 않은 데이터 패킷 간의 차별적 구분 가능

　③ Routing Priority를 명시 : 낮을수록 우선순위 높음

　　(0~7: 혼잡제어 트래픽, 8~15: 비혼잡제어 트래픽)

ⓐ 0 : 불특정 트래픽
- ☞ 라우터가 뭔지 모르는 패킷은 그냥 흘러 보냄

ⓑ 1 : Background Data
- ☞ 분할된 트래픽, 기 진행 중인 트래픽 우선처리

ⓒ 2 : 예상치 않은 데이터 트래픽(일반 트래픽)

ⓓ 4 : 예상된 많은 데이터 트래픽
- ☞ 멀티캐스트 트래픽, 받을 사람 많음

ⓔ 6 : 대화형 트래픽(interactive traffic)
- ☞ DHCP와 Client간의 대화 : 임대기간, IP요청, 승낙 등

ⓕ 7 : 제어 트래픽

(4) Flow Label : 20-bit

① 데이터그램(Datagram)과 특정한 네트워크 경로를 연관시켜 줌

② IP를 연결지향적인 프로토콜로 사용할 수 있게 함
- ☞ 실시간 서비스에 우선권 주기위해 특정 트래픽흐름에 대한 라벨링

③ 2부분으로 구성 : 트래픽 클래스(Traffic Class)와 결정된 패스(Specific Path)

ⓐ Traffic Class : 특정한 데이터그램을 전송하는데 필요한 일반적인 특성을 정의
- 예 마우스 움직임 등의 대화형 트래픽을 전송하는 경우
  - ☞ 지연이 적은 traffic class(=6) 사용

ⓑ Specific Path : 라우터는 Flow Label의 값을 통하여 미리 결정된 패스를 따라 데이터그램을 보냄
- 예 실시간 오디오(Real-time Audio) 파일을 전송하는 경우
  - ☞ 지연(Delay)이 거의 없는 경로를 설정하기를 원함

(5) Payload Length : 16-bit

① 데이터의 크기만 표시(Header 제외)

② 확장헤드+데이터 < 2^{16}(65,536-byte)

그림 5.30 Payload Length의 구성

③ IPv4의 Datagram Length(Total Length)와 유사 : 16-bit

⑹ Next Header : 8-bit
  ① 기본헤더나 확장헤더 다음에 오는 프로토콜 헤더의 종류(프로토콜 번호 명시)
    ⓐ Extension Header가 있을 경우
      ☞ Extension Header의 유형을 명시
      ☞ ②번의 표에서 프로토콜 번호
    ⓑ Extension Header가 없을 경우
      ☞ Data의 유형을 명시
      ☞ ②번의 표에서 TCP(6), UDP(17)
  ② IPv4의 프로토콜 번호와 같은 역할

표 5.3 헤더별 프로토콜 번호와 IPv6 확장헤더 옵션

헤더 우선순위	(옵션)유형	프로토콜 번호	IPv6 확장헤더 옵션
1	IPv6 기본헤더	41	없음
2	홉-바이-홉(Hop-by-Hop) 옵션 헤더	0	있음
3, 8	목적지(destination) 옵션 헤더	60	있음
4	소스 라우팅(Source Routing) 헤더	43	있음
5	단편화(Fragmentation) ID 헤더	44	있음
6	AH(Authentication Header)	51	있음
7	ESP(Encapsulating Security Payload) 헤더	50	있음
9	이동성(MIPv6) 헤더	135	있음
헤더 끝	No Next Header(헤더 연결의 끝)	59	없음
	ICMPv6	58	없음
	TCP	6	없음
	UDP	17	없음

  ③ 기본헤더 뒤에 확장헤더가 따라 올 수 있음
    ☞ 기본헤더만 라우터에서 처리
    ☞ 확장헤더는 옵션 종류에 따라 처리 방식이 다름 :
      모든 확장 헤더를 다 처리할 필요가 없어서 라우터 부하 경감됨
    ☞ 라우터 부하경감을 위해 대부분의 헤더가 종단 호스트에서 처리하도록 설계되어짐(헤더 옵션의 최소화를 지향)

그림 5.31 기본헤더와 확장헤더의 구성

④ 확장헤더 연결형식

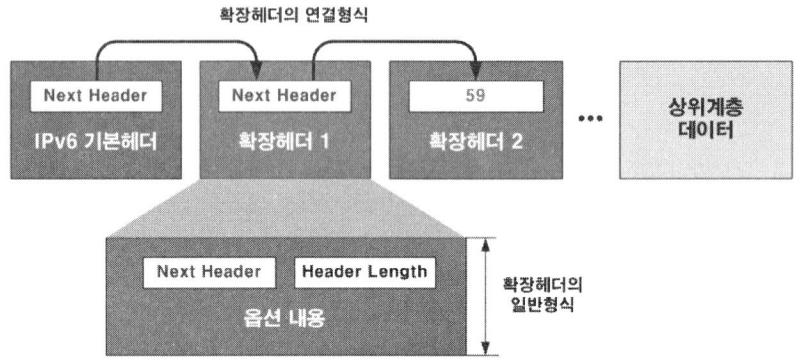

그림 5.32 확장헤더의 일반형식과 연결형식

⑤ 확장헤더 연결 방법

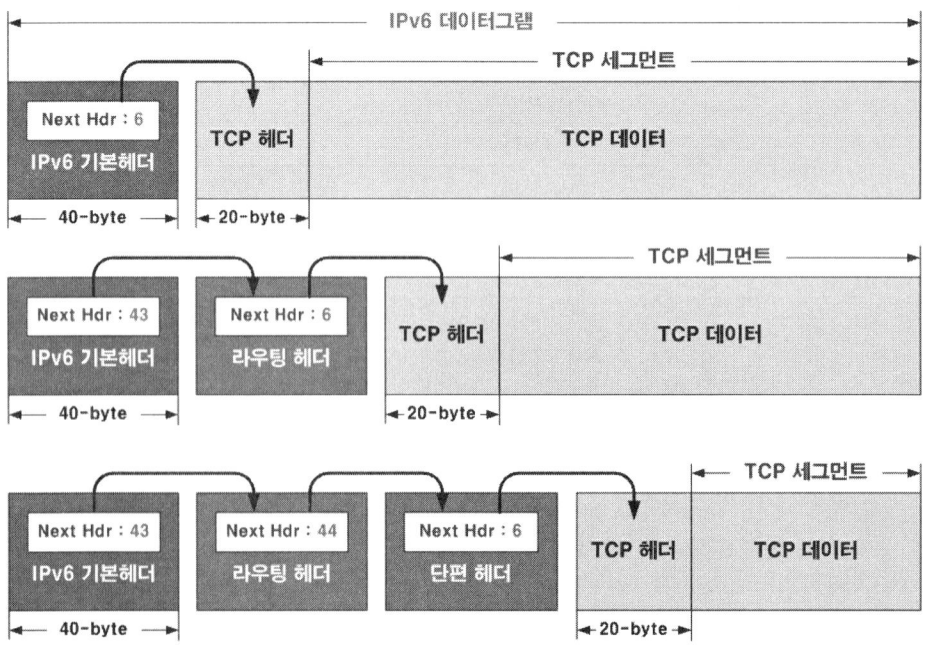

그림 5.33 확장헤더 연결 방법

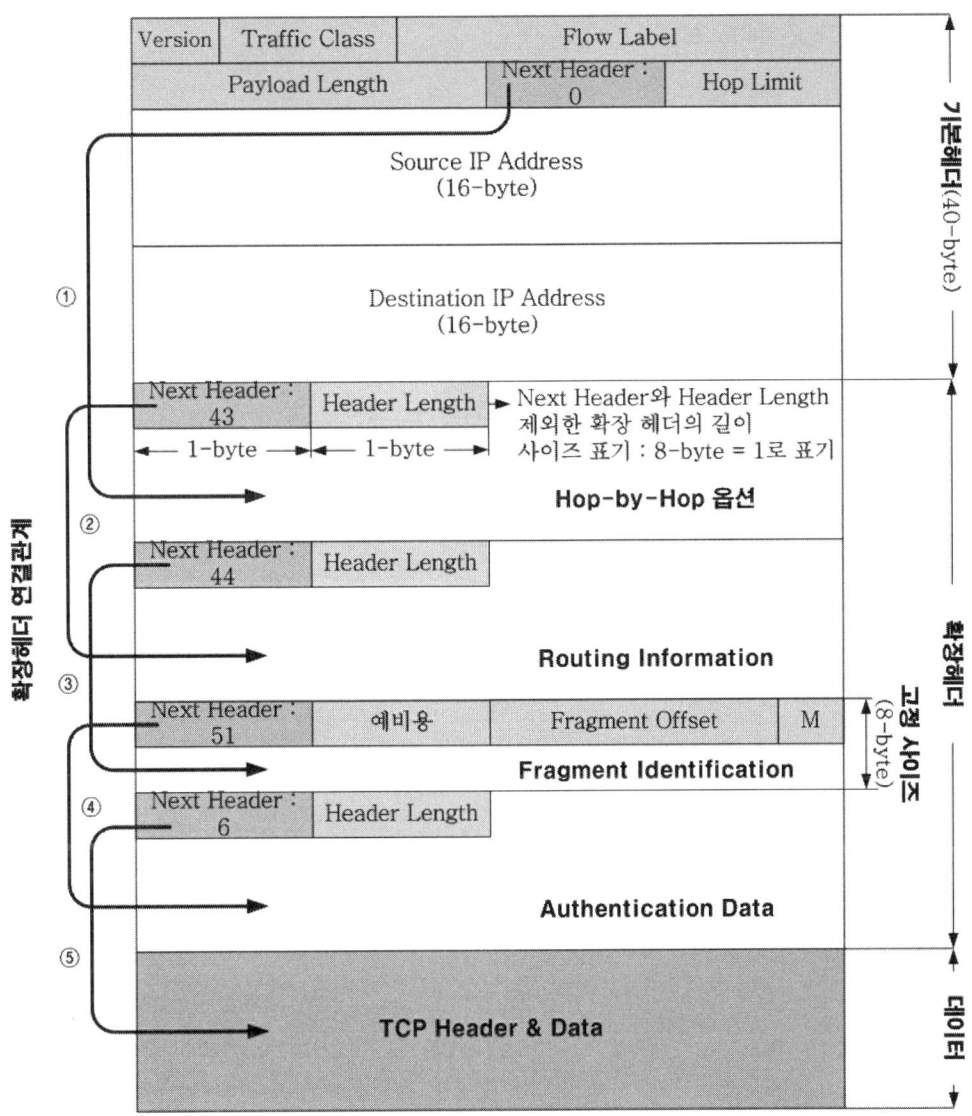

그림 5.34 확장헤더 연결 관계

(7) Hop Limit : 8-bit
   ☞ IPv4의 TTL과 같은 역할
(8) Source IP Address : 128-bit
   ☞ 발신처 주소
(9) Destination IP Address : 128-bit
   ① 목적지 주소
   ② 소스 라우팅일 경우에는 다음 라우터 주소를 나타냄

2 IPv4와 IPv6 헤더 비교

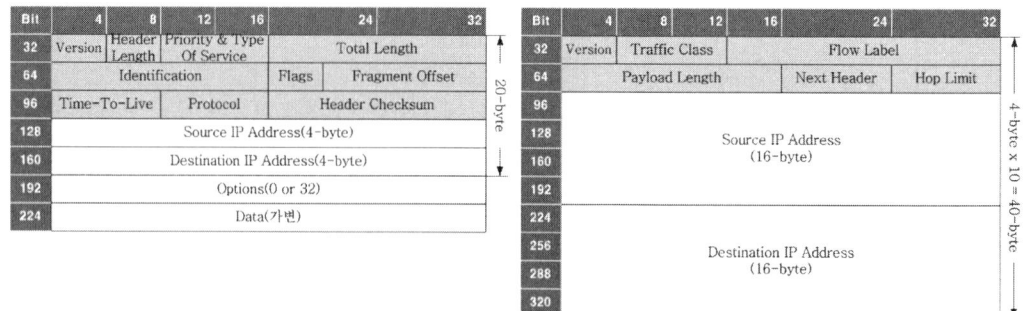

그림 5.35 IPv4와 IPv6 헤더의 구성 비교

IPv4	IPv6	차이점
Version	Version	동일
HLEN	없음	IPv6 기본헤더 : 고정 40-byte
TOS	Traffic Class	유사
Total Length	Payload Length	유사
Identification	Extention Header	유사
Flags		
Fragment Offset		
TTL	Hop Limit	동일
Protocol	Next Header	유사
Checksum	없음	체크섬 비효율성 삭제
Source Address	Source Address	동일(IPv6 : 128-bit)
Destination Address	Destination Address	동일(IPv6 : 128-bit)

그림 5.36 IPv4와 IPv6 헤더의 차이점

제9절 IPsec

1 IPsec란?
① Internet Protocol Security
② 네트워크계층(3계층)인 인터넷 프로토콜(IP)에 보안성을 제공해주는 기술

2 두 종류의 보안 서비스 제공
① AH(Authentication Header : 인증헤더)
  ☞ IPsec로 데이터 송신자의 인증을 허용
② ESP(Encapsulating Security Payload)
  ☞ 송신자 인증 및 데이터 암호화를 함께 지원

3 두 가지 모드
① 터널 모드
  ☞ 보안 게이트웨이 간의 보안 터널을 제공
② 트랜스포트 모드
  ☞ 종단 호스트 간의 보안 터널을 제공

연습문제

CHAPTER 05

01. IP 주소의 부족을 해결하기 위해 제시된 것은? 2000년 제2회, 2004년 제4회, 2005년 제1회

가. Subnetmask 나. IPv6 다. Routing 라. Supernet

02. IP Address의 부족을 해결하기 위해 제시된 것은? 2009년 제3회

가. IPv4 나. IPv6 다. Routing 라. Supernet

03. 다음 중 IPv6에 대한 설명으로 맞는 것은? 2000년 제3회

가. 주소 공간이 64Bit로 증가한다.
나. SIP Protocol을 의미한다.
다. IETF에서 IP 주소 고갈에 대한 해결 방안으로 만들었다.
라. Dotted Decimal에 의해 바이트 단위로 표현된다.

04. 다음 중 IPv6 프로토콜의 구조는? 2001년 제1회, 2012년 제3회, 2013년 제1회, 2016년 제1회, 2017년 제3회

가. 32 비트 나. 64 비트 다. 128 비트 라. 256 비트

05 다음 중 IPv6이 출현한 직접적인 배경이 아닌 것은? 2001년 제1회

가. IP 주소 공간의 부족 예측
나. 라우터의 부하 증가
다. IPv4에서의 라우팅 정보의 넘침(OVERFLOW)
라. 목적지의 주소를 찾지 못하는 현상의 발생

06. IP Address 공간 부족 및 비효율적인 라우팅 테이블 관리를 해결하고자 제안된 IP Version은? 2006년 제1회

    가. IPv4   나. IPsec   다. IPv6   라. RIP

07. IPv6에 대한 설명으로 옳지 않은 것은? 2007년 제1회

    가. IPv6는 128Bit의 길이로 되어있다.
    나. 현재의 IPv4와 상호 운용이 불가능하다.
    다. IPv6는 유니, 애니, 멀티 캐스트로 나눈다.
    라. IPng(IP Next Generation), 즉 차세대 IP라고도 불리고 있다.

08. IPv6는 IPng(IP next Generation), 차세대 인터넷 프로토콜이라고 불리고 있다. IPv6 주소 필드 bit 수는? 2008년 제4회, 2009년 제4회, 2014년 제1회

    가. 32bit   나. 64bit   다. 128bit   라. 256bit

09. IPv6에 대한 설명으로 옳지 않은 것은? 2008년 제4회, 2012년 제4회, 2015년 제2회

    가. IPv6는 128bit의 길이로 되어 있다.
    나. 브로드 캐스트를 이용하여 IPv4와 상호운용이 가능하다.
    다. IPv6는 유니, 애니, 멀티 캐스트로 나눈다.
    라. IP Next Generation, 즉 차세대 IP라고도 불리고 있다.

10. IPv4와 IPv6를 비교하여 설명한 것 중 올바른 것은?
2009년 제1회, 2014년 제4회, 2016년 제3회, 2017년 제4회

    가. IPv4는 자체적으로 IPsec과 같은 보안 프로토콜을 내장하고 있지만, IPv6는 보안 프로토콜의 추가가 필요하다.
    나. IPv4는 필드 구분을 위해 '.'을 사용하나, IPv6는 ':'으로 구분한다.
    다. IPv4의 각 필드는 10진수로 표시되나, IPv6의 각 필드는 16진수로 표시된다.
    라. IPv4는 4개의 16bit 정수로 나누어지나, IPv6는 8개의 32bit 정수로 구분된다.

11. IPv6의 주소 표기법으로 올바른 것은? 2009년 제4회, 2014년 제2회

가. 192.168.1.30
나. 3ffe:1900:4545:0003:0200:f8ff:ffff:1105
다. 00:A0:C3:4B:21:33
라. 0000:002A:0080:c703:3c75

12. IPv4와 비교하였을 때, IPv6 주소체계의 특징이 아닌 것은? 2011년 제1회, 2017년 제1회, 2018년 제2회

가. 64비트 주소체계
나. 향상된 서비스품질 지원
다. 보안기능의 강화
라. 자동 주소설정 기능

13. IP 헤더에 포함이 되지 않는 필드는? 2011년 제2회

가. ACK
나. Version
다. Header checksum
라. Header length

14. IPv6에 대한 설명으로 올바른 것은? 2012년 제1회

가. IETF(Internet Engineering Task Force)에서 IP Address 부족에 대한 해결 방안으로 만들었다.
나. IPv6 보다는 IPv4가 더 다양한 옵션 설정이 가능하다.
다. 주소 공간이 64bit로 증가한다.
라. Broadcasting 기능을 제공한다.

15. IPv6에 대한 설명으로 올바른 것은? 2013년 제3회, 2014년 제3회, 2017년 제2회

가. IETF(Internet Engineering Task Force)에서 IP Address 부족에 대한 해결 방안으로 만들었다.
나. IPv6 보다는 IPv4가 더 다양한 옵션 설정이 가능하다.
다. 주소 유형은 유니캐스트, 멀티캐스트, 브로드캐스트 3가지이다.
라. Broadcasting 기능을 제공한다.

16. IPv4와 비교하여 IPv6의 개선된 점으로 옳지 않은 것은? 2012년 제2회

가. 브로드캐스팅(Broadcasting) 서비스가 가능하다.
나. 보안과 인증 확장 헤더를 사용함으로써 인터넷 계층의 보안기능이 강화되었다.
다. Mobile IP 지원이 가능하다.
라. 확장된 IP Address 공간이 확보된다.

17. IP 데이터그램 전달을 위한 주소 형태 중 IPv4와 비교하여 IPv6에서만 제공되는 서비스는? 2013년 제1회, 2014년 제1회, 2016년 제4회

가. Unicasting   나. Multicasting   다. Broadcasting   라. Anycasting

18. IPv6에 대한 설명으로 옳지 않은 것은? 2013년 제2회, 2014년 제2회

가. IPv6 Address는 128bit의 길이로 되어 있다.
나. 현재의 IPv4와도 상호 운용이 가능하다.
다. 낮은 전송속도를 가지는 네트워크에서는 문제가 있지만, ATM같은 높은 효율성을 가진 네트워크에서도 잘 동작된다.
라. IPv6 어드레스는 각각의 인터페이스와 인터페이스 집합을 정의해준다.

19. 아래 내용에서 IPv6의 일반적인 특징만을 나열한 것은? 2013년 제4회, 2016년 제4회, 2018년 제3회

> A. 주소의 길이가 128비트 이다.
> B. 4개의 클래스로 구분된다.
> C. IPv4에 비하여 헤더가 단순하다.
> D. IPv4에 비하여 인증 및 보안기능이 강화되었다.
> E. 패킷 전송 시 멀티캐스트를 사용한다.
> F. 패킷 전송 시 브로드캐스트를 사용한다.

가. A, B, C, D   나. A, C, D, E   다. B, C, D, E   라. B, D, E, F

20. IPv6 헤더 형식에서 네트워크 내에서 데이터그램의 생존기간과 관련되는 필드는? 2014년 제3회, 2016년 제3회

가. Version 나. Priority 다. Next Header 라. Hop Limit

21. IPv6에서 사용되는 전송 방식이 아닌 것은? 2014년 제4회
가. Anycast 나. Unicast
다. Multicast 라. Broadcast

22. IPv6 주소 체계의 종류로 옳지 않은 것은? 2015년 제4회, 2016년 제2회, 2018년 제4회
가. Unicast 주소 나. Anycast 주소
다. Multicast 주소 라. Broadcast 주소

23. IPv6에 대한 설명이다. 올바른 설명은? 2015년 제1회
가. IPv4와 비교하여 송신 호스트와 수신 호스트 주소를 표시한 공간이 32비트에서 64비트로 확장되었다.
나. 최근 다양해진 IP기반 장비의 효율적인 지원을 위하여 헤더 구조가 IPv4에 비하여 복잡해졌다.
다. IPv4의 호환성을 고려하여 주소공간을 Class로 구분하여 IPv4와 같은 방법으로 사용한다.
라. IPv6에서는 특정 송수신 호스트 사이에 전송되는 데이터를 하나의 흐름(Flow)으로 정의해 중간 라우터에서는 이 패킷을 특별한 기준으로 처리할 수 있도록 지원한다.

24. 설정 터널링(Configured Tunneling)에 대한 설명으로 올바른 것은? 2015년 제3회
가. 터널 양종단의 라우터를 미리 설정하는 방식으로, 발신 호스트에서 생성된 IPv6 패킷의 목적지 주소에 최종 목적지의 IPv6 호스트 주소를 포함하는 방식
나. 호스트에서 IPv4와 IPv6 프로토콜 스택 모두를 채택하는 방식
다. IPv4 네트워크를 통과할 때 IPv6 주소에서 IPv4 주소를 추출하는 방식
라. 게이트웨이를 통하여 IPv4와 IPv6의 서로 다른 패킷의 형식을 변환하는 방식

25. IPv6 헤더 형식에서 네트워크 내에서 혼잡 상황이 발생되어 데이터그램을 버려야 하는 경우 참조되는 필드는? 2016년 제2회, 2017년 제1회, 2018년 제3회

    가. Version　　　　　나. Priority　　　　　다. Next Header　　　라. Hop Limit

26. IPv6에 대한 설명으로 옳지 않은 것은? 2016년 제2회

    가. IPv6는 IPng의 일부분으로 여기서 ng는 Next Generation을 의미한다.
    나. IPv6가 필요하게 된 동기는 현재 인터넷 사용자가 급증하기 때문이다.
    다. IPv6는 32bit로 구성되어 있다.
    라. IPv6는 암호처리 및 사용자 인증기능이 내장 되어 있다.

27. IPv6에서 6000Byte의 패킷이 이더넷 LAN을 통과해야 하는 경우 사용할 확장 헤더는? 2018년 제1회

    가. Source Routing　　　　　　　　나. Fragmentation
    다. Authentification　　　　　　　　라. Destination Option

정답

01	02	03	04	05	06	07	08	09	10
나	나	다	다	라	다	나	다	나	다
11	12	13	14	15	16	17	18	19	20
나	가	가	가	가	가	라	다	나	라
21	22	23	24	25	26	27			
라	라	라	가	나	다	나			

Part 2
TCP/IP 관련 프로토콜

Chapter 06 TCP/IP 계층 프로토콜

Chapter 07 라우팅 프로토콜

Chapter 08 응용계층 프로토콜

Chapter 09 기타 프로토콜

Chapter 06

TCP/IP 계층 프로토콜

1 TCP와 UDP 개념
2 TCP
3 UDP
4 ICMP
5 IP
6 ARP
7 RARP
8 용어 정리

CHAPTER 06 TCP/IP 계층 프로토콜

국가 공인 **네트워크관리사** 완벽 대비서 **TCP/IP 네트워크**

제1절 TCP와 UDP 개념

1 TCP와 UDP

(1) 소켓(Socket) 통신의 기본적인 2가지 통신방식

① TCP(Transmission Control Protocol)
  - ☞ 연결성(Connection) 프로토콜
  - ☞ 신뢰성 프로토콜 : 전송패킷에 대한 응답 수신

② UDP(User Datagram Protocol)
  - ☞ 비연결성(Connectionless) 프로토콜
  - ☞ 비신뢰성 프로토콜 : 전송패킷에 대한 응답 불필요

용어 설명

※ **Socket이란?**

① 정의
  ⓐ 네트워크 애플리케이션(Application)에서 네트워크 접속을 위한 연결 장치(I/F 역할)

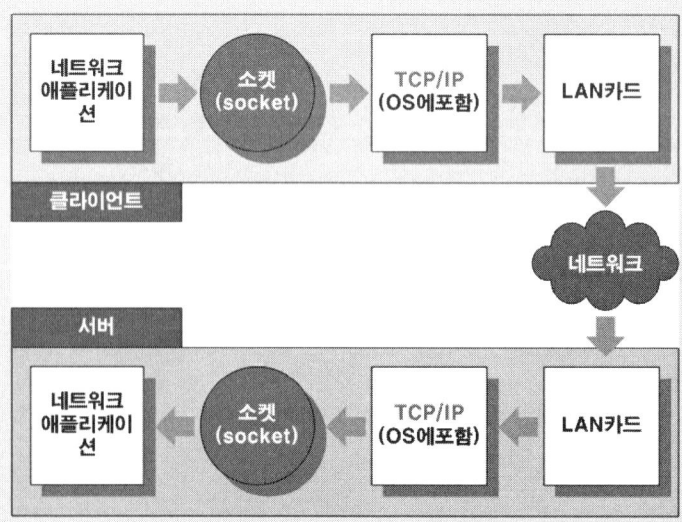

그림 6.1 소켓(Socket)의 역할

ⓑ 두 프로그램이 네트워크를 통해 통신할 수 있도록 양쪽 생성되는 링크단자
② 네트워크 애플리케이션과 TCP/IP 사이에 존재
③ 네트워크 Application이 보낸 데이터의 전달과정

(2) 전화통신과 TCP통신의 유사점

구분	전화걸기	수신확인	전화통화	정보확인절차
전화통신				
TCP통신	상대방의 IP 주소와 Port 번호로 연결요청	서버가 응답을 받아주지 않으면 계속적으로 요청	계속적으로 Socket을 통해 데이터를 양방향 송수신 가능	자료 받지 못하면 다시 요청함

그림 6.2 전화통신과 TCP통신의 유사점 비교

(3) 편지와 UDP통신의 유사점

구분	편지쓰기	편지발송	수신확인	편지확인절차
편지				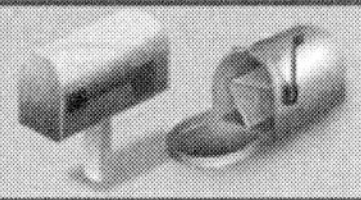
UDP통신	데이터 생성 후 송수신 주소 기록	로컬에서 Socket을 만들어 데이터를 LAN 카드에 실기	데이터를 받았는지 확인할 방법이 없음	Socket을 개설하여 Port를 열어보기 전에는 확인할 방법이 없음

그림 6.3 편지와 UDP통신의 유사점 비교

(4) TCP와 UDP 프로토콜
　① 전송계층(Transport Layer) 프로토콜
　　ⓐ Transport 계층 프로토콜
　　　☞ 서로 다른 Host에서 동작하는 프로세스(Process)간의 논리적 통신을 제공
　　ⓑ Network 계층 프로토콜
　　　☞ Host간의 논리적 통신을 제공
　② 계층별 Packet를 일컫는 말

표 6.1 계층별 데이터의 단위

계층	계층명	데이터 단위의 표기
7	응용계층(Application Layer)	메시지(message) 또는 데이터(data)
6	표현계층(Presentation Layer)	
5	세션계층(Session Layer)	
4	전송계층(Transport Layer)	세그먼트(Segment)
3	네트워크계층(Network Layer)	데이터그램(Datagram) 또는 패킷(Packet)
2	데이터링크계층(Data Link Layer)	프레임(Frame)
1	물리계층(Physical Layer)	비트(Bit) 단위의 신호(Signal)

③ 다중화(Multiplexing)와 역다중화(Demultiplexing)

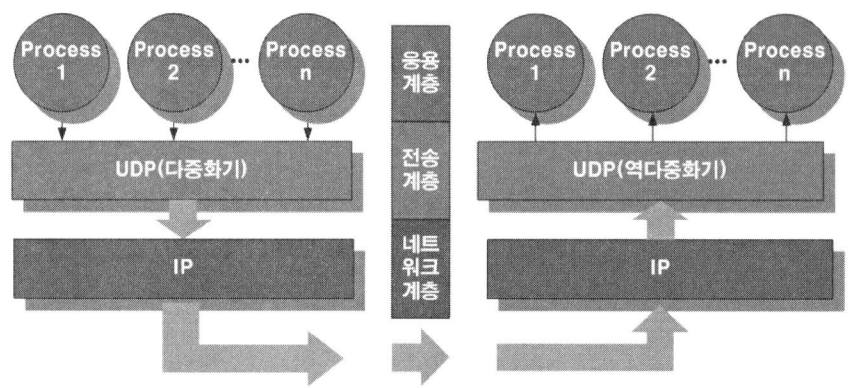

그림 6.4 다중화(Multiplexing)와 역다중화(Demultiplexing)

ⓐ 다중화란?
  ☞ 애플리케이션계층의 프로세스들에 의해 여러 개의 소켓으로부터 들어오는 패킷을 서로 공유하는 네트워크계층을 통해 전송하는 기능
ⓑ 역다중화란?
  ☞ 네트워크계층으로부터 하나의 IP로 들어온 패킷을 애플리케이션계층 프로세스들의 여러 소켓들 중 해당하는 소켓으로 전달하는 기능

④ 캡슐화(Encapsulation)와 역캡슐화(Decapsulation)

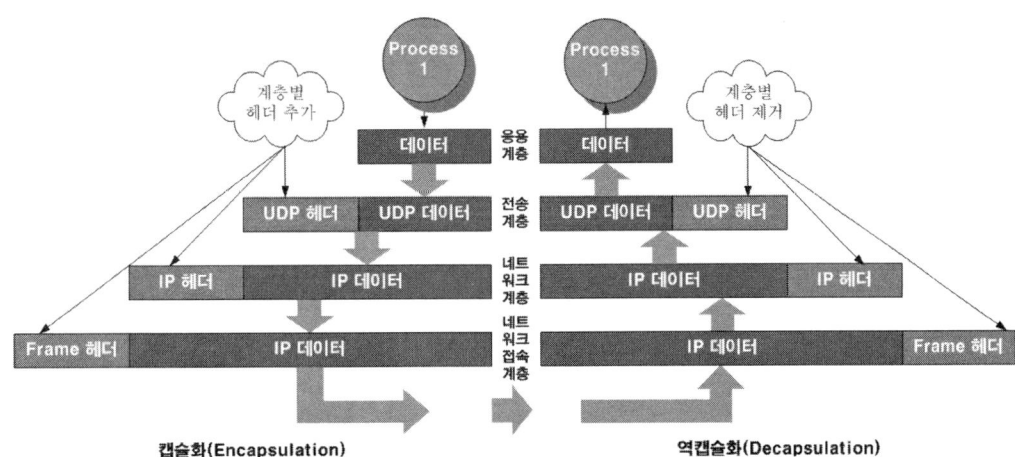

그림 6.5 캡슐화(Encapsulation)와 역캡슐화(Decapsulation)

ⓐ 캡슐화란?
☞ 통신을 할 때 제어와 주소정보를 가지고 있는 헤더가 계층을 내려가면서 데이터에 추가되는 기능

ⓑ 역캡슐화란?
☞ 데이터에 추가된 헤더를 계층을 올라가면서 제거하여 수신지의 응용계층까지 데이터만 보내는 기능

제 2 절 TCP

1 TCP의 역할

(1) 연결지향성 프로토콜(Connection-oriented Protocol)
    ① 송·수신 사이를 통신 수립단계에 의해 연결한 후에 데이터를 전송
    ② 통신 수립 단계 : 3-way 핸드쉐이크(Handshake) 방식을 통해 서로 세션을 연결
(2) 송·수신간의 신뢰성 있는 데이터를 전달해 주는 역할
    ① Sequence Number(SN), Ack Number(AN)를 통해 신뢰성 보장
        ⓐ Sequence Number(SN) : 패킷의 순서번호
        ⓑ Ack Number(AN) : 해당 패킷에 대한 응답번호
            예 그림과 같이 DNS 서버를 통해서 인터넷을 하는 과정
                ☞ 브라우저를 이용하여 네이버의 사이트를 입력
                ☞ 정상적으로 접속 시 네이버 홈페이지의 창이 나타남
                ☞ 네이버 서버가 응답을 하지 않을 경우
                   "웹 페이지를 열수가 없습니다." 라는 메시지가 나타남
                ☞ 이러한 방법으로 TCP는 무엇인가의 질문을 했을 경우
                   반드시 응답을 확인해 주는 것

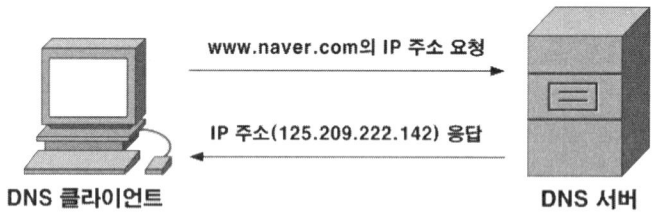

그림 6.6   DNS 서버를 통한 인터넷 과정

    ② 신뢰성 보장을 위한 절차가 요구됨으로 신속한 데이터 전송이 요구되는 환경에서는 비효율적임
(3) 흐름제어(Flow Control) 및 혼잡제어(Congestion Control)
    ① 흐름제어 : 송·수신간의 데이터의 속도 조절
    ② 혼잡제어 : 네트워크 내에 패킷의 소통량(과다 증가 방지)을 조절
(4) 전이중, 점대점 서비스
    ☞ 패킷 송신에 대한 응답을 위해 역채널이 필요함으로 전이중 전송방식이 필요

(5) 에러검출 및 재전송
  ① 수신측은 송신측으로부터 받은 패킷에 대해 에러발생 여부를 검사하여 그 결과에 대한 응답을 송신측으로 보냄
    ⓐ 에러가 검출되지 않은 경우의 응답 : ACK 신호
    ⓑ 에러가 검출된 경우의 응답 : NAK 신호
  ② 송신측은 수신측으로부터 NAK 신호를 받으면 해당 패킷을 재전송함
(6) 바이트 스트림(Byte Stream) 단위로 데이터 처리
  ☞ 바이트 스트림 : 문자형식의 데이터 열

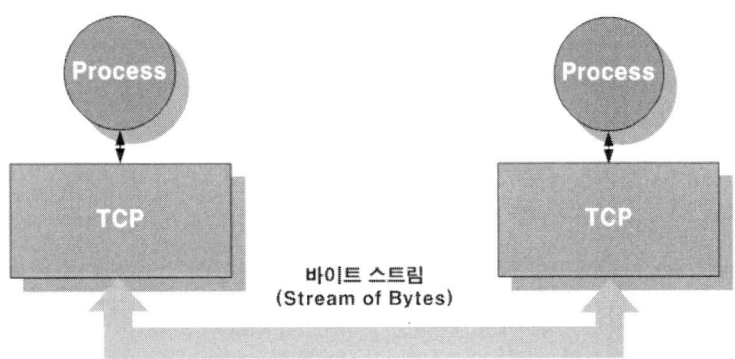

그림 6.7 TCP의 데이터 처리 단위 : 바이트 스트림(Byte Stream)

2 TCP 세그먼트의 구조

(1) Packet Overhead
  ① 기본 : 20-byte
  ② 옵션(40-byte) 포함 : 최대 60-byte
(2) Source Port(소스 포트) : 16-bit
  ① 발신지 포트 번호(source port number)
  ② 발신지 호스트에서 수행되는 프로세스 식별 번호
(3) Destination Port(목적지 포트) : 16-bit
  ① 목적지 포트 번호(destination port number)
  ② 목적지 호스트에서 수행되는 프로세스 식별 번호

Bit / Byte	4	8	12	16	32
4	Source Port			Destination Port	
8	Sequence Number				
12	Acknowledge Number				
16	Header Length	Reserved (6-bit)	Flags(urg, ack, psh, rst, syn, fin)	Receiver Window Size	
20	Checksum			Pointer to Urgent Data	
24	Options				
	Data				

그림 6.8 TCP 세그먼트(Segment)의 구조

(4) Sequence Number(SN : 순서번호) : 32-bit
  ① 데이터의 순서화 기능
  ② 순서번호가 필요한 이유
    ⓐ 회선교환 : 고정적 회선을 사용함으로 연속되는 전송 데이터의 도달 순서는 차례로 도착
    ⓑ 패킷교환 : 데이타그램 전송 시 패킷의 전송 경로가 일정하지 않으므로, 패킷마다 순서번호(SN)를 부여하여 도착지에서 패킷을 순서대로 순서화 필요
  ③ 플래그(Flags)에서 SYN의 값에 따라 두 가지의 순서번호를 나타냄
    ⓐ SYN=1일 경우 : 초기 순서번호를 나타냄
    ⓑ SYN=0일 경우 : 세그먼트의 순서번호를 나타냄
  ④ 순서번호 부여방식
    ⓐ 순서번호 범위
      ☞ 송신 데이터에 붙이는 일련번호로 난수발생기에 의해 생성된 임의 값(초기 순서번호)으로 시작하여 최대의 값 $4,294,967,295(2^{32})$까지 부여
      ☞ 최대의 값 이후에는 다시 0부터 시작함
    ⓑ 초기 순서번호 (Initial SN : ISN)
      ☞ 초기 TCP 연결설정을 위해 난수발생기로 초기순서번호(ISN)를 생성
      ☞ 난수발생기는 매 4 μs 마다 1씩 증가하는 12-bit 카운터에 의해 구현됨

☞ 초기순서번호를 순서번호(SN) 필드에 넣어 보냄

☞ TCP는 양방향이므로 각 방향 마다 다른 ISN 번호가 사용됨

⑤ 네트워크에서 노드의 처리능력에 따라 데이터를 분할하여 부피 증가를 방지

☞ 데이터의 분할 및 재조립 과정 필요

☞ 분할된 데이터에 대한 순서번호 부여

☞ 수신측에서 해당 데이터에 대한 정확한 응답 및 수신데이터의 순서에 의한 재조립을 위해 필요

(5) Acknowledge Number(AN : 확인응답번호 또는 승인번호) : 32-bit

① 수신이 예상되는 다음 바이트의 순서번호를 나타냄

ⓐ 초기 AN = 초기 순서번호(ISN) + 데이터의 크기 + 1

☞ 수신한 ISN 값이 50이고, 송신할 데이터가 30-byte일 경우

AN = (50 + 30) + 1

ⓑ 이후 AN = 수신한 순서번호(SN) + 1

② 송신측의 클라이언트(Client)와 수신측의 서버(Server)간의 순서번호(SN)과 확인응답번호(AN) 교환 절차

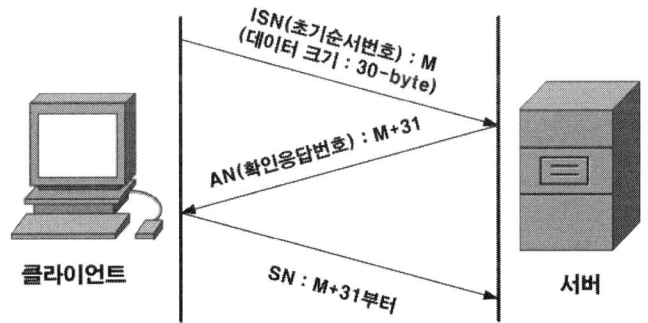

그림 6.9 송수신간의 순서번호(SN)과 확인응답번호(AN) 교환 절차

(6) Header Length(헤더 길이) : 4-bit

① TCP 헤더의 시작부터 데이터 이전까지의 길이 합

② 4-byte 단위의 번호로 표기

ⓐ 헤더 길이 범위

☞ 2^4 = 16(4-byte 단위로 16개)

☞ 바이트 표기 : 16 x 4-byte = 64-byte

ⓑ 실제 헤더 길이의 표기

☞ 기본 헤더 : 20-byte = 20-byte/4 = 5

☞ 옵션 포함할 경우 : 최대 60-byte = 60-byte/4 = 15

(7) Reserved(예비용) : 6-bit

　　☞ 향후 사용을 위해 예비용으로 마련된 필드

(8) Flags(플래그) : 6-bit

　　① TCP 세그먼트 전달과 관련하여 다음과 같은 관리제어 기능을 하는 플래그

　　　　ⓐ TCP 연결 관리제어

　　　　　　☞ 연결설정(SYN), 연결종료(FIN), 연결리셋(RST)

　　　　ⓑ TCP 데이터 관리제어(URG, PSH, ACK)

　　　　　　☞ 데이터전송모드, 흐름제어

　　　　ⓒ Flags 비트의 구성

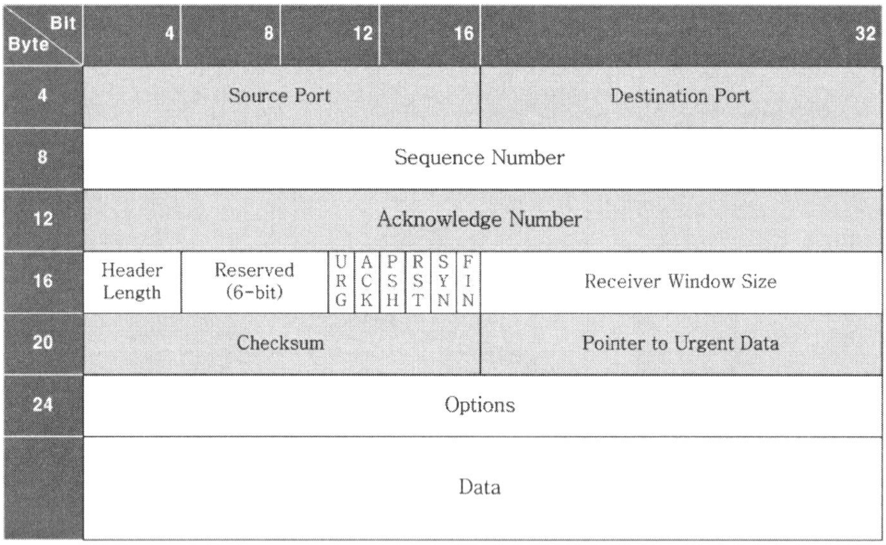

Bit / Byte	4	8	12	16	32
4	Source Port			Destination Port	
8	Sequence Number				
12	Acknowledge Number				
16	Header Length	Reserved (6-bit)	URG ACK PSH RST SYN FIN	Receiver Window Size	
20	Checksum			Pointer to Urgent Data	
24	Options				
	Data				

그림 6.10　TCP 헤더에서 Flags 비트의 구성

　　☞ 0x20 : URG

　　☞ 0x10 : ACK

　　☞ 0x08 : PSH

　　☞ 0x04 : RST

　　☞ 0x02 : SYN

　　☞ 0x01 : FIN

② SYN(Synchronization) : 1-bit
  ⓐ 연결시작 : 회선 개설용(연결설정 또는 세션설정용)
    ☞ 연결을 초기화하기 위하여 송수신간의 순서번호(SN)를 동기화
    ☞ 초기에 임의적으로 생성된 순서번호(SN)를 보내게 됨
  ⓑ 연결은 그림과 같이 3-way 핸드쉐이크(Handshake) 방식을 통해 서로 세션을 연결
    ☞ 3-way 핸드쉐이크 방식에서 TCP 제어 플래그의 설정
      • 세그먼트 1(SYN=1, ACK=0) : 연결패킷(연결 요청)
      • 세그먼트 2(SYN=1, ACK=1) : 연결 수신 통지(연결 허락)
      • 세그먼트 3(SYN=0, ACK=1) : ACK 패킷(연결 설정), 회선 설정이 이미 이뤄진 상태이므로 굳이 SYN 플래그를 설정하지 않아도 됨

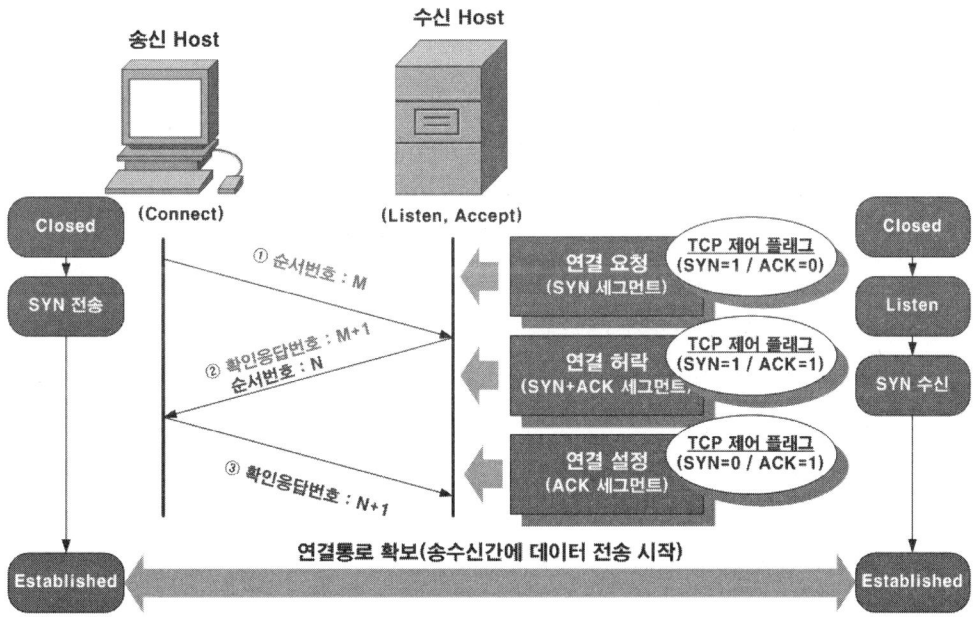

그림 6.11 TCP의 3-way 핸드쉐이킹(Handshaking) 절차

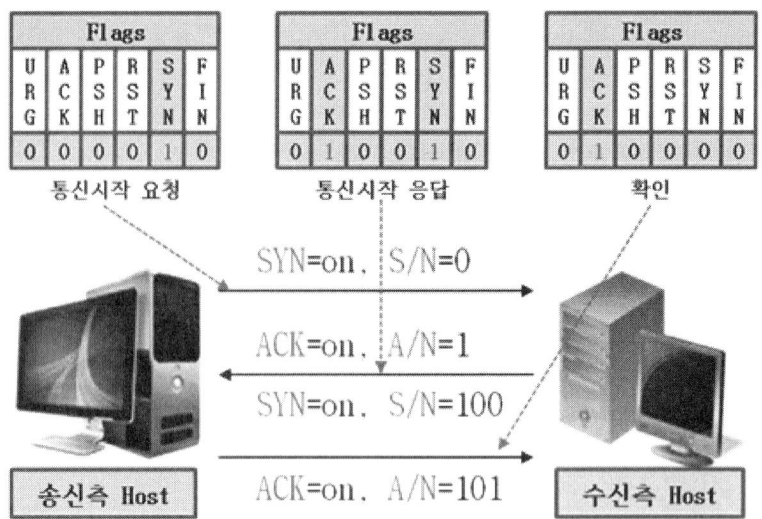

그림 6.12 3-way 핸드쉐이킹(Handshaking)에서 TCP 제어 플래그의 설정

③ ACK(Acknowledgement) : 1-bit
   ⓐ 확인응답번호(AN) 필드에 확인응답번호 값이 설정되었음을 알림
      ☞ ACK=1로 설정될 경우 : 확인응답번호 포함
      ☞ ACK=0로 설정될 경우 : 확인응답번호 미포함(확인응답번호 필드 무시됨)
   ⓑ 세그먼트 1(SYN 세그먼트) 전송 이후, 즉 TCP 연결 시작 이후 모든 세그먼트에는 항상 ACK 비트가 1로 설정됨
④ FIN(Finish) : 1-bit
   ⓐ 연결해제 : 회선종결 용도
      ☞ 세션을 종료시키는데 사용됨
      ☞ 송신측이 데이터 전송을 종료함
   ⓑ TCP 4-way handshake : 세션(연결) 해제
⑤ RST(Reset) : 1-bit
   ⓐ 강제연결 초기화 용도(강제 리셋) : 연결을 재설정하는 과정
      ☞ RST=1일 경우 : Reset 세그먼트
   ⓑ 복구되지 않는 오류로 인해 비정상적인 연결 끊기에 해당
      ☞ 양방향에서 동시에 일어나는 중단작업
⑥ URG(Urgent) : 1-bit
   ⓐ 긴급비트 : 긴급 포인터(Urgent Pointer)가 있음을 알림
      ☞ 전송하는 데이터 중에서 긴급히 전달해야 할 내용이 있을 경우 순서에 상관

없이 먼저 송신됨
- ☞ 긴급 포인터란?
  - 긴급 데이터가 존재하는 위치의 포인터 값 의미
- ⓑ 긴급 데이터가 있을 경우
  - ☞ URG=1로 설정하고
  - ☞ Urgent Pointer=긴급 데이터의 마지막 바이트 위치를 설정
- ⑦ PSH(Push) : 1-bit
  - ⓐ 버퍼가 채워지길 기다리지 않고 데이터를 전달
    - ☞ 데이터는 버퍼링 없이 바로 위 Layer가 아닌 7 Layer인 응용프로그램으로 바로 전달함
    - ☞ 즉, 수신측은 버퍼가 찰 때까지 기다리지 않고, 수신 즉시 버퍼링된 데이터를 응용프로그램에 전달
      - 예 telnet 세션에서 단일문자 "q" 입력만으로 세션 종료를 알림
  - ⓑ 서버 측에서 더 이상 전송할 데이터가 없음을 나타내기도 함
  - ⓒ 대화형 트래픽에 사용
- (9) Receiver Window Size(수신 윈도우 사이즈) : 16-bit
  - ① 흐름제어를 위해 사용
    - ⓐ TCP 흐름제어를 위해 송신 호스트에게 수신버퍼의 여유용량 크기를 지속적으로 통보
    - ⓑ 매 TCP 세그먼트를 전송할 때 마다, Receiver Window Size에 자신의 수신버퍼 용량 값을 설정하여 보냄
    - ⓒ 수신측에 의해 능동적으로 흐름제어를 수행하게 됨
  - ② Window Size
    - ⓐ Sliding할 Window의 크기
    - ⓑ 논리적으로 다룰 패킷의 수
  - ③ Sliding Window
    - ⓐ TCP의 문제점을 해결하기 위한 방법
      - ☞ TCP는 데이터의 신뢰성을 보장함
      - ☞ 신뢰성 보장의 핵심은 전송 패킷에 대한 ACK 응답
      - ☞ 이것은 데이터가 커질수록 지연시간이 커짐
    - ⓑ 여러 개의 패킷을 논리적인 하나의 창으로 묶어서 흐름을 관리
      - 예 1K의 패킷을 5개로 묶어서 이 데이터에 대한 ACK를 보내는 방식

만약 패킷을 5개씩 묶는다면(즉, 5K를 데이터 흐름의 단위로 함), 2번의 ACK 교환으로 데이터를 전송할 수 있음

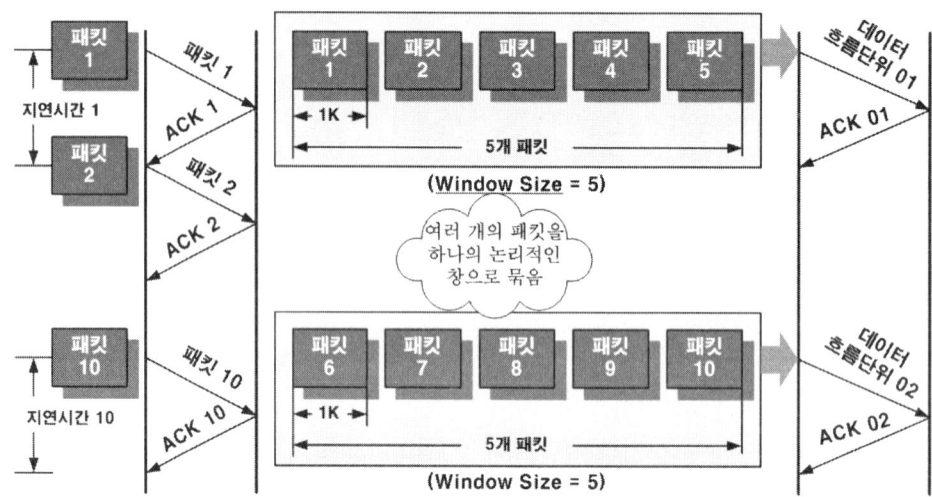

그림 6.13 수신 윈도우 사이즈(Receiver Window Size)의 원리

(9) Checksum(검사합) : 16-bit
  ① 오류 검출 방식
  ② TCP 헤더 데이터를 포함한 세그먼트 전체에 대하여 계산한 값
  ③ IP 프로토콜에서 사용하는 오류 검출 알고리즘을 사용
(10) Urgent Pointer(긴급 포인터) : 16-bit
  ① 긴급 데이터 처리용
    ☞ URG 플래그 비트가 지정된 경우에만 유효
    ☞ 이 필드를 사용해 송신 프로세스가 긴급히 처리하려는 데이터를 전송할 수 있음
  ② TCP 세그먼트에 포함된 긴급 데이터의 마지막 바이트의 위치 값
    ☞ 현재 순서번호(SN)로부터 긴급 데이터까지의 바이트 오프셋(Offset)
    ☞ 해당 세그먼트의 순서번호에 Urgent Pointer 값을 더해 긴급 데이터의 끝을 알 수 있음
    예 순서번호(Sequence Number) = 1,000, 긴급 포인터(Urgent Pointer) = 100으로 지정한 패킷을 전송할 경우
      ☞ 순서번호 1,000번~1,099번의 데이터 : 긴급 데이터로 전송
      ☞ 1,100번 이후 : 다시 정상 데이터로 전송
(11) TCP Options(옵션) : 최대 40-byte

① TCP 연결 관리 기능을 확장시키는데 주로 사용되는 옵션 필드
  ☞ TCP 헤더 내에 포함
  ☞ 크기 : 가변 (최대 40-byte까지 옵션을 넣을 수 있음)
  ☞ 복수개의 옵션 사용 가능 : 각각의 옵션들은 4-byte 경계를 가짐
② TCP 옵션의 구조

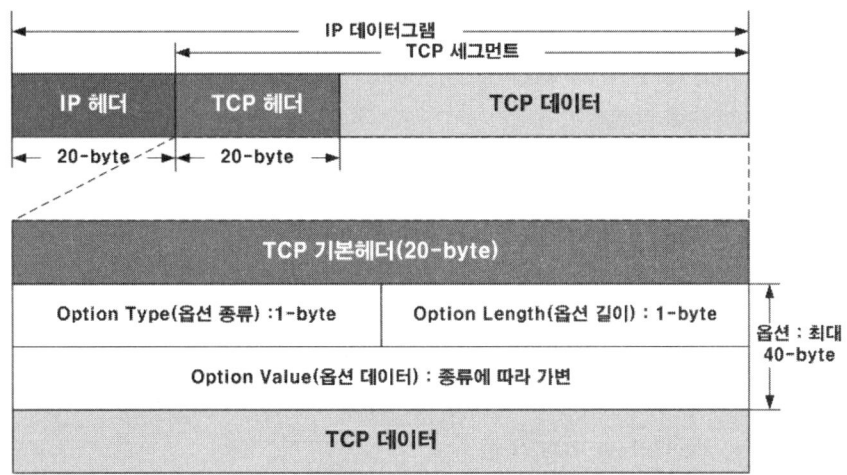

그림 6.14 TCP Options의 구조

③ 옵션의 종류
  ⓐ type 0 (EOL : End of Option List) : 1-byte
    ☞ 옵션 필드의 끝
    ☞ 더 이상의 옵션 처리 목록이 없음 (옵션 리스트의 끝)
  ⓐ type 1 (NOP : No Operation) : 1-byte
    ☞ 4 바이트 단위의 배수로 패딩(채우기) 위함 (옵션 사이를 채움)
  ⓑ type 2 (MSS : Maximum Segment Size) : 4-byte
    ☞ TCP 최대 세그먼트 크기 옵션
    ☞ 송신측 네트워크에 대한 TCP 데이터 세그먼트의 최대 길이
    ☞ 이더넷은 약 1,500 바이트

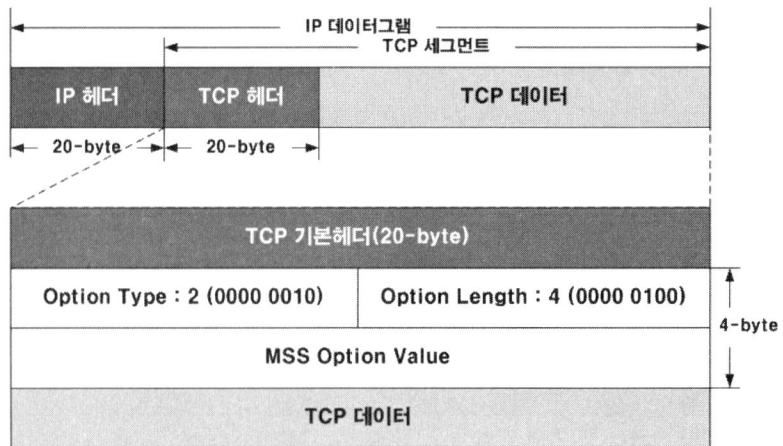

그림 6.15   MSS 옵션 필드의 구성

- ☞ 옵션 길이 : 총 32-bit (4-byte)
    - type(1-byte) : MSS 옵션임을 알림 (type=2)
    - length(1-byte) : MSS 옵션이 차지하는 총 길이 (length=4)
    - value(2-byte) : MSS 값
- ⓒ type 3 (WSCALE 또는 WSOPT) : 3-byte
    - ☞ 윈도우 스케일 옵션(Window Scale Option)
        - 윈도우 크기의 표현범위 확장 (16-bit → 32-bit)
        - TCP 헤더 내 윈도우 크기 필드 값을 윈도우 스케일 옵션 비트 값만큼 이동하여 크기 스케일을 변환시킴
- ⓓ type 4 (SACK Permitted) : 2-byte
    - ☞ 선택 확인응답(SACK : Selective Acknowledgment) 옵션허용
    - ☞ 여러 패킷 중 손실된 패킷만 선택적으로 재전송하기 위한 TCP 연결 설정 시의 협상 옵션
- ⓔ type 5 (SACK Data) : 가변
    - ☞ 선택 확인응답(SACK) 옵션 데이터
    - ☞ 수신측에서 손실되어 재전송을 원하는 불연속적인 세그먼트 블록을 명시하기 위함
- ⓕ type 8 (Timestamp) : 10-byte
    - ☞ 타임스탬프 옵션
- ⓖ type 28 (UTO) : 4-byte

☞ 사용자 타임아웃(User Timeout)
ⓗ type 29 (TCP-AO) : 가변
　　☞ 인증 옵션

제3절 UDP

1 UDP의 역할

① TCP 프로토콜보다 신뢰성이 떨어지는 프로토콜
  ☞ "비신뢰성" 프로토콜
② 목적지까지 데이터를 전달하는 것을 보장하지 않음
  ☞ "비연결성" 포트만 확인하여 소켓을 식별하고 송수신
③ 패킷 Overhead가 적어 네트워크 부하 감소
  ☞ 세그먼트 당 8-byte
④ UDP를 사용하는 프로토콜
  ☞ DNS(53), SNMP(161, 162), TFTP(69), RIP 등
⑤ 소켓 통신과정
  ⓐ 클라이언트 측
    ☞ socket 생성
    ☞ 데이터 수신
  ⓑ 서버 측
    ☞ socket 생성
    ☞ 주소 할당
    ☞ 데이터 송수신

2 UDP 세그먼트의 구조

① Packet Overhead
  ⓐ 8-byte/세그먼트
  ⓑ UDP 세그먼트의 전체 크기(헤더+데이터) : 8-byte ~ 65,535-byte
② Source Port(소스 포트) : 16-bit
  ⓐ 발신지 포트 번호(Source Port Number)
  ⓑ 발신지 호스트에서 수행되는 프로세스 식별 번호
③ Destination Port(목적지 포트) : 16-bit
  ⓐ 목적지 포트 번호(Destination Port Number)
  ⓑ 목적지 호스트에서 수행되는 프로세스 식별 번호

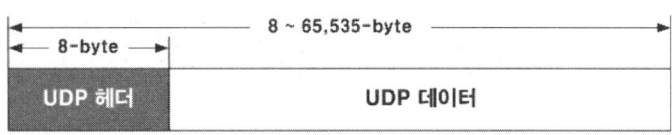
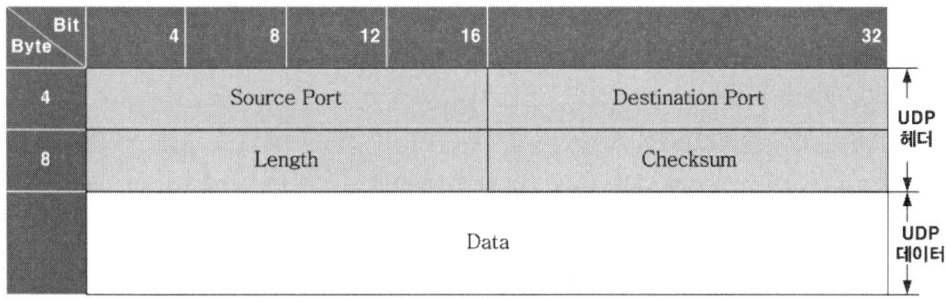

그림 6.16 UDP의 사용자 데이터그램과 세그먼트 구조

ⓒ Length(길이) : 16-bit
☞ 헤더와 데이터를 합한 전체 길이
ⓓ Checksum(검사 합) : 16-bit
☞ 오류 탐지에 사용

3 UDP 프로토콜의 TFTP(Trivial File Transfer Protocol)

① FTP보다 간단한 프로토콜
② 기능이 조금 떨어지는 네트워크 애플리케이션
③ 사용자 인증이 불필요
④ 디렉터리(Directory)를 보여주지 않아도 되는 곳에 사용됨
⑤ 특징 : TCP 대신에 UDP를 사용

제4절 ICMP

1 ICMP(Internet Control Message Protocol)의 역할

① 호스트와 인터넷 게이트웨이사이에서 메시지를 제어하고 오류 메시지를 알려주는 프로토콜
② RFC 792에 정의
③ ICMP는 IP 데이터그램을 사용, 메시지는 TCP/IP 소프트웨어에 의해 처리됨
　예 Ping은 UDP 프로토콜을 사용, 마치 TCP 프로토콜처럼 느껴지는 이유는?
　　☞ 정확한 메시지를 확인 할 수 있기 때문임
　　☞ 하지만, 이 메시지는 ICMP 프로토콜이 전송함

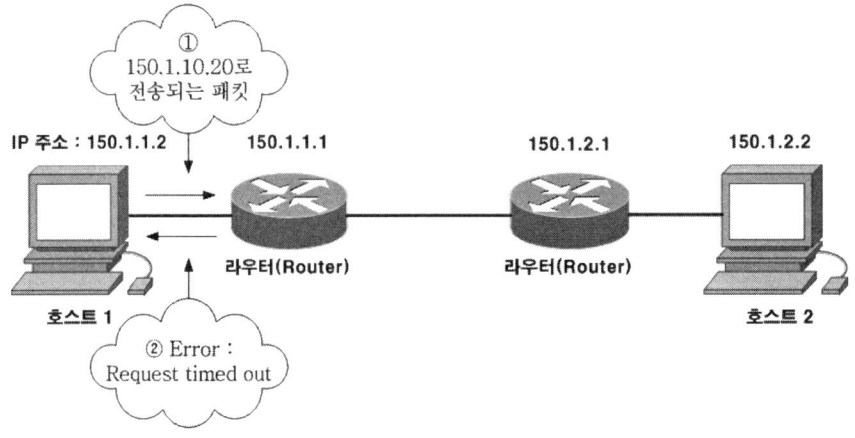

그림 6.17　ICMP의 역할

　☞ 만약 자기 자신이 가지고 있지 않는 정보일 경우
　　• 그림의 ②번처럼 그에 알맞은 오류 메시지를 호스트 1로 전송 : ICMP 프로토콜
　☞ ICMP 프로토콜의 메시지는 그 때 그 때 만들어지는 것이 아니고 미리 각본처럼 만들어져 있음
　☞ 화면은 도스 환경에서 Ping명령어를 사용하여 테스트한 것
　　• 일정한 시간 동안 패킷의 응답이 없으면 화면과 같이 그에 알맞은 오류 메시지를 ICMP 프로토콜이 전송

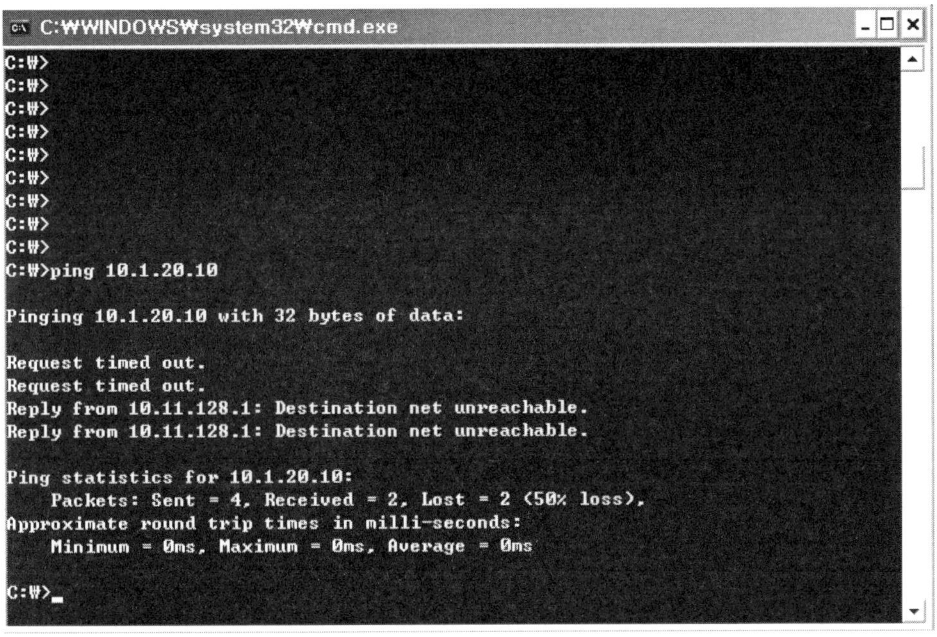

그림 6.18 ping 명령어의 실행 결과

2 ICMP의 패킷 구조

① ICMP의 패킷 구조

Bit	8	16	32
32	Type	Code	Checksum
64	Data		

그림 6.19 ICMP의 패킷 구조

② Type : 8-bit
　　ⓐ ICMP의 메시지 타입
　　ⓑ 두 호스트간의 메시지 요청(Request)과 응답(Reply) 동작

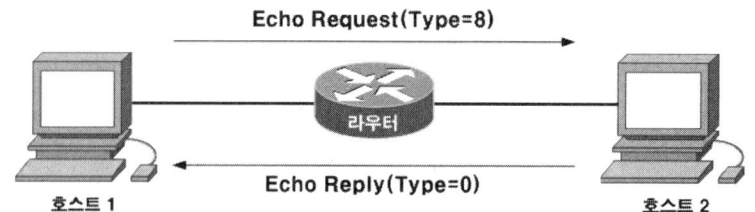

그림 6.20 Echo 메시지의 Request(요청) 및 Reply(응답)

표 6.2 ICMP의 메시지 타입(Type)별 메시지 내용

Type	메세지 내용	설명
0	Echo Reply	질의 메시지에 대한 응답
3	Destination Unreachable Message	목적지 도달 불가 메시지
4	Source Quench Message	송신지 억제(흐름제어/폭주제어에 사용)
5	Redirect Message	대체경로 알림
8	Echo Request	목적지 호스트에 질의(응답요청) 메세지
11	Time Exceeded Message	데이터그램 시간초과(TTL 초과)
12	Parameter Problem Message	데이터그램에서 파라메터 문제 메시지
13	Timestamp Request	시간기록 요청
14	Timestamp Reply	시간기록 응답
17	Address Mask Request	장비의 서브넷 마스크 요청
18	Address Mask Reply	장비의 서브넷 마스크 질의에 대한 응답

③ Code : 8-bit

☞ 각 Type별로 세부적인 값

☞ 세부적인 값 = 코드(Code) 값

④ Checksum : 16-bit

☞ ICMP 패킷의 무결성을 검사

표 6.3 ICMP의 메시지 타입(Type)별 코드(Code) 값

Type	메세지 내용	세부 값	설명
3	Destination Unreachable Message	0	Network Unreachable
		1	Host Unreachable
		2	Protocol Unreachable
		3	Port Unreachable
		4	Fragmentation Required, and DF set
		5	Source Route Failed
		6	Destination Network Unknown
		7	Destination Host Unknown
		8	Source Host Isolated
		9	Network Administratively Prohibited
		10	Host Administratively Prohibited
		11	Network Unreachable for TOS(Type Of Service)
		12	Host Unreachable for TOS
		13	Communication Administratively Prohibitied
5	Redirect Message	0	Redirect Datagram for the Network
		1	Redirect Datagram for the Host
		2	Redirect Datagram for the TOS & Network
		3	Redirect Datagram for the TOS & Host
11	Time Exceeded Message	0	TTL Exceeded
		1	Fragment Reassembly Time Exceeded
12	Parameter Problem Message	0	Pointer Problem
		1	Missing a Required Operand
		2	Bad Length

3 ICMPv6

(1) ICMPv6이란?

① IPv6에서 사용하는 ICMP

② ARP가 ICMPv6로 통합됨

☞ ICMPv6 = ICMPv4+ARP+IGMP(Multicast)

③ ICMPv4와 마찬가지로 ICMPv6는 패킷전송을 감독하고 네트워크 관리를 보조하는 역할을 수행

(2) ICMP가 전송될 때는 IPv6의 헤더가 붙어서 전송되어야 함

① IPv6 헤더의 Next Header 필드에 ICMPv6의 프로토콜 번호인 58을 설정
☞ 표 5.3의 헤더별 프로토콜 번호와 IPv6 확장헤더 옵션을 참조
② ICMPv6 패킷의 전송 포맷(Format) : IPv6 헤더 + ICMPv6

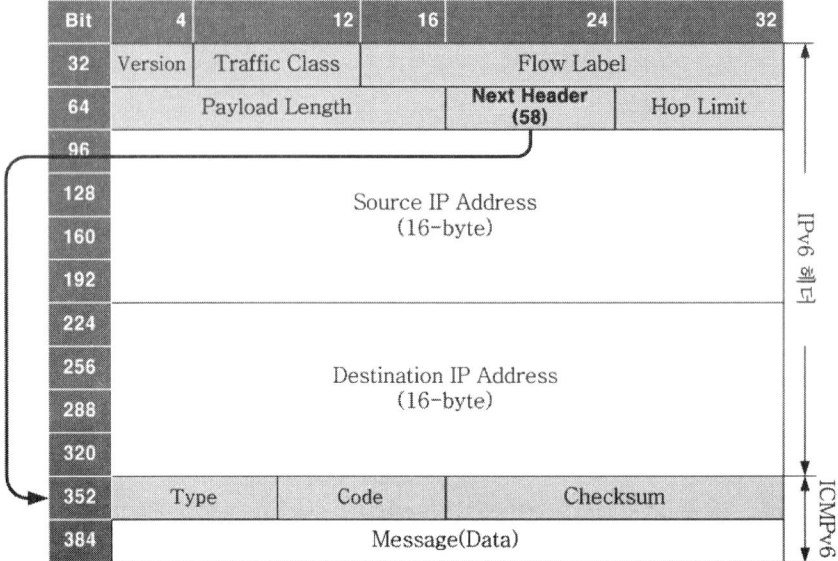

그림 6.21　ICMPv6 패킷의 전송 포맷(Format)

(3) ICMPv6 메시지
① 오류보고(Error-reporting) 메시지와 질의(Query)로 구성
② 오류보고 메시지

표 6.4　ICMPv6의 오류보고 메시지

메세지 타입(Type)	ICMPv4	ICMPv6
Destination Unreachable Message	○	○
Source Quench Message	○	×
Redirect Message	○	○
Time Exceeded Message	○	○
Parameter Problem Message	○	○
Packet Too Big Message	×	○

③ 질의

표 6.5 ICMPv6의 질의(Query) 메시지

메시지 타입(Type)	ICMPv4	ICMPv6
Echo Request and Reply	○	○
Timestamp Request and Reply	○	×
Address Mask Request and Reply	○	×
Router Solicitation	○	○
Neighbor Solicitation	ARP	○
Group Membership	IGMP	○

ⓐ Router Solicitation
  ☞ 누가 라우터인지 묻는 것
  ☞ Type 번호 : 10

ⓑ Router Advertisement
  ☞ 자신이 라우터임을 알리기 위해 주기적으로 보내는 메시지 패킷
  ☞ Type 번호 : 9

ⓒ Neighbor Solicitation
  ☞ IPv4의 ARP 기능을 대신
  ☞ 이웃 요청(Neighbor Solicitation)과 광고 메시지(Advertisement) : ARP 역할과 특정 호스트의 전달 가능 여부 검사 기능을 하는 메세지

제 5 절 IP

1 IP(Internet Protocol)의 역할

① 한 번에 한 네트워크에 대해서 한 호스트에서 다른 호스트로 전송하는 역할 만을 수행
　　ⓐ IP는 UDP 프로토콜을 사용
　　ⓑ 목적지까지 데이터가 전달되는 것을 보장하지 않는 신뢰성이 없는 프로토콜
② 그림은 호스트 1이 150.1.2.2로 데이터를 전송했을 경우 호스트 1는 인접한 라우터로 데이터를 전송
　　☞ 라우터 1에서 호스트 1로부터 데이터를 받게 되면 호스트 1은 더 이상 데이터를 보관하지 않음

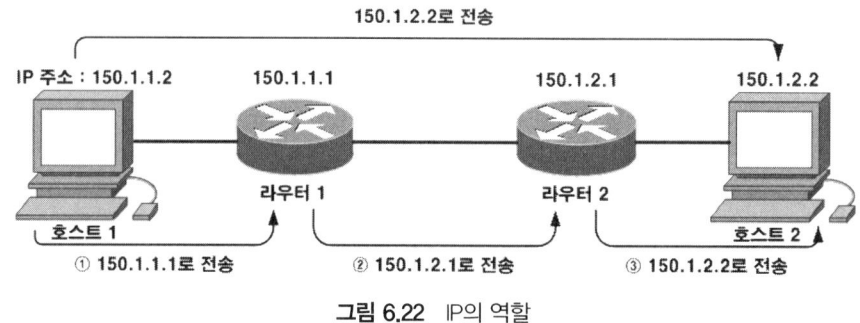

그림 6.22　IP의 역할

2 IP 데이터(Packet 또는 Datagram)를 전달하는 3가지 방법

① 목적지 주소의 대상이
　　ⓐ "하나"일 경우 : 유니캐스트(Unicast) 주소
　　ⓑ "여럿"일 경우 : 멀티캐스트(Multicast) 주소
　　ⓒ "모두"일 경우 : 브로드캐스트(Broadcast) 주소
② Unicast 주소
　　☞ 개인 PC, 서버, 라우터의 인터페이스 등에 할당된 IP
③ Multicast 주소
　　☞ 하나의 IP 주소에 대해 여러 PC나 서버가 수신자가 되는 주소
④ Broadcast 주소
　　☞ Broadcast 주소를 목적지 주소로 한 패킷은 라우터의 인터페이스를 넘어가지 못함

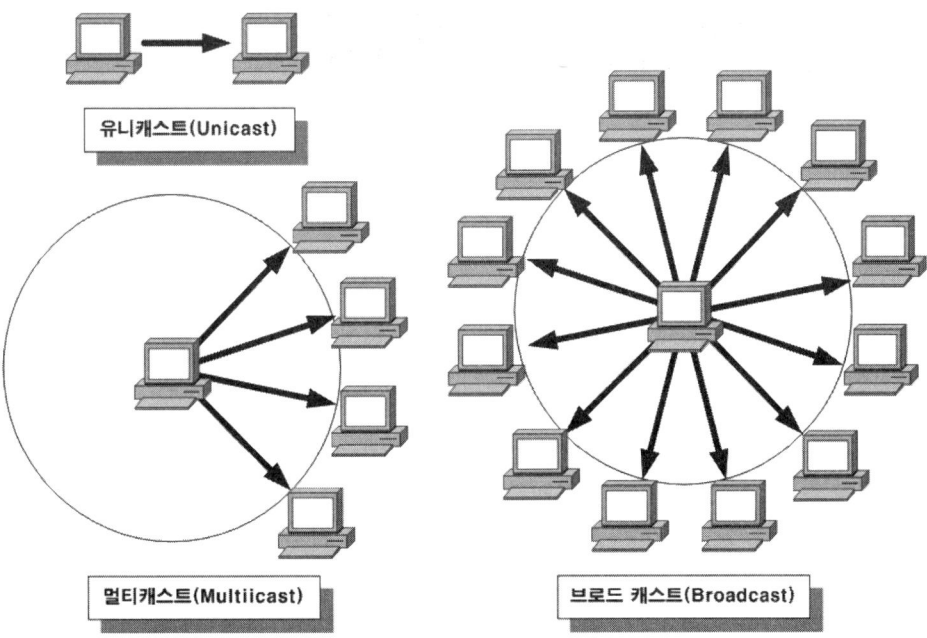

그림 6.23 유니케스트, 멀티캐스트 및 브로캐스트 주소

제 6 절 ARP

1 ARP(Address Resolution Protocol)의 역할

① 데이터 전송을 위해 목적지의 IP 주소를 가지고 MAC(Media Access Control) 주소를 찾는데 사용
   ⓐ 출발지 호스트는 데이터를 전송할 때 먼저 ARP 테이블을 확인해
   ⓑ 목적지 주소와 매핑(mapping) 되어 있는 MAC 주소가 있는지 확인
② 그림에서 호스트 4는 호스트 1로 데이터를 보내려고 하지만 하드웨어 주소 모름
   ⓐ 하드웨어 주소를 알지 못할 경우 데이터를 전송하기에 앞서 먼저 하드웨어 주소를 알아야만 함
   ⓑ 호스트 4는 호스트 1의 하드웨어 주소를 알기 위해서 ARP 프로토콜을 요청

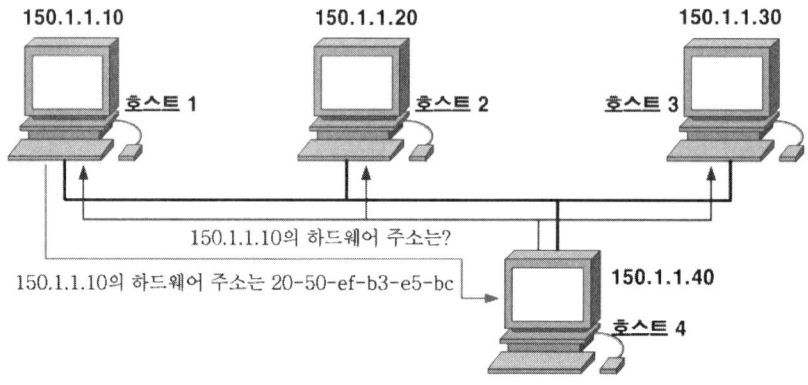

그림 6.24 ARP의 역할

   ⓒ 호스트 4는 누가 150.1.1.10 주소를 사용하고 있는지 모르기 때문에 브로드캐스트(broadcast)로 모든 사용자한테 150.1.1.10을 사용하고 있는 사용자가 누구인지 요청
   ⓓ 호스트 1은 호스트 4로부터 응답을 받아 자신의 하드웨어 주소를 전송
     ☞ 호스트 4처럼 모든 사용자한테 전송을 하는 것이 아니고 요청한 호스트 4로만 직접 전송을 하여 알려줌
     ☞ 호스트 4는 호스트 1의 하드웨어 주소를 알아 원하는 데이터를 전송하게 됨

2 ARP의 패킷 구조

Bit	8	16	32
32	Hardware Type		Protocol Type
64	H/W Address Length	Protocol Address Length	Operation Code
96	Source Hardware Address (6-byte) : 발신지 MAC 주소		
128			Source Protocol Address : 발신지 IP 주소
160			
192	Destination Hardware Address (6-byte) : 목적지 MAC 주소		
224	Destination Protocol Address : 목적지 IP 주소		

그림 6.25 ARP의 패킷 구조

(1) Hardware Type

　① 사용 중인 하드웨어 주소 타입을 나타내는 필드
　② 네트워크 유형을 나타냄 : Ethernet 통신 시 1로 표기
　　☞ Ethernet : 1
　　☞ SMDS : 14
　　☞ HDLC : 17

용어 설명

※ Switched Multi-megabit Data Service(SMDS)
　① 데이터의 초고속 전송을 위한 새 규정
　② 데이터를 보내기 전에 네트워크의 접속을 확립할 필요가 없는 "커넥션리스"이다.
　③ 이것은 주로 근거리통신망에서 볼 수 있는 돌발적 데이터 송신 요구에 따른 대역폭을 제공한다.

　③ RFC 1060에 각 타입이 기술되어 있음

표 6.6 ARP/RARP 패킷 구조에서 하드웨어 타입의 종류

Type	하드웨어 타입 설명
1	Ethernet(10Mbps)
2	Experimental Ethernet(3Mbps)
3	Amateur Radio AX.25
4	Proteon ProNET Token Ring
5	Chaos
6	IEEE 802.3 Networks
7	ARCNET
8	Hyperchannel
9	Lanstar
10	Autonet Short Address
11	LocalTalk
12	LocalNet(IBM PCNet or SYTEK LocalNET)

(2) Protocol Type

① 사용하는 프로토콜의 유형(IPv4, IPv6, ATM 등)을 정의

② IP 프로토콜 사용할 경우 : 0x0800

　　X.25 프로토콜 사용할 경우 : 0x0805

(3) Hardware Address Length (HLEN) = Hardware Size

① 하드웨어 주소의 길이

② Ethernet(MAC)인 경우 : 6 (6-byte = 48-bit)

(4) Protocol Address Length = Protocol Size

① IP 주소의 크기

　　☞ 네트워크 계층(3-계층)의 논리 주소의 크기

② IPv4의 경우 : 4 (4-byte = 32-bit)

(5) Operation Code

① 작동 모드 = 현재 ARP 패킷의 종류

② ARP Request(요청) = 1 / ARP Reply(응답) = 2

　　RARP Request = 3 / RARP Reply = 4

(6) Source Hardware Address

① Sender Ethernet Address : 출발지 MAC (Ethernet)주소

② 6-byte(48-bit)로 구성

(7) Source Protocol Address

　　① Sender IP Address : 출발지 IP 주소

　　② 4-byte(32-bit)로 구성

(8) Destination(=Target) Hardware Address

　　① Target Ethernet Address : 도착지 MAC 주소

　　② 6-byte(48-bit)로 구성

　　③ ARP로 도출하려는 주소

　　　　☞ ARP 요청의 경우에

　　　　　　• 송신지의 MAC 주소 및 IP 주소와 목적지의 IP 주소는 채워놓지만

　　　　　　• 목적지 MAC 주소는 아직 알 수 없으므로 0으로 채워짐

(9) Destination(=Target) Protocol Address

　　① Target IP Address : 도착지 IP 주소

　　② 4-byte(32-bit)로 구성

3 ARP 명령어

(1) Address Resolution Protocol

　　① IP주소와 이더넷의 물리주소 변환 테이블(ARP Cash)을 표시 및 수정

　　② 이 명령은 TCP/IP 프로토콜이 설치되어 있어야 사용할 수 있음

　　③ ARP 캐시(Cash)

　　　　ⓐ 각 호스트는 ARP 요청(Request)을 보내기 전에 ARP 캐시에서 해당 호스트의 하드웨어 주소를 찾음

　　　　ⓑ ARP 캐시의 갱신 : 네트워크에 다음 항목이 추가될 경우 갱신됨

　　　　　　☞ 새로운 하드웨어 추가

　　　　　　☞ 새로운 IP주소가 재할당

　　　　　　☞ 중복된 IP주소가 할당

　　　　ⓒ ARP 캐시의 수명이 유한하여 무한정 커지는 것을 방지함

　　　　ⓓ 동적 항목과 정적 항목 모두를 관리함

　　　　　　☞ 동적 항목 : 자동으로 추가되거나 삭제됨

　　　　　　☞ 정적 항목 : 컴퓨터를 다시 시작할 때까지 캐시에 남음

(2) 명령어 위치 : /sbin/arp

(3) 명령어 옵션

표 6.7 ARP 명령어의 옵션

옵션	의미
-a	APR 캐쉬(테이블)에 저장되어 있는 모든 호스트 정보를 출력
-s	APR 캐쉬(테이블)에 저장된 특정 IP에 대한 MAC 주소를 추가 및 변경
-d	APR 캐쉬(테이블)에 저장된 특정 MAC 주소를 삭제

① arp -a [inet_addr] [-N if_addr] [-v]

② arp -s inet_addr eth_addr [if_addr]

③ arp -d inet_addr [if_addr]

　※ inet_addr : IP주소

　　eth_addr : 물리주소

　　if_addr : 인터페이스의 IP주소

(4) 명령어 사용 예

　① arp -a

　　ⓐ TCP/IP에 질의하여 현재 ARP 항목을 표시

　　ⓑ 옵션(-a) 뒤에 IP주소를 지정하면 지정된 호스트의 IP와 물리 주소만 표시

　② arp -s 157.55.85.212 00-aa-00-62-c6-09

　　ⓐ entry(호스트)를 영구적으로 등록(정적항목)

　　ⓑ IP주소(inet_addr)가 물리주소(ether_addr)와 연관되도록 ARP 캐시에 호스트를 추가

　③ arp -d 157.55.85.212

　　☞ IP주소(inet_addr)로 지정한 호스트를 ARP 캐시에서 삭제

제 7 절 RARP

1 RARP(Reverse ARP)의 역할

① ARP 프로토콜과 반대로 MAC 주소를 가지고 IP 주소를 찾는 프로토콜
   ⓐ 디스크가 없는 호스트에서 사용
   ⓑ ARP : IP 주소를 가지고 상대방의 하드웨어를 파악할 수가 있지만
      RARP : 자신의 하드웨어 주소를 가지고 IP 주소를 서버로부터 요청
② 그림과 같이 RARP는 하드웨어 주소를 가지고 IP 주소를 요청하는 프로토콜
   ⓐ 우리가 많이 사용하고 있는 DHCP(Dynamic Host Configuration Protocol)와 비슷함
   ⓑ 고정 IP 주소를 사용하고 있지 않을 경우 DHCP 서버라는 곳에서 자신의 하드웨어 주소를 알려주고 IP 주소를 받는 것과 유사함

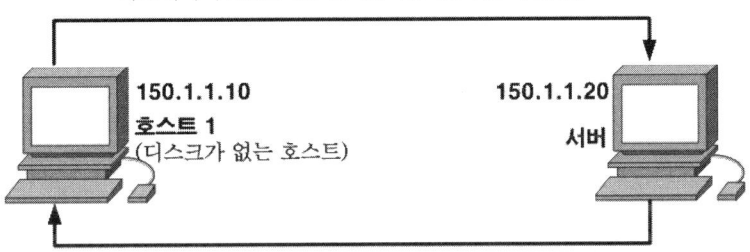

그림 6.26 RARP의 역할

2 RARP의 패킷 구조

① ARP의 패킷 구조와 동일
② 그림 6.25(ARP의 패킷 구조) 참조

📝 용어정리

1 CMIP

(1) CMIP이란?
- ① Common Management Information Protocol (공통관리정보프로토콜)
- ② 네트워크 관리 프로토콜

(2) SNMP와 CMIP의 차이점
- ① TCP/IP 상에서 네트워크 관리 프로토콜
  - ⓐ SNMP가 업계 표준
  - ⓑ 전송계층에서 UDP를 이용(비연결지향)
- ② OSI 모델에 근거한 네트워크 관리 프로토콜
  - ⓐ CMIP이 표준으로 사용
  - ⓑ 전송계층에서 TCP를 이용(연결지향)
  - ⓒ SNMP에 비해 보안에 강함
    - ☞ CMIP은 인증(authorization), 접근제어(access control), 보안로그(security log) 등 관리정보에 대한 보안체제를 갖추고 있는 프로토콜
    - ☞ 관리 Agent가 event 발생하면 관리국으로 전송

(3) CMIP과 관련된 CMIS(Common Management Information Services)
- ① 네트워크 객체나 장치들에 대한 액세스 정보와
- ② 그들을 제어하고, 또 상태 보고서를 수신하기 위한 서비스를 정의

연습문제

CHAPTER 06

01. 다음의 인터넷 주소에 관한 내용 중 잘못된 것은? 1999년 제1회

　가. 문자로 된 주소(예:www.icqa.or.kr)는 DNS 서버에 의하여 숫자로 된 IP 주소로 변경된다.
　나. 인터넷 숫자로 된 인터넷 주소를 NIC(Network Interface Card)에서 사용하는 물리적 하드웨어 주소로 변경하는 것을 지원하는 프로토콜이 RARP 이다.
　다. DNS 서버는 계층적으로 구성된다.
　라. 하나의 호스트가 갖는 주소는 문자로 된 주소, 숫자로 된 IP 주소, 그리고 물리적 인터페이스 주소 등으로 구성된다.

02. 다음 중 TCP 프로토콜의 기능이 아닌 것은? 1999년 제1회, 2006년 제4회

　가. 오류 검출 및 재전송　　　　　나. 흐름제어
　다. 혼잡(congestion)제어　　　　라. 경로 제어

03. UDP 프로토콜에 관한 다음 설명 중 맞는 것은? 1999년 제1회

　가. 멀티미디어 데이터의 실시간 전송에 적합하다.
　나. 에러가 발생한 경우, ARQ 방식에 따라서 자동적으로 에러가 회복된다.
　다. UDP를 이용하는 상위 프로토콜의 대표적인 예로는 WEB에서 사용되는 http를 들 수 있다.
　라. UDP 패킷에 있는 '순서번호'는 패킷의 송신순서를 나타낸다.

04. 32 비트 IP 주소를 48 비트 이더넷 주소로 변환하는 프로토콜은 무엇인가? 1999년 제1회

　가. ARP　　　　나. RARP　　　　다. IGMP　　　　라. ICMP

05. 네트워크 어댑터를 컴퓨터에 설치할 때, 하드웨어 충돌이 발생하였다면 다시 설정해야 하는 항목은 무엇인가? 1999년 제1회

　　가. 시스템 접속 암호　　　　　　　　나. 메모리 할당
　　다. IRQ 값과 I/O 포트　　　　　　　　라. 네트워크 프로토콜

06. TCP의 패킷 헤더가 20 Octet, 헤더를 제외한 데이터 등이 30 Octet 이면 IP 계층에서의 패킷크기는 얼마인가? 1999년 제1회

　　가. 20 Octet　　나. 30 Octet　　다. 50 Octet　　라. 70 Octet

07. 다음 중 IP 프로토콜의 기능에 대해 잘못 설명한 것은? 2000년 제1회, 2006년 제4회

　　가. 하나의 사용자 데이터가 너무 큰 경우는 여러 개의 IP 패킷으로 나누어져 전송될 수 있다.
　　나. 일정한 시간 이내에 목적지에 도착하지 못한 패킷은 망 내에서 제거된다.
　　다. 데이터를 전송할 때 사용자가 필요로 하는 QOS(서비스 품질)에 관련된 사항을 기술할 수 있다.
　　라. 수신측에서는 도착한 IP 패킷의 에러 여부를 검사하며 에러가 발생한 경우 재전송을 통하여 에러를 회복한다.

08. UDP 에 대한 설명으로 잘못된 것은? 2000년 제1회

　　가. User Datagram Protocol　　　　나. 전송계층 프로토콜
　　다. Datagram-Oriented　　　　　　라. 신뢰성 있는 전송

09. 다음은 TCP/IP 프로토콜이다. IP 계층의 한 부분으로 에러 메세지와 주의를 요하는 상태 정보를 알려주는 인터넷 제어 메시지 프로토콜은?
2000년 제1회, 2004년 제3회, 2005년 제3회, 2013년 제3회, 2015년 제4회

　　가. ARP(Address Resolution Protocol)
　　나. RARP(Reverse Address Resolution Protocol)
　　다. UDP(User Datagram Protocol)
　　라. ICMP(Internet Control Message Protocol)

10. TCP/IP 프로토콜 중에서 IP 계층의 한 부분으로 에러 메시지와 같은 상태 정보를 알려주는 프로토콜은? 2018년 제3회

    가. ICMP(Internet Control Message Protocol)
    나. ARP(Address Resolution Protocol)
    다. RARP(Reverse Address Resolution Protocol)
    라. UDP(User Datagram Protocol)

11. 다음은 프로토콜 패킷 포맷이다. IP 주소를 포함하지 않는 프로토콜은? 2000년 제1회

    가. TCP(Transmission Control Protocol)
    나. IP(Internet Protocol)
    다. ARP(Address Resolution Protocol)
    라. RARP(Reverse Address Resolution Protocol)

12. 다음은 TCP/IP 프로토콜 suite에 관한 내용이다. 프로토콜과 서비스 내용이 올바르게 연결된 것은? 2000년 제1회

    가. TCP는 비 연결 데이터그램 전송구조로 메시지 전송
    나. IP는 라우팅과 addressing 제공
    다. RARP는 IP 주소를 이더넷 주소를 매핑
    라. ARP는 이더넷 주소를 방송하여 자신의 IP 주소를 받는다.

13. 다음 중 TCP에 대한 설명으로 잘못된 것은? 2000년 제1회

    가. 전송계층 프로토콜이다.
    나. Connectionless Communication
    다. Connection-Oriented communication
    라. Byte stream service

14. 다음 중 TCP 프로토콜의 특성과 거리가 먼 것은? 2000년 제2회

    가. 가상선로 제공   나. 신뢰성 있는 데이터 전송
    다. 흐름제어   라. 헤더 크기는 8 바이트

15. ARP(Address Resolution Protocol)에 관한 설명으로 옳은 것은? 2000년 제2회, 2013년 제4회

   가. 데이터링크 계층에서 이용하는 하드웨어 주소를 IP 주소로 매핑하는 기능을 제공한다.
   나. ARP Cache는 IP 주소를 하드웨어 주소로 매핑한 모든 정보를 유지하고 있다.
   다. ARP Cache의 내용을 보기위한 명령으로 arp 명령을 이용하고 이때 옵션은 '-a'이다 (arp -a).
   라. ARP가 IP 주소를 알기위해 특정 호스트에게 메시지를 전송하고 이에 대한 응답을 기다린다.

16. Internet에서 망관리와 관련된 에러보고, 도착가능검사, 혼잡제어 기능을 수행하는 프로토콜은? 2000년 제2회

   가. ARP(Address Resolution Protocol)
   나. BOOTP(Bootstrap Protocol)
   다. IGMP(Internet Group Message Protocol)
   라. ICMP(Internet Control Message Protocol)

17. 라우터의 패킷 목적지를 결정하는 방법은? 2000년 제2회, 2002년 제1회

   가. 출발지 네트워크 주소를 검사한다.   나. MAC 주소를 검사한다.
   다. BDC 주소를 검사한다.   라. 목적지 네트워크 주소를 검사한다.

18. 목적지 시스템의 32Bit IP 주소에 대응되는 48Bit 하드웨어 네트워크 주소를 제공해주는 서비스로 맞는 것은? 2000년 제3회, 2005년 제4회, 2006년 제3회

   가. ARP   나. MAP   다. SNMP   라. IGMP

19. IP 데이터그램 전송 모델에 대한 설명으로 틀린 것은? 2000년 제3회, 2000년 제4회

   가. 연결 설정 및 해제에 따른 오버헤드를 피할 수 있다.
   나. 목적지 까지 최선을 다해 패킷을 전달하지만, 신뢰성 있는 전달을 보장하지는 않는다.
   다. 데이터 그램의 최대 길이는 128KByte 이다.
   라. IP 는 물리적 망과 쉽게 결합할 수 있다.

20. 동적 주소 바인딩을 위해, 인터넷 표준 IP로부터 물리적인 주소를 얻기 위한 프로토콜은? 2000년 제4회

　가. ARP　　　　　나. DNS　　　　　다. RIP　　　　　라. IPv4

21. IP에 관한 설명 중 옳지 않은 것은? 2000년 제4회, 2010년 제2회, 2015년 제1회, 2017년 제4회

　가. 비신뢰성 서비스　　　　　　　나. 비연결형 서비스
　다. 데이터그램 형태의 전송　　　　라. 에러제어

22. 다음 중 사용자 데이터그램 프로토콜(UDP)에 대한 설명으로 틀린 것은? 2000년 제4회

　가. UDP는 연결을 열고, 유지하고, 닫기 위한 부담이 크다.
　나. DNS, TFTP, NFS 등이 UDP로 구축된 응용프로그램들이다.
　다. TCP보다 빠르고, 더 능률적이다. 단, TCP보다 덜 충실하다.
　라. 데이터가 정확하게 전달된다는 보장을 할 수 없다.

23. 다음은 ARP와 RARP에 대한 설명이다. 거리가 먼 것은? 2001년 제1회, 2003년 제3회, 2016년 제4회

　가. ARP와 RARP는 인터넷계층에서 동작하며 인터넷 주소와 물리적 하드웨어 주소를 변환하는데 관여한다.
　나. ARP는 IP 데이터그램을 정확한 목적지 호스트로 보내기 위해 IP에 의해 보조적으로 사용되는 프로토콜이다.
　다. RARP는 로컬 디스크가 없는 네트워크상에 연결된 시스템에 사용된다.
　라. RARP는 브로드캐스팅을 통해 해당 네트워크 주소에 대응하는 하드웨어의 실제 주소를 얻는다.

24. IP 동작 중에는 여러 유형의 오류가 발생할 수 있다. 그 중 거리가 먼 것은? 2001년 제1회

가. IP는 상실된 IP 데이터그램의 검출 및 재전송 요청, 적합한 순서대로 IP 데이터그램의 배치, 중복된 IP 데이터그램의 검출 및 폐기를 책임을 진다.
나. IP가 IP 데이터그램을 상실하거나 폐기하는 경우, 어떠한 근원지나 목적지 전달 계층 프로세스에도 명시적으로 IP 데이터그램의 상실이 통지되지 않는다.
다. 각각의 IP 데이터그램은 인터넷을 통하여 다른 경로를 택할 수 있어서 각각의 IP 데이터그램이 그 목적지에 도달하는데 소요되는 시간이 다를 수 있다.
라. 중복된 IP 데이터그램이 목적지에 도착할 수 있다.

25. 다음은 UDP에 대한 설명이다. 거리가 먼 것은? 2001년 제1회

가. UDP는 사용자 데이터그램(datagram)이라고 하는 데이터 유니트를 근원지 호스트의 응용 프로세스에서 목적지 호스트의 응용 프로세스로 전송한다.
나. 응용 프로그램은 UDP 전달계층 서비스를 사용할 때 필요에 따라 별도로 신뢰성 제어 기능을 구현해야만 한다.
다. UDP가 제공하는 서비스는 비연결형 데이터 전달 서비스(connectionless data delivery service)이다.
라. UDP가 제공하는 오류검사는 패리티체크이다.

26. Internet Protocol에 대한 설명으로 잘못된 것은? 2001년 제2회, 2006년 제3회, 2014년 제4회

가. TCP에 의해 패킷으로 변환된 데이터를 네트워크를 통해 다른 호스트로 전송한다.
나. 필요시 패킷을 절단하여 전송하기도 한다.
다. 비연결 프로토콜이다.
라. OSI 7 계층의 Data Link Layer에 대응한다.

27. 다음 중 IP Address를 물리적 네트워크 주소(MAC Address)로 변환시켜주는 Protocol은? 2001년 제3회, 2002년 제1회, 2013년 제1회

가. TCP/IP　　　　나. ARP　　　　다. DHCP　　　　라. WINS

28. 다음 중 TCP 프로토콜에서 사용하는 흐름제어 방식은? 2001년 제3회
    가. GO-Back-N 나. Sliding Window
    다. 선택적 재전송방식 라. Idle-RQ 방식

29. OSI 계층 중 Transport 계층에서 TCP 와 UDP 프로토콜의 차이점을 잘못 설명한 것은?
    2001년 제4회
    가. TCP는 연결지향 프로토콜이고, UDP는 비연결지향 프로토콜이다.
    나. TCP는 전달된 패킷에 대한 수신측의 인증이 필요하지만 UDP는 그렇지 않다.
    다. TCP는 보통 중요한 사용자 데이터 전송에, UDP는 시스템간의 메시지 전달에 주로 사용된다.
    라. TCP는 UDP에 비해 오버헤드가 작다.

30. 다음 중 IP 계층의 프로토콜이 아닌 것은? 2002년 제1회
    가. ICMP 나. IP 다. RIP 라. ARP

31. TCP/IP에 대한 설명으로 옳지 않은 것은? 2002년 제2회, 2003년 제2회, 2007년 제1회
    가. Telnet과 FTP는 모두 TCP/IP 프로토콜이다.
    나. 100개 이상의 프로토콜로 구성되어 있다.
    다. IP는 데이터의 에러 검출을 담당한다.
    라. TCP/IP의 데이터는 Packet이라 불리는 작은 단위로 전송된다.

32. 다음 중 UDP에 대한 설명으로 잘못된 것은? 2002년 제2회
    가. 한 컴퓨터에서 다른 컴퓨터로 데이터그램이라고 불리는 실제 데이터 단위를 받기 위해 IP를 사용한다.
    나. 메시지를 패킷으로 나누고, 반대편에서 재조립하는 서비스는 제공하지 않는다.
    다. 도착하는 데이터 패킷들의 순서를 제공하지 않는다.
    라. FTP는 UDP를 사용하는 대표적인 프로토콜이다.

33. 네트워크 구획에서 두 호스트가 성공적으로 통신하기 위해 각 하드웨어의 물리적인 주소 문제를 해결해 주는 프로토콜은 무엇인가? 2002년 제2회

    가. IP 나. ARP 다. ICMP 라. IGMP

34. 2대의 노트북 PC로 사무실에서 네트워크를 사용하다 네트워크가 사용할 수 없게 되었다. 이상이 없는 Null MODEM Cable을 이용하여 Windows98의 "케이블 직접연결"을 이용 데이터를 복사하려고 했지만 접속이 되지 않고 에러만 난다. 제작업체에 의뢰한 결과 케이블상에는 문제가 전혀 없었다. 이 때 K씨가 사용하여야 할 프로토콜은? 2002년 제2회, 2002년 제3회

    가. NetBEUI 나. NWLink(IPX/SPX)
    다. DLC 라. TCP/IP

35. 장비가 ARP 브로드캐스트를 이용해서 다른 장비에게 네트워크에 있는 자신의 존재를 알리는 목적으로만 사용되는 ARP변형 프로토콜은? 2002년 제3회, 2002년 제4회

    가. Inverse ARP 나. Reverse ARP
    다. Gratuitous ARP 라. DHCP ARP

36. ICMP의 Message Type필드는 ICMP 질의 메시지를 나타내기 위해 사용된다. 다음 각 유형과 내용이 잘못 연결된 것은? 2002년 제3회

    가. 0-Echo Request 질의 메시지에 응답하는데 사용된다.
    나. 8-Echo Request 네트워크상의 두 개 이상의 장비의 기본 연결을 검사하기 위해 사용된다.
    다. 14-Timestamp Request 로컬 네트워크의 라우터를 파악하기 위해 사용된다.
    라. 17-Address Mask Request 장비의 서브넷 마스크를 요구하는데 사용된다.

37. 다음은 IP 계층의 프로토콜에 대한설명이다. 거리가 먼 것은? 2002년 제4회

　가. 인터넷 프로토콜(IP : Internet Protocol)은 인터넷을 통해 패킷을 한 호스트에서 다른 호스트로 이동시키는데 이용되는 연결형 데이터 전달 서비스를 제공한다.
　나. 인터넷 제어 메시지 프로토콜 (ICMP : Internet Control Message Protocol)은 IP 서비스를 이용하여 호스트들이 오류 상황에 대해 보고할 수 있게 하고, 예상하지 못한 상황에 대한 정보를 제공하도록 한다.
　다. 주소 변환 프로토콜(ARP : Address Resolution Protocol)은 두 호스트가 같은 물리적 네트워크상에 있을 때, 근원지 호스트가 목적지 호스트로 직접 데이터를 전달할 수 있도록 도와준다.
　라. 역 주소 변환 프로토콜(RARP : Reverse Resolution Protocol)은 아직 자신의 인터넷 주소를 갖지 못한 호스트가 이를 얻도록 해준다.

38. ICMP 프로토콜의 기능에 대한 설명 중 잘못된 것은? 2002년 제4회

　가. 모든 호스트의 논리적 주소 지정을 지원한다.
　나. 이 프로토콜의 중요한 임무는 시작지 호스트의 라우팅 실패를 보고하는 것이다.
　다. 오류-보고의 형식을 가지고 있으며 TCP/IP 프로토콜 집합으로 가는 메시지를 제어하는 역할을 한다.
　라. 두 호스트간의 연결의 신뢰성을 테스트하기 위한 반향과 회답 메시지를 지원한다.

39. ICMP 프로토콜의 설명으로 올바른 것은? 2003년 제1회

　가. IP 프로토콜에 보안기능을 추가하였다.
　나. 메시지의 오류를 수정한다.
　다. 신뢰성 없는 비 연결형이라는 문제를 해결하기 위해 설계되었다.
　라. OSI 계층 중 링크계층의 프로토콜에 해당한다.

40. IP 프로토콜에 관한 설명으로 알맞은 것은? 2003년 제1회, 2018년 제1회

　가. IP 프로토콜은 프로세서간의 신뢰성 있는 통신기능을 수행한다.
　나. 네트워크계층에 속하는 프로토콜로 실제 패킷을 전달하는 역할을 한다.
　다. IP 프로토콜의 오류제어는 세그먼트의 오류감지기능과 오류정정 매커니즘을 포함한다.
　라. 흐름제어로는 주로 슬라이딩 윈도우 방식이 쓰인다.

41. 목적지 시스템의 32 비트 IP 주소에 대응되는 48 비트의 하드웨어 네트워크 주소를 제공하는 프로토콜은? 2003년 제1회

　　가. ARP　　　　나. FTP　　　　다. Netstat　　　　라. NA

42. UDP에 대한 설명으로 틀린 것은? 2003년 제1회

　　가. 비접속형 서비스를 제공하는 프로토콜이다.
　　나. 사용자 데이터를 데이터그램에 담아서 전송한다.
　　다. UDP 헤더의 크기는 8 옥텟(Octet)이다.
　　라. 세그먼트를 보낼 때 타이머를 설정하여 재전송 시점을 결정한다.

43. TCP(Transmission Control Protocol)에 대한 설명으로 옳지 않은 것은?
2003년 제2회, 2013년 제4회, 2015년 제4회, 2016년 제1회, 2018년 제3회

　　가. 네트워크에서 송신측과 수신측 간에 신뢰성 있는 전송을 확인한다.
　　나. 연결지향(Connection Oriented)이며 신뢰성이 있다.
　　다. 송신측은 데이터를 패킷으로 나누어 일련번호, 수신측 주소, 에러검출코드를 추가한다.
　　라. 수신측은 수신된 데이터의 에러를 검사하여 에러가 있으면 자동으로 수정한다.

44. 프로토콜의 부하가 적어 분산처리에서 많이 사용되는 인터넷 프로토콜은?
2003년 제3회, 2006년 제1회

　　가. UDP　　　　나. HDLC　　　　다. Packet　　　　라. Frame

45. 다음 중 네트워크의 고장여부를 체크하기 위해 사용하는 ICMP(Internet Control Message Protocol) 질의 메시지는? 2003년 제3회, 2012년 제3회

　　가. 에코 요청과 응답　　　　　　나. 타임스탬프 요청과 응답
　　다. 주소 마스크 요청과 응답　　　라. 라우터 요청과 광고

46. 동일한 네트워크상의 목적지 호스트로 IP 데이터그램을 직접 전달할 수 있도록 목적지 인터넷 주소를 네트워크 인터페이스 카드의 하드웨어 주소로 변환하는 프로토콜은?
2003년 제3회, 2004년 제4회

가. ICMP 나. IGMP 다. ARP 라. RARP

47. 이더넷 같은 네트워크가 제공하는 브로드캐스트 기능을 사용하여 IP주소에 물리적 하드웨어 주소를 매핑시키는 것은? 2003년 제4회

가. ARP (Address Resolution Protocol)
나. RARP (Reverse Address Resolution Protocol)
다. DNS (Domain Name System)
라. DHCP (Dynamic Host Configuration Protocol)

48. TCP 프로토콜에 대한 목적으로 타당하지 않는 것은? 2003년 제4회

가. 연결의 시작과 종료
나. 패킷 전송의 신뢰성 유지
다. 구조가 단순하여 빠른 전송 가능
라. 데이터 흐름으로부터 호스트를 보호하기 위한 흐름제어

49. TCP/IP 프로토콜 군(Protocol Suite)에 대한 설명이다. 관계가 없는 것은?
2003년 제4회, 2007년 제2회

가. 두 호스트 사이에 통신을 위해서는 물리적 주소를 알아야 하는데 이때 사용하는 프로토콜이 ARP이다.
나. 라우팅은 IP 프로토콜이 담당하고 오류와 제어메시지는 ICMP가 처리한다.
다. IGMP는 지정된 네트워크에서 멀티캐스트 그룹의 호스트가 사용 가능함을 알려준다.
라. IP는 네트워크에서 호스트 지정과 라우팅의 안전성을 위해 연결형(Connection Oriented) 프로토콜로 동작한다.

50. 다음 중 TCP 헤더의 플래그 비트로 옳지 않은 것은?
2003년 제4회, 2006년 제4회, 2009년 제3회, 2018년 제1회

가. URG 나. UTC 다. ACK 라. RST

51. X 터미널이나 디스크가 없는 워크스테이션이 자신의 IP 주소를 알기 위해 사용할 수 있는 프로토콜은? 2003년 제4회, 2006년 제3회

가. RIP 나. ARP 다. RARP 라. ICMP

52. 다음 중 고신뢰성 데이터전송, 우선순위 안정성을 지원하는 Connection형의 Protocol은 무엇인가? 2003년 제4회

가. TCP 나. IPX 다. X.25 라. HDLC

53. 다음 중 UDP에 대한 설명으로 가장 타당하지 않은 것은? 2004년 제1회, 2013년 제4회

가. UDP는 TCP에 비해 신뢰성이 떨어진다.
나. UDP는 사용자 데이터그램(Datagram)이라고 하는 데이터 유니트를 송신지의 응용 프로세스에서 수신지의 응용 프로세스로 전송한다.
다. UDP가 제공하는 오류검사는 홀수 패리티와 짝수 패리티가 있다.
라. UDP가 제공하는 서비스는 비연결형 데이터 전달서비스(Compunctionless Data Delivery Service)이다.

54. 다음 중 IP 프로토콜의 기능에 대한 설명으로 적당하지 않은 것은? 2004년 제1회

가. 한 메시지를 여러 패킷으로 나눈 경우 패킷들은 보낸 순서와 다른 순서로 도착될 수 있다.
나. 한 메시지를 여러 패킷으로 나눈 경우 각 패킷은 필요에 따라 서로 다른 경로를 통해 보내 질 수 있다.
다. 하나의 사용자 데이터가 너무 큰 경우는 여러 개의 IP 패킷으로 나누어져 전송될 수 있다.
라. 수신측에서는 도착한 IP 패킷의 에러여부를 검사하며 에러가 발생한 경우 재전송을 통하여 에러를 회복한다.

55. 다음 중 ARP(Address Resolution Protocol)에 관한 설명으로 타당한 것은? 2004년 제1회, 2011년 제3회, 2015년 제1회, 2015년 제2회

가. IP 주소를 물리계층에서 이용하는 하드웨어 주소로 매핑하는 기능을 제공한다.
나. Dynamic으로 설정된 내용을 Static 상태로 변경하는 ARP 명령어 옵션은 –d이다.
다. ARP가 IP 주소를 알기 위해 특정 호스트에게 메시지를 전송하고 이에 대한 응답을 기다린다.
라. ARP Cache는 IP 주소를 이더넷(Ethernet) 주소로 매핑한 모든 정보를 유지하고 있다.

56. TCP 헤더 중에서 에러제어를 위한 필드는?
2004년 제1회, 2006년 제1회, 2012년 제4회, 2015년 제1회, 2017년 제1회

가. Offset 나. Checksum
다. Source Port 라. Sequence Number

57. 다음 중 ICMP의 메시지 사용에 대한 설명으로 타당하지 않은 것은? 2004년 제1회, 2011년 제4회
가. 라우터나 호스트간의 제어 또는 오류 정보를 서로 통신하는 메커니즘 설명
나. 호스트나 라우터가 IP 헤더의 문법 오류를 발견한 경우
다. 호스트의 IP가 중복된 경우
라. 라우터가 데이터를 전달할 수 없는 경우

58. IP(Internet Protocol)는 데이터 세그먼트를 패킷으로 만들어 목적지로 전달하는 역할을 한다. 이 때, 패킷의 MTU (Maximum Transmission Unit)에 관한 설명으로 타당하지 않은 것은? 2004년 제1회
가. 네트워크 기반 하드웨어 유형에 따라 MTU 크기가 다르다.
나. RFC791에 따르면 MTU의 최대 크기는 65,535 바이트를 넘을 수 없게 되어 있다.
다. 패킷이 분할되었는지, 그렇지 않은지 확인하는 필드는 Reserved Flag 필드이다.
라. 커다란 MTU를 가진 네트워크에서 작은 MTU를 가진 네트워크로 데이터를 전달할 때 패킷은 라우터에 의해 분열된다.

59. **ARP 캐시에 대한 설명으로 타당하지 않은 것은?** 2004년 제1회, 2018년 제2회

가. 각 호스트는 ARP Request를 보내기 전에 ARP 캐시에서 해당 호스트의 하드웨어 주소를 찾는다.
나. ARP 캐시는 새로운 하드웨어가 네트워크에 추가된 경우 갱신된다.
다. ARP 캐시의 수명이 유한하여 무한정 커지는 것을 방지한다.
라. 중복된 IP가 발견된 경우 ARP 캐시는 갱신되지 않는다.

60. **다음에서 설명하는 프로토콜은?** 2004년 제1회

> 주로 로컬 디스크가 없는 시스템에서 사용하며, IP 정보를 저장하지 않기 때문에 부팅 할 때 마다 이 프로토콜을 이용해 IP 주소를 할당하는 과정이 필요하다.

가. UDP   나. ARP   다. RARP   라. Proxy ARP

61. **ICMP의 Message Type 필드의 유형과 질의 메시지 내용이 잘못 연결된 것은?** 2004년 제2회

가. 0 – Echo Reply : 질의 메시지에 응답하는데 사용된다.
나. 5 – Echo Request : 네트워크상의 두 개 이상의 장비의 기본 연결을 검사하기 위해 사용된다.
다. 13 – Timestamp Request : 로컬 네트워크의 라우터를 파악하기 위해 사용된다.
라. 17 – Address Mask Request : 장비의 서브넷 마스크를 요구하는데 사용된다.

62. **RARP에 대한 설명으로 타당하지 않는 것은?** 2004년 제2회

가. ARP와 같은 역할을 수행하며 로컬디스크가 없는 시스템에 주로 사용된다.
나. RARP는 별도의 RARP 기능을 수행하는 서버를 필요로 한다.
다. 하드웨어 주소를 IP 주소로 맵핑시킨다.
라. ARP와 같은 메시지 구조를 갖는다.

63. TCP/IP의 디자인 목표로 타당하지 않은 것은? 2004년 제2회

가. 에러 발생해도 신뢰할만한 완전한 서비스 수행
나. 낮은 데이터 오버헤드에서도 효과적인 서비스 수행
다. 일부 SW/HW에서 독립적
라. TCP와 IP의 완벽한 기능 분리

64. ARP(Address Resolution Protocol)에 관한 설명으로 올바른 것은? 2004년 제3회

가. 데이터 링크 계층에서 이용하는 하드웨어 주소를 IP주소로 맵핑하는 기능을 제공한다.
나. ARP Cache는 IP 주소를 하드웨어 주소로 맵핑한 모든 정보를 유지하고 있다.
다. ARP Cache의 내용을 보기 위한 명령으로 arp명령을 이용하고 이때 옵션은 –a 이다.
라. ARP가 IP 주소를 알기 위해 특정 호스트에게 메시지를 전송하고 이에 대한 응답을 기다린다.

65. ARP와 RARP에 대한 설명으로 잘못된 것은? 2004년 제3회, 2005년 제3회, 2017년 제2회

가. RARP는 브로드캐스팅을 통해 해당 네트워크 주소에 대응하는 하드웨어의 물리적 주소를 얻는다.
나. RARP는 로컬 디스크가 없는 네트워크상에 연결된 시스템에 사용된다.
다. ARP는 중복된 IP 주소 할당을 찾아낸다.
라. ARP와 RARP는 IP Address와 Ethernet 주소를 Mapping하는데 관여한다.

66. UDP에 대한 설명으로 올바른 것은? 2004년 제3회

가. 연결형 서비스를 제공한다.
나. Telnet은 UDP 상에서 동작한다.
다. 오류 제어 기능이 없다.
라. 비교적 안전하게 패킷을 전달하고자 할 때 사용된다.

67. TCP/IP 프로토콜에서 링크 계층의 역할이 아닌 것은? 2004년 제3회

가. 멀티캐스팅을 지원하는 호스트와 라우터에서 사용되는 인터넷 그룹관리
나. RARP 모듈에 대한 RARP 요구/응답의 송수신
다. IP 모듈에 대한 IP 데이터그램의 송수신
라. ARP 모듈에 대한 ARP 요구/응답의 송수신

68. TCP에 대한 설명 중 잘못된 것은? 2004년 제3회

가. Flow Control을 수행한다.
나. 신뢰할 수 있는 비연결형 프로토콜이다.
다. 에러 없이 Byte Stream을 전송한다.
라. Byte Stream을 일련의 메시지로 쪼개어 Internet 계층에 전달한다.

69. 물리적 하드웨어 주소를 IP주소로 매핑시키는 프로토콜은? 2004년 제4회

가. DHCP   나. ICMP   다. ARP   라. RARP

70. ICMP 메시지 내용과 거리가 먼 것은? 2004년 제4회, 2012년 제1회

가. 호스트의 IP가 중복된 경우
나. 라우터가 데이터를 전달할 수 없는 경우
다. 라우터나 호스트간의 제어 또는 오류 정보를 서로 통신하는 메커니즘 설명
라. 호스트나 라우터가 IP 헤더의 문법 오류를 발견한 경우

71. IP 프로토콜의 기능에 대한 설명 중 잘못된 것은? 2004년 제4회, 2017년 제3회

가. 한 메시지를 여러 패킷으로 나눈 경우 패킷들은 보낸 순서와 다른 순서로 도착될 수 있다.
나. 한 메시지를 여러 패킷으로 나눈 경우 각 패킷은 필요에 따라 서로 다른 경로를 통해 보내 질 수 있다.
다. 하나의 사용자 데이터가 너무 큰 경우는 여러 개의 IP 패킷으로 나누어져 전송될 수 있다.
라. 수신측에서는 도착한 IP 패킷의 에러여부를 검사하며 에러가 발생한 경우 재전송을 통하여 에러를 회복한다.

72. TCP/IP 프로토콜의 인터넷 계층에 대한 설명으로 잘못된 것은? 2005년 제1회

가. 패킷을 전송할 경로를 제공한다.
나. 흐름 제어 기능이 있다.
다. 전달 계층으로부터의 세그먼트를 받아 인접한 네트워크가 요구하는 크기의 패킷으로 분할하여 전송한다.
라. OSI 7 Layer의 네트워크 계층에 대응된다.

73. UDP에 대한 설명 중 올바른 것은? 2005년 제1회, 2014년 제4회

가. 응용 계층 프로토콜이다.
나. 신뢰성 있는 전송을 제공한다.
다. 연결 지향형 프로토콜이다.
라. 비 연결성 데이터그램 서비스를 제공한다.

74. 인터넷에서 멀티캐스트를 위하여 사용되는 프로토콜은? 2005년 제1회

가. IGMP 나. ICMP 다. SMTP 라. DNS

75. 다음 중 ARP Cache가 갱신되는 경우로 타당하지 않은 것은? 2005년 제2회

가. RARP Request를 보낸 경우
나. 새로운 네트워크 하드웨어가 추가된 경우
다. 새로운 IP Address가 재 할당된 경우
라. 중복된 IP Address가 할당된 경우

76. 다음 중 ARP Cache를 지우는 명령어는? 2005년 제2회

가. arp -l 나. arp -d 다. arp -a 라. arp -s

77. ICMP의 Message Type 필드 번호와 유형이 잘못 연결된 것은? 2005년 제2회, 2010년 제4회

가. 0 - Echo Reply
나. 8 - Echo Request
다. 12 - Timestamp Request
라. 17 - Address Mask Request

78. TCP/IP 프로토콜에 대한 설명으로 옳지 않은 것은? 2005년 제2회

가. 계층적 모델에 따라서 구현된 프로토콜이다.
나. LAN 환경에서만 사용할 수 있는 제한된 프로토콜이다.
다. 비용이 무료인 개방형 표준이다.
라. 인터넷 환경의 표준 프로토콜이다.

79. UDP 헤더 구조에 대한 설명으로 옳지 않은 것은? 2005년 제3회, 2015년 제2회, 2018년 제2회

가. Source Port – 송신지측 응용 프로세서 포트 번호 필드
나. Destination Port – 선택적 필드로 사용하지 않을 때는 ZERO로 채워지는 필드
다. Checksum – 오류 검출을 위한 필드
라. Length – UDP 헤더와 데이터 부분을 포함한 데이터 그램의 길이를 나타내는 필드

80. ICMP의 Message Type 필드의 유형과 질의 메시지 내용이 잘못 연결된 것은? 2005년 제3회

가. 0 – Echo Reply : 질의 메시지에 응답하는데 사용된다.
나. 5 – Echo Request : 네트워크상에서 두 개 이상 장비의 기본 연결을 검사하기 위해 사용된다.
다. 13 – Timestamp Request : 호스트 간의 동기를 맞추고 성능을 평가하기 위해 사용된다.
라. 17 – Address Mask Request : 장비의 서브넷 마스크를 요구하는데 사용된다.

81. OSI 7 Layer의 전송(Transport) 계층에 속하며, 사용자에게 신뢰할 수 있는 데이터 전송을 지원하는 인터넷 프로토콜은? 2005년 제3회, 2006년 제2회, 2011년 제3회

가. IP 나. TCP 다. UDP 라. RARP

82. TCP/IP 계층 모델 중 인터넷 계층에 속하는 것으로 멀티캐스트 그룹멤버 관리와 관련된 역할을 수행하는 프로토콜은? 2005년 제3회

가. ARP 나. ICMP 다. IGMP 라. IP

83. IP 프로토콜의 기능으로 옳지 않은 것은? 2005년 제4회

가. 한 메시지가 여러 개의 패킷들로 나뉜 경우 각 패킷은 필요에 따라 서로 다른 경로를 통해 보내 질 수 있다.
나. 수신측에서는 도착한 IP 패킷의 에러여부를 검사하며 에러가 발생한 경우 재전송을 통하여 에러를 회복한다.
다. 하나의 사용자 데이터가 너무 큰 경우는 여러 개의 IP 패킷으로 나누어져 전송될 수 있다.
라. 한 메시지를 여러 패킷으로 나눈 경우 패킷들은 보낸 순서와 다른 순서로 도착될 수 있으며, IP는 배달만 할뿐 흐트러진 순서를 재 정렬하지 않는다.

84. 망 내 교환 장비들이 오류 상황에 대한 보고를 할 수 있게 하고. 예상하지 못한 상황이 발생한 경우 이를 알릴 수 있도록 지원하는 프로토콜은?
2005년 제4회, 2006년 제3회, 2015년 제2회, 2017년 제4회

가. ARP　　　　나. RARP　　　　다. ICMP　　　　라. RIP

85. 다음 중 Transport 계층에서 TCP와 UDP 프로토콜의 차이점을 잘못 설명한 것은?
2006년 제1회, 2007년 제1회, 2010년 제4회, 2014년 제2회

가. TCP는 전 이중방식 스트림 중심의 연결형 프로토콜이고, UDP는 비 연결형 프로토콜이다.
나. TCP는 전달된 패킷에 대한 수신측의 인증이 필요하지만 UDP는 그렇지 않다.
다. TCP는 보통 중요한 사용자 데이터 전송에, UDP는 시스템간의 메시지 전달에 주로 사용된다.
라. UDP는 TCP에 비해 오버헤드가 크다.

86. TCP와 UDP에 대한 설명으로 옳지 않은 것은? 2006년 제1회

가. TCP/IP 프로토콜 군(Suite)에서 전송계층의 프로토콜이다.
나. TCP는 연결형(Connection Oriented)이고 UDP는 비연결형(Connectionless)이다.
다. TCP와 UDP 모두 데이터 수신에 대한 긍정응답(ACK)을 사용한다.
라. TCP와 UDP 모두 헤더의 손상 방지를 위해 체크섬을 (Checksum)을 사용한다.

87. ICMP 프로토콜에 대한 설명으로 올바른 것은? 2006년 제1회, 2009년 제4회

　가. IP 프로토콜에 보안기능을 추가하였다.
　나. IP 프로토콜에 대한 메시지의 오류를 자동으로 수정한다.
　다. IP 데이터그램을 사용하지만, 메시지는 TCP/IP 소프트웨어에 의해 처리된다.
　라. OSI 7 Layer 중 링크계층의 프로토콜에 해당한다.

88. 다음 TCP/IP 계층 중 호스트 간의 메시지 단위의 정보 교환 및 관리를 주 기능으로 하는 계층은? 2006년 제2회

　가. 응용프로세스 계층　　　　나. TCP/UDP 계층
　다. 네트워크 접속 계층　　　　라. IP 계층

89. 인터넷 그룹 관리 프로토콜로 사용자들로 하여금 멤버간의 관계를 유지할 수 있도록 하는 프로토콜은? 2006년 제2회

　가. ICMP　　　나. IGMP　　　다. EGP　　　라. IGP

90. 아래 프로토콜 중에서 다음과 같은 일을 수행하는 프로토콜은? 2006년 제2회

> 인터넷에 접속한 호스트들은 인터넷 주소에 의해 식별되지만 실질적 통신은 물리적 네트워크 주소를 얻어야 가능하다.

　가. DHCP(Dynamic Host Configuration Protocol)
　나. IP(Internet Protocol)
　다. RIP(Routing Information Protocol)
　라. ARP(Address Resolution Protocol)

91. UDP에 대한 설명으로 가장 옳지 않은 것은? 2006년 제3회

가. UDP는 비연결 지향 프로토콜이다.
나. UDP는 트랜스포트 계층에 속한다.
다. UDP는 TCP 기반 프로토콜로 메시지를 패킷이라 부른다.
라. UDP는 최소한의 오버헤드를 갖는 작은 헤더를 갖는다.

92. ARP와 RARP에 대한 설명으로 가장 옳지 않은 것은? 2006년 제3회, 2018년 제4회

가. RARP는 로컬 디스크가 없는 네트워크상에 연결된 시스템에도 사용된다.
나. ARP는 IP 데이터 그램을 정확한 목적지 호스트로 보내기 위해 IP에 의해 보조적으로 사용되는 프로토콜이다.
다. RARP는 IP Address를 알고 있는 상태에서 그 IP Address에 대한 MAC Address를 알아낼 때 사용한다.
라. ARP와 RARP의 패킷 구조는 동일하다.

93. 다음 중 ARP와 RARP에 대한 설명으로 옳지 않은 것은? 2006년 제4회

가. ARP와 RARP는 전송 계층에서 동작하며, 인터넷 주소와 물리적 하드웨어 주소를 변환하는데 관여한다.
나. ARP는 IP 데이터 그램을 정확한 목적지 호스트로 보내기 위해 IP에 의해 보조적으로 사용되는 프로토콜이다.
다. RARP는 로컬 디스크가 없는 네트워크상에 연결된 시스템에 사용된다.
라. RARP는 MAC 주소를 알고 있는 상태에서 그 MAC 주소에 대한 IP Address를 알아낼 때 사용한다.

94. 다음 중 IGMP(Internet Group Management Protocol)에 대한 설명으로 올바른 것은?
2006년 제4회, 2014년 제2회, 2016년 제2회

가. 대칭 프로토콜이다.
나. TTL(Time to Live)이 제공되지 않는다.
다. 데이터의 멀티 캐스팅을 위해 개발된 프로토콜이다.
라. 최초의 리포트를 잃어버린 후 ICMP를 갱신하지 않는다.

95. 다음 설명 중 TCP/IP에 대한 설명으로 가장 올바른 것은? 2007년 제1회

가. TCP/IP에서 호스트에 대한 이름 해석 서비스는 반드시 DNS로 해야 한다.
나. 호스트에 할당되는 IP Address 방식은 네트워크의 규모에 따라 일반적으로 A, B, C 세 개의 Class로 구성 된다.
다. 255.255.255.0으로 Subnet Mask의 설정을 항상 고정시켜야 한다.
라. 인터넷 접속을 위한 기본 프로토콜이지만 좀 더 편리하게 이용하기 위해서는 이외에도 NetBEUI 프로토콜이 추가로 필요하다.

96. 다음이 설명하는 프로토콜은? 2007년 제1회

- 연결 없는 IP 기반의 프로토콜로 최소한의 오버헤드를 갖는다.
- 재송신 처리를 실행하지 못하기 때문에 신뢰성이 떨어진다.
- 한 번에 많은 양의 데이터를 송신할 때 사용한다.

가. UDP　　나. TCP　　다. ICMP　　라. ARP

97. 동적 주소 바인딩을 위한 인터넷 표준 IP Address로 부터 MAC Address를 얻기 위한 프로토콜은? 2007년 제1회

가. ARP　　나. DNS　　다. RIP　　라. RARP

98. UDP에 대한 설명으로 가장 옳지 않은 것은? 2007년 제2회

가. UDP는 비연결 지향 프로토콜이다.
나. UDP는 트랜스포트 계층에 속한다.
다. 양방향 전송을 하며, 종단간의 흐름 제어를 위해 Dynamic Sliding Window 방식을 사용한다.
라. UDP는 최소한의 오버 헤드를 갖는 작은 헤더를 갖는다.

99. ARP Packet Frame과 RARP Packet Frame은 거의 같은 Packet Format을 사용한다. 그러나 이 Packet Format에서 두 가지 프로토콜이 서로를 구별하기 위하여 다르게 사용하는 필드가 있는데 이들로 이루어진 것은? 2007년 제2회

가. Ethernet Destination Addr, Ethernet Source Addr
나. Hard Type, Hard Size
다. Hard Type, Frame Type
라. Frame Type, Op

100. RARP에 대한 설명으로 가장 옳지 않은 것은? 2007년 제2회

가. ARP와 같은 역할을 수행하며 로컬 디스크가 없는 시스템에 주로 사용된다.
나. RARP는 별도의 RARP 기능을 수행하는 서버를 필요로 한다.
다. 하드웨어 주소를 IP Address로 맵핑시킨다.
라. ARP와 거의 같은 패킷 구조를 가지며, ARP처럼 이더넷 프레임의 데이터 안에 한 부분으로 포함된다.

101. 인터넷 그룹 관리 프로토콜로 컴퓨터가 멀티캐스트 그룹을 인근의 라우터들에게 알리는 수단을 제공하는 인터넷 프로토콜은? 2007년 제2회, 2009년 제4회, 2018년 제2회

가. ICMP   나. IGMP   다. EGP   라. IGP

102. Internet Protocol에 대한 설명으로 옳지 않은 것은? 2007년 제3회, 2012년 제3회

가. TCP에 의해 패킷으로 변환된 데이터를 네트워크를 통해 다른 호스트로 전송하는 역할을 한다.
나. UDP와 같이 비연결형 프로토콜이다.
다. OSI 7 Layer의 Datalink Layer에 해당된다.
라. 필요에 따라 패킷을 절단하여 전송하기도 한다.

103. TCP에 대한 설명으로 옳지 않은 것은? 2007년 제3회, 2010년 제3회, 2018년 제4회

가. OSI 7 Layer 중 전송 계층 프로토콜이다.
나. 비연결 지향형이다.
다. Transmission Control Protocol의 약어이다.
라. 신뢰성 있는 데이터 전송을 제공한다.

104. 32bit IP Address를 48bit MAC Address로 변환하는 프로토콜은? 2007년 제3회

가. ARP 나. RARP 다. IGMP 라. ICMP

105. RARP에 대한 설명 중 올바른 것은? 2007년 제3회, 2009년 제2회, 2017년 제1회

가. TCP/IP 프로토콜에서 데이터의 전송 서비스를 규정한다.
나. TCP/IP 프로토콜의 IP에서 접속 없이 데이터의 전송을 수행하는 기능을 규정한다.
다. 하드웨어 주소를 IP Address로 변환하기 위해서 사용한다.
라. IP에서의 오류(Error) 제어를 위하여 사용되며, 시작지 호스트의 라우팅 실패를 보고한다.

106. ICMPv6에서 IPv4의 ARP 역할 및 특정 호스트로의 전달 가능 여부 검사 기능을 하는 메시지는? 2007년 제4회, 2014년 제2회, 2017년 제1회

가. 재지정 메시지(Redirection)
나. 에코 요청 메시지(Echo request)
다. 이웃 요청과 광고 메시지(Neighbor Solicitation and Advertisement)
라. 목적지 도달 불가 메시지(Destination unreachable)

107. IP 패킷은 네트워크 유형에 따라 전송량에 있어 차이가 나기 때문에 적당한 크기로 분할하게 된다. 이때 기준이 되는 것은? 2007년 제4회, 2008년 제3회, 2017년 제1회, 2018년 제2회

가. TOS(Type Of Service) 나. MTU(Maximum Transmission Unit)
다. TTL(Time-To-Live) 라. Port Number

108. TCP에 대한 설명으로 올바른 것은? 2007년 제4회, 2008년 제4회

가. 비연결형 서비스를 제공한다.
나. 수신 순서는 송신 순서와 동일하다.
다. 오류 제어 기능이 없다.
라. 화상 통신과 같은 실시간 통신에 사용된다.

109. 프로토콜의 부하가 적어 분산 처리와 동영상 스트리밍 서비스에 많이 사용되는 인터넷 프로토콜은? 2008년 제3회, 2015년 제3회

가. UDP   나. TCP   다. IGMP   라. ICMP

110. ICMP 메시지 내용으로 옳지 않은 것은? 2008년 제3회, 2016년 제4회, 2018년 제1회

가. 호스트의 IP Address가 중복된 경우
나. 목적지까지 데이터를 보낼 수 없는 경우
다. 데이터의 TTL 필드 값이 '0'이 되어 데이터를 삭제 할 경우
라. 데이터의 헤더 값에 오류를 발견한 경우

111. TCP/IP의 디자인 목표로 타당하지 않는 것은? 2009년 제1회

가. 에러가 발생해도 신뢰할만한 완전한 서비스 수행
나. 낮은 데이터 오버헤드에서도 효과적인 서비스 수행
다. 서비스 중단 없이 다른 네트워크 추가 기능
라. TCP와 IP의 완벽한 기능 분리

112. TCP 프로토콜에 대한 설명으로 옳지 않은 것은? 2009년 제1회

가. 연결의 시작과 종료
나. 패킷 전송의 신뢰성 유지
다. 구조가 단순하여 빠른 전송 가능
라. 데이터 흐름으로부터 호스트를 보호하기 위한 흐름 제어

113. UDP를 주로 이용하는 응용 계층 서비스는? 2009년 제1회

　　가. SNMP　　　나. SMTP　　　다. Telnet　　　라. HTTP

114. 동적 주소 바인딩을 위한 인터넷 표준 IP로 부터 물리적인 주소를 얻기 위한 프로토콜은? 2009년 제1회

　　가. ARP　　　나. SNMP　　　다. ICMP　　　라. IPv6

115. TCP와 UDP의 차이점을 설명한 것 중 거리가 먼 것은? 2009년 제2회, 2018년 제2회

　　가. TCP는 전달된 패킷에 대한 수신측의 인증이 필요하지만 UDP는 필요하지 않다.
　　나. TCP는 대용량의 데이터나 중요한 데이터 전송에 이용이 되지만 UDP는 단순한 메시지 전달에 주로 사용된다.
　　다. UDP는 네트워크가 혼잡하거나 라우팅이 복잡할 경우에는 패킷이 유실될 우려가 있다.
　　라. UDP는 데이터 전송 전에 반드시 송수신 간의 세션이 먼저 수립되어야 한다.

116. TCP/IP Protocol Suite에 관한 내용이다. 프로토콜과 서비스 내용이 올바르게 연결된 것은? 2009년 제2회

　　가. TCP – 비연결인 데이터 그램 전송구조로 메시지 전송
　　나. IP – 라우팅과 Addressing 제공
　　다. UDP – 연결형 프로토콜로서 신뢰적인 전송을 제공
　　라. ARP – 하드웨어 주소를 이용하여 IP Address 매핑

117. ARP Cache의 설명으로 잘못된 것은? 2009년 제2회

　　가. 동적 항목과 정적 항목 모두를 관리한다.
　　나. 동적 항목은 자동으로 추가되거나 삭제된다.
　　다. 정적 항목은 컴퓨터를 다시 시작할 때까지 캐시에 남는다.
　　라. 영구 항목으로서 로컬 서브넷에 대해 항상 하드웨어 브로드캐스트 주소를 관리한다. 이는 ARP 캐시를 볼 때 나타난다.

118. TCP와 IP의 기능으로 옳지 않은 것은? 2009년 제3회

　　가. 흐름제어　　　나. 단편화　　　다. 압축화　　　라. 오류 제어

119. UDP에 대한 설명으로 옳지 않은 것은? 2009년 제3회

가. 동영상 전송에 많이 사용된다.
나. 트랜스포트 계층에 속한다.
다. 양방향 전송을 하며, 종단간의 흐름제어를 위해 Dynamic Sliding Window 방식을 사용한다.
라. 최소한의 오버 헤드를 갖는 작은 헤더를 갖는다.

120. 멀티캐스트 그룹을 로컬 네트워크의 멀티캐스트 라우터들에게 알리는 수단을 제공하는 인터넷 프로토콜은? 2009년 제3회

가. IGMP   나. ICMP   다. DHCP   라. BOOTP

121. IP에 대한 설명 중 올바른 것은? 2009년 제4회

가. 브로드 캐스트와 멀티 캐스트는 하나의 메시지를 복수의 수신자에게 전송한다.
나. OSI 7 Layer 중 트랜스포트 계층의 주요 프로토콜이다.
다. IP Address는 24bit 숫자로 표현한다.
라. 브로드 캐스트는 Repeater를 경유하지 못한다.

122. ICMP 프로토콜의 기능에 대한 설명으로 옳지 않은 것은? 2010년 제1회, 2015년 제1회

가. 모든 호스트의 논리적 주소 지정을 한다.
나. 시작지 호스트의 라우팅 실패를 보고 한다.
다. 내용면에서 오류 보고 형식을 가진다.
라. 두 호스트 간 연결의 신뢰성을 테스트하기 위한 반향과 회답 메시지를 지원한다.

123. IP에 관한 설명 중 옳지 않은 것은? 2010년 제1회

가. 비신뢰성 서비스를 제공한다.
나. 비연결형 서비스를 제공한다.
다. OSI 7 Layer 중 네트워크 계층에 속한다.
라. IPv4 헤더에는 체크섬(Checksum)이 포함되어 있지 않다.

124. ICMP의 Message Type에 대한 설명으로 옳지 않은 것은? 2010년 제2회

　가. 0 – Echo Reply
　나. 5 – Echo Request
　다. 13 – Timestamp Request
　라. 17 – Address Mask Request

125. TCP/IP의 프로토콜에서 응용 계층에서 제공하는 응용 서비스 프로토콜로, 컴퓨터 사용자들 사이에 전자우편을 교환하는 서비스를 제공하는 프로토콜은? 2010년 제2회

　가. SNMP　　　나. SMTP　　　다. VT　　　라. FTP

126. TCP 헤더에는 수신측 버퍼의 크기에 맞춰 송신측에서 데이터의 크기를 적절하게 조절할 수 있게 해주는 필드가 있다. 이 필드를 이용한 흐름 제어 기법은? 2010년 제2회, 2017년 제2회

　가. Sliding Window　　　나. Stop and Wait
　다. Xon/Xoff　　　　　　라. CTS/RTS

127. UDP 헤더에 포함이 되지 않는 항목은? 2010년 제2회, 2016년 제3회, 2018년 제3회

　가. 확인 응답 번호(Acknowledgment Number)
　나. 소스 포트(Source Port) 주소
　다. 체크섬(Checksum) 필드
　라. 목적지 포트(Destination Port) 주소

128. ARP에 대한 설명으로 올바른 것은? 2010년 제3회, 2014년 제3회, 2018년 제1회

　가. Ethernet 주소를 IP Address로 매핑시킨다.
　나. ARP를 이용하여 IP Address가 중복되어 사용되는지 찾을 수 있다.
　다. ARP 캐시는 일정한 주기를 갖고 갱신된다.
　라. 중복된 IP가 발견된 경우 ARP 캐시는 갱신되지 않는다.

129. ICMP의 Message Type필드의 유형과 질의 메시지 내용을 나타낸 것이다. 타입에 대한 설명으로 옳지 않은 것은? 2010년 제3회, 2017년 제2회

　가. 3 – Echo Request 질의 메시지에 응답하는데 사용된다.
　나. 4 – 흐름제어 및 폭주제어를 위해 사용된다.
　다. 5 – 대체경로(Redirect)를 알리기 위해 라우터에 사용한다.
　라. 17 – Address Mask Request 장비의 서브넷마스크를 요구하는데 사용된다.

130. IP Address를 하드웨어 주소로 대응시키기 위해 사용되는 프로토콜은? 2010년 제4회

　가. ARP　　　　　나. RARP　　　　　다. ICMP　　　　　라. IGMP

131. 같은 이더넷 상에서 다른 장치를 갖는 호스트에게 데이터를 전달하려고 할 때, 하드웨어의 정확한 번지(이더넷)를 알아내기 위해 사용되는 프로토콜은? 2011년 제1회

　가. RARP　　　　　나. DARP　　　　　다. TCP　　　　　라. ARP

132. TCP/IP의 동작 과정 중 옳지 않은 것은? 2011년 제1회, 2013년 제1회

　가. TCP/IP는 사용자의 필요에 따라 데이터를 패킷들로 나눈다.
　나. IP는 TCP 패킷에 Destination Address를 추가한다.
　다. 모든 패킷들은 아날로그 데이터로 변환되어 목적지에 전송된다.
　라. 패킷이 목적지에 도달하면, 호스트가 사용할 수 있는 데이터로 변환한다.

133. UDP 패킷의 헤더에 속하지 않는 것은? 2011년 제1회, 2015년 제4회, 2016년 제4회

　가. Source Port　　　　　나. Destination Port
　다. Window　　　　　　　라. Checksum

134. RARP(Reverse Address Resolution Protocol)에 대한 설명 중 옳지 않은 것은? 2011년 제1회, 2012년 제4회

　가. IP Address를 하드웨어 주소로 변환하기 위해서 사용한다.
　나. RFC 903에 명시되어 있고, RFC 951에 기술된 BOOTP에 의해 대체되고 있다.
　다. 디스크를 소유하지 않으면 RARP를 이용하여 인터넷 주소를 먼저 알아내야 한다.
　라. Ethernet, FDDI, Token Ring 등의 근거리 통신망에서 사용할 수 있는 프로토콜이다.

135. IP 네트워크 라우팅에는 IP 프로토콜이 사용된다. 반면에 IP를 대신하여 네트워크상에서 오류와 제어 메시지를 보고하는 프로토콜은? 2011년 제2회

    가. IGMP   나. OSPF   다. ICMP   라. RIP

136. IP Address를 네트워크 인터페이스 카드의 하드웨어 주소로 변환하는 프로토콜은?
2011년 제2회, 2012년 제3회, 2013년 제3회

    가. ICMP   나. IGMP   다. ARP   라. RARP

137. UDP에 대한 설명 중 올바른 것은? 2011년 제2회

    가. 응용 계층 프로토콜이다.
    나. 신뢰성 있는 전송을 제공한다.
    다. 연결 지향형 프로토콜이다.
    라. 비 연결성 데이터그램 서비스를 제공한다.

138. IGMP 프로토콜의 주된 기능은? 2011년 제3회, 2016년 제3회, 2018년 제3회

    가. 네트워크 내에 발생된 오류에 관한 보고 기능
    나. 대용량 파일을 전송하는 기능
    다. 멀티 캐스트 그룹에 가입한 네트워크 내의 호스트 관리 기능
    라. 호스트의 IP Address에 해당하는 호스트의 물리주소를 알려주는 기능

139. 네트워크의 고장 여부를 체크하기 위해 사용하는 ICMP(Internet Control Message Protocol) 질의 메시지는? 2011년 제3회

    가. 에코 요청과 응답   나. 타임스탬프 요청과 응답
    다. 주소 마스크 요청과 응답   라. 라우터 요청과 광고

140. 다음에서 설명하는 프로토콜은? 2011년 제3회

> 주로 로컬 디스크가 없는 시스템에서 사용하며, IP 정보를 저장하지 않기 때문에 부팅 할 때 마다 이 프로토콜을 이용해 IP Address를 할당 받는 과정이 필요하다.

    가. UDP   나. ARP   다. RARP   라. Proxy ARP

141. IGMP에 대한 설명으로 올바른 것은? 2011년 제4회, 2012년 제2회, 2018년 제4회

　가. 다중 전송을 위한 프로토콜이다.
　나. 네트워크 간의 IP 정보를 물리적 주소로 매핑한다.
　다. 하나의 메시지는 하나의 호스트에 전송된다.
　라. TTL(Time To Live)이 제공되지 않는다.

142. 다음 중 주어진 물리주소를 해당하는 논리주소로 바꿔주는 동적 프로토콜은? 2012년 제1회

　가. ARP　　　　나. RARP　　　　다. ICMP　　　　라. IGMP

143. ICMP 메시지가 사용되는 경우에 대한 설명으로 옳지 않은 것은? 2012년 제1회, 2013년 제2회

　가. 라우터나 호스트 간의 제어 또는 오류정보를 주고받을 경우
　나. 호스트나 라우터가 IP 헤더의 문법 오류를 발견한 경우
　다. 호스트의 IP가 중복된 경우
　라. 라우터가 데이터를 전달할 수 없는 경우

144. IGMP 쿼리 메시지의 경우 모두 '0'으로 설정되는 필드는? 2012년 제1회

　가. 버전(Version)　　　　　　　나. 종류(Type)
　다. 체크섬(Checksum)　　　　　라. 그룹 주소(Group Address)

145. TCP(Transmission Control Protocol)에 대한 설명으로 옳지 않은 것은? 2012년 제1회, 2016년 제3회

　가. 연결위주의 전송방식이다.
　나. 신뢰성 있는 전송방식이다.
　다. 능동적인 흐름제어 기능을 가지고 있다.
　라. 일부 데이터가 손실되어도 치명적이지 않는 프로그램 등에 적합하다.

146. 인터넷의 라우터가 다른 라우터나 호스트들에게 오류 및 제어 신호를 송신하도록 하여, 전송상의 에러나 예상치 못한 환경에 대한 정보를 제공하는데 사용되는 프로토콜은? 2012년 제2회

　　가. ARP(Address Resolution Protocol)
　　나. RARP(Reverse Address Resolution Protocol)
　　다. ICMP(Internet Control Message Protocol)
　　라. TFTP(Trivial File Transfer Protocol)

147. TCP 세션의 성립에 대한 설명으로 옳지 않은 것은? 2012년 제3회, 2016년 제1회, 2017년 제3회

　　가. 세션 성립은 TCP Three-Way Handshake 응답 확인 방식이라 한다.
　　나. 실제 순서번호는 송신 호스트에서 임의로 선택된다.
　　다. 세션 성립을 원하는 컴퓨터가 ACK 플래그를 '0'으로 설정하는 TCP 패킷을 보낸다.
　　라. 송신 호스트는 데이터가 성공적으로 수신된 것을 확인하기까지는 복사본을 유지한다.

148. IGMP에 대한 설명 중 올바른 것은? 2012년 제3회

　　가. 라우터가 주어진 멀티캐스트 그룹에 속한 호스트 존재 여부를 판단하기 위해 사용되는 인터넷 프로토콜
　　나. IP Address를 물리적인 랜카드 주소로 변환시키는 주소 결정 프로토콜
　　다. 신뢰성이 있는 연결형 프로토콜
　　라. 신뢰성이 없는 비연결형 프로토콜

149. ICMP 프로토콜의 기능에 대한 설명 중 옳지 않은 것은? 2012년 제4회, 2013년 제4회, 2016년 제2회

　　가. 모든 호스트가 성공적으로 통신하기 위해서 각 하드웨어의 물리적인 주소 문제를 해결하기 위해 사용된다.
　　나. 네트워크 구획 내의 모든 라우터의 주소를 결정하기 위해 라우터 갱신 정보 메시지를 보낸다.
　　다. Ping 명령어를 사용하여 두 호스트간 연결의 신뢰성을 테스트하기 위한 반향과 회답 메시지를 지원한다.
　　라. 원래의 데이터그램이 TTL을 초과할 때 시간초과 메시지를 보낸다.

150. IGMP에 대한 설명 중 올바른 것은? 2013년 제1회

가. 시작지 호스트에서 여러 목적지 호스트로 데이터를 전송할 때 사용된다.
나. TCP/IP 프로토콜의 IP에서 접속 없이 데이터의 전송을 수행하는 기능을 규정한다.
다. 네트워크의 구성원에 패킷을 보내기 위한 하드웨어 주소를 정한다.
라. IP에서의 오류(Error) 제어를 위하여 사용되며, 시작지 호스트의 라우팅 실패를 보고한다.

151. UDP에 대한 설명으로 옳지 않은 것은? 2013년 제1회, 2015년 제2회

가. 동영상에 있어서는 얼마만큼 데이터가 정확하게 전달되었는지 보다 얼마만큼 끊이지 않고 전달되었는지가 중요하기 때문에, 동영상 전송에 많이 사용된다.
나. OSI 7 계층 모델에서 전송 계층에 속한다.
다. 양방향 전송을 하며, 종단 간의 흐름제어를 위해 Dynamic Sliding Window 방식을 사용한다.
라. TCP와 비교하여 최소한의 오버 헤드를 갖는 작은 헤더를 갖는다.

152. IP 주소를 MAC(Media Access Control) 주소로 대응시키기 위해 사용되는 프로토콜은?
2013년 제2회, 2014년 제4회, 2015년 제3회

가. Event viewer　　나. tracert　　다. ARP　　라. ping

153. UDP에 대한 설명으로 옳지 않은 것은? 2013년 제3회

가. 전송 계층의 프로토콜이다.
나. 연결지향으로 신뢰성 있는 전송을 한다.
다. User Datagram Protocol의 약자이다.
라. Broadcast를 이용하여 한꺼번에 많은 수의 호스트들에게 데이터를 전송할 수 있다.

154. IGMP(Internet Group Management Protocol)의 특징으로 옳지 않은 것은? 2013년 제3회, 2016년 제1회

가. TTL(Time to Live)이 제공된다.
나. 데이터의 유니 캐스팅에 적합한 프로토콜이다.
다. 최초의 리포트를 잃어버리면 갱신하지 않고 그대로 진행한다.
라. 비대칭 프로토콜이다.

155. IP Address를 물리적 네트워크 주소로 변환시켜주는 Protocol은? 2014년 제1회

　가. TCP　　　　나. ARP　　　　다. DHCP　　　　라. WINS

156. ICMP의 기능으로 옳지 않은 것은? 2014년 제1회, 2017년 제3회, 2018년 제4회

　가. 에러 보고 기능　　　　　　　나. 도착 가능 검사 기능
　다. 혼잡 제어 기능　　　　　　　라. 송신측 경로 변경 기능

157. ICMP 프로토콜의 기능으로 옳지 않은 것은? 2014년 제3회, 2016년 제3회

　가. 여러 목적지로 동시에 보내는 멀티캐스팅 기능이 있다.
　나. 두 호스트간의 연결의 신뢰성을 테스트하기 위한 반향과 회답 메시지를 지원한다.
　다. 'ping' 명령어는 ICMP를 사용한다.
　라. 원래의 데이터그램이 TTL을 초과하여 버려지게 되면 시간 초과 에러 메시지를 보낸다.

158. TCP 기능으로 옳지 않은 것은? 2014년 제3회

　가. 송수신되는 데이터의 흐름을 감시하고 제어한다.
　나. 신뢰성 있는 데이터 전송을 보장한다.
　다. 흐름 제어를 위해 동적 윈도우(Dynamic Sliding Window) 방식을 사용한다.
　라. 실시간 동영상과 같이 한 번에 많은 양의 데이터를 송신할 때 주로 사용한다.

159. IPv6로 넘어 오면서 기존의 TCP/IP 프로토콜이 통폐합되어 ICMPv6로 바뀌었다. 다음 중 IPv4에서 쓰이는 프로토콜 중 ICMPv6에 포함되지 않는 것은? 2014년 제4회

　가. RARP　　　　나. ICMP　　　　다. IGMP　　　　라. ARP

160. 네트워크상에서 오류와 제어 메시지를 보고하며, IP 데이터그램 형식으로 전송되는 Protocol은? 2014년 제4회

　가. IGMP　　　　나. RARP　　　　다. ICMP　　　　라. SMTP

161. 멀티캐스트를 지원하는 라우터가 멀티캐스트 그룹에 가입한 네트워크 내의 호스트를 관리하기 위한 프로토콜은? 2015년 제1회

    가. SMTP   나. ICMP   다. SCTP   라. IGMP

162. TCP와 UDP의 차이점을 설명한 것 중 옳지 않은 것은? 2015년 제1회

    가. TCP는 전 이중방식 스트림 중심의 연결형 프로토콜이고, UDP는 비 연결형 프로토콜이다.
    나. TCP는 전달된 패킷에 대한 수신측의 인증이 필요하지만 UDP는 그렇지 않다.
    다. 일반적으로 동영상과 같은 실시간 데이터 전송에는 UDP가 사용된다.
    라. UDP는 TCP에 비해 오버헤드가 크다.

163. 프로토콜 패킷 포맷 중 IP Address를 포함하지 않는 프로토콜은? 2015년 제3회

    가. TCP(Transmission Control Protocol)
    나. IP(Internet Protocol)
    다. ARP(Address Resolution Protocol)
    라. RARP(Reverse Address Resolution Protocol)

164. TCP 헤더의 설명으로 올바른 것은? 2015년 제3회, 2016년 제1회, 2017년 제4회

    가. RST 플래그 : 데이터가 제대로 전송된 것을 알려준다.
    나. Window Size : 현재 상태의 최대 버퍼 크기를 말한다.
    다. Reserved : 수신된 Sequence Number에 대하여 예상된 다음 옥텟을 명시한다.
    라. FIN 플래그 : 3-Way handshaking 과정을 제의하는 플래그이다.

165. ICMP에 대한 설명 중 올바른 것은? 2015년 제3회, 2016년 제1회

    가. IP에서의 오류(Error) 제어를 위하여 사용되며, 시작지 호스트의 라우팅 실패를 보고한다.
    나. TCP/IP 프로토콜에서 데이터의 전송 서비스를 규정한다.
    다. TCP/IP 프로토콜의 IP에서 접속 없이 데이터의 전송을 수행하는 기능을 규정한다.
    라. 네트워크의 구성원에 패킷을 보내기 위한 하드웨어 주소를 정한다.

166. RARP에 대한 설명 중 옳지 않은 것은? 2015년 제4회

가. RFC 951에 기술된 BOOTP에 의해 대체되고 있다.
나. RFC 903에 명시되어 있다.
다. 하드웨어 주소를 IP Address로 변환하기 위해서 사용한다.
라. ARP와 동일한 패킷형식을 사용하기 때문에 오퍼레이션도 같은 코드를 사용한다.

167. IP에 대한 설명으로 옳지 않은 것은? 2015년 제4회

가. 32bit 주소 체계를 갖는 IPv4의 주소 부족으로 IPv6가 등장했다.
나. IPv4에서는 Flow Labeling 기능과 인증, 프라이버시를 제공한다.
다. IPv6에서는 Next Header가 있어서 확장된 헤더를 가리키도록 하고 있다.
라. IPv6에서는 근원지와 목적지 주소할당을 위해 128bit를 가진다.

168. UDP에 대한 설명 중 옳지 않은 것은? 2016년 제1회

가. 가상선로 개념이 없는 비연결형 프로토콜이다.
나. TCP보다 전송속도가 느리다.
다. 각 사용자는 16비트의 포트번호를 할당받는다.
라. 데이터 전송이 블록 단위이다.

169. 호스트의 IP Address를 호스트와 연결된 네트워크 접속장치의 물리적 주소로 번역해주는 프로토콜은? 2016년 제1회, 2016년 제2회

가. TCP　　　　나. ARP　　　　다. IP　　　　라. UDP

170. TCP와 UDP의 차이점에 대한 설명으로 옳지 않은 것은? 2016년 제2회

가. 데이터 전송형태로 TCP는 Connection Oriented 방식이고, UDP는 Connectionless방식이다.
나. TCP가 UDP보다 데이터 전송 속도가 빠르다.
다. TCP가 UDP보다 신뢰성이 높다.
라. TCP가 UDP에 비해 각종 제어를 담당하는 Header 부분이 커진다.

171. UDP 헤더 포맷에 대한 설명으로 옳지 않은 것은? 2016년 제2회, 2018년 제4회

　가. Source Port : 데이터를 보내는 송신측의 응용 프로세스를 식별하기 위한 포트 번호이다.
　나. Destination Port : 데이터를 받는 수신측의 응용 프로세스를 식별하기 위한 포트 번호이다.
　다. Length : 데이터 길이를 제외한 헤더 길이이다.
　라. Checksum : 전송 중에 세그먼트가 손상되지 않았음을 확인 할 수 있다.

172. ARP에 대한 설명 중 올바른 것은? 2016년 제3회

　가. TCP/IP 프로토콜에서 데이터의 전송 서비스를 규정한다.
　나. TCP/IP 프로토콜의 IP에서 접속 없이 데이터의 전송을 수행하는 기능을 규정한다.
　다. 네트워크의 구성원에 패킷을 보내기 위하여 IP Address를 하드웨어 주소로 변경한다.
　라. 인터넷상에서 전자우편(E-Mail)의 전송을 규정한다.

173. TCP가 제공하는 기능으로 옳지 않은 것은? 2016년 제4회

　가. 종단 간 흐름 제어를 위해 동적 윈도우(Dynamic Sliding Window) 방식을 사용한다.
　나. 한 번에 많은 데이터의 전송에 유리하기 때문에 화상 통신과 같은 실시간 통신에 사용된다.
　다. 송수신되는 데이터의 에러를 제어함으로서 신뢰성 있는 데이터 전송을 보장한다.
　라. Three Way Handshaking 과정을 통해 데이터를 주고받는다.

174. IGMP 쿼리 메시지는 (A)에서 (B)로 보내지는 메시지이다. 빈칸에 해당하는 것은?
　2016년 제4회

　가. A-호스트, B-호스트　　　　나. A-호스트, B-라우터
　다. A-라우터, B-호스트　　　　라. A-라우터, B-라우터

175. UDP에 대한 설명으로 옳지 않은 것은? 2017년 제1회

가. 비접속형 서비스를 제공하는 프로토콜이다.
나. 사용자 데이터를 데이터그램에 담아서 전송한다.
다. 헤더의 크기는 8 byte 이다.
라. 세그먼트를 보낼 때 타이머를 설정하여 재전송 시점을 결정한다.

176. TCP/IP에 대한 설명으로 옳지 않은 것은? 2017년 제2회

가. TCP는 연결형 프로토콜로 전송한 데이터의 응답을 받아가며 전송한다.
나. UDP는 TCP에 비해 안정성 면에서는 떨어지지만 속도는 빠르다.
다. UDP는 데이터가 제대로 도착했는지의 유무를 확인할 수는 있지만 잘못 전송되었을 경우 복구할 수는 없다.
라. TCP는 송신자의 정보를 분할하여 각 패킷별로 순서에 따라 번호를 부여한다.

177. TCP에 대한 설명 중 옳지 않은 것은? 2017년 제3회

가. 비연결형 서비스이고, UDP 보다 전송 속도가 빠르다.
나. 목적지 프로세서가 모든 데이터를 성공적으로 수신했거나 오류가 발생했다는 메시지를 송신할 수 있다.
다. 전송되는 데이터를 연속된 옥텟 스트림 중심의 데이터 전달 서비스를 제공한다.
라. 옥텟 스트림은 세그먼트(Segment) 단위로 나눈다.

178. RARP에 대한 설명 중 올바른 것은? 2017년 제3회

가. 시작지 호스트에서 여러 목적지 호스트로 데이터를 전송할 때 사용된다.
나. TCP/IP 프로토콜의 IP에서 접속 없이 데이터의 전송을 수행하는 기능을 규정한다.
다. 하드웨어 주소를 IP Address로 변환하기 위해서 사용한 다.
라. IP에서의 오류제어를 위하여 사용되며, 시작지 호스트의 라우팅 실패를 보고한다.

179. **IGMP 패킷의 필드에 대한 설명 중 옳지 않은 것은?** 2017년 제3회

가. 체크섬(Checksum)은 데이터가 전송도중에 문제가 생기지 않았음을 보장하는 역할을 한다.
나. Message Type은 질의 보고서 등의 메시지 종류를 나타내는데 사용된다.
다. Version 필드에는 값을 0으로 설정된다.
라. 그룹동보통신에 포함된 그룹에서 질의를 요청할 때 이 필드는 모든 값이 0으로 설정된다.

180. **ARP의 기능에 대한 설명 중 옳지 않은 것은?** 2017년 제4회

가. 모든 호스트가 성공적으로 통신하기 위해서 각 하드웨어의 물리적인 주소문제를 해결하기 위해 사용된다.
나. 목적지 호스트의 IP Address를 MAC Address로 바꾸는 역할을 하며, 목적지 호스트가 시작지의 IP Address를 MAC Address로 바꾸는 것을 보장한다.
다. 기본적으로 ARP 캐시(Cache)를 사용하지 않으며, 매번 서버와 통신할 때 마다 MAC Address를 요구한다.
라. ARP 캐시(Cache)는 MAC Address와 IP Address의 리스트를 저장한다.

181. **RARP 과정에 대한 설명 중 옳지 않은 것은?** 2017년 제4회

가. RARP 요청은 송신 호스트가 송신자이고, 목적 호스트이기도 하다.
나. 클라이언트 호스트는 RARP 메시지를 RARP 서버로 보낸다.
다. RARP 서버는 반드시 송신 호스트와 같은 네트워크 세그먼트에 위치해야 한다.
라. RARP는 동적으로 IP Address를 할당할 수 있다.

182. **Internet에서 망 관리와 관련된 에러 보고, 도착 가능 검사, 혼잡제어 등의 기능을 수행하는 프로토콜은?** 2018년 제2회

가. ARP   나. BOOTP   다. IGMP   라. ICMP

183. 다음 중 Ping 유틸리티와 관련이 없는 것은? 2018년 제2회

가. ICMP 메시지를 이용한다.
나. Echo Request 메시지를 보내고 해당 컴퓨터로부터 ICMP Echo Reply 메시지를 기다린다.
다. TCP/IP 구성 파라미터를 확인 할 수 있다.
라. TCP/IP 연결성을 테스트 할 수 있다.

184. ARP에 관한 설명으로 올바른 것은? 2018년 제3회

가. IP Address를 장치의 하드웨어 주소로 매핑하는 기능을 제공한다.
나. Dynamic으로 설정된 내용을 Static 상태로 변경하는 ARP 명령어 옵션은 '-d'이다.
다. ARP가 IP Address를 알기 위해 특정 호스트에게 메시지를 전송하고 이에 대한 응답을 기다린다.
라. ARP Cache는 IP Address를 도메인(Domain) 주소로 매핑한 모든 정보를 유지하고 있다.

정답

01	02	03	04	05	06	07	08	09	10
나	라	가	가	다	다	라	라	라	가
11	12	13	14	15	16	17	18	19	20
가	나	나	라	다	라	라	가	다	가
21	22	23	24	25	26	27	28	29	30
라	가	라	가	라	라	나	나	라	다
31	32	33	34	35	36	37	38	39	40
다	라	나	나	다	다	가	가	다	나
41	42	43	44	45	46	47	48	49	50
가	라	라	가	가	다	가	다	라	나
51	52	53	54	55	56	57	58	59	60
다	가	다	라	가	나	다	다	라	다
61	62	63	64	65	66	67	68	69	70
나	가	라	다	가	다	가	나	라	가
71	72	73	74	75	76	77	78	79	80
라	나	라	가	가	나	다	나	나	나
81	82	83	84	85	86	87	88	89	90
나	다	나	다	라	다	다	나	나	라
91	92	93	94	95	96	97	98	99	100
다	다	가	다	나	가	가	다	라	가
101	102	103	104	105	106	107	108	109	110
나	다	나	가	다	다	나	나	가	가
111	112	113	114	115	116	117	118	119	120
라	다	가	가	라	나	라	다	다	가
121	122	123	124	125	126	127	128	129	130
가	가	라	나	나	가	가	나	가	가
131	132	133	134	135	136	137	138	139	140
라	다	다	가	다	다	라	다	가	라
141	142	143	144	145	146	147	148	149	150
가	나	다	라	라	다	다	가	가	가
151	152	153	154	155	156	157	158	159	160
다	다	나	나	나	라	가	라	가	다
161	162	163	164	165	166	167	168	169	170
라	라	가	나	가	라	나	나	나	나
171	172	173	174	175	176	177	178	179	180
다	다	나	다	라	다	가	다	다	다
181	182	183	184						
다	라	다	가						

Chapter **07**

라우팅 프로토콜

1 라우팅의 개요
2 라우티드 프로토콜
3 라우팅 프로토콜
4 라우팅 프로토콜의 분류
5 용어 정리

CHAPTER 07 라우팅 프로토콜

국가 공인 네트워크관리사 완벽 대비서 TCP/IP 네트워크

제 1 절 라우팅의 개요

1 라우팅의 정의 및 라우터의 기능

① 라우팅 정의 : 패킷을 출발지에서 목적지까지 전달
  ⓐ 라우터의 길 안내 도움이 필요
  ⓑ 길 안내를 위해 라우팅 프로토콜의 도움을 받음
   ☞ 네트워크 사이에 최적의 경로를 만들어 전달
  ⓒ 스위칭(switching)과 차이점

표 7.1 라우팅(Routing)과 스위칭(Switching)의 차이점

구분	OSI 계층	사용주소	정보단위
라우팅(Routing)	3계층(네트워크)	IP 주소	패킷(Packet)
스위칭(Switching)	2계층(데이터링크)	MAC(물리) 주소	프레임(Frame)

② 라우터의 기능
  ⓐ 라우팅 프로토콜을 이용하여 인접 라우터와 네트워크 정보교환 → 라우팅 테이블 관리
  ⓑ 패킷 도착 → 라우팅 테이블 참조 → 경로 결정 → 해당 인터페이스로 패킷 스위칭
  ⓒ 최적의 경로 결정을 위해 라우팅 메트릭(Metrics : 할당되는 비용)을 사용

2 라우팅을 위한 라우터의 역할

(1) 경로정보 수집
  ☞ 최적의 네트워크 경로를 만들기 위해 인접한 라우터로부터 받은 네트워크 정보와 메트릭 값을 수집
(2) 라우팅 프로토콜 이용
  ☞ 네트워크 정보와 메트릭 값을 서로 업데이트를 할 때 어떤 라우팅 프로토콜을 이용하여 서로 통신을 할 것인지 결정

(3) 라우팅 광고
  ① 자기 자신의 정보를 인접한 라우터로 전달
  ② 직접 연결되지 않은 라우터와 서로 통신할 수 있도록 자기 자신의 정보를 광고
(4) 라우팅 테이블 작성
  ① 인접한 라우터로부터 받은 경로정보를 가지고 전체 네트워크에 대한 위상(Topology)을 그림
  ② 위상을 바탕으로 목적지까지 갈 수 있는 여러 경로 중에 최적의 경로(Best Path 또는 Best Route)를 선택 : "경로결정"이라 함
  ③ 각 목적지에 대한 최적의 경로를 선택하여 이를 테이블 형태로 가짐 : "라우팅 테이블(Routing Table)"이라 함
  ④ 라우팅 테이블의 내용
    ⓐ 목적지 주소 : 서브넷 마스크 포함
    ⓑ 목적지까지 도달하는데 소요되는 비용 : 시간 또는 거리
    ⓒ 다음 번 라우터의 IP 주소 또는 해당 라우터로 가는 라우터의 인터페이스
      ☞ 라우터가 IP 패킷을 수신하면
        → IP 패킷의 IP 주소 부분을 참조
        → 목적지로 가는 다음 홉 라우터 (Next Hop Router) 찾기
        → 패킷을 해당 인터페이스 포트로 전달

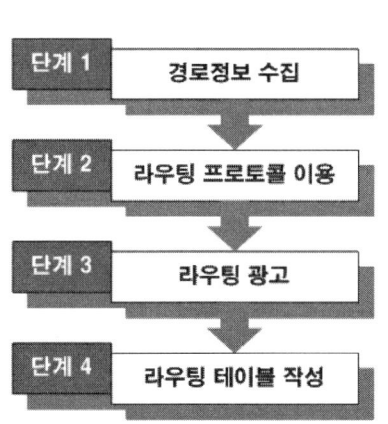

(최적경로 설정 단계)　　　　　　　　(라우팅 테이블)

그림 7.1 최적경로 설정과 라우팅 테이블 작성

3 라우터의 정보전달 수행절차 : 4단계

텔넷(Telnet) 명령어를 사용하여 원격으로 10.20.20.1 서버로 접속 과정
① A 라우터 : 수신 패킷에서 목적지 주소 부분을 탐색
② A 라우터 : 자신의 라우팅 테이블을 검색
③ 신속하고 안전한 방법으로 정보를 전달할 수 있는 최적의 경로 결정
④ 결정된 경로로 패킷 전달

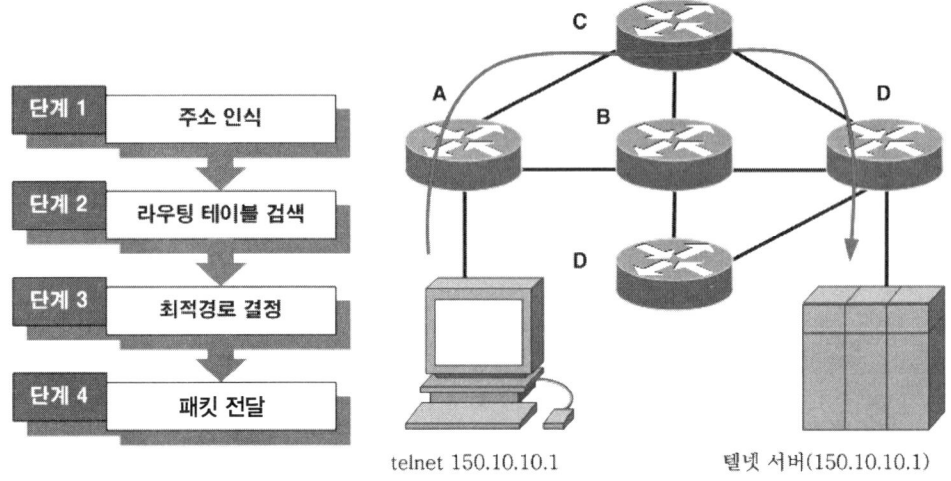

그림 7.2 라우터의 정보전달 수행절차(4단계)

4 라우팅(Routing) 프로토콜과 라우티드(Routed) 프로토콜의 분류

(1) 라우팅과 라우티드 프로토콜의 해당 계층
 ☞ 네트워크계층의 프로토콜에 해당
(2) 라우팅 프로토콜과 라우티드 프로토콜의 차이점
 ① 라우팅 프로토콜
  ⓐ 라우터 내부에서 라우팅 알고리즘을 수행하는 프로토콜
  ⓑ 대표적인 프로토콜 : RIP, IGRP, EIGRP, OSPF, BGP, EGP, ES-IS, IS-IS
 ② 라우티드 프로토콜
  ⓐ 인터네트워크 상에서 주로 사용하는 경로설정 기능이 있는 프로토콜
  ⓑ 대표적인 프로토콜 : TCP/IP, OSI CLNS, OSI CMNS, Novell IPX, AppleTalk, HP Advanced

표 7.2 라우팅(Routing)과 라우티드(Routed) 프로토콜

구분	해당 프로토콜
Routing 프로토콜	RIP(Routing Information Protocol) IGRP(Interior Gateway Routing Protocol) EIGRP(Enhanced IGRP) OSPF(Open Shortest Path First) BGP(Border Gateway Protocol) EGP(Exterior Gateway Protocol) ES-IS(End System to Intermediate System) IS-IS(Intermediate System to Intermediate System)
Routed 프로토콜	TCP/IP OSI CLNS(Connectionless Network Service) OSI CMNS(Connerction-Mode Network Service) Novell IPX AppleTalk HP Advancednet

제2절 라우티드 프로토콜

1 TCP/IP
① TCP : OSI 4계층에 해당 / IP : OSI 3계층에 해당
② 광범위한 주소지정이 되어 인터넷 표준

2 SPX
① 순차 패킷 교환(Sequenced Packet Exchange)
② 넷웨어(NetWare : 미국 노벨사의 네트워크운영체제[NOS : Network Operating System])의 네트워크 프로토콜
☞ 미국 제록스사의 XNS(Xerox Network System)를 바탕으로 구현
③ OSI 기본 참조모델의 4계층인 트랜스포트 계층에 해당하는 연결 기반형(Connection-oriented) 프로토콜

용어 설명

(1) Connection-oriented(접속형 또는 연결 기반형) 방식
① 가상회선(Virtual Circuit) 방식
 ⓐ 패킷이 전송되기 전에 논리적인 통신경로가 미리 설정되는 방식
 ⓑ 접속 절차
  ☞ 연결 설정 : 송수신간의 경로를 설정, 교환기의 라우팅 테이블에 연결회선의 경로를 지정
  ☞ 데이터 전송 : 라우팅 테이블을 검색하여 전송
  ☞ 연결 해제 : 설정된 경로를 끊음
② 수신 패킷들은 번호순으로 나열되어 수신
③ 통신회선 장애 시 재접속으로 연결설정, 우회경로 선택불가
(2) Connectionless-oriented(비접속형 또는 비연결 기반형) 방식
① 데이터그램(Datagram) 방식
 ⓐ 통신경로가 미리 설정되지 않고 패킷의 주소에 의해 독립적인 경로로 패킷이 전송되는 방식
 ⓑ 접속 절차가 별도로 필요 없고 데이터 전송 단계만 존재
  ☞ 데이터 전송단계에서 교환기들은 패킷 내의 패킷의 주소를 검색하여 경로를 선택
② 수신 패킷들은 번호순이 아니라 도착순으로 나열됨으로 최종 교환기에서 패킷을 번호순으로 나열
③ 통신회선 장애 시 우회경로 선택가능

3 IPX

① 망간 패킷 교환(Internetwork Packet Exchange)
② 넷웨어의 네트워크 프로토콜
③ OSI 기본 참조모델의 3계층인 네트워크 계층에 해당하는 비연결형(CL : Connectionless) 프로토콜
  ※ Connectionless(CL) : 패킷이 번호순이 아니라 도착순으로 나열됨
④ IP와 거의 같음 : 주소 지정, 경로 지정, 스위칭 등을 담당

(1) Connectionless-Mode(CL) 전송
  ① 비접속형 또는 비연결형 전송
  ② 송수신사이에 통신을 위하여 논리적·물리적 접속을 하지 않고 전송
(2) Connection-Mode(CM) 전송
  ① 접속형 또는 연결형 전송
  ② 송수신사이에 통신을 위하여 논리적 연결을 설정하여 정보를 전송
(3) SPX/IPX
  ① 도스기반의 네트워크에서 사용되었던 노벨사의 넷웨어 프로토콜
  ② TCP/IP보다 가벼운 프로토콜임
  ③ SPX는 TCP에 IPX는 IP에 대응

4 AppleTalk

① 1985년 발표한 매킨토시용 네트워크 프로토콜
② 애플사에 의해 개발된 근거리통신망(LAN)용 프로토콜
③ 여러 대의 매킨토시(Macintosh) 컴퓨터와 다른 컴퓨터 장비(IBM 호환 기종) 및 레이저프린터를 연결할 수 있도록 해주는 통신망

5 내부 및 외부 연결용 프로토콜

(1) 내부 연결용 프로토콜
  ① NetBIOS
  ② NetBEUI
(2) 외부 연결용 프로토콜
  ① TCP/IP
  ② SPX/IPX
  ③ NWLink

(3) NetBIOS
　① Network Basic Input/Output System : 네트워크 기본 입출력 시스템
　② NetBIOS는 5계층 프로토콜
　③ 네트워크의 기본적인 입출력을 정의한 규약
　④ 사용 분야
　　ⓐ IBM 토크링에서 사용되는 세션 레이어 통신 서비스
　　ⓑ 적은 규모의 LAN환경인 클라이언트와 서버 어플리케이션에서 사용되는 세션 레이어 통신 서비스
　　ⓒ NetBIOS는 네트워크 계층인 IP 프로토콜 기반 위에서 동작하며 애플리케이션 계층과 네트워크 계층을 연결하는 역할
　　ⓓ IBM의 PC-Networks, MS사의 윈도우 네트워크인 Windows-NT와 Windows 95, LAN 매니저 등에서 채용

(4) NetBEUI
　① NetBios Extended User Iterface : NetBIOS 확장 사용자 인터페이스
　② LAN 내의 컴퓨터사이 서로 통신할 수 있게 해주는 네트워크 프로토콜
　　☞ 대개 1~200개까지의 클라이언트로 구성된 작은 LAN에 사용되는 네트워크 프로토콜

(5) NWLink
　① 미국 노벨사의 NetWare(네트워크 프로토콜) 지원
　② 자동으로 주소 지정과 이기종 간의 통신을 지원
　③ 다른 네트워크로 라우팅을 제공

제 3 절 라우팅 프로토콜

1 RIP

(1) RIP이란?

① Routing Information Protocol : 라우팅 정보 프로토콜

② NT 서버에 주로 사용하는 라우팅 프로토콜

(2) 프로토콜 특징

① 라우팅 프로토콜(Routing Protocol),
동적 프로토콜(Dynamic Protocol),
내부 게이트웨이 프로토콜(Interior Gateway Protocol)에 속함

② 디스턴스 벡터 알고리즘 (Distance : 거리, Vector : 방향) 사용

③ 좋은 길을 결정하는 기준이 되는 요소 : 홉 (Hop) 카운트

ⓐ 최대 홉 카운트 = 15개

ⓑ 따라서 소규모 네트워크에서 많이 사용 됨

④ 기본 라우팅 정보 전송 주기 : 30초

☞ 라우팅 정보 전달방식 : 브로드캐스팅 방식

⑤ 표준 프로토콜이며 메모리를 적게 사용함 : 라우팅 테이블의 갱신 패킷 크기는 512바이트이고, 갱신 주기는 180초

⑥ 단점 : 좋은 길을 설정할 때, 전송 속도가 고려되지 않음

(3) RIP은 UDP를 사용

2 IGRP

(1) IGRP이란?

① Interior Gateway Routing Protocol : 내부 게이트웨이 라우팅 프로토콜

② 내부 네트워크(동일 도메인)에 사용되는 라우팅 프로토콜

(2) 프로토콜 특징

① 라우팅 프로토콜(Routing Protocol),
동적 프로토콜(Dynamic Protocol),
내부 게이트웨이 프로토콜(Interior Gateway Protocol)에 속함

② 디스턴스 벡터 알고리즘

③ 좋은 길을 결정하는 기준이 되는 요소 : 홉(Hop) 카운트

ⓐ 최대 홉 카운트 = 255개

ⓑ 따라서 중간규모 네트워크에서 많이 사용 됨

④ 라우팅 정보 변경(Routing Update) 주기 : 90초

⑤ 시스코(CISCO)에서 만든 자체 프로토콜이므로 표준 프로토콜이 아님(RIP : 표준 프로토콜)

⑥ 시스코 라우터에서만 사용 가능

⑦ VLSM(Variable Length Subnet Mask : 가변길이 서브넷 마스크)을 지원하지 않아 자주 사용되지는 않음

용어 설명

※ VLSM(Variable Length Subnet Mask)
① 가변길이 서브넷 마스크
② 하나의 라우터에 여러 개의 서브넷 마스크를 사용
③ 라우터의 각 인터페이스별로 서브넷 마스크가 다른 경우
    ⓐ 이더넷쪽 서브넷 마스크와 시리얼쪽 서브넷 마스크를 서로 다르게 한 것
    ⓑ 서브넷을 서브넷팅하는 것
        예) 192.168.10.0/24
          → 192.168.10.0/26
          → 192.168.10.64/26
          → 192.168.10.128/26
          → 192.168.10.192/26

(3) IGRP에서 최적 경로 찾을 때 고려되는 요소

5가지 요소를 고려하여 최적의 경로를 탐색

① 홉 카운트 (Hop Count)

② 대역폭(Band Width)

  ⓐ 속도를 의미

  ⓑ 단위 : Kbps

③ 신뢰성(Reliability)

  ⓐ 목적지까지 제대로 도착한 패킷과 에러난 패킷의 비율

  ⓑ 값의 범위 : 0~255 (255 : 가장 신뢰성이 높음)

  ⓒ 자동계산 됨

④ 부하, 하중 (Load)

  ⓐ 출발지 ~ 목적지 사이의 경로 : 부하 측정

  ⓑ 1/255(저부하) ~ 255/255(고부하)

⑤ MTU (Maximum Transmission Unit)
  ⓐ 의미 : 최대 전송 단위의 크기
  ⓑ 단위 : byte
  ⓒ 최대 크기 : 65,535-byte

3 OSPF

(1) OSPF란?
  ☞ Open Shortest Path First : 최단 경로 우선 프로토콜

(2) 프로토콜 특징
  ① 라우팅 프로토콜(Routing Protocol),
    동적 프로토콜(Dynamic Protocol),
    내부 게이트웨이 프로토콜(Interior Gateway Protocol)에 속함
  ② IP 패킷 안에 있는 프로토콜 번호 : 89
  ③ 어떤 변화가 생길 때 라우터간의 변경된 정보를 바로 전달
    ☞ 큰 네트워크에 아주 적당함
  ④ 토폴로지 지원
    ⓐ Point to Point 토폴로지 지원
      ☞ 한 쌍의 라우터 사용에 적용
      예 전용선 환경
    ⓑ Broadcast Multi-Access(BMA) 토폴로지 지원
      ☞ 버스형 이라고도 함
      ☞ 브로드캐스트 기능이 지원되는 멀티 액세스 네트워크
      ☞ 다중(두개이상)의 라우터를 연결할 때 사용 : 브로드캐스트를 이용하는 방식
      예 Ethernet 환경(세그먼트)
    ⓒ NBMA 토폴로지 지원
      ☞ Non Broadcast Multi-Access
      ☞ 다중의 라우터를 연결할 때 Broadcast를 사용하지 않는 방식
      예 X.25, 프레임릴레이
  ⑤ VLSM 지원
  ⑥ Route Summarization 지원
    ☞ 여러 개의 라우팅 경로를 하나로 묶어주는 기능이 탁월

용어 설명

(1) X.25
① 패킷교환망
  ⓐ 단말장치와 패킷망 사이에 데이터를 패킷형태로 변환하여 전송
  ⓑ 이와 같은 상호작용을 위한 절차 : X.25 표준
② 3계층으로 구성 : 물리계층~네트워크계층

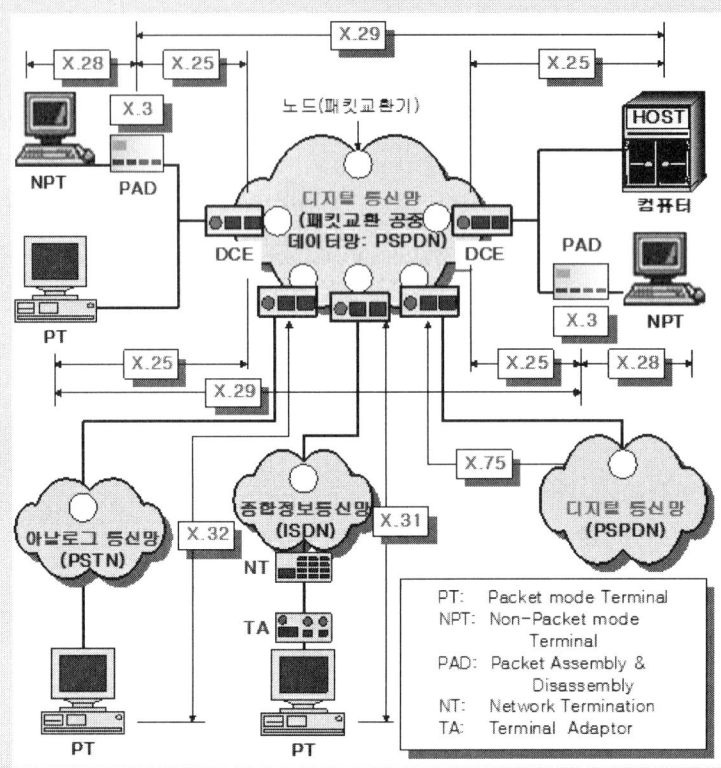

그림 7.3 패킷교환망에서 각종 인터페이스 표준

(2) 프레임릴레이(Frame Relay)
① X.25에서 사용되는 프레임을 대폭 간소화하여 성능을 향상시킨 서비스
② 하나의 인터페이스로 다수의 장비들을 연결할 수 있는 다중접속(Multi-access) 기능 제공
③ 원거리통신망(WAN)에서 사용하는 2계층의 프로토콜들 중 하나
  ⓐ 원거리통신 시 전용회선보다 프레임릴레이 네트워크를 많이 사용
  ⓑ 현재는 인터넷 속도가 고속화 되고 가상사설망(VPN : Virtual Private Network)의 사용이 증가함에 따라 사용이 감소
④ 전용선보다 가격이 저렴하고 다양한 네트워크 구성이 가능
  예 본사와 전국의 많은 지사간의 원거리통신을 위하여
  ⓐ 전용선 사용할 경우
    ☞ 본사의 라우터에 시리얼 포트(Serial Port) 수가 연결할 지사 수만큼 확보 필요

ⓑ 프레임릴레이 사용할 경우
☞ 본사의 라우터에 시리얼 포트(Serial Port) 하나로 최대 990대의 지사를 연결할 수 있음

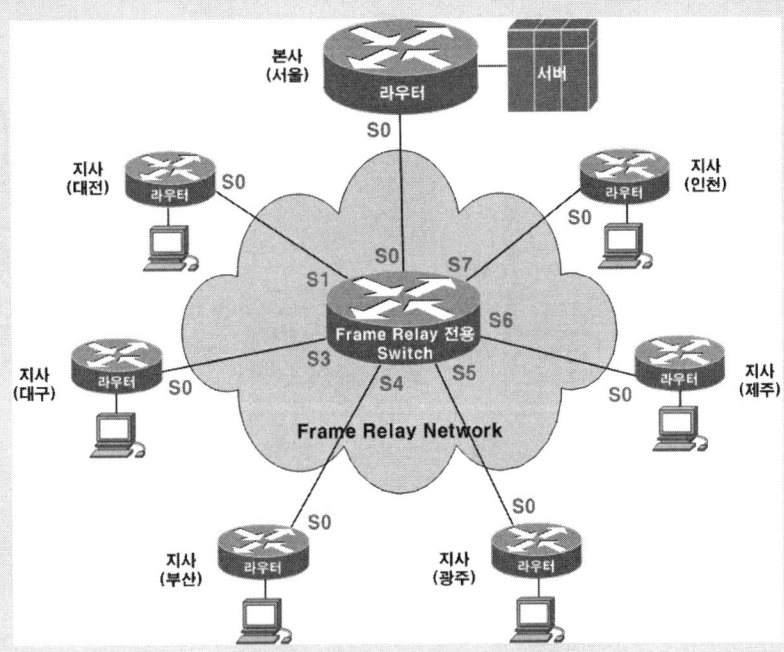

그림 7.4 프레임릴레이 네트워크 구성

⑤ 프레임릴레이 스위치 사용
  ⓐ 네트워크 사업자 : 프레임릴레이 전용 스위치 사용
  ⓑ 다양한 토폴로지(Topology)의 네트워크 구성 실습용
    ☞ 프레임릴레이 스위치로 사용할 수 있는 일반 라우터 사용
    ☞ 시리얼 8-포트 라우터를 많이 사용 : 모델 2522, 2523 라우터 또는 2600, 3600 시리즈 라우터 등

4 BGP

(1) BGP란?
  ① Board Gateway Protocol : 보드 게이트웨이 프로토콜
  ② EGP를 대치하는 도메인 간 라우팅 프로토콜
  ③ 다른 자치 시스템(AS : Autonomous System)과 정보를 교환
  ④ RFC 1163에 정의

(2) Gateway란?

① 서로 다른 프로토콜을 수행하는 네트워크 간에 프로토콜 변환기능을 수행하는 장치
② OSI 7-layer에서 Gateway의 계층

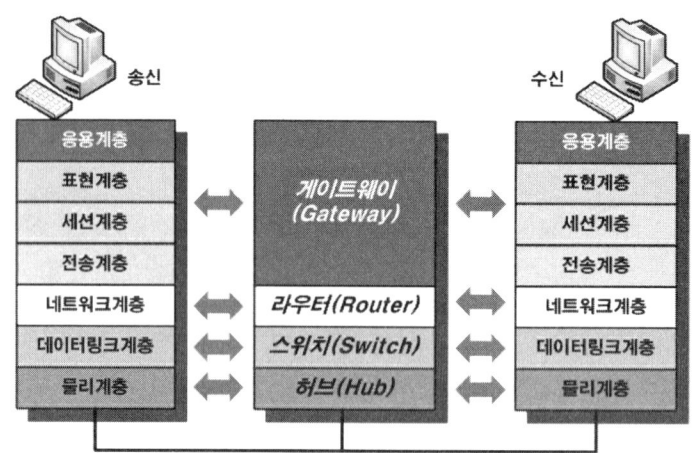

그림 7.5 네트워크 장비별 해당 계층

ⓐ 일반적으로 TCP/IP에서 볼 때 네트워크 간의 연결을 담당하는 3계층(네트워크 계층) 장비인 라우터를 의미하지만
ⓑ 주로 상위계층에서 상이한 프로토콜간의 변환을 담당하기 위해 복잡한 소프트웨어를 수행하는 서버 장비를 의미함
ⓒ Gateway의 응용계층 = OSI 7-계층의 전송계층+세션계층+표현계층+응용계층
(3) Gateway의 응용계층에서 동작하는 BGP는 TCP를 사용

제4절 라우팅 프로토콜의 분류

1 라우팅 프로토콜의 분류

① 정적(Static) 라우팅과 동적(Dynamic) 라우팅 프로토콜
② 내부(Interior) 라우팅과 외부(Exterior) 라우팅 프로토콜
③ 거리벡터(Distance Vector) 라우팅과 연결상태(Link State) 라우팅 프로토콜

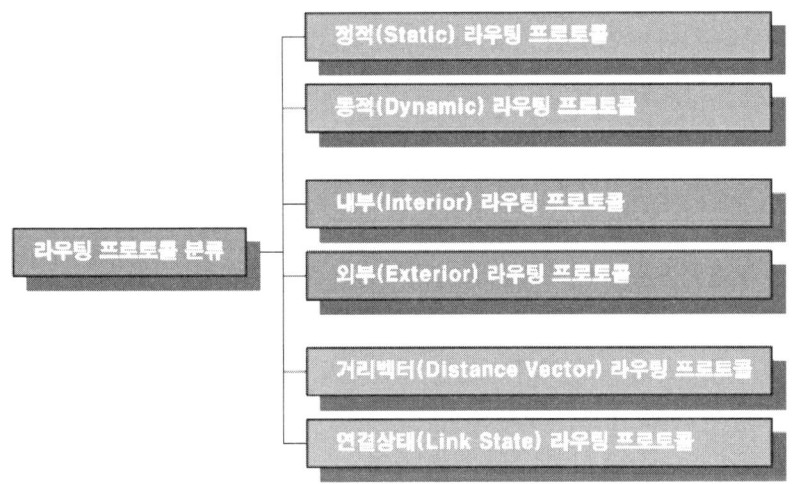

그림 7.6 라우팅 프로토콜의 분류

2 정적 라우팅 프로토콜과 동적 라우팅 프로토콜

(1) 정적 라우팅 프로토콜
　① 네트워크 관리자가 목적지까지 가장 빠르고 이상적인 경로를 찾아서 라우터에 직접 입력해 주는 방식
　② 특정 목적지로 가기 위해서 한 번 연결이 정해지면 끝까지 정해진 대로 패킷을 전송하는 프로토콜
　③ 장점
　　ⓐ 네트워크 관리자가 입력한 경로대로만 패킷을 전송하면 되므로
　　　☞ 라우터에 부하가 전혀 걸리지 않아
　　　☞ 라우팅 속도가 빨라져 성능이 좋아짐
　　ⓑ 주기적으로 라우터간의 라우팅 테이블을 교환할 필요가 없으므로
　　　☞ 네트워크의 대역폭을 절약

☞ 보안에 강함
④ 단점
☞ 네트워크 관리자가 직접 입력한 경로에 문제가 생기면 직접 경로를 고쳐야만 해결할 수 있는 문제점을 가짐
⑤ 적용분야
☞ 가장 기본적인 네트워크 구조로 주로 네트워크 구조가 복잡하지 않는 소규모 네트워크에 사용

(2) 동적 라우팅 프로토콜
① 라우터 사이에 라우팅 테이블을 자동으로 교환하여 자신의 라우팅 테이블에 네트워크의 변동된 정보를 수정하여 가장 좋은 경로를 찾아 가도록 하는 방식
② 장점
ⓐ 네트워크의 변화에 능동적인 대처가 가능
ⓑ 자동으로 가장 최적의 경로를 찾아 제공
ⓒ 정적 라우팅 프로토콜보다 설정 방법이 매우 간단함
③ 단점
ⓐ 어떤 경로가 가장 빠른 길인지 계산 필요
ⓑ 주기적으로 정보를 교환하여 변경된 정보는 없는지 확인 필요
ⓒ 라우팅 정보도 업데이트해야 함으로 라우터에 부하가 많이 걸려
☞ 성능이 떨어지고
☞ 대역폭의 소모가 많음
ⓓ 라우팅 프로토콜에 대한 설정 및 운영을 위해 네트워크 관리자 기본 지식이 요구됨
④ 동적 라우팅 프로토콜들의 종류
☞ RIP, IGRP, EIGRP, OSPF
☞ IS-IS(Intermediate System to Intermediate System) 등

3 내부 라우팅 프로토콜과 외부 라우팅 프로토콜

(1) 내부 라우팅 프로토콜
① 네트워크의 내부에서 라우팅을 담당
☞ 내부 게이트웨이 프로토콜 : IGP(Interior Gateway Protocol)
② AS 내에서 사용하는 라우팅 프로토콜

※ AS(Autonomous System)
① "자율시스템"이라 함
② 독립적으로 운영 가능한 네트워크 단위
③ 같은 회사 내의 라우터의 집합에 해당
　☞ 하나의 네트워크 관리자에 의해 관리되는 라우터의 집합 단위

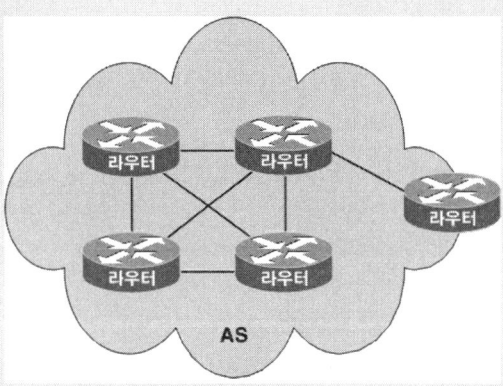

그림 7.7　AS(Autonomous System) 단위

③ IGP에 해당하는 라우팅 프로토콜의 종류
　ⓐ RIP V1(Routing Information Protocol Version1)
　ⓑ IGRP(Interior Gateway Routing Protocol)
　ⓒ EIGRP(Enhanced IGRP)
　ⓓ OSPF(Open Shortest Path First)
　ⓔ RIP V2(RIP Version2)

(2) 외부 라우팅 프로토콜
① 서로 다른 네트워크 사이에 라우팅을 담당
　☞ 외부 게이트웨이 프로토콜 : EGP(Exterior Gateway Protocol)
② 서로 다른 AS 간에 정보를 주고받는 라우팅 프로토콜

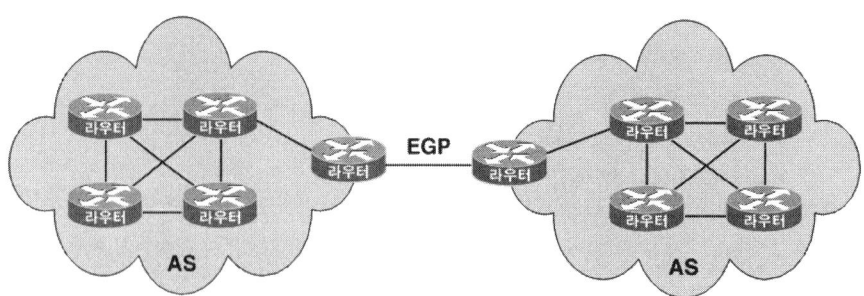

그림 7.8 외부 라우팅 프로토콜(BGP)

③ 예를 들면, 한 쪽은 A사의 ISP(Internet Service Provider)망 다른 쪽은 B사의 ISP망이라고 한다면
  ⓐ A사의 ISP망 내에 사용되는 자체 라우팅 프로토콜
    ☞ 내부 라우팅 프로토콜
  ⓑ A사의 ISP망과 B사의 ISP망 사이의 라우팅 프로토콜
    ☞ 외부 라우팅 프로토콜

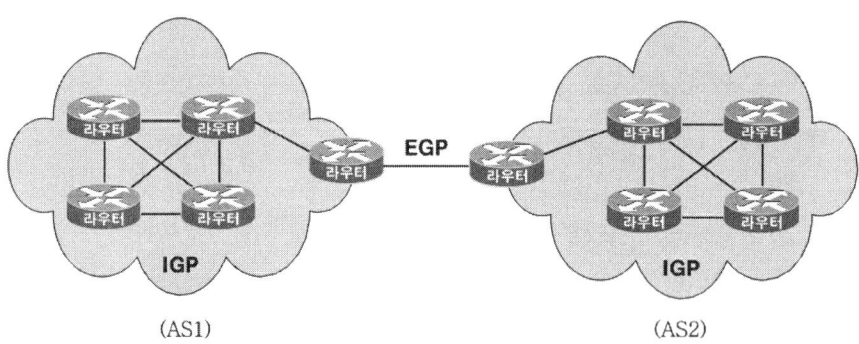

그림 7.9 내부 및 외부 라우팅 프로토콜(IGP와 EGP)

④ EGP에 해당하는 라우팅 프로토콜의 종류
  ⓐ BGP(Border Gateway Protocol)
  ⓑ IDRP(Inter-Domain Routing Protocol)
  ⓒ IS-IS(Intermediate System to Intermediate System)

3 거리벡터 라우팅 프로토콜과 연결상태 라우팅 프로토콜

(1) 거리벡터(Distance Vector) 라우팅 프로토콜
  ① 주기적으로 이웃 라우터(Next Router)와 정보(hop)를 교환하는 라우팅 프로토콜
  ② 거리벡터 알고리즘 사용
    ☞ 라우팅 테이블에 목적지까지 도달하는데 소요되는 거리와 방향에 대한 정보만 기록
  ③ 대표적인 프로토콜 : RIP, BGP

(2) 연결상태(Link State) 라우팅 프로토콜
  ① 거리 벡터 방식의 단점을 극복하기 위해 개발
  ② 링크상태가 변할 때만 경로정보를 전송 : 트래픽을 줄임
  ③ SPF(Shortest-Path-First) 알고리즘
    ⓐ 다익스트라(Dijkstra) 알고리즘 사용
    ⓑ 라우팅 테이블에 목적지까지 가는 경로를 모두 기록함
    ⓒ 네트워크에 대한 모든 상태 정보를 수집하여 최적 경로를 계산하는 방식
  ④ 대표적인 프로토콜 : OSPF, EIGRP

(3) 앞에서 설명한 두가지 프로토콜에 대한 이해를 돕기 위해 예를 들어 지도(라우팅 테이블) 가지고 목적지를 찾아 간다고 가정할 경우
  ① 거리벡터 라우팅 프로토콜
    ⓐ 지도를 보고 목적지까지 전체의 경로를 파악하는 것이 아님
      ☞ 찾아가는 길에 대한 단편적인 정보(방향과 거리)만 가지고 있음
    ⓑ 강릉에서 출발하여 목적지가 서울이라면
      ☞ 방향을 영동고속도로를 진입하도록 하고 중간 인터체인지가 라우터 역할
      ☞ 서울까지 거리가 몇 홉(hop) 떨어져 있는지 계산
        • 현재 자신의 라우터를 기준으로 hop 계산
        • 이웃 라우터에 정보(hop)를 전달(advertise : 광고)
  ② 연결 상태 라우팅 프로토콜
    ⓐ 네트워크를 구성하고 있는 라우터 모두가 정보를 공유하여
      ☞ 목적지까지 도달하기 위한 지도경로를 만들어
      ☞ 해당 라우터의 라우팅 테이블에 저장함 -〉 최적 경로 계산
    ⓑ 특징 : 변화에 민감, 정확하고 빠름

(4) 두 라우팅 프로토콜의 특성비교

표 7.3 거리벡터와 연결상태 라우팅 프로토콜의 특성비교

거리벡터 라우팅 프로토콜	연결상태 라우팅 프로토콜
인접한 이웃으로부터 네트워크 정보 수집	모든 라우터로부터 네트워크 정보 수집
비용은 이웃 라우터와 거리 비용을 더해 산출	최단거리 알고리즘으로 모든 라우터에 대한 비용 직접 계산
주기적으로 라우팅 정보 교환	링크상태 변화시에만 라우팅 정보 교환
느린 수렴시간	빠른 수렴시간
모든 라우팅 테이블 값을 이웃에 전달	자신에게 직접 연결된 네트워크 정보만 전송
브로드캐스트 방식으로 이웃에 라우팅 광고	멀티캐스트 방식으로 라우팅 광고

용어 설명

※ 경로배정에 따른 라우팅 방식

(1) Fixed Routing(고정 라우팅) 방식
☞ 고정적으로 한 경로를 선택하는 방식

(2) Flooding Routing(플러딩 라우팅) 방식
① 모든 이웃 라우터로 뿌리는 방식
② TTL 정보를 이용

(3) Random Routing(랜덤 라우팅) 방식
☞ 무작위로 경로를 결정하는 방식

(4) Adaptive Routing(적응 라우팅) 방식
① 라우팅 테이블을 이용
② 네트워크 상태에 따라 경로를 결정

용어정리

1 SMB

(1) SMB란?
  ① Server Message Block : 서버 메시지 블록
  ② 윈도에서 파일, 디렉터리 및 주변 장치들을 공유하는데 사용되는 메시지 형식
  ③ 대부분 MS 윈도를 실행하고 있는 컴퓨터에서 이용됨

(2) SMB 기반의 네트워크 제품
  ① NetBIOS는 SMB 형식에 기반을 두고 있음
  ② 많은 네트워크 제품들 : SMB를 사용
  ③ SMB 기반의 네트워크
    ⓐ 윈도 포 워크그룹(Windows for Workgroups)
    ⓑ 윈도 NT
    ⓒ 랜 매니저(LAN Manager)
    ⓓ 랜 서버(LAN Server) 등
  ④ 서로 다른 운영체제 사이에 파일을 공유할 수 있도록 하기 위해 SMB를 사용하는 제품
    ⓐ 삼바(samba)
    ⓑ 유닉스와 윈도 컴퓨터들 간에 파일 및 디렉터리들의 공유기능 제공

2 MIME

(1) 마임(MIME)이란?
  ① 원어 : Multipurpose Internet Mail Extensions
  ② 초기 : 전자우편을 위한 인터넷 표준 포맷
    ⓐ E-mail과 함께 동봉할 첨부파일을 텍스트 문자로 전환해서
    ⓑ E-mail 시스템을 통해 전달하기 위해 개발 : "Internet Mail Extensions"라 함
  ③ 현재 : 인터넷 전자우편 기능을 확장해서
    ⓐ Text나 비문자 데이터 파일(이미지, 동영상, 사운드 등)과 같은 멀티미디어 정보들을 전송할 수 있도록 확장
    ⓑ 웹을 통해서 여러 형태의 파일(파일 포맷 또는 Content-type : 텍스트, 이미지, 동영상,

사운드 등)을 전달하는 데 두루 사용됨
④ 인코딩 방식
☞ MIME 에서 사용하는 인코딩 방식 : "base64"

용어 설명

※ **base64**
① 모든 8-bit의 문자를 64개의 문자로 표시하는 방법
  ☞ A~Z, a~z, 0~9, +, /
② 64개의 문자로 표기하는 이유
  ☞ 어느 나라에서나 표현이 가능한 문자이기 때문
③ 64개 문자 표기 위한 비트 수 : 2^6 → 6-bit

예 abc : 8비트 3개를 6비트 4개로 바꿔서 변형
  ☞ 각 문자는 8-bit로 구성
  ☞ 4개의 문자로 표기하기 위해 6-bit로 구성
  ☞ 문자가 4문자로 변환됨

(2) 마임 타입
  ① MIME으로 인코딩한 파일
    ☞ 파일의 앞부분에 파일 포맷(또는 Content-type) 정보도 함께 담고 있음
      예 Content-type : .gif, .jpg, .mov 등
  ② 파일이 웹 브라우저에서 지원되는 마임 타입이라면 웹 브라우저 내에서 열 수 있음
    ☞ .jpg, .gif 파일 등은 브라우저 내에서 바로 뜨게 됨
(3) 원리
  ① 브라우저 : 데이터를 요청
  ② 웹 서버
    ☞ 데이터 전송 시 데이터의 내용보다 데이터 형태에 대한 정보를 먼저 보냄
  ③ 브라우저 : MIME이 나타내는 데이터 형태에 따라 이를 재생시키기 위한 응용프로그램을 선택
    ☞ 응용프로그램 중 일부는 브라우저에 기본적으로 탑재되어 있음

3 DHCP

① DHCP란?
  ⓐ Dynamic Host Configuration Protocol
  ⓑ 클라이언트가 네트워크에 접속하면 DHCP 서버가 자동으로 IP Address를 할당해주

는 서버
② MS사의 기술

4 URL
☞ 제2장 TCP/IP 주소의 종류에서 컴퓨터 내부자원 식별 주소 중에 "URL"의 내용을 참조

연습문제

01. 라우팅(Routing)에 사용되지 않는 프로토콜은 무엇인가? 1999년 제1회

　가. GATEWAY　　나. ARP　　다. RIP　　라. OSPF

02 다음 중 홉 카운팅 기능을 제공하는 라우팅 프로토콜은? 2000년 제2회

　가. SNMP　　나. RIP　　다. SMB　　라. OSPF

03 라우팅 알고리즘은 네트워크를 통한 최적 경로를 결정하기 위한 산출 과정이며, 네트워크를 통해 정보전송 경로를 결정한다. 라우팅 알고리즘이 갖춰야 할 사항이 아닌 것은?
2000년 제3회, 2007년 제3회

　가. 최적성　　나. 단순성　　다. 독립성　　라. 유연성

04. 다음 용어 설명 중 틀린 것은? 2000년 제3회

　가. 포워딩 테이블 : Router가 데이터 그램의 다음 중간 목적지를 결정하기 위해 만든 테이블
　나. DNS : 인터넷의 이름 구조의 정의 및 name resolution 방법과 구조의 정의
　다. 체크섬 (Checksum) : 전송 에러를 감지하기 위해 데이터 내용을 더하여 만드는 데이터 필드. 인터넷 IP, TCP 등에서 사용되며 보통 보수 1 계산법을 사용한다.
　라. OSPF : Distance Vector 라우팅을 수행하는 인터넷 라우팅 Protocol

05. 라우팅 Protocol에는 여러 Protocol이 사용되고 있다. 그 중에서 RIP에 대한 설명으로 틀린 것은? 2000년 제3회

　가. RIP는 Standard Protocol에 속한다.
　나. RIP의 최대 홉 수는 15이다.
　다. RIP는 주기적으로 Routing Table을 브로드 캐스팅한다.
　라. Bandwidth를 효율적으로 사용할 수 있다.

06. 라우팅 지원 프로토콜로 옳게 짝지어진 것은? 2000년 제4회

　　가. IPX/IP　　　나. IP/LAT　　　다. NetBEUI/LAT　　　라. IPX/NetBEUI

07. 동적 라우터는 Routing Protocol을 사용하여 Routing 정보를 수집한다. 다음 중 동적 라우터에서 사용하는 Routing Protocol이 아닌 것은? 2001년 제1회

　　가. IPX/SPX　　　나. RIP　　　다. OSPF　　　라. BGP

08. 다음 중 동적 라우팅(Dynamic Routing)에 사용되는 프로토콜은 무엇인가? 2001년 제1회

　　가. Gateway　　　나. PPP　　　다. OSPF　　　라. BRIDGE

09. 다음 RIP의 특징 중 옳은 것을 고르시오. 2001년 제1회

　　가. 라우팅 정보 전달 방식은 멀티캐스트방식이다.
　　나. Windows NT에서 사용하는 라우팅프로토콜이다.
　　다. RIP 라우팅 테이블의 갱신 패킷은 최대 256byte 크기를 갖는다.
　　라. 최대 도달 경로는 16 홉으로 제한한다.

10. 다음 중 라우트되는(routed) 프로토콜은? 2001년 제2회

　　가. TCP/IP　　　나. NETBIOS　　　다. NETBEUI　　　라. DLC

11. 다음 중 라우팅 프로토콜에 속하지 않는 것은? 2001년 제2회, 2004년 제2회

　　가. RIP (Routing Information Protocol)
　　나. OSPF (Open Shortest Path Fast)
　　다. BGP (Border Gateway Protocol)
　　라. SNMP (Simple Network Management Protocol)

12. 프로토콜을 구분하는 한가지로 Routable Protocol, Nonroutable Protocol이 있다. 이는 LAN을 연결하여 광대역 통신을 할 수 있는지 유무를 알려준다. 다음 중 Routable Protocol이 아닌 것은? 2001년 제3회

    가. TCP/IP   나. NetBEUI   다. IPX/SPX   라. NWLink

13. RIP에 대한 설명으로 잘못된 것은? 2002년 제1회, 2002년 제4회

    가. 독립적인 네트워크 내에서 라우팅 정보 관리를 위해 광범위하게 사용된 프로토콜이다.
    나. 전체 라우팅 테이블을 가장 가까운 인근 호스트에 매 30 초마다 보낸다.
    다. 네트워크 거리를 결정하는 방법으로 홉의 총계를 사용한다.
    라. 대규모 네트워크에서 최적의 해결방안이다.

14. 다음 중 라우팅 정보를 교환하기 위해 네트워크 호스트 컴퓨터에 의해 사용되는 프로토콜이 아닌 것은? 2002년 제1회

    가. ICMP   나. SMTP   다. EGP   라. BGP

15. 링크 상태 라우팅(Link State Routing)의 설명으로 적절치 못한 것은? 2002년 제1회

    가. 각 라우터는 인터네트워크상의 모든 라우터와 자신의 이웃에 대한 지식을 공유한다.
    나. 각 라우터는 정확히 같은 링크상태 데이터베이스를 갖는다.
    다. 최단경로 트리와 라우팅 테이블은 각 라우터마다 다르다.
    라. 각 라우터간 경로의 경비는 홉 수로 계산한다.

16. 라우팅 지원되지 않는 프로토콜은 무엇인가? 2002년 제2회

    가. IP   나. IPX   다. DLC   라. APPLETALK

17. 다음 중 라우팅 프로토콜에 해당되지 않는 것은? 2002년 제2회

    가. RIP   나. PPP   다. IGRP   라. BGP

18. 다음 중 IGRP(Interior Gateway Routing Protocol)의 특징이 아닌 것은?
    2002년 제4회, 2007년 제3회, 2015년 제3회

    가. 거리벡터 라우팅 프로토콜
    나. 메트릭을 결정할 때 고려요소 중 하나는 링크의 대역폭이 있음
    다. 네트워크 사이의 라우팅 최적화에 효율적
    라. 링크상태 프로토콜로 메트릭의 비용을 이용한 라우팅 최적화

19. WAN 구간에서 라우터블용으로 사용될 수 없는 프로토콜은? 2003년 제1회

    가. IPX/SPX   나. DLC   다. AppleTalk   라. TCP/IP

20. 인터넷 메일 확장자로서 사용자간의 바이너리 파일전송에 관한 인터넷 표준안을 지칭하는 것은? 2003년 제1회, 2005년 제3회, 2010년 제3회

    가. MIME   나. POP   다. Archie   라. SMTP

21. 다음 중 인터넷 메일 호스트 사이에 아스키 형식(ASCII format) 이외의 텍스트 및 화상이나 음성, 영상 등의 멀티미디어 데이터를 아스키 형식으로 변환할 필요 없이 인터넷 전자우편으로 송신하기 위한 인터넷 표준은? 2003년 제1회, 2010년 제2회, 2011년 제4회

    가. SMTP   나. MIME   다. IMAP   라. POP

22. 정적 라우팅과 동적 라우팅에 관한 설명으로 옳지 않은 것은?
    2003년 제3회, 2006년 제2회, 2009년 제4회

    가. 정적 라우터는 라우팅 테이블을 직접 작성하고 갱신해야 한다.
    나. 라우팅 프로토콜은 동적 라우터 사이에서 정기적으로 라우팅 정보를 교환한다.
    다. 정적 라우팅에서 라우팅 테이블은 RIP와 OSPF가 담당한다.
    라. 일반적으로 규모가 큰 네트워크에서는 동적 라우팅을 사용한다.

23. 라우팅을 지원하는 프로토콜들로만 구성된 것은? 2003년 제4회, 2009년 제3회, 2013년 제1회, 2014년 제4회
    가. NetBIOS, TCP/IP, IPX/SPX
    나. NetBEUI, DLC, Appletalk
    다. IPX/SPX, NetBEUI
    라. TCP/IP, IPX/SPX

24. 패킷 전송의 최적 경로를 위해 다른 라우터들로부터 정보를 수집하는데, 최대 홉이 15를 넘지 못하는 프로토콜은? 2004년 제2회, 2007년 제4회, 2009년 제2회, 2012년 제3회, 2013년 제3회, 2015년 제4회
    가. RIP
    나. OSPF
    다. IGP
    라. EGP

25. Link State 알고리즘을 이용해 서로에게 자신의 현재 상태를 알려주며 네트워크 내 통신을 위해 사용하는 프로토콜은? 2004년 제2회, 2017년 제3회
    가. IGP
    나. IDRP
    다. EGP
    라. BGP

26. 일반적으로 다른 네트워크와 단 하나의 노드로 연결된 네트워크를 스터브(Stub) 네트워크라고 한다. 스터브(Stub) 네트워크를 위한 라우팅 프로토콜로 가장 적합한 것은?
    가. 스태틱(Static) 라우팅 프로토콜
    나. 디스턴스 벡터(Distance-Vector) 라우팅 프로토콜
    다. 링크 스테이트(Link-State) 라우팅 프로토콜
    라. 딕스트라(Dijkstra) 라우팅 프로토콜

27. 라우팅 테이블에 포함되어 있는 정보로 옳지 않은 것은? 2005년 제2회, 2014년 제2회
    가. 송신지 IP Address
    나. 다음-홉(Hop) 라우터
    다. 목적지 IP Address
    라. 인터페이스

28. RIP 프로토콜의 일반적인 특징을 기술한 것으로 옳지 않은 것은? 2005년 제2회, 2017년 제4회
    가. RIP 메시지는 전송계층의 UDP 데이터그램에 의해 운반된다.
    나. 각 라우터는 이웃 라우터들로부터 수신한 정보를 이용하여 경로 배정표를 갱신한다.
    다. 멀티캐스팅을 지원한다.
    라. 네트워크의 상황 변화에 신속하게 대처하지 못한다.

29. 패킷 전송의 최적 경로를 위해 다른 라우터들로부터 정보를 수집하여 라우팅 테이블에 저장하게 된다. 이때 사용되지 않는 프로토콜은? 2005년 제4회, 2012년 제4회, 2017년 제1회

   가. RIP 나. OSPF 다. SMTP 라. EGP

30. OSPF 프로토콜이 최단경로 탐색에 사용하는 기본 알고리즘은? 2006년 제2회

   가. Bellman-Ford 알고리즘
   나. Dijkstra 알고리즘
   다. 거리 벡터 라우팅 알고리즘
   라. Floyd-Warshall 알고리즘

31. 라우팅 프로토콜 중 홉(Hop)의 수에 제한을 받는 것은? 2006년 제2회, 2009년 제1회

   가. SNMP 나. RIP 다. SMB 라. OSPF

32. Routing Algorithm은 네트워크를 통한 최적 경로를 결정하기 위한 산출 과정으로서, 네트워크를 통해 어떤 정보를 전송 시 사용할 경로를 결정한다. Routing Algorithm이 갖추어야 할 사항이 아닌 것은? 2006년 제3회, 2007년 제3회

   가. 최적성 나. 단순성 다. 독립성 라. 유연성

33. 소규모 네트워크에 적합하며, 라우팅을 지원하지 않아 대규모의 네트워크나 WAN에 적합하지 않은 프로토콜은? 2006년 제4회

   가. NetBEUI 나. TCP/IP 다. NWLink 라. DLC

34. 정적 라우팅의 사용이 가장 적절한 환경은? 2007년 제1회, 2008년 제4회, 2010년 제2회

가. 네트워크 규모가 크고, 다른 네트워크에 대한 접속점이 여럿이고, 경로가 이중화되어 있지 않은 조건
나. 네트워크 규모가 작고, 다른 네트워크에 대한 접속점이 하나이고, 경로가 이중화되어 있지 않은 조건
다. 네트워크 규모가 작고, 다른 네트워크에 대한 접속점이 하나이고, 경로가 이중화되어 있는 조건
라. 네트워크 규모가 크고, 다른 네트워크에 대한 접속점이 여럿이고, 경로가 이중화되어 있는 조건

35. 라우팅 프로토콜에 대한 설명으로 옳지 않은 것은? 2007년 제2회

가. RIP, IGRP, EIGRP는 Distance Vector 알고리즘을 기초로 하는 프로토콜이다.
나. OSPF는 Link State 알고리즘을 기초로 하는 프로토콜이다.
다. IGRP는 내부용(Interior) 라우팅 프로토콜이다.
라. Cisco Router의 IGRP에 대한 Default Administrative Distance 값은 "110"이다.

36. Routing 정책에 대한 다음 설명 중 옳지 않은 것은?
2007년 제2회, 2009년 제2회, 2014년 제3회, 2015년 제3회

가. Fixed Routing은 구성이 간단하나 네트워크 장애에 대응하지 못하는 단점이 있다.
나. Flooding은 가능한 경로를 모두 이용하기 때문에 매우 신뢰성이 높다.
다. Adaptive Routing에서는 트래픽 정보에 따른 반응이 너무 빠를 경우 Congestion을 유발할 우려가 있다.
라. Random Routing은 네트워크 정보를 이용하지 않기 때문에 트래픽 부하를 높일 수 있다.

37. Routed Protocol이란 네트워크상에서 Route 되는 프로토콜이다. Routed Protocol로 옳지 않은 것은? 2007년 제2회

가. TCP/IP   나. IPX   다. RIP   라. APPLETALK

38. 네트워크 프로토콜에 대한 설명으로 옳지 않은 것은? 2007년 제3회, 2018년 제2회

가. NetBEUI-수 십대 규모의 로컬 네트워크에서 사용하기에 적합한 프로토콜이다.
나. TCP/IP-프로토콜 확장이 용이하게 설계되었지만, 속도 문제 때문에 근거리 통신망에서만 사용한다.
다. IPX/SPX-제록스의 IDP와 SPP를 개선하여 사용되었던 Novel Netware 프로토콜이다.
라. OSPF-라우팅 프로토콜의 하나로 가장 짧은 경로를 채택한다.

39. 라우팅 프로토콜은 내부(Interior) 라우팅 프로토콜과 외부(Exterior) 라우팅 프로토콜로 구분된다. 다음 중 외부(Exterior) 라우팅 프로토콜로 올바른 것은? 2007년 제4회

가. RIP   나. OSPF   다. BGP   라. Hello

40. 패킷 교환망에서 패킷에 대한 경로배정을 결정하는데 사용하는 알고리즘에 관련된 내용 중에서 옳지 않은 것은? 2009년 제2회

가. 다익스트라 알고리즘(Dijkstra algorithm)은 송신측에서 수신측으로 최단경로를 찾는 알고리즘이다.
나. 벨만 포드 알고리즘은 비용과 경로를 갱신하기 위해 인접노드로 부터의 정보링크 비용의 지식에만 근거한다.
다. 다익스트라 알고리즘(Dijkstra algorithm)은 네트워크 모든 링크에 대한 링크 비용을 알아야하며 다른 노드와의 정보 교환이 필요하다.
라. 다익스트라 알고리즘(Dijkstra algorithm)은 전체 네트워크의 모든 정보를 기반으로 최단 경로가 이루어지므로 벨만 포드보다 우수한 알고리즘으로 고려되고 있다.

41. RIP(Routing Information Protocol) 프로토콜의 특징에 대한 설명으로 올바른 것은?
2010년 제2회, 2013년 제2회, 2016년 제1회, 2018년 제2회

가. 서브넷 주소를 인식하여 정보를 처리할 수 있다.
나. 링크 상태 알고리즘을 사용하므로, 링크 상태에 대한 변화가 빠르다.
다. 메트릭으로 유일하게 Hop Count만을 고려한다.
라. 대규모 네트워크에서 주로 사용되며, 기본 라우팅 업데이트 주기는 1초이다.

42. 라우팅 프로토콜이란 라우팅 알고리즘을 수행하는 프로토콜이다. 라우팅 프로토콜로 옳지 않은 것은? 2010년 제2회, 2013년 제3회

가. RIP 나. NetBIOS 다. IGRP 라. BGP

43. 라우팅 프로토콜에 대한 설명으로 옳지 않은 것은? 2010년 제3회

가. RIP, IGRP는 Distance Vector 알고리즘을 기초로 하는 프로토콜이다.
나. OSPF는 Link State 알고리즘을 기초로 하는 프로토콜이다.
다. Distance Vector 알고리즘은 경로를 결정 할 때 거리(Distance)와 방향(Vector)을 이용한다.
라. 일반적으로 Link State 알고리즘은 Distance Vector 알고리즘 보다 비교적 규모가 작고, 단순한 네트워크에서 사용된다.

44. 라우팅 프로토콜 중 네트워크 거리를 계산할 때 홉(Hop)의 총계만을 사용하는 것은? 2010년 제3회, 2014년 제1회, 2018년 제1회

가. SNMP 나. RIP 다. SMB 라. OSPF

45. Link State 알고리즘을 이용해 서로에게 자신의 현재 상태를 알려주며 네트워크 내 통신을 위해 사용하는 프로토콜은? 2010년 제4회, 2018년 제1회

가. OSPF 나. IDRP 다. EGP 라. BGP

46. BGP에 대한 설명으로 옳지 않은 것은? 2010년 제4회

가. 다른 AS상에 있는 라우터들 사이의 통신 프로토콜이다.
나. UDP를 사용한다.
다. Distance-Vector Protocol이다.
라. Exterior Gateway Protocol이다.

47. 홉 카운팅 기반으로 경로를 설정하는 프로토콜은? 2011년 제1회, 2012년 제1회, 2017년 제3회

　　가. SNMP　　나. RIP　　다. SMB　　라. OSPF

48. 프로토콜은 라우터를 사용하는 라우터블(Routable) 프로토콜과 라우터를 사용하지 않는 논라우터블(Non-Routable) 프로토콜로 나눌 수 있다. 다음 중 논라우터블 프로토콜에 해당하는 것은? 2011년 제3회

　　가. TCP/IP　　나. IPX/SPX　　다. DECnet　　라. NetBEUI

49. 스테틱 라우팅(Static Rouing) 프로토콜에 대한 설명으로 올바른 것은? 2013년 제1회

　　가. 스테틱의 대표적인 프로토콜은 RIP와 OSPF가 있다.
　　나. 네트워크 관리자가 직접 경로를 알고서 라우터에 입력해줘야 한다.
　　다. 라우팅 경로의 자동우회가 가능하다는 장점을 가지고 있다.
　　라. 보안에 취약하다는 단점을 가지고 있다.

50. 라우트(Route) 프로토콜은 라우팅(Routing) 프로토콜과 라우티드(Routed)로 구분할 수 있다. 라우팅(Routing) 프로토콜이 아닌 것은? 2013년 제4회, 2014년 제2회

　　가. IGRP　　나. TCP/IP　　다. RIP　　라. OSPF

51. 경로 지정을 위해 'hop'을 사용하는 프로토콜은? 2013년 제4회

　　가. SNA　　나. RIP　　다. TCP/IP　　라. OSPF

52. 다음 Routing Protocol에 대한 설명 중 옳지 않은 것은? 2014년 제1회

　　가. Static Routing은 대규모 네트워크에 적합하다.
　　나. Dynamic Routing은 대규모 네트워크에 적합하다.
　　다. Dynamic Routing Protocol에는 RIP, OSPF 등이 있다.
　　라. 코넷에서 사용하는 Routing Protocol은 BGP이다.

53. 라우팅(Routing)에 사용되지 않는 프로토콜은? 2014년 제3회

　가. Gateway　　　나. BGP　　　다. RIP　　　라. OSPF

54. 라우터를 경유하여 다른 네트워크로 갈 수 있는 프로토콜은? 2015년 제2회

　가. NetBIOS　　　나. NetBEUI　　　다. DLC　　　라. TCP/IP

55. OSPF Area에 대한 설명으로 옳지 않은 것은? 2015년 제2회

　가. 다수의 Area를 구성할 때 Area 0는 반드시 있어야 한다.
　나. Stub Area 내부에는 LSA Type 5가 유입되지 않는다.
　다. Area 내부의 라우터들의 자원의 규모가 작을 경우, 그 Area를 Stub Area로 적용하면 적절하다.
　라. Totally Stub Area 내부에는 LSA Type 3가 유입된다.

56. OSPF에 관한 설명으로 옳지 않은 것은? 2015년 제3회, 2017년 제2회

　가. IP의 서비스를 받는다.
　나. 프로토콜 Number는 89번을 사용한다.
　다. 물리적인 네트워크 토폴로지에 따라 네트워크 타입을 규정하고 있다.
　라. Distance Vector 라우팅 프로토콜이다.

57. OSPF에 대한 설명으로 옳지 않은 것은? 2016년 제1회

　가. 기업의 근거리 통신망과 같은 자율 네트워크 내의 게이트웨이들 간에 라우팅 정보를 주고받는데 사용되는 프로토콜이다.
　나. 대규모 자율 네트워크에 적합하다.
　다. 네트워크 거리를 결정하는 방법으로 홉의 총계를 사용한다.
　라. OSPF 내에서 라우터와 종단국 사이의 통신을 위해 RIP가 지원된다.

58. OSPF(Open Shortest Path Fast) 프로토콜에 대한 설명으로 옳지 않은 것은?
2016년 제2회, 2018년 제3회

가. OSPF는 AS의 네트워크를 각 Area로 나누고 Area들은 다시 Backbone으로 연결이 되어 있는 계층구조로 되어있다.
나. Link-State 알고리즘을 사용하여 네트워크가 변경이 되더라도 컨버전스 시간이 짧고 라우팅 루프가 생기지 않는다.
다. VLSM(Variable Length Subnet Mask) 구성이 가능하기 때문에 한정된 IP Address를 효과적으로 활용할 수 있다.
라. 라우터 사이에 서로 인증(Authentication)하는 것이 가능하여 관리자의 허가 없이 라우터에 쉽게 접속하고 네트워크를 확장할 수 있다.

59. 라우터가 라우팅 프로토콜을 이용해서 검색한 경로 정보를 저장하는 곳은? 2016년 제3회

가. MAC Address 테이블　　　나. NVRAM
다. 플래쉬(Flash) 메모리　　　라. 라우팅 테이블

60. 다음 중 라우터에서 경로를 찾는데 사용되는 라우팅 프로토콜의 종류로 옳지 않은 것은? 2016년 제4회

가. RIP　　　나. OSPF　　　다. IPX　　　라. EIGRP

61. 라우터에 사용되는 라우팅 프로토콜 중 가장 작은 Administrative Distance 값을 가진 라우팅 프로토콜은? 2017년 제1회

가. OSPF(Open Shortest Path First)
나. IGRP(Interior Gateway Routing Protocol)
다. RIP(Routing Information Protocol)
라. Static Route

62. 라우팅 정보를 교환하기 위해 네트워크 컴퓨터에 의해 사용되는 프로토콜로 옳지 않은 것은? 2017년 제4회

가. IGRP　　　나. SMTP　　　다. OSPF　　　라. BGP

정답

01	02	03	04	05	06	07	08	09	10
가	나	다	라	라	가	가	다	나	가
11	12	13	14	15	16	17	18	19	20
라	나	라	나	라	다	나	라	나	가
21	22	23	24	25	26	27	28	29	30
나	다	라	가	가	가	가	다	다	나
31	32	33	34	35	36	37	38	39	40
나	다	가	나	라	라	다	나	다	라
41	42	43	44	45	46	47	48	49	50
다	나	라	나	가	나	나	라	나	나
51	52	53	54	55	56	57	58	59	60
나	가	가	라	라	라	다	라	라	다
61	62								
라	나								

Chapter 08

응용계층 프로토콜

1 텔넷(telnet)
2 FTP와 TFTP
3 SSH
4 HTTP
5 SMTP와 POP, IMAP
6 DNS와 DDNS
7 SNMP
8 BOOTP와 DHCP
9 용어 정리

CHAPTER 08 응용계층 프로토콜

제1절 텔넷(Telnet)

1 텔넷(Telnet)이란?

① tele + network의 준말
② 원격지의 컴퓨터 시스템을 마치 자신의 컴퓨터처럼 사용할 수 있도록 하는 대화형 서비스
③ 일명 "원격 접속 서비스"
④ 고유의 포트번호 : 23번

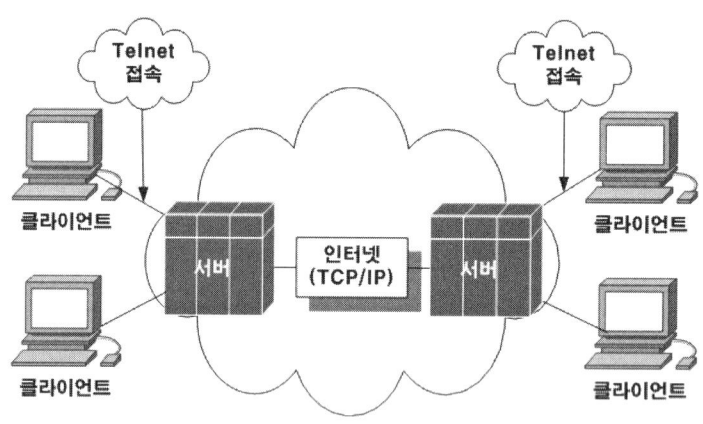

그림 8.1 텔넷(telnet) 서비스

2 Telnet 사용법

① 명령어 : telnet 호스트_도메인이름, 또는 telnet 호스트_IP주소
② 계정 : 이름(ID)과 비밀번호(password)가 있어야 함

제 2 절 FTP와 TFTP

1 FTP

(1) FTP란
　① File Transfer Protocol(파일전송 프로토콜)의 약자
　② 인터넷상의 FTP서버와 사용자컴퓨터 사이에 파일 송수신용 서비스를 제공
　③ 다양한 많은 자료(문자, 음성, 이미지, 동영상)를 한꺼번에 주고받기
　④ 원격 컴퓨터의 디렉터리나 파일 내용보기, 파일생성 및 제거 기능도 제공

(2) FTP 사이트 종류
　① 익명의 FTP(anonymous FTP) : 누구나 공개적으로 이용
　　ⓐ login : "anonymous"라 입력
　　ⓑ password : 사용자 E-mail 주소
　② 일반적인 FTP(normal FTP) 계정을 가진 사용자들만 정보를 이용할 수 있도록 제한
　　☞ ID와 password 입력

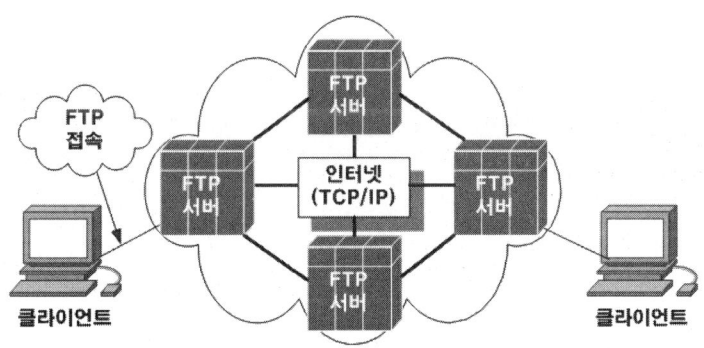

그림 8.2　FTP 서비스

(3) FTP 명령어
　① ftp 실행 방법
　　ⓐ 시작 → windows 시스템 → 명령 프롬프트
　　ⓑ 명령어 : microsoft사의 FTP 서버에 연결
　　　☞ 방법 1 : anonymous로 login
　　　　　kdhong〉ftp -A ftp.microsoft.com

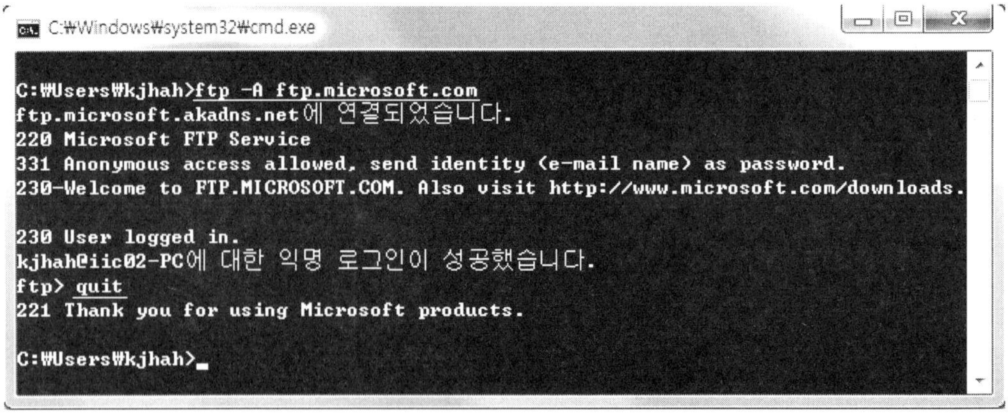

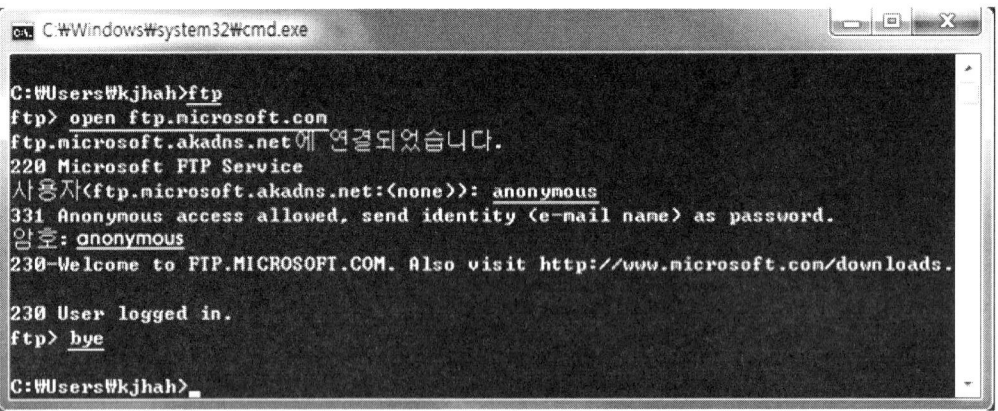

그림 8.3 ftp -A 명령어 실행

☞ 방법 2 : kdhong〉ftp

　　　　　　ftp〉open ftp.microsoft.com

　　　　　　사용자〉anonymous

　　　　　　암호: anonymous

그림 8.4 ftp 명령어 실행

② ftp 명령어 정리

표 8.1 ftp 명령어 정리

ftp 명령어	설명
open IP주소(또는 도메인 명)	ftp 접속 시도
close	ftp 접속 종료
disconnect	
quit	ftp 접속 종료하고 빠져나가기
bye	
help	ftp 명령어 도움말
hash	전송상태 표기/파일전송 중임을 #으로 표시
type ascii(또는 binary)	전송모드 설정
pwd	원격시스템의 현재 작업 디렉터리 표시
ls -l	원격시스템의 디렉터리 내용보기
dir	
cd 디렉터리명	원격시스템의 디렉터리 변경하기
lcd 디렉터리명	로컬시스템의 디렉터리 변경하기
get 파일명	지정한 파일을 가져오기
put 파일명	지정한 파일을 원격시스템에 올리기
mget *.txt	복수개의 파일을 한꺼번에 가져오기
mput *.txt	복수개의 파일을 한꺼번에 올리기
delete 파일명	원격시스템의 파일 삭제하기
mdelete *.txt	원격시스템의 복수개의 파일 삭제하기
rmdir 디렉터리명	원격시스템의 디렉터리 삭제하기
rename 현재파일명 변경파일명	원격시스템의 파일명 변경하기

(4) FTP 포트

① ftp는 2개의 TCP 포트 사용

ⓐ 데이터 전송 제어용 포트 : 21

☞ FTP 서버에 접속할 때 입력하는 사용자 계정 및 암호 정보와

☞ 파일전송 명령 및 결과를 데이터 전송 제어용 연결(connection)에서 처리

ⓑ 데이터 전송용 포트 : 20

☞ 실제 데이터(파일) 전송을 데이터 전송 연결(connection)에서 처리

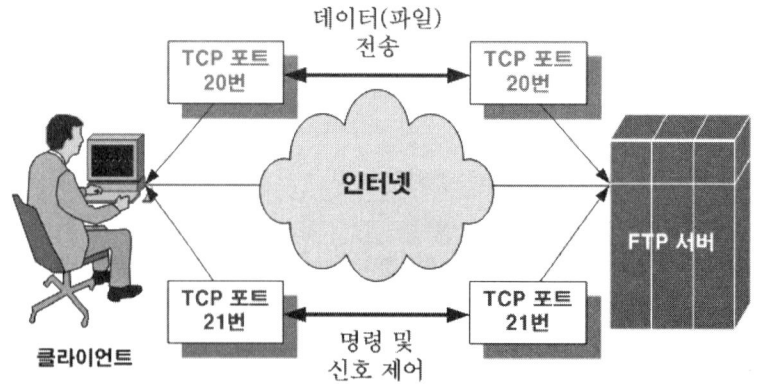

그림 8.5 ftp가 사용하는 2개의 TCP 포트

2 TFTP

① TFTP란?
   ⓐ Trivial File Transfer Protocol(간이 파일전송 프로토콜)의 약자
   ⓑ FTP와 마찬가지로 파일을 전송하기 위한 프로토콜
   ⓒ FTP보다 더 단순한 방식으로 파일을 전송
② 장점
   ☞ FTP보다 프로토콜이 간단하기 때문에 구현이 간단
③ 단점
   ☞ 데이터 전송 과정에서 데이터가 손실될 수 있는 불안정한 점
④ 응용분야
   ☞ 임베디드시스템에서 운영체제 업로드에 주로 사용

제 3 절 SSH

1 SSH란?

① Secure SHell(보안 로그쉘)의 약어
② 기존의 rsh, rlogin, 텔넷 등을 대체하기 위해 설계됨
　ⓐ Telnet과 동일한 기능을 수행
　ⓑ 원격으로 계정에 접속하여 각종 명령어를 수행할 수 있음
　　※ rlogin, rsh, rcp : 원격 호스트를 대상으로 하는 명령어로 보안에 취약함
③ 원격지 시스템에 접근하여 암호화된 메시지를 전송하는 프로토콜(응용 프로그램)
　ⓐ 암호방식 : RSA 공개 키 방식을 사용
　ⓑ SSH는 암호화 기법 사용
　　☞ 통신이 노출되더라도 이해할 수 없는 암호화된 문자로 보임
　　☞ 패킷이 암호화되어 중간에서 패스워드 등을 가로채지 못함
　　☞ 강력한 인증방법으로 네트워크상에서 안전하게 사용할 수 있도록 제공
④ 응용프로그램 SSH는
　ⓐ 전송계층에서 TCP를 사용
　ⓑ 기본적으로 22번 포트를 사용

2 사용 암호화 알고리즘 : RSA

① 인터넷 암호화 및 인증 시스템
　☞ 공개키와 개인키를 세트로 만들어서 암호화와 복호화를 함
② 3명의 수학자에 의해 개발(1977년)된 알고리즘
　ⓐ 론 리베스트(Ron Rivest)
　ⓑ 아디 셰미르(Adi Shamir)
　ⓒ 레오나르드 아델만(Leonard Adleman)
③ 국제기구에 암호표준으로 제안
　☞ 소유권 : RSA시큐리티(Security)
④ 알고리즘 구현
　ⓐ 두 개의 큰 소수(보통 140자리 이상의 수)를 이용
　ⓑ 두 수의 곱과 추가연산을 통해 하나는 공개키를 구성하고 다른 하나는 개인키를 구성

ⓒ 구성된 공개키와 개인키로 인터넷에서 사용하는 정보를 암호화 및 복호화
ⓓ 개인키의 암호를 해독하려면 슈퍼컴퓨터로도 1만년 이상이 소요
ⓔ 공개키 암호방식의 대명사로서 거의 모든 분야에 응용되고 있음

3 사용분야

① 네트워크 관리자들이 여러 종류의 서버들(웹서버 등)을 원격지에서 제어하기 위해 사용
② 네트워크상에서 다른 컴퓨터에 로그인(login), 원격시스템에서 명령어 실행, 다른 시스템으로 파일복사

제4절 HTTP

1 HTTP란?

(1) HyperText Transfer Protocol : 하이퍼텍스트 전송 프로토콜
  ① 하이퍼텍스트란?
    ⓐ 일반문자(text)와 동일하나 다른 데이터로 연결(link)기능을 가짐
      ☞ 즉, 웹 문서상에서 문자 위에 마우스를 올려 클릭할 경우 다른 데이터로 연결되는 문자
    ⓑ 비선형적인 방법으로 정보를 제공하는 방법
    ⓒ 노드와 링크로 구성
      ☞ 노드 : 텍스트, 그래픽, 이미지, 애니메이션, 오디오 등
      ☞ 링크 : 노드들을 특정 문서로 연결
    ⓓ 이동방향 : 양방향성
  ② 초창기의 인터넷 서비스는 주로 문자 기반의 정보를 서비스
    ⓐ 현재는 문자, 사운드, 그래픽 등 멀티미디어 정보를 제공
    ⓑ 하이퍼미디어(Hypermedia) 기능을 제공
(2) WWW(World Wide Web) 서비스를 이용해 정보를 송수신하는 프로토콜
  ☞ HTML(HyperText Markup Language) 문서를 송수신할 때 사용
(3) 응용프로그램 HTTP는
  ① 전송계층에서 TCP를 사용
  ② 기본적으로 80번 포트를 사용

2 HTTP에 의한 정보전달 과정

① 웹 서비스를 원하는 클라이언트 사용자가 웹 브라우저(Browser)을 실행
② 클라이언트 사용자는 브라우저 주소창에 URL 주소를 입력
③ 브라우저는 HTTP를 이용해 URL 주소의 웹서버에 서비스를 요청
④ 웹서버는 클라이언트의 요청 서비스의 결과를 HTTP를 통해 제공
⑤ 클라이언트의 웹 브라우저는 서비스 결과를 받아 브라우저 화면에 출력

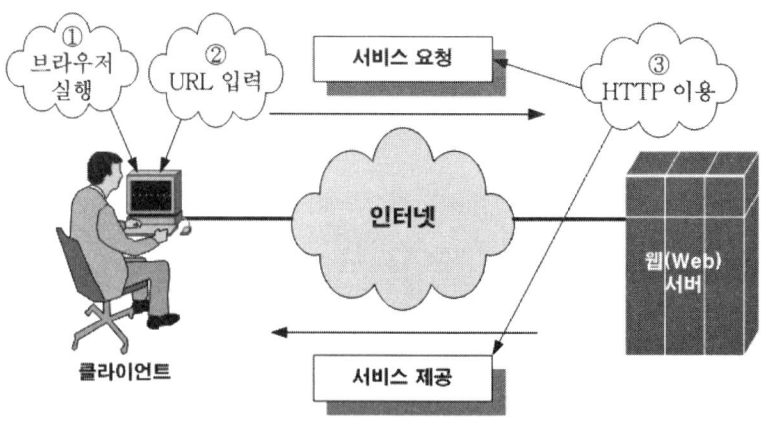

그림 8.6 HTTP 서비스

제5절 SMTP와 POP, IMAP

1 SMTP

① SMTP란?
   ⓐ Simple Mail Transfer Protocol : 전자우편 송신 프로토콜
   ⓑ 전자우편(E-mail)을 원격지의 사용자 메일서버로 전달하는 프로토콜
② 메일서버
   ☞ 수신된 메일을 해당 사용자의 메일박스(mailbox)로 이동시켜 관리
③ 응용프로그램 SMTP는
   ⓐ 전송계층에서 TCP를 사용
   ⓑ 기본적으로 25번 포트를 사용
④ SMTP에 의한 메일전송 과정

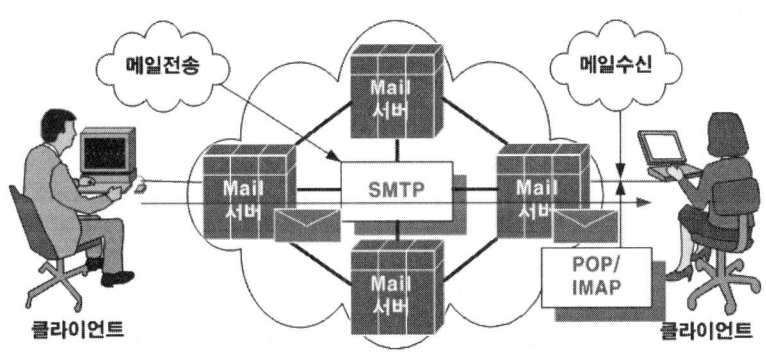

그림 8.7 메일 서비스

⑤ 전자우편 주소형식
   ⓐ 전자메일을 보낼 때 수신자의 전자우편 주소를 명시
   ⓑ "@" 표기
      ☞ 사용자 ID와 호스트 도메인 주소를 구분
      ☞ "at"이나 우리나라에서는 "골뱅이"라고도 함
   ⓒ 호스트 도메인 주소는 기관명 앞에 호스트명이 붙을 수도 있음

2 POP과 IMAP

(1) 전자우편 수신 프로토콜
    ① POP
    ② IMAP

(2) POP
    ① Post Office Protocol : 우체국 프로토콜
    ② 메일서버의 계정을 가진 사용자가 메일서버로부터 메일을 수신
        ⓐ 메일을 열람하면 메일서버로부터 컴퓨터로 메일이 다운로드 됨
        ⓑ 메일 열람 시 장소에 제한을 받음
        ⓒ 메일서버에서는 다운로드 된 메일은 삭제됨
    ③ 장점
        ⓐ 오프라인 상태에서도 메일을 열람할 수 있음
        ⓑ 서버에 부하를 주지 않음
    ④ 버전 : POP1, POP2, POP3(상호 호환되지 않음)

(3) IMAP
    ① Internet Message Access Protocol : 인터넷 메시지 접속 프로토콜
    ② 메일서버에서 인터넷 메일을 유지 및 관리
        ⓐ 메일들의 제목들만 서버로부터 다운을 받아 유저에게 보여줌
        ⓑ 메일 열람은 서버에 연결하여 열람
    ③ 언제 어디서나 메일을 열람 가능
    ④ 장점 : 컴퓨터가 분실 또는 손상 되어도 메일에는 아무런 영향 없음

용어 설명

※ MUA
① Mail User Agent
    ⓐ 전자우편 클라이언트
    ⓑ 전자우편을 읽고 보낼 때 이용하는 컴퓨터 프로그램
    ⓒ 대표적인 프로그램 : 아웃룩(Outlook)
② 대부분의 전자우편 클라이언트 : 이진 첨부파일을 보낼 때 쓰는 MIME 프로토콜을 지원

제6절 DNS와 DDNS

1 DNS

(1) DNS란?
① Domain Name System : 도메인 네임 시스템
② 도메인 이름과 IP 주소를 서로 변환해 주는 시스템
  ⓐ 도메인 이름과 IP 주소의 관계 : 보통 1:1 대응
  ⓑ 하나의 IP주소에 여러 개의 도메인 이름이 할당 : 1:n 대응
  ⓒ 역으로 여러 개의 IP 주소에 하나의 도메인 이름이 할당 : n:1 대응 지원
(2) 대부분의 LAN에는 하나의 DNS 서버가 운영됨
(3) DNS 레코드가 필요한 경우
① 액티브 디렉터리(Active Directory : AD)에 접근할 필요가 있는 컴퓨터
② DNS 도메인에 접근할 필요가 있는 컴퓨터

용어 설명

※ 액티브 디렉터리(Active Directory : AD)

(1) Active Directory란?
① MS사가 윈도우용 환경에서 사용하기 위해 개발한 LDAP 디렉터리 서비스의 기능
  ☞ LDAP : Lightweight Directory Access Protocol
  ☞ 경량 디렉터리 액세스 프로토콜(LDAP)은 TCP/IP 위에서 디렉터리 서비스를 조회하고 수정하는 응용 프로토콜
② 한 번의 login으로 해당 네트워크의 자원을 모두 이용할 수 있는 서비스
  ☞ 중앙 집중관리로 자원을 제한 및 관리하는 서비스
(2) Active Directory가 설치되어 있지 않는 네트워크의 경우
① 네트워크 자원별로 각각 인증을 받아야 함
② 예를들어 프린터와 공유폴더가 있을 경우
  ⓐ 프린터에 접근하기 위해 인증을 받고
  ⓑ 다시 공유폴더에 접근하기 위해 인증을 또 받아야 함
(3) Active Directory가 설치되어 있는 네트워크의 경우
① 단 한번만 도메인 컨트롤러에 로그인하여 최초 인증을 받으면
② 프린터 및 공유폴더에 모두 사용이 가능한 서비스
(4) Active Directory에서 DNS가 중요한 이유
① 모든 자원을 TCP/IP 기반으로 통합하였기 때문
② 도메인 컨트롤러의 도메인 네임을 IP로 다시 풀어주어야 하기 때문임

(4) DNS 레코드 유형

① A(IPv4 Address) 레코드

ⓐ Host 이름을 IPv4 주소로 매핑

ⓑ 복수의 주소 레코드를 가질 수 있음

☞ 복수의 어댑터 카드 보유

☞ 복수의 IP 주소 보유

☞ 상기 두 가지 모두 보유

② AAA(IPv6 Address) 레코드

ⓐ Host 이름을 IPv6 주소로 매핑

ⓑ 복수의 주소 레코드를 가질 수 있음

③ CNAME(Canonical Name) 레코드

☞ Host 이름에 별칭을 설정

　zeta.microsoft.com → www.microsoft.com 이라는 별칭을 가짐

④ MX(Mail Exchange) 레코드

☞ 메일이 메일 도메인의 메일서버에 정확히 전달되도록 도메인의 메일교환서버를 지정

⑤ NS(Name Server) 레코드

☞ 다양한 영역(domain) 내에서 DNS 조회를 허용하도록 도메인 네임 서버(Domain Name Server : DNS)를 지정

⑥ PTR(Pointer) 레코드

☞ 역방향 조회(IP 주소를 Host 이름으로 매핑)를 위해 Host의 포인터를 생성

⑦ SOA(Start Of Authority) 레코드

ⓐ domain에서 가장 큰 권한을 부여 받은 Host를 선언

ⓑ domain에 대한 DNS 정보 제공

ⓒ 모든 domain은 하나의 SOA 레코드를 가짐(domain을 추가할 때 자동 생성됨)

2 DDNS

(1) DDNS란?

① Dynamic DNS : 동적인 DNS

ⓐ DNS : 고정 IP 등록

ⓑ DDNS : 유동 IP 자동 등록 및 관리 유지

② 유동 IP 등록 및 관리

☞ 유동 IP가 변경되면
☞ 자동으로 DDNS 서버에 접근(DDNS Client 소프트웨어에 의해)
☞ 현재 상태를 업데이트해 줌 : 새로 변경된 유동 IP 등록

(2) 유동 IP 상에서 운용되는 서버의 경우
① 다른 컴퓨터에서 이 서버에 접속하기 어려움
② 이유 : IP 주소가 계속 변경되기 때문임
③ 해결책 : DDNS 사용

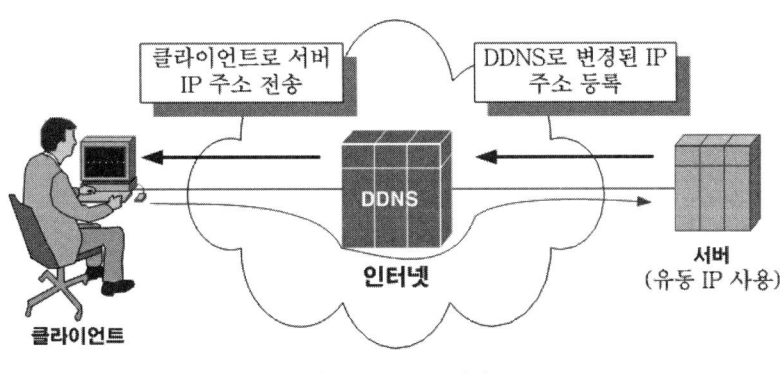

그림 8.8 DDNS 서비스

제 7 절 SNMP

1 SNMP란?

① Simple Network Management Protocol : 간이 망 관리 프로토콜
② RFC 1157로 SNMP 표준 발표(1988)
   ⓐ 개정판인 SNMPv2가 개발(1991)
   ⓑ 이후 SNMPv3 개발됨
③ 네트워크(장비)를 감시 및 제어하기 위한 프로토콜
   망(network) 기기(라우터, 허브 등)의 네트워크 관리 정보를 망 관리 시스템에 전송하는 데 사용되는 표준 통신규약

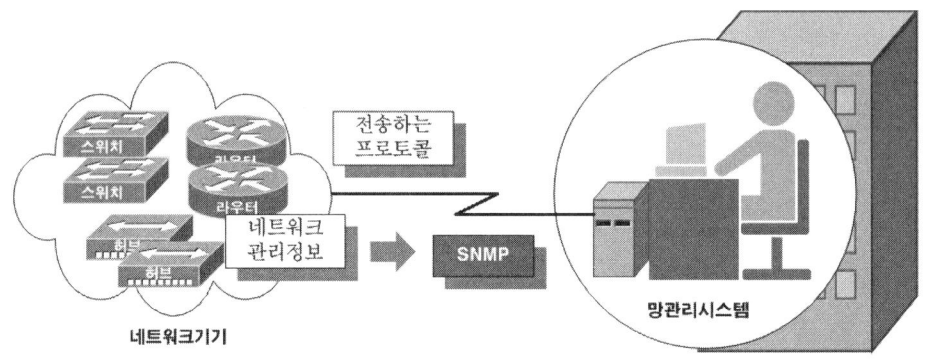

그림 8.9 SNMP 서비스

ⓐ SNMP : TCP/IP 상의 망 관리 프로토콜, 전송계층의 UDP 이용

 용어 설명

※ CMIP(Common Management Information Protocol)
① 공통관리정보프로토콜
② OSI 상의 망 관리 프로토콜
③ TCP 이용
④ 보안기능 강화

ⓑ 요구(Request)와 응답(Reply)의 2가지 메시지 프로토콜을 사용 : 161포트
   ☞ 망 관리 정보를 수집 및 관리 함
   ※ Trap 메시지(Notify) 사용 포트 : 162

ⓒ TCP/IP의 SGMP(Simple Gateway Monitoring Protocol : 단순형 게이트웨이 모니터링 프로토콜)을 바탕으로 개발

2 SNMP의 4가지 함수 기능

① SNMP의 관리 모델
  ⓐ 관리스테이션 : 관리자가 네트워크를 모니터링하고 제어하는 I/F 제공
  ⓑ 에이전트(Agent) : 특정 자원들과 SNMP 관리대상에 Query(감시) 역할
    ※ Agent : 관리스테이션의 명령을 받음
  ⓒ MIB(Management Information Base) 프로토콜
    ☞ 네트워크에 연결된 리소스(ex. 프린터, 팩스, 서버 등)의 정보 집합
② 기본적인 함수(function) : 4가지

표 8.2 SNMP의 기본 함수

함수(function)명	설명
Get	관리스테이션이 에이전트(Agent)로 원하는 객체의 특정정보를 요청
GetNext	Get과 동일 다음 번 정보를 얻고자 할 때 사용 SNMP의 각 정보들은 계층적인 구조를 가짐
Set	관리스테이션이 Agent로 특정한 값을 설정하기 위해 사용
Trap	Agent가 관리스테이션에 어떤 정보를 비동기적으로 알리기 위해 사용 Notify라 하고, 콜백(Callback)함수와 같은 역활을 함 Trap을 제외한 나머지 함수들은 모두 동기적으로 동작

③ 프로토콜 수행과정과 구조
  ⓐ 관리스테이션과 에이전트로 구성
    ☞ 관리스테이션 : 관리 프로그램(Management Application)에 의해 에이전트의 관리대상과 자원들에 대해 정보를 요청 및 설정하고 에이전트로부터 비동기적인 정보를 통보 받음
    ☞ 에이전트 : 관리대상 및 자원들을 감시
  ⓑ 각각의 동작은 ASN.1 언어로 기술
    ☞ ASN : Abstract Syntax Notation
    ☞ 네트워크에서 상이한 장치들 사이의 상호 데이터의 호환성을 위해 데이터 표현방식과 프로그래밍언어에 종속되지 않게 표준화

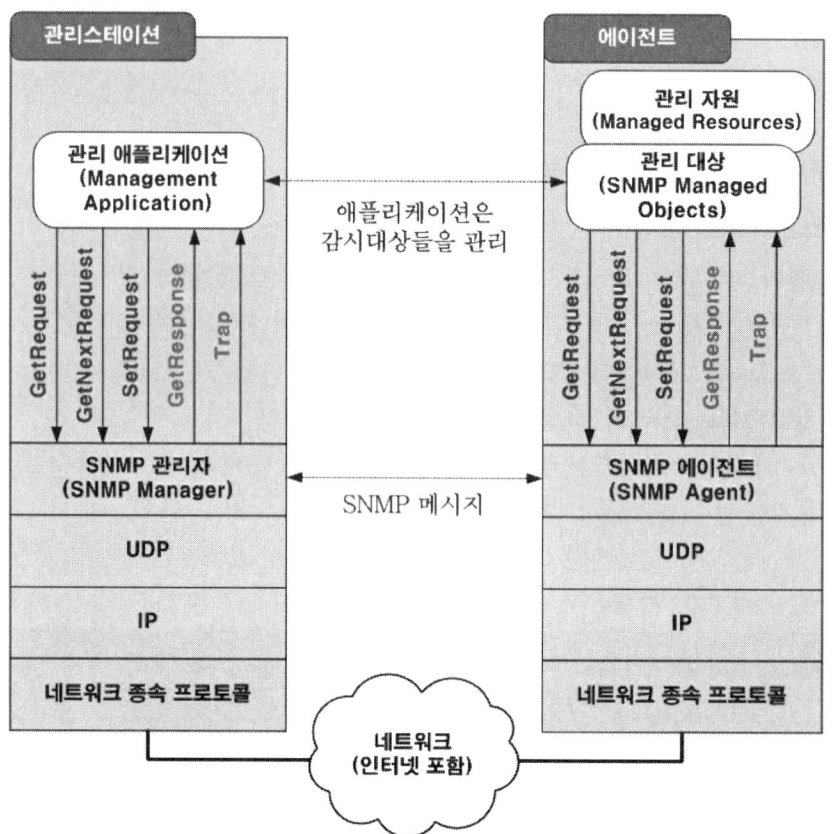

그림 8.10 SNMP 프로토콜 과정 및 구조

제 8 절 BOOTP와 DHCP

1 BOOTP

① BOOTP란?
- ⓐ (Internet) Bootstrap Protocol : 초기적재 프로토콜
- ⓑ 네트워크 구성 정보를 얻기 위한 프로토콜
- ⓒ RARP를 대체하는 프로토콜

② PC에 하드디스크가 없을 경우 사용
- ⓐ 컴퓨터를 부팅 한 후에 자신의 MAC 주소를 입력 한 후에 IP 주소를 받아옴
- ⓑ 각 사용자마다 해당하는 IP와 MAC주소를 관리자가 수동으로 입력해야 함

③ UDP 사용하여 IP 패킷전달

④ 포트 번호 : 서버와 클라이언트는 포트번호를 이용해서 주소를 요청
- ⓐ BOOTPS (BOOTP Server용) : 67번
- ⓑ BOOTPC (BOOTP Client용) : 68번

2 DHCP

① DHCP란?
- ⓐ Dynamic Host Configuration Protocol (RFC 2131) : 동적 호스트 구성 프로토콜
- ⓑ 컴퓨터가 네트워크에 접속하면 목록에서 IP 주소 선택하여 할당해주는 것
  - ☞ 모든 IP주소는 DHCP 서버가 보유하고 있음
- ⓒ 마이크로소프트사의 기술
- ⓓ DHCPv6(RFC 3315)와 호환

② BOOTP(DHCP의 전신) 기반으로 구성

③ 주소할당 방식 : 동적할당, 자동할당, 수동할당
- ⓐ 동적할당 : 서버에서 구성한 주소 풀에서 IP주소를 할당하나, 클라이언트에게 취소될 수 있음
- ⓑ 자동할당 : 동적할당과 동일하나 차이점은 주소취소 불가
- ⓒ 수동할당 : 주소전달에 DHCP 사용(해당주소: 해당 클라이언트에 고정되어 있음)

용어정리

1 고퍼(Gopher)

① 고퍼란?
- ⓐ 메뉴 방식의 인터넷 정보검색서비스
- ⓑ 전 세계에 분산되어 있는 인터넷상의 각종 자료 및 서비스를 메뉴방식으로 검색
- ⓒ 상대방의 도메인 이름이나 IP 어드레스를 모르더라도 검색이 가능

② 미국 미네소타(Minnesota) 대학이 개발(1991년)

③ 미네소타 주의 별명인 "고퍼"에서 유래한 명칭

2 아키(Archie)

① 아키란?
- ⓐ 자신이 필요로 하는 컴퓨터 파일이나 문서를 어느 익명(anonymous) FTP서버에서 제공되는지 찾아주는 인터넷서비스
- ⓑ 많은 숫자의 FTP 사이트를 찾을 수 있도록 도와주는 검색 프로그램

② 아키서버의 응답
- ⓐ 대부분 목록 형태로 제공
- ⓑ 목록에는 해당 파일이나 문서가 저장된
  - ☞ FTP서버의 도메인이름
  - ☞ FTP서버의 IP주소
  - ☞ 디렉토리 이름을 제공

③ 맥길 대학(McGill University)의 학생들이 개발

④ 웹 브라우저를 통해 쉽게 찾을 수 있는 검색 엔진들이 활용되면서 현재 거의 사용하지 않음

3 SSL

① SSL이란?
- ⓐ Secure Socket Layer
- ⓑ 넷스케이프사에서 전자상거래 등의 보안을 위해 개발

ⓒ 전송계층(Transport Layer)의 암호화 방식
☞ TLS(Transport Layer Security)라는 이름으로 표준화되었음
② 사용분야
응용계층 프로토콜의 종류에 상관없이 사용할 수 있는 장점
ⓐ HTTP
ⓑ NNTP
ⓒ FTP
ⓓ XMPP 등
☞ Extensible Messaging and Presence Protocol
☞ XML에 기반한 메시지 지향 미들웨어용 통신 프로토콜
☞ 원래 이름 : 재버(Jabber)
- 재버 : 일종의 메신저 프로토콜(Messenger Protocol)
☞ Jabber 오픈 소스 커뮤니티가 1999년 개발

4 DLS

① Downloadable Sound
② 사운드 카드나 음성 합성기(S/W)에 음색 데이터(Wave Table)를 내려 받기 위한 규격
③ MMA(MIDI Manufacture's Association)에서 표준화
  ⓐ MIDI 규격관리 단체
  ⓑ MIDI : Musical Instrument Digital Interface
    ☞ 악기 디지털 인터페이스
    ☞ 전자악기끼리 디지털 신호를 주고받기 위해 각 신호를 규정한 규격

5 NNTP

① NNTP란?
  ⓐ Network News Transfer Protocol : 네트워크 뉴스 전송 프로토콜
  ⓑ 인터넷상의 뉴스서버간의 정보교환 프로토콜
② 유즈넷(USENET)에서 사용되는 응용 프로토콜
  ⓐ 뉴스서버 간에 뉴스기사를 전송 : TCP 포트 433(NNSP) 사용
  ⓑ 사용자 클라이언트가 기사를 구독, 게시할 수 있도록 지원
    ☞ NNTP용 TCP 포트 : 119번
    ☞ 뉴스 서버에 전송계층 보안(TLS)으로 접속할 때 TCP 포트 : 563(NNTPS)번

용어 설명

※ **USENET**
① User + Network의 복합어
② 전자게시판과 유사하며, 전 세계의 사용자들이 공개된 공간에서 텍스트 형태의 기사들을 읽거나 작성하여 토론

③ 1986년에 NNTP의 사양을 완성(FC 977)
　ⓐ 캘리포니아 대학교 샌디에이고(San Diego)의 브라이언 캔터(Brian Kantor)
　ⓑ 캘리포니아 대학교 버클리(Berkeley)의 필 랩슬리(Phil Lapsley)

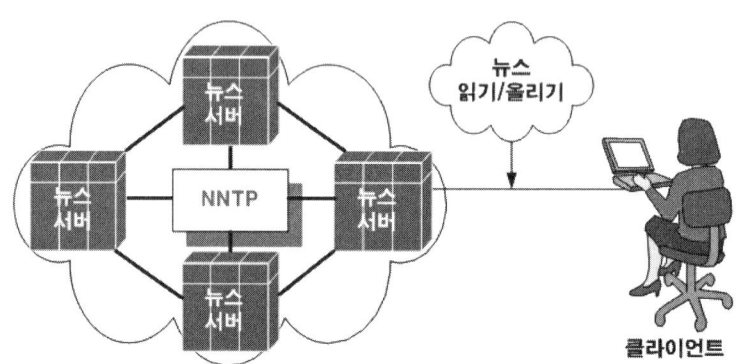

그림 8.11　NNTP 서비스

연습문제

CHAPTER 08

01. SNMP(Simple Network Management Protocol)에서 네트워크 장치를 감시하는 요소는?
1999년 제1회, 2010년 제3회, 2014년 제4회, 2016년 제4회, 2018년 제1회

가. NetBEUI
나. 에이전트(Agent)
다. 병목
라. 로그

02. 망내 교환 장비들이 오류상황에 대한 보고를 할 수 있게 하고, 예상하지 못한 상황이 발생한 경우 이를 알릴 수 있도록 지원하는 프로토콜은 무엇인가? 1999년 제1회

가. ARP   나. RARP   다. ICMP   라. RIP

03. Telnet으로 호스트 컴퓨터에 연결하려 할 때 필요하지 않은 정보를 고르시오. 1999년 제1회

가. 도메인 이름 형식으로 된 주소.
나. IP 주소
다. 텔넷 클라이언트
라. 포트번호

04. 원격 파일 전송 서비스에 등록되어 있지 않은 익명의 일반 사용자를 위한 계정은 무엇인가? 1999년 제1회, 2005년 제2회

가. ftp   나. anonymous   다. everyone   라. guests

05. 다음은 인터넷 서비스에 대한 설명이다. 옳지 않은 것은? 2000년 제1회

가. Gopher : 인터넷상의 텍스트형태의 자원을 접근하도록 메뉴를 제공해주는 서비스
나. Archie : 인터넷상의 공유 디렉토리에 존재하는 공개 자원들에 대한 검색을 제공해주는 서비스
다. Usenet News : 특정 주제와 관련된 기사들을 가입자들에게 전송해주는 서비스
라. Finger : 인터넷상의 특정사용자에 대한 정보를 제공해주는 서비스

06. 사용자가 원격호스트에 연결하여 이를 자신의 local 호스트처럼 사용할 수 있는 프로토콜로서 로컬 컴퓨터에서 전송된 명령어를 서버가 수행하여 결과를 다시 로컬컴퓨터의 클라이언트에게 전송하는 인터넷 기술은? 2000년 제1회
    가. Telnet
    나. FTP(File Transfer Protocol)
    다. SMTP(Simple Mail Transfer Protocol)
    라. SNMP(Simple Network Management Protocol)

07. 다음은 인터넷 서비스에 대한 설명이다. 옳은 것은? 2000년 제1회
    가. Archie는 정보의 내용을 주제별 또는 종류별로 구분하여 메뉴를 구성함으로써 쉽게 정보를 검색할 수 있는 서비스 제공
    나. WWW는 문자뿐만 아니라 사진과 그래픽, 음성과 동영상을 하이퍼텍스트라는 편리한 방법으로 전송하고 검색할 수 있는 서비스 제공
    다. Mail은 인터넷 사용자들이 특정한 주제에 대한 글을 게재하거나 파일을 올림으로써 정보를 교환하는 서비스 제공
    라. Gopher는 인터넷 상에 정보의 인덱스를 자동으로 수집하여 제공하는 서비스

08. 다음 중 망 관리 시스템의 구성요소가 아닌 것은? 2000년 제1회
    가. 에이전트   나. 관리 스테이션
    다. CMIP   라. MIB

09. 다음 중 telnet 에 대한 설명 중 옳은 것은? 2000년 제2회, 2012년 제1회, 2014년 제1회
    가. 인터넷을 통해 파일을 송수신하기 위한 프로토콜
    나. 인터넷 전자우편을 위한 프로토콜
    다. 하이퍼텍스트 문서를 전송하기 위한 프로토콜
    라. 원격접속을 하기 위한 프로토콜

10. 다음 중 e-mail 에서 사용되는 프로토콜은? 2000년 제2회
    가. Telnet   나. FTP   다. SMTP   라. NNTP

11. FTP 에 대한 설명 중 틀린 것은? 2000년 제2회

   가. 익명의 FTP 사이트에 접속할 때는 계정대신에 IP 주소를 적는다.
   나. 원격지간에 파일을 송수신하는 프로토콜
   다. 원격지 호스트에 사용자계정이 있는 경우 사용가능한 서비스
   라. 익명(anonymous)의 FTP는 별도의 계정이 없이도 파일 수신이 가능함

12. 다음 IETF의 RFC 권고안 중 SNMP(Simple Network Management Protocol)는? 2000년 제2회

   가. RFC 821   나. RFC 959   다. RFC 1157   라. RFC 1882

13. SNMP의 기본 관리구조 부분으로 적당하지 않은 것은? 2000년 제3회

   가. 서비스 제공자 (Agent)   나. 네트워크 관리 Station (Manager)
   다. 네트워크 관리 Protocol   라. 네트워크 관리 System

14. 다음 중 TCP/IP 망의 관리에 사용되는 프로토콜은 무엇인가? 2000년 제4회

   가. SNMP   나. ICMP   다. SMTP   라. POP

15. 인터넷에서 전자메일과 관련된 프로토콜로 맞는 것은? 2000년 제4회

   가. FTP   나. HTTP   다. POP3   라. DNS

16. 다음 중 텔넷(TELNET)의 기능으로 옳은 것은? 2000년 제4회, 2001년 제4회, 2004년 제1회

   가. 컴퓨터와 컴퓨터간 파일전송 기능
   나. 네트워크 관리 기능
   다. 네트워크를 통한 가상 단말기 기능
   라. 네트워크를 통한 도메인 관리 기능

17. 다음 중 WWW에 대한 설명으로 맞지 않는 것은? 2000년 제4회, 2001년 제4회

가. 검색 가능한 하이퍼텍스트 형태의 정보를 제공한다.
나. 로봇 에이전트를 이용하면 정보의 수집이 용이하다.
다. 미러링(Mirroring)기법은 복제된 정보를 빠르게 이용할 수 있도록 해 준다.
라. 웹 브라우저는 사용자의 메일 계정을 자동 생성한다.

18. ftp 사이트에서 큰 용량의 파일을 수신하려 하는데 시간이 많이 걸릴 것 같다. 파일을 받는 도중 ftp를 백그라운드(back ground) 작업으로 돌리고, 그 시간에 pine 프로그램을 이용하여 친구에게 전자우편을 보내고 나서 다시 ftp 작업으로 되돌아오려고 한다. 올바른 명령 입력 순서는 어느 것인가? (→표시는 명령진행 순서이다) 2001년 제1회

가. bg → pine → pine 종료 → fg
나. ^Z → bg → pine → pine 종료 → fg
다. fg → pine → pine 종료 → bg
라. ^Z → fg → pine → pine 종료 → bg

19. TCP/IP 프로토콜의 하나로 호스트끼리 Mail을 전송하는데 관여하는 프로토콜은? 2001년 제1회

가. SNMP   나. SMTP   다. UDP   라. TFTP

20. 서버와 클라이언트의 Telnet 프로토콜은 표준안에 정의된 명령을 주고 받으면서 통신을 하는데 이러한 명령은 무엇으로 구성되어 있는가? 2001년 제2회, 2009년 제1회

가. EBCDIC   나. ASCII   다. HEXA   라. BINARY

21. Telnet 서비스에 관한 다음 설명 중 잘못된 것은? 2001년 제2회

가. 일반적으로 볼 때, 사용자가 Telnet 서버를 수행함으로써 준비 중인 Telnet 클라이언트와의 연결이 이루어진다.
나. 인터넷 프로토콜 구조에서 볼 때, TCP 상에서 동작한다.
다. 네트워크 가상 터미널 프로토콜이라고 할 수 있다.
라. Telnet 연결이 이루어지면, 일반적으로 Local Echo는 발생하지 않고 Remote Echo 방식으로 동작한다.

22. 전자메일에 대한 다음 사항 중 적당하지 않은 것은? 2001년 제2회, 2008년 제3회
    가. 전자메일은 TCP/IP 프로토콜 슈트의 응용 계층에 해당하는 프로토콜이다.
    나. TCP/IP 프로토콜 슈트에서 전자메일을 담당하는 프로토콜은 SMTP(Simple Mail Transfer Protocol)이다.
    다. 전자메일을 사용하기 위해서는 전자메일 주소를 갖고 있어야 하며, 전자메일 주소는 호스트의 "사용자_계정@도메인_이름" 형태로 구성된다.
    라. 전자메일의 주소는 호스트의 도메인 이름으로만 가능하며 호스트의 IP 주소로는 사용 불가능하다.

23. 서브넷 A와 B가 있고 서브넷 A가 DHCP Server를 가질 때, 서브넷 B가 같은 DHCP 서버를 사용하려면? 2001년 제3회, 2002년 제4회, 2009년 제1회
    가. DHCP Relay Agent 를 설치한다.	나. RIP for IP를 설치한다.
    다. WINS를 설치한다.	라. DNS를 설치한다.

24. Telnet에 대한 다음 설명 중 부적절한 것은? 2001년 제3회
    가. 원격 접속을 하는데 사용되는 TCP/IP의 응용계층 프로토콜이다.
    나. Telnet을 통한 원격지 로그인 허용은 TCP/IP를 지원하는 모든 환경에서 기본적으로 사용 가능하다.
    다. Telnet을 통한 관리자 원격 로그인은 시스템 자원을 무제한적으로 사용할 수 있기 때문에 반드시 인증 절차를 거쳐야 한다.
    라. Telnet을 통한 원격 로그인은 GUI 형태의 사용 환경을 제공하지 못한다.

25. 인터넷 정보에 접근하기 위하여 제공되는 서비스가 아닌 것은? 2001년 제3회, 2003년 제3회
    가. RFC	나. ARCHIE	다. GOPHER	라. WAIS

26. 다음 중 TCP/IP 응용 프로토콜이 아닌 것은? 2001년 제3회
    가. CMIP	나. SMTP	다. SNMP	라. TFTP

27. 사용자가 원격지의 파일 시스템을 자신의 로컬 파일 시스템처럼 사용할 수 있도록 하는 기능을 제공하여 원격지 호스트의 디렉토리나 파일의 내용을 살펴보거나, 파일을 생성/제거 할 수 있으며 원격지의 파일을 내 컴퓨터로 다운로드할 수 있게 하는 프로토콜은? 2001년 제3회

 가. FTP   나. HTTP   다. Usenet   라. Gopher

28. TCP/IP 망의 관리에 사용되는 프로토콜은? 2001년 제4회, 2003년 제2회, 2005년 제1회

 가. SNMP   나. CMIP   다. SMTP   라. POP

29. 원격지 컴퓨터에 로그인하여 해당 컴퓨터에 있는 프로그램을 실행할 수 있도록 하는 단말 접속 서비스는? 2002년 제1회

 가. UDP   나. Telnet   다. FTP   라. netstat

30. 다음 중 네트워크 관리 및 네트워크 장치와 그들의 동작을 감시, 총괄하는 프로토콜은? 2002년 제1회

 가. AMIP   나. SNMP   다. SMTP   라. IGMP

31. FTP 서비스를 통해 그림이 들어있는 파일을 다운로드 하고자 할 때 'get' 명령에 앞서 반드시 수행해야 하는 명령은?(기초적인 FTP 클라이언트 프로그램의 경우) 2002년 제1회

 가. ascii   나. bin   다. prompt   라. hash

32. TCP/IP 계층 중 어플리케이션에 해당되며 원격장치의 설정 및 네트워크 사용을 감시하는데 사용하는 프로토콜은? 2002년 제3회, 2011년 제3회

 가. Telnet   나. SNMP   다. FTP   라. HTTP

33. **DNS에 대한 다음 설명 중 적당하지 않은 것은?** 2002년 제3회

    가. DNS는 다른 호스트에 접근하고자 할 때 기억하기 어려운 IP 주소 대신에 좀 더 이해하기 쉬운 계층적인 호스트 이름을 사용할 수 있도록 하는 기반 서비스이자 프로토콜이다.
    나. DNS는 호스트 이름에 대한 분산 데이터베이스이다.
    다. DNS는 호스트의 이름들은 단순한 나열이 아니라 하나의 논리적인 구조를 형성하고 있다는 것을 말한다. 이들 호스트들은 하나의 도메인으로 그룹화 되어 있고, 이들은 내부에 다른 도메인을 포함할 수 있다.
    라. DNS를 이용한 호스트 이름은 모두 국가 지정 도메인을 가져야 한다.

34. **인터넷 서비스는 응용수준의 서비스와 네트워크 수준의 서비스로 구분할 수 있다. 다음 설명 중 적합하지 않은 것은?** 2002년 제4회

    가. 네트워크 수준의 서비스는 응용 수준의 서비스 프로토콜들을 위한 서비스로서 연결지향형 서비스인 UDP와 비연결 패킷 서비스인 TCP가 있다.
    나. 비연결 패킷 서비스는 연결 설정이 불필요하므로 네트워크 부하를 감소시키는 장점이 있는 반면 패킷 손실의 위험이 있다.
    다. 응용 수준의 서비스들은 telnet, ftp, smtp 등과 같이 사용자가 네트워크를 통해 직접 작업을 할 수 있도록 하는 프로토콜들이다.
    라. 현재 인터넷을 사용하기 위한 주요한 수단이 되고 있는 http는 응용수준의 프로토콜에 해당한다.

35. **FTP를 이용한 RFC 문서를 받기 위한 명령은?** 2002년 제4회, 2003년 제1회

    가. Send RFCxxxx.txt   나. Ping RFCxxxx.txtPacket
    다. Get RFCxxxx.txt   라. Finger RFCxxxx.txt

36. **다음 중 TCP/IP 응용계층 프로토콜이 아닌 것은?** 2003년 제1회

    가. HTTP   나. FTP   다. SMTP   라. ARP

37. 네트워크 관리를 위한 프로토콜은? 2003년 제1회, 2005년 제4회

    가. SMTP   나. SLIP   다. FTP   라. SNMP

38. HTTP에 대한 설명 중 옳은 것은? 2003년 제1회, 2010년 제1회

    가. 인터넷을 통해 파일을 송수신하기 위한 프로토콜
    나. 인터넷 전자우편을 위한 프로토콜
    다. 하이퍼텍스트 문서를 전송하기 위한 프로토콜
    라. 원격접속을 하기 위한 프로토콜

39. 가상터미널이라는 기술을 사용하여 네트워크에 접속된 컴퓨터를 마치 호스트 컴퓨터에 직접 연결된 것처럼 만들어 원격제어를 가능하게 하는 것은? 2003년 제1회, 2007년 제2회

    가. FTP   나. mail   다. Telnet   라. Gopher

40. 다음 중 SMTP에 대한 설명 중 옳은 것은? 2003년 제2회, 2007년 제4회, 2009년 제1회

    가. 인터넷을 통해 파일을 송·수신하기 위한 프로토콜
    나. 인터넷 전자우편을 위한 프로토콜
    다. 하이퍼텍스트 문서를 전송하기 위한 프로토콜
    라. 원격접속을 하기 위한 프로토콜

41. FTP를 사용하여 파일을 다운로드하는 경우에 사용되는 명령은?
2003년 제2회, 2007년 제2회, 2011년 제2회

    가. get   나. mput   다. prompt   라. put

42. 다음 중 Telnet으로 할 수 있는 작업이 아닌 것은? 2003년 제2회, 2006년 제2회

    가. 디렉토리 삭제가 가능하다.   나. 디렉토리 생성이 가능하다.
    다. 파일을 다운로드 할 수 있다.   라. 실행파일을 실행할 수 있다.

43. 네트워크 관리에 일반적으로 많이 사용되는 프로토콜은? 2003년 제3회

　가. Internet Gateway Protocol
　나. Routing Information Protocol
　다. Address Resolution Protocol
　라. Simple Network Management Protocol

44. FTP에서 test.gif 파일을 다운받을 때의 전송모드는? 2003년 제3회

　가. Binary Mode로 전송한다.
　나. ASCII Mode로 전송한다.
　다. 전송 선로의 특성에 따라 ASCII와 Binary를 교대로 사용하여 전송한다.
　라. 파일의 크기가 1025바이트 이상이면 ASCII Mode로 전송하고, 1024바이트 이하이면 Binary Mode로 전송한다.

45. 다음 중 telnet에 관한 설명으로 옳지 않은 것은? 2003년 제3회, 2015년 제3회

　가. 호스트 컴퓨터에 대한 사용권한을 가지고 있지 않은 경우에도 telnet을 통한 접근이 가능하다.
　나. 원격지 컴퓨터를 액세스하기 위한 사용자 명령어들과 TCP/IP 기반이 프로토콜이다.
　다. 'telnet 도메인명'을 사용하여 호스트 컴퓨터에 접속한다.
　라. 특정한 호스트 컴퓨터에 있는 응용프로그램이나 데이터를 직접 사용할 필요가 있는 경우에 사용된다.

46. FTP의 URL을 작성하는 방법으로 맞는 것은? 2003년 제4회

　가. ftp:/ftp.altavista.com　　　나. ftp://ftp.altavista.com
　다. ftp/ftp.altavista.com　　　라. ftp//ftp.altavista.com

47. 다음 중 DHCP 네트워크의 구성이 아닌 것은? 2003년 제4회

　가. DHCP 클라이언트　　　나. DHCP 서버
　다. BOOTP/DHCP 서버　　　라. BOOTP/DHCP 릴레이 에이전트

48. Domain Name을 IP 주소로 변환하는 것은? 2003년 제4회

　가. ARP　　　　나. DHCP　　　　다. WINS　　　　라. DNS

49. 다음에서 설명하는 것은? 2004년 제1회

> • 숫자로 된 IP 주소를 우리가 친숙한 문자주소
> • (인터넷 표준이름)로 바꾸어 주거나 그 반대 역할을 수행한다.

　가. RFC　　　　나. DLS　　　　다. ARP　　　　라. DNS

50. SMTP에 대한 설명 중 가장 적당하지 않은 것은? 2004년 제1회

　가. SMTP는 메일전송 프로토콜이다.
　나. SMTP는 서버의 이름과 주소가 정확해야 메일을 전송할 수 있다.
　다. SMTP는 110번 포트를 이용한다.
　라. SMTP는 전자메일 관리자를 따로 지정할 수 있다.

51. 다음 중 SNMP의 설명으로 타당하지 않은 것은? 2004년 제1회, 2005년 제2회, 2009년 제3회

　가. SNMP는 주기적으로 폴링하여 네트워크 상태 정보를 수집하고 분석하는 기능을 제공한다.
　나. 네트워크 확장을 용이하게 해준다.
　다. SNMP는 TCP 세션을 이용한다.
　라. Polling Overhead가 크다.

52. Anonymous FTP에 대한 설명으로 적당하지 않는 것은? 2004년 제2회, 2006년 제4회, 2009년 제3회, 2014년 제4회, 2015년 제2회

　가. 일반적으로 80번 포트를 사용하여 상호 통신한다.
　나. Internet의 많은 컴퓨터들이 Anonymous FTP를 사용하여 문서, S/W 등의 정보를 제공한다.
　다. 상대방측 컴퓨터의 계정이 없어도 파일을 송수신 할 수 있다.
　라. "anonymous" 또는 "ftp"를 계정으로 사용한다.

53. DNS에 대한 설명 중 적당하지 않는 것은? 2004년 제2회
　　가. 정방향 조회는 IP주소를 호스트이름으로 변환해준다.
　　나. 전송 프로토콜로 UDP와 TCP를 모두 사용한다.
　　다. Windows의 Active Directory 사용 시 요구 된다.
　　라. 일반적으로 53번 포트를 사용한다.

54. Telnet의 사용이 적절하지 않는 것은? 2004년 제2회
　　가. Telnet 도메인이름　　　　나. Telnet 포트이름
　　다. Telnet 서버이름　　　　　라. Telnet IP주소

55. rlogin과 같은 초기 유닉스 계열 명령어에 보안 기능을 보완하여 원격지에 있는 호스트를 보다 안전하게 접속할 수 있는 프로토콜은? 2004년 제2회, 2010년 제4회, 2011년 제1회, 2013년 제1회
　　가. RIP　　　　나. CMIP　　　　다. SSH　　　　라. SNMP

56. 메일 서비스와 가장 관계가 먼 프로토콜은? 2004년 제2회, 2005년 제3회
　　가. SMTP　　　　나. FTP　　　　다. POP3　　　　라. MIME

57. DNS 서버에 IP주소를 도메인 네임으로 변환하는 기능을 가지도록 할 때 추가해야하는 영역은? 2004년 제2회
　　가. 정방향 조회 영역　　　　나. 역방향 조회 영역
　　다. 정방향 조회 영역의 보조 영역　　　　라. 세로 방향 조회 영역

58. DNS 서버 중 주기적으로 보조 서버에 정보를 전송하는 서버는? 2004년 제2회
　　가. 마스터 서버　　　　나. 캐싱 전용 서버
　　다. 주 서버　　　　　　라. 액티브 디렉터리 서버

59. DNS 서버를 설치하기 위해 우선 제어판에서 프로그램 추가/제거를 실행하는 이유는? 2004년 제2회

　　가. DNS서버 프로그램은 Windows 2000 Server에 포함되어 있지 않은 프로그램이기 때문이다.
　　나. 바이러스를 예방하기 위해서이다.
　　다. Windows 2000 Server의 기본 설치 시 자동으로 설치되지 않기 때문이다.
　　라. 제거 후 다시 설치를 해야 하기 때문이다.

60. FTP사이트 등록정보의 'FTP사이트'탭에서 현재 FTP 사이트에 접속 중인 사용자의 정보를 나타내는 방법 중 옳지 않은 것은? 2004년 제2회

　　가. 사용자의 ID를 알 수 있다.
　　나. IP주소를 알 수 있다.
　　다. 접속한 후 경과한 시간을 알 수 있다.
　　라. 10일 단위로 평균 사용자 수를 알 수 있다.

61. 서버와 클라이언트의 Telnet 프로토콜은 표준안에 정의된 명령을 주고받으면서 통신을 하는데 이러한 명령은 어떠한 코드로 구성되어 있는가? 2004년 제3회

　　가. EBCDIC　　나. ASCII　　다. HEXA　　라. BINARY

62. 원격지에 있는 호스트에 연결하여 접속하고자 하는 인터넷 서비스를 제공하는 것은? 2004년 제4회

　　가. SNMP　　나. ICMP　　다. FTP　　라. Telnet

63. FTP에 관한 설명 중 잘못된 것은? 2004년 제4회, 2008년 제4회, 2009년 제2회

　　가. 인터넷 파일 전송 프로토콜로 ASCII, EBCDIC, 또는 이진 파일을 전송하는데 사용한다.
　　나. 사용 가능한 명령들로는 ls, pwd, get, put 등이 있다.
　　다. 인터넷 프로토콜 UDP상에서 동작하는 응용 프로그램이다.
　　라. 인터넷 프로토콜 계층 구조상의 응용 계층에 속한다.

64. 다음 중 E-mail에서 사용되는 프로토콜은? 2004년 제4회
   가. Telnet   나. FTP   다. SMTP   라. NNTP

65. 일반적으로 메일을 보낼 때 사용하는 프로토콜은? 2005년 제1회
   가. SMTP   나. IMAP   다. POP3   라. named

66. FTP의 약어 풀이로 맞는 것은? 2005년 제1회, 2006년 제1회, 2008년 제3회
   가. File Transmission Protocol   나. File Transfer Program
   다. File Transmission Program   라. File Transfer Protocol

67. SNMP에 대한 설명 중 잘못된 것은? 2005년 제1회
   가. UDP상에서 작동
   나. 비 동기식 요청/응답 메시지 프로토콜
   다. 4가지 기능(Get, Get Next, Set, Trap)만을 수행
   라. 보안 기능이 강화

68. 원격지의 호스트에 연결하여 접속하려 할 때 이용할 수 있는 서비스는? 2005년 제1회, 2011년 제4회
   가. SNMP   나. ICMP   다. FTP   라. Telnet

69. DNS 레코드에 대한 설명으로 잘못된 것은? 2005년 제1회, 2012년 제1회
   가. A : DNS 이름과 호스트의 IP 주소를 연결한다.
   나. CNAME : 이미 지정된 이름에 대한 별칭 도메인이다.
   다. AAAA : A 레코드와 같으나 처리 속도를 증가시켰다.
   라. MX : 지정된 DNS 이름의 메일 교환 호스트에 메일 라우팅을 제공한다.

70. 인터넷의 WWW에서 하이퍼미디어, 하이퍼텍스트를 통한 클라이언트와 서버간의 통신에 이용되는 TCP/IP 응용 프로토콜은? 2005년 제2회, 2011년 제1회

    가. FTP   나. SNMP   다. HTTP   라. SMTP

71. SMTP에 대한 설명 중 가장 옳지 않은 것은? 2005년 제2회

    가. 메일전송 프로토콜이다.
    나. FTP와의 차이는 처리가 모두 하나의 커넥션으로 실행된다.
    다. 110번 포트를 이용한다.
    라. 전자메일 관리자를 따로 지정할 수 있다.

72. DHCP에 관한 설명으로 옳지 않은 것은? 2005년 제2회

    가. 중앙에서 IP Address를 관리하고 개별 클라이언트들에게 자동으로 할당한다.
    나. IP Address가 없는 경우에도 인터넷에 접속이 가능하게 해준다.
    다. DHCP는 호스트 이동시에 자동으로 새로운 IP Address를 할당할 수 있다.
    라. 임의 주소를 할당하는 경우에는 주소 재사용이 가능하다.

73. Telnet 접속 방법으로 옳지 않은 것은? 2005년 제3회, 2006년 제3회, 2007년 제3회, 2007년 제4회, 2014년 제1회

    가. Telnet 도메인 이름   나. Telnet 포트 번호
    다. Telnet 서버 이름   라. Telnet IP_Address

74. 다음 프로토콜 중에서 하이퍼미디어, 하이퍼텍스트를 통한 클라이언트와 서버간의 통신에 이용되는 것은? 2005년 제3회

    가. SMTP   나. HTTP   다. POP3   라. SNMP

75. FTP에 관한 설명으로 가장 옳은 것은? 2005년 제3회

가. 서로 다른 컴퓨터 사이의 파일 전송서비스를 제공한다.
나. 서버에 어떤 파일이 있는지를 조사하는데 활용된다.
다. 어떤 그룹의 방대한 문서 정보를 정확하고 신속하게 검색하는데 이용된다.
라. 하이퍼텍스트 형식으로 정보를 공유하기 위한 시스템이다.

76. 네트워크의 관리 및 네트워크의 장치와 그들의 동작을 감시, 관리하는 프로토콜은?
2005년 제3회, 2011년 제1회, 2012년 제4회, 2016년 제1회

가. SMTP 나. SNMP 다. SIP 라. SDP

77. 다음 중 TCP/IP 응용계층 프로토콜로 옳지 않은 것은? 2005년 제3회

가. HTTP 나. FTP 다. SMTP 라. ARP

78. 단말기 사용자나 클라이언트가 네트워크를 통해 원격 접속하여 마치 바로 옆에 있는 컴퓨터처럼 자유롭게 사용할 수 있도록 해 주는 프로토콜은? 2005년 제4회

가. FTP 나. Telnet 다. ARP 라. Anonymous FTP

79. Domain Name을 IP Address로 변환하는 것은? 2005년 제4회

가. ARP 나. DHCP 다. RARP 라. DNS

80. 전자우편의 송수신을 위해 메일 서버 간에 사용되는 통신 규약의 명칭은?
2006년 제1회, 2007년 제1회, 2007년 제3회

가. TCP/IP 나. SMTP 다. PPP 라. SNMP

81. WWW에 대한 설명으로 옳지 않는 것은? 2006년 제1회

가. 검색 가능한 하이퍼텍스트 형태의 정보를 제공한다.
나. 로봇 에이전트를 이용하면 정보의 수집이 용이하다.
다. 미러링(Mirroring)은 복제된 정보를 빠르게 이용할 수 있게 한다.
라. 23번 포트를 사용한다.

82. FTP와 Telnet의 공통점을 열거한 것으로 옳지 않은 것은? 2006년 제1회

가. 서버/클라이언트의 시스템으로 동작한다.
나. 고유 포트번호가 있고 로그인(Login)으로 시작한다.
다. 서버의 데몬(Demon)이 클라이언트의 요청에 대응한다.
라. 필요에 따라 TCP나 UDP로 선택할 수 있다.

83. 메시지 교환 방식의 특징으로 옳지 않은 것은? 2006년 제1회

가. 각 메시지마다 전송 경로가 다르다.
나. Store and Forwarding 방식을 채택하고 있다.
다. 데이터 전송 지연 시간이 거의 없다.
라. 이용자 형편에 따라 우선순위 전송이 가능하다.

84. 사용자가 원격 호스트에 연결하여 이를 자신의 로컬 호스트처럼 사용할 수 있는 프로토콜로서 로컬 컴퓨터에서 전송된 명령어를 서버가 수행하여 결과를 다시 로컬 컴퓨터의 클라이언트에게 전송하는 인터넷 기술은? 2006년 제2회

가. Telnet　　　나. FTP　　　다. SMTP　　　라. SNMP

85. FTP의 주된 기능에 대한 설명으로 가장 올바른 것은? 2006년 제2회

   가. 파일을 전송하기 위한 프로토콜이다.
   나. 파일을 수정하는 프로토콜이다.
   다. Anonymous FTP를 사용하면, 텍스트 문서만을 송수신할 수 있다.
   라. FTP는 익명으로 파일을 전송하는 프로토콜이다.

86. 메뉴 중심의 정보검색 서비스를 제공하는 URL은? 2006년 제3회

   가. ftp://ftp.icqa.or.kr   나. mailto://mail.icqa.or.kr
   다. gopher://gopher.icqa.or.kr   라. telnet://system.icqa.or.kr

87. 다음은 FTP 서버에 접속 후 'ls' 명령어를 통해 얻은 결과 중 일부이다. 앞의 '−'가 의미하는 것은? 2006년 제3회

   ```
   -rwxrwxrwx 2 root system 512 Feb 20 2006 icqa
   ```

   가. 디렉터리   나. 일반파일   다. 링크파일   라. 삭제된 파일

88. DNS에 대한 설명으로 옳지 않은 것은? 2006년 제3회

   가. 정방향 조회는 호스트 이름을 IP Address로 변환해준다.
   나. 역방향 조회는 IP Address를 호스트 이름으로 변환해준다.
   다. 동적 DNS는 호스트가 추가되거나, 삭제되면 자동으로 데이터베이스를 수정한다.
   라. DDNS는 호스트가 추가되면 수동으로 DNS 데이터베이스를 수정한다.

89. 단말기 사용자가 원격에 있는 호스트에 접속하여 데이터를 액세스 및 수정 할 수 있도록 해 주는 프로토콜은? 2006년 제4회

   가. FTP   나. Telnet   다. ARP   라. WWW

90. 원격에 있는 호스트 접속 시 암호화된 패스워드를 이용하여 보다 안전하게 접속할 수 있도록 rlogin과 같은 프로토콜을 보완하여 만든 프로토콜은? 2006년 제4회, 2008년 제3회, 2015년 제1회

가. SSH 나. SNMP 다. SSL 라. Telnet

91. HTTP(Hyper Text Transfer Protocol)에 대한 설명으로 가장 옳지 않은 것은?
2006년 제4회, 2012년 제2회

가. 일반적으로 파일 전송 프로토콜로 사용된다.
나. 적은 부하로 여러 멀티미디어 정보를 다룰 수 있다.
다. WWW 상에서 클라이언트와 서버간의 TCP/IP 네트워크 통신 규약이다.
라. Request와 Reply의 간단한 구조로 다양한 문서를 전송할 수 있다.

92. FTP 서비스의 명령어에 대해 옳지 않은 것은? 2006년 제4회

가. Exit : FTP 서비스 종료 명령
나. Hash : 전송 상태 표시 명령
다. Open : 디렉터리 열기 명령
라. Connect : FTP 서버 접속 명령

93. TCP/IP의 망 관리에 사용되는 프로토콜은? 2006년 제4회

가. Internet Gateway Protocol
나. Routing Information Protocol
다. Address Resolution Protocol
라. Simple Network Management Protocol

94. 다음 중 SMTP에 대한 설명으로 올바른 것은? 2007년 제3회, 2010년 제1회

가. WWW에서 사용하는 데이터 전송 프로토콜이다.
나. 네트워크 장비들을 관리하기 위한 프로토콜이다.
다. 파일 전송을 위한 프로토콜이다.
라. 인터넷 전자 우편을 위한 프로토콜이다.

95. Anonymous FTP에 대한 설명으로 가장 옳지 않은 것은? 2006년 제1회, 2007년 제4회, 2018년 제2회

가. 상대 컴퓨터의 계정 없이도 파일을 업로드하거나 다운로드 할 수 있다.
나. 자신의 전자 메일 주소를 패스워드로 사용한다.
다. Anonymous라는 계정을 이용하여 접속한다.
라. Anonymous FTP를 사용하면, 텍스트 문서만을 송수신할 수 있다.

96. FTP 서비스의 명령어에 대해 옳지 않은 것은? 2008년 제3회

가. Quit : 서비스 종료 나. Hash : 전송 상태 표시
다. Help : 명령어 도움말 라. Connect : FTP 서버 접속

97. SNMP에 대한 설명 중 옳지 않은 것은? 2008년 제3회, 2015년 제4회

가. 사용자가 네트워크 문제점을 발견하기 전에 시스템 관리 프로그램이 문제점을 발견할 수 있다.
나. 데이터 전송은 UDP를 사용한다.
다. IP에서의 오류 제어를 위하여 사용되며, 시작지 호스트의 라우팅 실패를 보고한다.
라. 네트워크의 장비로부터 데이터를 수집하여 네트워크의 관리를 지원하고 성능을 향상시킨다.

98. 가상 터미널을 통한 원격 시스템 접속 기능(로그인)을 제공하는 서비스는? 2008년 제3회

가. Telnet 나. FTP 다. Gopher 라. Archie

99. DNS를 이용하여 도메인명과 IP Address를 매핑 과정에 있어서, 클라이언트가 한 개 이상의 DNS 서버와 직접 접촉하는 방식은? 2008년 제4회

가. 순환 방식(Recursive Resolution) 나. 반복 방식(Iterative Resolution)
다. 캐싱(Caching) 라. 디폴트 방식(Default Resolution)

100. 네트워크에서 호스트나 라우터, 다른 컴퓨터나 장치들을 원거리에서 감시하고 관리하기 위한 목적으로 사용되는 응용 계층 표준 프로토콜은? 2009년 제1회, 2010년 제2회, 2014년 제1회, 2018년 제4회

가. SLIP-PPP(Serial Line Internet Protocol, Point to Point Protocol)
나. SNMP(Simple Network Management Protocol)
다. SMTP(Simple Mail Transfer Protocol)
라. SDP(Session Description Protocol)

101. Telnet에 대한 설명으로 옳지 않은 것은? 2009년 제2회

가. 네트워크를 통한 이 기종 호스트의 접속에 이용한다.
나. 원격지 호스트의 명령어를 사용한다.
다. TCP와 UDP 중 TCP 방식이다.
라. 일반적으로 파일 전송 프로토콜로 사용된다.

102. DNS(Domain Name System)에 대한 설명으로 옳지 않은 것은? 2009년 제2회, 2015년 제4회

가. DNS는 IP Address 체계를 따른다.
나. DNS는 인터넷 표준 이름을 IP주소로 맵핑시킨다.
다. DNS는 정적인 구조를 가지므로 네트워크상의 호스트 변화에 즉각 대응한다.
라. 동적 DNS는 호스트가 추가되거나, 삭제될 때 DNS 데이터베이스를 자동으로 갱신한다.

103. SSH의 사용처로 옳지 않은 것은? 2009년 제3회, 2012년 제4회

가. 이메일 통신의 암호화
나. 파일 복사의 암호화
다. 프로그램의 원격 실행
라. 네트워크 트래픽 차단

104. 다음에서 설명하는 것은? 2009년 제4회

> 숫자로 된 IP Address를 우리가 친숙한 문자 주소(인터넷 표준이름)로 바꾸어 주거나 그 반대 역할을 수행한다.

가. RFC
나. DLS
다. ARP
라. DNS

105. SNMP에 대한 설명 중 옳지 않은 것은? 2009년 제4회, 2015년 제1회, 2016년 제2회

가. 각 동작은 ASN.1로 기호화되어 있다.
나. 메시지 전송에는 TCP 포트를 사용한다.
다. 포트161 : 요청/응답 메시지가 사용하는 수신지 포트
라. 포트162 : 트랩 메시지가 사용하는 수신지 포트

106. DHCP에 관한 설명으로 옳지 않은 것은? 2009년 제4회, 2010년 제1회, 2013년 제1회

가. 중앙에서 IP Address를 관리하고 개별 클라이언트들에게 자동으로 할당한다.
나. IP Address를 할당 받으려면 반드시 DHCP 서버의 IP Address를 클라이언트의 네트워크 등록정보에 입력해야 한다.
다. DHCP는 호스트 이동 시에 자동으로 새로운 Address를 할당할 수 있다.
라. 임의 주소를 할당하는 경우에는 주소 재사용이 가능하다.

107. 텔넷(Telnet)에 대한 설명 중 옳지 않은 것은? 2010년 제1회

가. RFC 854에 명시되어 있다.
나. 텔넷 서비스는 기본적으로 TCP 포트 43번을 사용한다.
다. 네트워크상에 연결된 컴퓨터에 로그인한 후 각종 명령어를 사용한다.
라. 두 호스트 간에 쌍방향 통신 세션을 가능하게 한다.

108. DNS 서버가 호스트 이름을 IP Address로 변환하는 역할을 수행하도록 설정하는 것은?
2010년 제1회, 2013년 제2회

가. 정방향 조회   나. 역방향 조회   다. 양방향 조회   라. 영역 설정

109. SSH에 대한 설명으로 올바른 것은? 2010년 제1회

가. TFTP와 같은 UDP 프로토콜을 사용한다.
나. 패스워드가 암호화되지 않으므로 패스워드가 보호되지 않는다.
다. Secure Shell 이라고 부른다.
라. 쌍방 간 인증을 위해 SEED 알고리즘이 이용된다.

110. FTP의 주된 기능에 대한 설명으로 올바른 것은? 2010년 제1회

   가. 파일을 전송하기 위한 프로토콜이다.
   나. 원격 시스템의 파일들을 실행하기 위해 프로토콜이다.
   다. Anonymous FTP를 사용하면, 텍스트 문서만을 송수신할 수 있다.
   라. FTP는 익명으로만 파일을 전송하는 프로토콜이다.

111. TCP/IP의 프로토콜에서 응용 계층에서 제공하는 응용 서비스 프로토콜로, 컴퓨터 사용자들 사이에 전자우편을 교환하는 서비스를 제공하는 프로토콜은? 2010년 제1회

   가. SNMP   나. SMTP   다. VT   라. FTP

112. TCP/IP 응용 프로토콜이 아닌 것은? 2010년 제2회

   가. SMTP(Simple Mail Transfer Protocol)
   나. CMIP(Common Management Information Protocol)
   다. TFTP(Trivial File Transfer Protocol)
   라. SNMP(Simple Network Management Protocol)

113. HTTP의 동작 방식에 대한 설명으로 옳지 않은 것은? 2010년 제2회

   가. Connection – 클라이언트와 서버 간의 연결을 설정한다.
   나. Request – 클라이언트가 서버에게 정보를 요청한다.
   다. Response – 클라이언트가 요청사항을 처리한 후 결과를 서버에 전송한다.
   라. Close – 클라이언트 서버 간의 연결을 해제한다.

114. rlogin, telnet을 대체하여 사용되고 있는 SSH에 대한 설명으로 옳지 않은 것은?
   2010년 제3회, 2018년 제4회

   가. 원격호스트에 안전하게 접속하기 위한 보안 프로토콜이다.
   나. 패스워드가 전자서명을 통해 암호화되어 보호된다.
   다. Secure Socket Shell 이라고 부른다.
   라. 쌍방 간 인증을 위해 Skipjack 알고리즘이 이용된다.

115. DNS Record Type 중 Domain Name을 IP Address로 바꿔주는 레코드는? 2010년 제4회

　가. SOA　　　　나. NS　　　　다. A　　　　라. CNAME

116. Telnet을 이용하여 상대방 컴퓨터에 접속을 시도하려고 한다. 상대방 컴퓨터에게 일정한 데이터를 보내 상대방 컴퓨터의 정상 동작 여부를 확인하고 싶을 때 사용하는 명령어는? 2010년 제4회

　가. ping　　　　나. nslookup　　　　다. netstat　　　　라. finger

117. UDP 세션을 이용하여 네트워크를 관리하는데 사용되는 프로토콜은? 2010년 제4회, 2016년 제3회

　가. CMIP　　　　나. SMTP　　　　다. SNMP　　　　라. TFTP

118. 전자메일을 전송하거나 수신할 때 사용되는 프로토콜이 아닌 것은? 2011년 제2회

　가. SMTP　　　　나. POP　　　　다. POP3　　　　라. SNMP

119. DNS 서버에서 사용하는 리소스 레코드 중 In-addr.arpa 도메인에 있는 특정 주소에 DNS 이름을 공급하는 address-to-name 매핑을 제공하며, A 레코드의 반대 기능으로 역 룩업에 사용되는 것은? 2011년 제3회

　가. PTR　　　　나. NS　　　　다. MX　　　　라. CNAME

120. 사용자가 원격지의 파일 시스템을 자신의 로컬 파일 시스템처럼 사용할 수 있도록 하는 기능을 제공하여 원격지 호스트의 디렉터리나 파일의 내용을 살펴볼 수 있으며 원격지의 파일을 내 컴퓨터로 다운로드할 수 있게 하는 프로토콜은? 2011년 제4회

　가. Telnet　　　　나. HTTP　　　　다. FTP　　　　라. Gopher

121. SNMP에 대한 설명 중 옳지 않은 것은? 2011년 제4회, 2018년 제3회

    가. UDP 상에서 작동한다.
    나. 비동기식 요청/응답 메시지 프로토콜이다.
    다. 4가지 기능(Get, Get Next, Set, Trap)을 수행한다.
    라. E-Mail을 주고받기 위해 사용되는 프로토콜이다.

122. SSH의 핵심 기능으로 옳지 않은 것은? 2011년 제4회

    가. 안전한 명령 해석기   나. 안전한 파일 전송
    다. 안전한 포트 포워딩   라. 안전한 데이터 저장

123. UA가 생성한 메일의 여러 부분 중에서 송신자와 수신자 주소를 포함하고 있는 부분은?
    2011년 제4회

    가. Envelope   나. Message   다. Header   라. Body

124. HTTP/1.0에서 정의하는 공통 메서드(Method)가 아닌 것은? 2011년 제4회

    가. GET 메서드   나. HEAD 메서드
    다. WRITE 메서드   라. POST 메서드

125. SSH은 포트포워딩(Port Forwarding) 기능을 제공한다. 이 기능을 사용함으로써 얻을 수 있는 장점은? 2012년 제1회, 2012년 제3회, 2017년 제2회

    가. 통신비용의 절감
    나. 암호화를 지원하지 않는 프로그램의 안전한 사용
    다. 선택적인 데이터 압축으로 전송 속도 향상
    라. 사용자의 자동 인증

126. 네트워크 장비를 관리 감시하기 위한 목적으로 TCP/IP 상에 정의된 응용 계층의 프로토콜로, 네트워크 관리자가 네트워크 성능을 관리하고 네트워크 문제점을 찾아 수정하는데 도움을 주는 것은? 2012년 제2회, 2017년 제3회

   가. IGP   나. RIP   다. ARP   라. SNMP

127. 로컬의 단말기에 의해 사용되며 원격의 상대 호스트에 접속하기 위한 프로토콜은? 2012년 제2회

   가. FTP   나. SMTP   다. SNMP   라. Telnet

128. SNMP에 대한 설명으로 옳지 않은 것은? 2012년 제3회, 2013년 제4회, 2017년 제2회

   가. TCP를 이용하여 신뢰성 있는 통신을 한다.
   나. 네트워크 관리를 위한 표준 프로토콜이다.
   다. 응용 계층 프로토콜이다.
   라. RFC 1157에 규정 되어 있다.

129. FTP의 기능으로 옳지 않은 것은? 2012년 제4회

   가. 인터넷에서 파일을 송수신하는 전송규약이다.
   나. 파일을 업로드 할 수 있다.
   다. 다른 컴퓨터의 파일을 실행한다.
   라. 서버에 접속해 자료를 전송받는다.

130. DNS에 대한 설명으로 옳지 않은 것은? 2012년 제4회

가. 도메인에 대하여 IP Address를 매핑한다.
나. IP Address를 도메인 이름으로 변환하는 기능도 있다.
다. IP Address를 효율적으로 관리하기 위한 서비스로 IP Address 및 Subnet Mask, Gateway Address를 자동으로 할당해 준다.
라. 계층적 이름 구조를 갖는 분산형 데이터베이스로 구성되고 클라이언트 · 서버 모델을 사용한다.

131. SMTP에 대한 설명 중 올바른 것은? 2012년 제4회, 2018년 제4회

가. 네트워크의 구성원에 패킷을 보내기 위한 하드웨어 주소를 정한다.
나. TCP/IP 프로토콜에서 데이터의 전송 서비스를 규정한다.
다. TCP/IP 프로토콜의 IP에서 접속 없이 데이터의 전송을 수행하는 기능을 규정한다.
라. 인터넷상에서 전자우편(E-Mail)의 전송을 규정한다.

132. DHCP에 관한 설명으로 옳지 않은 것은? 2013년 제1회

가. 중앙에서 IP Address를 관리하고 개별 클라이언트들에게 자동으로 할당한다.
나. IP Address를 할당 받으려면 반드시 DHCP 서버의 IP Address를 클라이언트의 네트워크 등록정보에 입력해야 한다.
다. DHCP는 호스트 이동 시에 자동으로 새로운 IP Address를 할당할 수 있다.
라. 임의 주소를 할당하는 경우에는 같은 호스트에서 동일한 주소의 사용이 가능하다.

133. DNS에 대한 설명 중 옳지 않은 것은? 2013년 제1회

가. 다른 호스트에 접근하고자 할 때 기억하기 어려운 IP Address 대신에 좀 더 이해하기 쉬운 계층적인 호스트 이름을 사용할 수 있도록 하는 기반 서비스이자 프로토콜이다.
나. 호스트 이름에 대한 분산 데이터베이스이다.
다. 호스트 이름은 단순한 나열이 아니라 하나의 논리적인 구조를 형성하고 있다는 것을 말한다. 이들 호스트들은 하나의 도메인으로 그룹화 되어 있고, 내부에 다른 도메인을 포함할 수 있다.
라. 호스트 이름은 영문자와 숫자 그리고 '@', '#'과 같은 특수 문자로 구성이 된다.

134. SMTP에 대한 설명 중 옳지 않은 것은? 2013년 제1회

가. 두 호스트 간 메시지 전송을 제공한다.
나. 네트워크의 구성원에 패킷을 보내기 위한 하드웨어 주소를 정한다.
다. 전송에 대해 TCP를 사용한다.
라. 인터넷상에서 전자우편(E-Mail)의 전송을 규정한다.

135. SNMP의 문제점으로 옳지 않은 것은? 2013년 제1회

가. 보안에 취약하다.
나. 반드시 TCP/IP 네트워크에서만 한정된다.
다. SNMP MIB의 호환성이 약하다.
라. Polling Overhead가 크다.

136. HTTP의 응답 메시지(Response Message) 내의 상태 라인(Status Line)은 응답 메시지의 상태를 나타낸다. 다음 중 클라이언트가 요청한 메소드에 대해 응답할 때, 요청된 메소드가 성공적으로 수행되었을 경우 보내는 상태 코드는? 2013년 제3회

가. 204　　나. 302　　다. 100　　라. 200

137. FTP 서비스를 통해 각종 실행파일, 압축파일, hwp파일, 데이터 파일 등을 전송할 때 사용하는 명령은? 2013년 제3회

가. ASCII　　　　　　　　나. cdup
다. bin(또는 binary)　　　라. get

138. 응용 계층 수준에서 보안기능을 제공하는 프로토콜은? 2013년 제3회

가. CA　　나. TLS　　다. IPSec　　라. SSH

139. FTP에 대한 설명 중 올바른 것은? 2013년 제3회

가. 인터넷을 통해 파일을 송·수신하기 위한 프로토콜
나. 인터넷 전자우편을 위한 프로토콜
다. 하이퍼텍스트 문서를 전송하기 위한 프로토콜
라. 원격접속을 하기 위한 프로토콜

140. Rsh, Rlogin, Telnet 등을 대체하기 위해 설계되었으며, 원격에 있는 호스트를 안전하게 액세스하기 위한 유닉스 기반의 명령어 프로토콜은? 2014년 제1회

가. SSL   나. IMAP   다. SSH   라. SNMP

141. FTP에 관한 설명 중 옳지 않은 것은? 2014년 제1회

가. Anonymous FTP는 공개 FTP로 누구나 이용이 가능하다.
나. Mirroring FTP는 이용자 분산을 목적으로 Anonymous FTP의 파일을 복사한 FTP 서버이다.
다. 'mget' 명령어를 이용하며 여러 개의 파일을 FTP 서버로 올릴 수 있다.
라. /pub 디렉터리는 Anonymous FTP 이용 시 모든 이용자가 검색 가능하다.

142. SSH(Secure Shell) 프로토콜에 들어가지 않는 기능은? 2014년 제2회

가. 압축(Compression)   나. 암호화(Encryption)
다. 인증(Authentication)   라. 순서보정(Resequencing)

143. DNS에서 사용될 때 TTL(Time to Live)의 설명으로 올바른 것은?
2014년 제2회, 2015년 제4회, 2017년 제1회, 2018년 제4회

가. 데이터가 DNS서버 존으로부터 나오기 전에 현재 남은 시간이다.
나. 데이터가 DNS서버 캐시로부터 나오기 전에 현재 남은 시간이다.
다. 패킷이 DNS서버 존으로부터 나오기 전에 현재 남은 시간이다.
라. 패킷이 DNS서버 네임서버 레코드로부터 나오기 전에 현재 남은 시간이다.

144. SNMP의 설명으로 옳지 않은 것은? 2014년 제3회

가. SNMP는 주기적으로 폴링(Polling)하여 네트워크 상태정보를 수집하고 분석하는 기능을 제공한다.
나. 네트워크 확장을 용이하게 해준다.
다. SNMP는 일반적으로 TCP 세션을 이용한다.
라. 폴링으로 인해 네트워크 트래픽이 많이 발생될 수 있는 단점이 있다.

145. E-Mail과 관련 없는 것은? 2014년 제3회

가. MUA   나. SNMP   다. SMTP   라. MIME

146. POP3에 대한 설명 중 옳지 않은 것은? 2014년 제4회

가. SMTP와 반대 개념으로 메일을 서버로부터 내려 받아 읽을 수 있게 한다.
나. 인터넷이 연결된 곳에서 인증 과정만 통과하면 장소에 상관없이 사용이 가능하다.
다. 일반적으로 POP3로 접속하여 메일을 가져와도 서버에는 메일이 남아있다.
라. Post Office Protocol Version 3의 약자이다.

147. 전자메일을 전송하거나 수신할 때 사용되는 프로토콜로 옳지 않은 것은? 2015년 제2회

가. SMTP(Simple Mail Transfer Protocol)
나. MIME(Multi-purpose Internet Mail Extensions)
다. POP3(Post Office Protocol 3)
라. SNMP(Simple Network Management Protocol)

148. Telnet에 대한 설명으로 옳지 않은 것은? 2015년 제4회

가. Telnet은 네트워크 가상 단말(NVT)의 표준 단말 타입을 정의한다.
나. 원격에 있는 호스트에 접속할 수 있도록 해주는 프로토콜이다.
다. 명령형식은 Telnet '도메인 이름'(또는 IP Address)이다.
라. 로컬 네트워크에서만 적용된 프로토콜이다.

149. SSH에 대한 설명으로 옳지 않은 것은? 2016년 제1회

    가. SSH에서는 포트 포워딩(Port Forwarding) 기법을 사용하고 있다.
    나. SSH를 통해 만든 터널을 다른 애플리케이션도 이용할 수 있다.
    다. SSH에서는 TCP와 UDP를 사용하는 애플리케이션을 지원한다.
    라. 터널링은 크게 Local Port Forwarding과 Remote Port Forwarding으로 이루어진다.

150. Anonymous FTP에 대한 설명으로 적당하지 않은 것은? 2016년 제3회

    가. 사용자 계정이 없어도 파일을 수신 할 수 있다.
    나. 'Anoymous' 또는 'FTP'를 계정으로 사용한다.
    다. 일반적으로 23번 포트를 사용하여 상호 통신한다.
    라. Internet의 많은 컴퓨터들이 Anonymous FTP를 사용하여, 문서, S/W 등 여러 종류의 정보를 제공한다.

151. SSH에 대한 설명으로 올바른 것은? 2016년 제3회, 2018년 제3회

    가. 데이터 전송 시 UDP 프로토콜만을 사용한다.
    나. 패스워드가 암호화되지 않으므로 패스워드가 보호되지 않는다.
    다. Secure Shell 이라고 부른다.
    라. 쌍방 간 인증을 위해 Skipjack 알고리즘이 이용된다.

152. DNS에 대한 설명 중 올바른 것은? 2016년 제4회

    가. 인터넷의 도메인 이름과 같은 형식으로 IP Address에 대한 이름을 지정한다.
    나. 네트워크의 구성원에 패킷을 보내기 위한 하드웨어 주소를 정한다.
    다. TCP/IP 프로토콜의 IP에서 접속 없이 데이터의 전송을 수행하는 기능을 규정한다.
    라. IP 주소를 중앙에서 관리 할 수 있도록, 클라이언트에게 IP 주소와 서브넷 마스크 같은 정보를 동적으로 할당한다.

153. TFTP에 대한 설명 중 옳지 않은 것은? 2016년 제4회

가. 시작지 호스트는 잘 받았다는 통지 메시지가 올 때까지 버퍼에 저장한다.
나. 중요도는 떨어지지만 신속한 전송이 요구되는 파일 전송에 효과적이다.
다. 모든 데이터는 512바이트로 된 고정된 길이의 패킷으로 되어 있다.
라. 보호등급을 추가하여 데이터 스트림의 위아래로 TCP 체크섬이 있게 한다.

154. NMS(Network Management Solution)을 운영하기 위해서는 반드시 필요한 프로토콜이다. 각종 네트워크 장비의 data를 수집하고 대규모의 네트워크를 관리하기 위해 필요한 프로토콜은? 2017년 제1회

가. Ping   나. ICMP   다. SNMP   라. SMTP

155. TFTP 프로토콜에 대한 설명 중 옳지 않은 것은? 2017년 제1회, 2018년 제1회, 2018년 제3회

가. Trivial File Transfer Protocol의 약어이다.
나. 네트워크를 통한 파일 전송 서비스이다.
다. 3방향 핸드셰이킹 방법인 TCP 세션을 통해 전송한다.
라. 신속한 파일의 전송을 원할 경우에는 FTP보다 훨씬 큰 효과를 얻을 수 있다.

156. DNS 메시지 헤더 형식에 대한 설명 중 옳지 않은 것은? 2017년 제3회

가. ID : 질의를 일으키는 프로그램에 의해 할당되는 16비트 인식자
나. QR : 메시지가 요구(1)인지 응답(0)인지를 나타내는 1비트 영역
다. OPCODE : 공식적으로 나타난 질의의 유형에 대해 명시
라. RA : 반복 질의를 수행하는 응답 네임 서버를 지정하는 1비트 영역

157. 원격 컴퓨터에 안전하게 액세스하기 위한 유닉스 기반의 명령 인터페이스 및 프로토콜로, 기본적으로 22번 포트를 사용하고, 클라이언트/서버 연결의 양단은 전자 서명을 사용하여 인증되며, 패스워드는 암호화하여 보호되는 것은? 2013년 제3회, 2017년 제3회

가. SSH   나. IPSec   다. SSL   라. PGP

158. TFTP에 대한 설명으로 올바른 것은? 2017년 제4회

　가. TCP/IP 프로토콜에서 데이터의 전송 서비스를 규정한다.
　나. 인터넷상에서 전자우편(E-mail)의 전송을 규정한다.
　다. UDP프로토콜을 사용하여 두 호스트사이에 파일전송을 가능하게 해준다.
　라. 네트워크의 구성원에 패킷을 보내기 위한 하드웨어 주소를 정한다.

159. 네트워크 장비를 관리 감시하기 위한 목적으로 TCP/IP 상에 정의된 응용 계층의 프로토콜로, 네트워크 관리자가 네트워크 성능을 관리하고 네트워크 문제점을 찾아 수정하는데 도움을 주는 것은? 2017년 제4회

　가. SNMP　　　　나. CMIP　　　　다. SMTP　　　　라. POP

160. DNS 레코드에 대한 설명으로 옳지 않은 것은? 2018년 제1회

　가. A : DNS 이름과 호스트의 IP Address를 연결한다.
　나. CNAME : 이미 지정된 이름에 대한 별칭 도메인이다.
　다. AAAA : 해당 도메인의 주 DNS 서버에 이름을 할당하고 데이터를 얼마나 오래 캐시에 저장할 수 있는지 지정한다.
　라. MX : 지정된 DNS 이름의 메일 교환 호스트에 메일 라우팅을 제공한다.

161. SNMP 클라이언트 프로그램을 실행하는 주체와 SNMP 서버 프로그램을 실행하는 주체는 각각 무엇인가? 2018년 제2회

　가. 매니저, 매니저　　　　　　　　나. 매니저, 에이전트
　다. 에이전트, 매니저　　　　　　　라. 에이전트, 에이전트

정답

1	2	3	4	5	6	7	8	9	10
나	다	라	나	다	가	나	다	라	다
11	12	13	14	15	16	17	18	19	20
가	다	라	가	다	다	라	나	나	나
21	22	23	24	25	26	27	28	29	30
가	라	가	나	가	가	가	가	나	나
31	32	33	34	35	36	37	38	39	40
나	나	라	가	다	라	라	다	다	나
41	42	43	44	45	46	47	48	49	50
가	다	라	가	가	나	라	라	라	다
51	52	53	54	55	56	57	58	59	60
다	가	가	나	다	나	나	다	다	라
61	62	63	64	65	66	67	68	69	70
나	라	다	다	가	라	라	라	다	다
71	72	73	74	75	76	77	78	79	80
다	나	나	나	가	나	라	나	라	나
81	82	83	84	85	86	87	88	89	90
라	라	다	가	가	다	나	라	나	가
91	92	93	94	95	96	97	98	99	100
가	라	라	라	라	라	다	가	나	나
101	102	103	104	105	106	107	108	109	110
라	다	라	라	나	나	나	라	다	가
111	112	113	114	115	116	117	118	119	120
나	나	다	라	다	가	다	라	가	가
121	122	123	124	125	126	127	128	129	130
라	라	가	다	나	라	라	가	다	다
131	132	133	134	135	136	137	138	139	140
라	나	라	나	나	라	라	라	가	다
141	142	143	144	145	146	147	148	149	150
다	라	나	다	나	다	라	라	다	다
151	152	153	154	155	156	157	158	159	160
다	가	라	다	다	나	가	다	가	다
161									
나									

Chapter 09

기타 프로토콜

1 RTP
2 PPTP
3 CSLIP
4 NWLink
5 AppleTalk
6 WINS
7 NAT

CHAPTER 09 기타 프로토콜

국가 공인 네트워크관리사 완벽 대비서 TCP/IP 네트워크

제1절 RTP

1 RTP란?

① Real time Transport Protocol
② 유튜브에 저장된 영상같이 비실시간성 데이터를
  ⓐ 유저들이 실시간으로 볼 수 있도록 전송하기 위해서
  ⓑ UDP상에서 동작하는 전송 프로토콜
③ TCP기반의 HTTP와는 달리 RTP는 주로 미디어 스트림에 대한 전송을 목적으로 설계

2 RTP의 특징

① 단점 : UDP를 사용하다보니 QoS 보장이나 신뢰성을 제공하지 못함
  ⓐ 실시간으로 데이터를 전송하기 위해서는 동기화가 필수
  ⓑ 그래서 실시간영상을 전송할 때에는 RTCP(RTP Control Protocol) 제어권을 보장함
② RTP/RTCP를 이용하는 응용분야 : VOD(Video On Demand : 주문형 비디오), AOD(Audio On Demand : 주문형 오디오), 인터넷 폰, 인터넷 방송, 영상회의 등
  ⓐ RTP
    ☞ 미리 예약된 포트를 사용하지 않고 짝수 포트를 임의적으로 사용
  ⓑ RTCP
    ☞ 바로위의 홀수 포트를 사용, 전송률 제어를 위해 병행 사용함
③ RTP는 표준화된 포맷(오디오용 PCM, GSM, MP3 또는 MPEG, H.263)을 전달 할 수 있고, 비표준화 된 오디오/비디오 형식도 전달이 가능
④ 유니캐스트나 멀티캐스트 데이터 전송에 적합
⑤ 응용프로그램의 필요에 따라 헤더를 변경하거나 추가 가능

용어 설명

(1) PCM
① Pulse Code Modulation : 펄스 코드 변조
② 디지털 변조 방식

(2) GSM
① Global System for Mobile communications : 이동통신을 위한 국제표준 시스템
② 유럽에서 서비스하고 있는 이동통신 기술방식
③ 1982년 : 유럽 우편 · 전기통신 주관청 회의(CEPT) 산하 GSM에서 디지털 셀룰러 SYSTEM 규격을 설정한 것이 효시
　ⓐ 1989년 : 유럽전기통신 표준협회(ETSI)로 이관, 범 유럽 표준규격으로 제정, 유럽 전체를 단일 통화권으로 묶음
　ⓑ 1991년 : 상용화
　　※ CEPT : Conference of European Postal and Telecommunications Administrations
　　※ ETSI : European Telecommunications Standards Institute
④ CDMA(부호분할 다중접속)방식 기술과 대응되는 개념
⑤ GSM과 CSMA의 주파수 할당 방식
　ⓐ GSM : 시간을 맞추지 않고 통화할 때마다 주파수를 일일이 할당 받는 방식
　ⓑ CDMA : 위성을 통해 기지국마다 시간을 맞추는 동기식으로 주파수를 할당 받는 방식(주파수 1개만 사용)
⑥ 기존 아날로그 방식과는 호환성이 없음
⑦ GSM과 CDMA 비교

표 9.1 GSM과 CDMA 기술의 비교

기술 구분	GSM	CDMA
사용국가	유럽	북미, 한국
세계시장 점유율	30%	70%
주도업체	노키아(Nokia) 등 다수	퀄컴(Qualcomm)
기술특징	모뎀 없이 이동 데이터 서비스 지원	GPS 사용, 통화품질 우수

용어 설명

(1) MP3
① "MPEG-1 Audio Layer-3"의 약자
② MP3는 오디오 데이터의 압축 기술
　ⓐ 오디오 데이터를 디지털 방식으로 기록한 파일형식
　ⓑ CD 음질을 유지하면서도 데이터를 1/10로 줄일 수 있는 MPEG1 규약
　[참고] MPEG : Motion Pictures Experts Group
　　　☞ ISO의 하부조직
　　　☞ 동영상 압축 기술의 표준 규격을 담당하는 위원회

③ 1995년 동영상압축 표준인 MPEG기술 가운데 음성부분이 따로 떨어지면서 등장

(2) H.263
   ① H.26x : 영상 부호화 표준
      ☞ ITU-T 영상 부호화 전문가 그룹(VCEG : Video Coding Experts Group)이 개발
   ② 화상전화와 화상회의를 응용하기 위한 영상 압축 코딩 표준문서
   ③ 낮은 대역폭(20~24Kbps)에서의 스트리밍 미디어를 위해 H.261 코덱 기반으로 개발
      ⓐ H.261에 비해 절반의 대역폭으로 동일 화질을 얻을 수 있음
      ⓑ H.261을 대신해 범용으로 사용
      ⓒ 비디오 스트리밍 전송을 위한 실시간 전송 프로토콜(RTP)에 사용
   ④ 동영상 공유 사이트(유튜브 등)에서 플래시 비디오를 널리 사용하게 되면서 소렌슨 스파크 코덱의 사용이 많아짐
      ☞ H.263의 구현 중 한 가지
      ☞ Sorenson Spark 코덱 : Flash Video에 사용하기 위해 개발된 H.263

3 RTP 프로토콜의 동작

① 평문을 공개키의 소인수분해, 이산대수 알고리즘으로 암호화
② RTP에서 음성/영상을 압축
③ UDP로 전송
④ UDP에서 데이터를 IP망으로 전달
⑤ 물리계층으로 다시 전달

4 RTP 프로토콜 스택의 구성

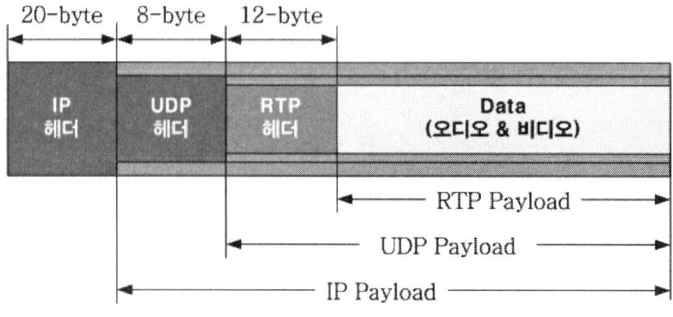

그림 9.1   RTP 프로토콜 스택의 구성

제2절 PPTP

1 PPTP란?

① Point to Point Tunnelling Protocol : 지점 간 터널링 프로토콜
② 컴퓨터 간에 1대 1 방식으로 데이터를 전송
    ⓐ 보안을 유지하면서 가상사설망(VPN)을 지원해주는 프로토콜
    ⓑ TCP/IP를 그대로 이용하면서도 외부인이 접근할 수 없는 별도의 가상사설망을 운용할 수 있도록 해줌
③ MS사, 3COM 등 여러 회사가 가상사설망을 지원하기 위해 공동으로 개발

용어 설명

※ 가상사설망(VPN)
① Virtual Private Network
② 가상사설망 = 기업의 통신망 ← (연결) → 인터넷망(ISP)
    ☞ 인터넷망과 같은 공중망을 사설망처럼 이용하는 기업통신망
③ 회선 비용을 크게 절감
    ⓐ 저렴한 공중망인의 인터넷망을 이용
    ⓑ 고비용의 사설 전용선을 사용하는 효과를 볼 수 있는 네트워크 방식
④ 사설망과 공중망의 중간 형태
    ☞ 인터넷으로 전용회선을 사용한 것과 동일한 보안상의 효과를 보임
⑤ 특징
    ⓐ 기업의 본사와 지사 또는 지사 간에 전용망을 설치한 것과 같은 효과를 거둠
    ⓑ 기존의 사설망 연결방식보다 비용 절감 효과를 기대
    ⓒ 별도로 값비싼 장비나 소프트웨어를 구입 및 관리할 필요 없음
    ⓓ 네트워크 구성이 편리하고 사용자의 이동성을 보장
    ⓔ 일반기업에서 확보하기 어려운 정보통신관련전문기술을 활용할 수 있음

2 PPTP 서비스

① 가상사설망이 구축된 기업 네트워크에 적합한 원격 접속 방식
② 경제적인 이점이 있음
    ⓐ 전화 접속 방식에 따른 비용 최소화
    ⓑ 전화 접속 장비 구입 비용 절약
    ⓒ 사설망 구축에 따른 모뎀이나 네트워크 장비 구성에 필요한 비용 줄임
    ⓓ 관리 비용도 줄임

3 가상사설망(VPN) 운용

① 가상사설망의 사용자(클라이언트)와 서버는 인터넷을 이용하여 서로 통신
  ⓐ 서버 : 주로 전용선으로 인터넷에 연결
  ⓑ 클라이언트 : 전화 접속 방식으로 인터넷에 연결되어 있음
② PPTP 프로토콜은 다중 프로토콜 가상사설망을 지원함
  ⓐ 인터넷상에 보안 처리된 네트워크 터널을 구성
  ⓑ 네트워크 터널은 인터넷 접속서비스 업체에 전화접속 방식으로 접속한 사용자와 서버 사이에 안전한 인터넷 통신 체제를 제공

제3절 CSLIP

1 CSLIP이란?

① Compressed SLIP
② SLIP의 비효율성을 위해 새로 개발된 몇 가지의 압축 옵션 가운데 하나
③ 별로 쓸모가 없는 TCP 헤더의 크기를 줄임으로써 전송 효율을 높인 것

용어 설명

※ SLIP
① Serial Line Interface Protocol
② IP 패킷을 직렬회선에서 동작하도록 간단하고 구현이 쉽게 설계된 비동기 직렬 링크 프로토콜
③ 특징
  ⓐ 비표준 프로토콜
  ⓑ 현재 사용되지 않음
    ☞ 인증, 압축, 에러검출, 링크제어 등의 기능이 전혀 없음
    ☞ 패킷 전송하기 위한 점대점 직렬 프로토콜로 PPP(Point-to- Point Protocol)를 사용
  ⓒ 전송할 데이터를 그룹화 하는 프레임 방법만 규정함
    ☞ 매 바이트 단위로 나누어 보내고, 프레임 끝을 알리는 END 문자(192, 0xC0)를 붙임

제4절 NWLink

1 NWLink란?

① NetWare 표준 전송방식인 IPX/SPX에 대응하여 MS사가 개발한 프로토콜
② NetWare가 사용하는 IPX와 SPX를 구현한 프로토콜
　ⓐ IPX는 IP에 SPX는 TCP에 대응
　ⓑ IPX/SPX는 TCP/IP보다 가벼운 프로토콜임

용어 설명

(1) IPX(Internetwork Packet Exchange)
　① 망간 패킷 교환
　② 3계층(네트워크 계층) 프로토콜
　　ⓐ 비연결형(Connectionless) 프로토콜
　　ⓑ UDP 사용
　③ 넷웨어의 네트워크 프로토콜 : 넷웨어 LAN에서 기본 프로토콜
　④ 라우팅이 가능
(2) SPX(Sequence Packet Exchange)
　① 순차 패킷 교환
　② 4계층(전송 계층) 프로토콜
　　ⓐ 연결 기반형(Connection-oriented) 프로토콜
　　ⓑ TCP 사용
　③ 넷웨어의 네트워크 프로토콜

2 윈도우 NT에서 기본 네트워크 프로토콜

① 윈도우 NT 3.5이전 버전 : NWLink 사용
② 윈도우 NT 3.5.1부터 : TCP/IP 사용

제5절 AppleTalk

1 AppleTalk이란?

① 1985년 발표한 매킨토시용 네트워크 프로토콜
② 애플사에 의해 개발된 저가격의 근거리통신망(LAN)용 프로토콜
③ 여러 대의 매킨토시(Macintosh) 컴퓨터와 다른 컴퓨터 장비(IBM 호환 기종) 및 레이저프린터를 연결할 수 있도록 해주는 통신망

2 AppleTalk의 특징

① TCP/IP가 많이 사용되면서 현재는 거의 사용되지 않음
② AppleTalk의 패킷 전달 프로토콜 : 네트워크계층에 해당
  ☞ 라우팅이 가능
③ 근거리통신망에서 최대 32대의 장치를 지원
④ 통신 속도 : 230Kbps
⑤ 통신 거리 : 약 300m

3 AppleTalk 네트워크의 기본 구성요소

① 네트워크는 계층구조로 배열
② 4가지 기본 구성요소
  ⓐ 소켓(Sockets)
  ⓑ 노드(Nodes)
  ⓒ 네트워크(Networks)
  ⓓ 영역(Zones)

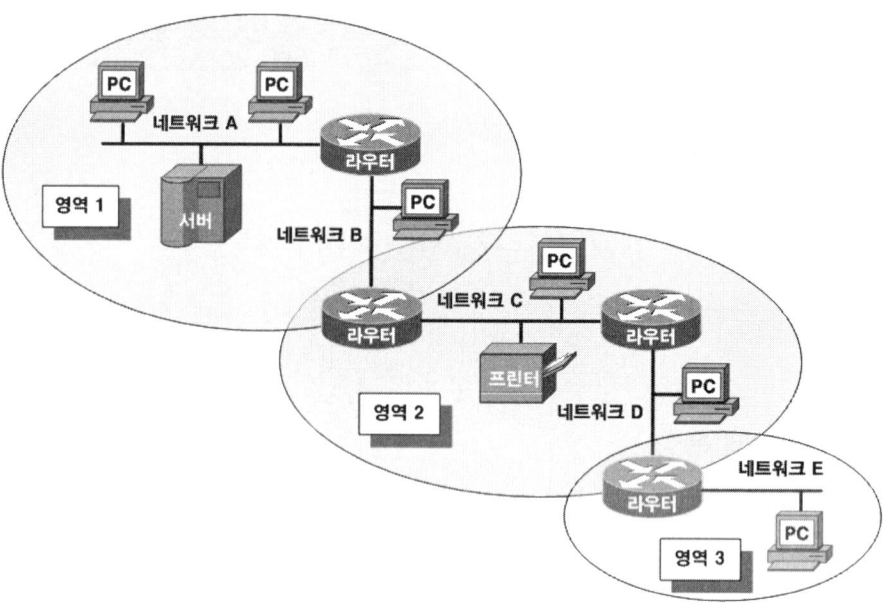

그림 9.2 AppleTalk 네트워크의 구성요소

제6절 WINS

1 WINS란?

① Windows Internet Naming Service : 윈도우즈 인터넷 이름 서비스
② NetBIOS에서 IP주소를 얻는 데 필요한 서비스
③ 네트워크에서 사용되는 컴퓨터와 그룹에 대한 NetBIOS 이름의 동적 매핑을 등록하고 조회하기 위한 분산 데이터베이스를 제공
　ⓐ NetBIOS 이름을 IP 주소에 매핑
　ⓑ WINS 데이터베이스는 동적 주소 구성 변경이 이루어질 때 자동으로 업데이트

2 특징

① NetBIOS 이름 확인을 위한 로컬 IP 브로드캐스트의 사용을 줄임
② 사용자들이 원격 네트워크에서 시스템을 쉽게 찾을 수 있게 해줌

3 WINS의 구성 및 역할

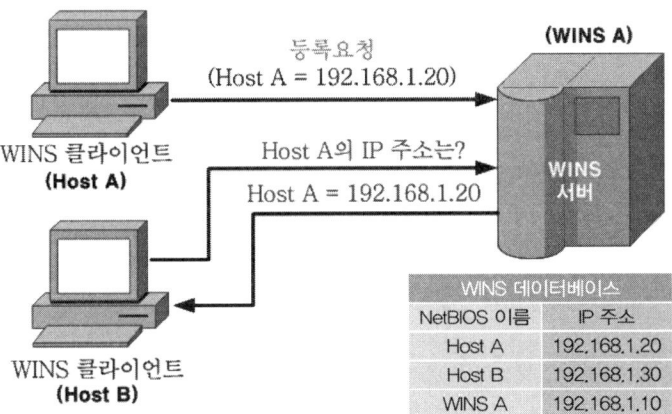

그림 9.3 WINS의 구성 및 역할

제7절 NAT

1 NAT란?

① Network Address Translation : 네트워크 주소 변환기
   ☞ 사설 IP주소를 공인 IP주소로 바꿔주는 역할
② TCP/IP를 통한 통신망이 전 세계로 확산되면서 IP주소의 부족이 심각한 문제
   ⓐ IANA(Internet Assigned Numbers Authority)에서는 주소를 최대한 활용하기 위한 많은 해결책들이 제시됨
   ⓑ 그 중의 하나가 NAT

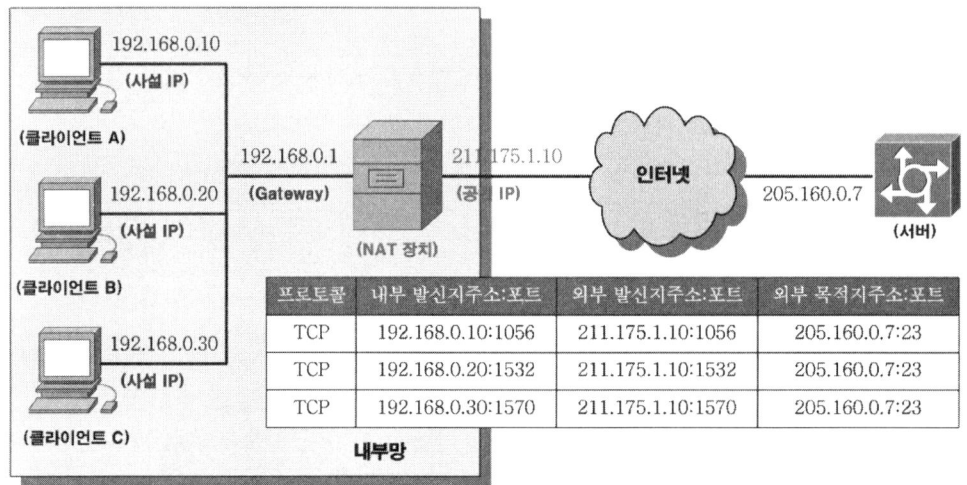

그림 9.4 NAT 구성 네트워크

표 9.2 공인 IP 주소 영역에서 사설 IP 주소로 할당된 범위

주소 클래스 영역	사설 IP주소 영역
A	10.0.0.0~10.255.255.255
B	172.16.0.0~172.31.255.255
C	192.168.0.0~192.168.255.255

2 NAT의 사용 목적

(1) 인터넷의 공인 IP주소를 절약

☞ 사설망에서 여러 대의 컴퓨터가 하나의 공인 IP를 공동으로 사용
(2) 인터넷 공중망과 연결되는 사용자들의 고유 사설망을 침입자들로부터 보호
　① 공개된 인터넷과 사설망 사이에 방화벽(Firewall)을 설치
　　☞ 외부 공격으로부터 사용자의 통신망을 보호하는 기본적인 수단으로 활용할 수 있음
　② 인터넷망과 연결용 장비인 라우터에 NAT를 설정할 경우
　　☞ 라우터는 자신에게 할당된 공인 IP주소만 외부로 알려지게 함
　　☞ 내부에서는 사설 IP주소만 사용하도록 함
　　☞ 필요시에 이를 서로 변환시켜 줌
　③ 따라서 외부 침입자가 공격하기 위해서는 사설망의 내부 사설 IP주소를 알아야 하기 때문에 공격이 불가능해짐
　　☞ 내부 네트워크 보호
(3) NAT의 작업 수행 과정
　NAT 장치의 좌측에 있는 클라이언트는 일반적으로 DHCP 또는 관리자에 의한 정적 구성을 통해 개인 IP 주소를 할당 받게 된다. 사설 네트워크의 외부에서 통신이 발생할 경우 보통 다음과 같은 작업이 수행된다.
　1) 클라이언트 측
　　클라이언트의 응용프로그램이 외부 망의 서버와 통신을 시도할 경우
　　① 소켓을 Open
　　　☞ 발신지 IP주소/포트, 목적지 IP주소/포트, 네트워크 프로토콜과 연관된 소켓
　　② 응용프로그램이 소켓을 사용하여 정보를 전송
　　　ⓐ 패킷의 소스 필드 : 클라이언트의 사설(Source) IP주소와 포트 포함
　　　ⓑ 패킷의 목적지 필드 : 서버의 IP주소(목적지 IP주소)와 포트가 포함됨
　　　ⓒ 이 패킷은 사설 네트워크 외부의 어떤 지점에 도달해야 함
　　③ 클라이언트가 이 패킷을 지정된 기본 게이트웨이로 전달
　　　☞ 여기서 기본 게이트웨이는 NAT장치임
　2) NAT장치 : 외부 망으로 나가는 패킷 처리
　　① 패킷을 가로채어 포트 매핑을 만듦
　　　ⓐ NAT장치의 외부 IP주소(공인 IP주소)와 포트
　　　ⓑ 목적지(Server) IP주소와 포트
　　　ⓒ 네트워크 프로토콜
　　　ⓓ 클라이언트의 내부 IP주소와 포트를 사용

② 포트 매핑을 테이블에 저장하고, 매핑 테이블을 관리
☞ NAT 장치의 외부 IP주소와 포트 = 공용 IP주소와 포트임
③ 패킷을 변환
☞ 패킷 소스 필드 내에 클라이언트의 내부 IP주소(사설 IP주소)와 포트를 NAT 장치의 공용 외부 IP주소와 포트로 변환
④ 패킷이 외부 네트워크를 통해 전송
☞ 결국 목적지 서버에 도달하게 됨

3) 서버 측
① 서버가 패킷을 받아 소스의 요청을 처리
② 응답 패킷의 소스 필드에 서버의 IP 주소와 포트를 사용
③ NAT 장치의 외부 IP 주소와 포트로 응답 패킷을 보냄

4) NAT 장치 : 외부 망에서 들어오는 패킷 처리
① NAT 장치는 서버로부터 패킷을 받아 포트 매핑 테이블과 비교
② 일치하는 포트 매핑을 찾으면 역변환을 수행
☞ NAT 장치는 패킷 목적지 필드 내의 외부 IP주소(공용 IP주소)와 외부 포트를 클라이언트의 내부 IP주소와 내부 포트로 바꿈
③ 내부 네트워크를 통해 패킷을 해당 클라이언트로 보냄
☞ NAT장치에서 일치하는 포트 매핑을 찾지 못할 경우 들어오는 패킷은 없어지고 연결이 끊어짐

(4) NAT의 장점
① 클라이언트 쪽에서 별도의 구성을 수행하지 않아도 사설 IP주소로 인터넷을 통해 통신
② 응용 프로그램에서도 별도의 API를 호출하지 않아도 됨

용어 설명

※ API
① Application Programming Interface
② 응용 프로그램 작성용 인터페이스
☞ 응용프로그램이 운영체제(OS : Operating System)나 데이터베이스관리시스템(DBMS : Data Base Management System)과 같은 시스템 프로그램과 통신할 때 사용되는 언어나 메시지 형식
☞ 서브루틴 함수(Subroutine Function)에 해당
② 하나의 API는 함수의 호출에 의해 요청되는 작업을 수행하기 위해
☞ 연결될 몇 개의 프로그램 모듈이나 루틴을 가짐

연습문제

CHAPTER 09

01. 다음 중 데이터 압축 기법과 관련 없는 것은? 2000년 제3회

　가. run-length 압축기법　　　　　　나. lzw 압축기법
　다. echo 압축기법　　　　　　　　　라. 허프만(Huffman) 압축기법

02. Windows NT에서 IP 주소들의 목록과 관련된 원격 호스트들만을 위한 NetBios 이름을 가진 텍스트 파일은? 2001년 제4회

　가. HOSTS 파일　　나. ARP 파일　　다. LMHOSTS 파일　　라. RARP 파일

03. Macintosh와 IBM 호환기종간 네트워크 연결작업을 하려고 할 때 필요한 프로토콜은?
2002년 제3회, 2007년 제4회

　가. AppleTalk　　나. IPX/SPX　　다. NWLink　　라. NetBIOS

04. A사의 네트워크는 규모 확장으로 IP가 부족한 상태가 발생하였다. 현재 네트워크는 전용선으로 묶여있으며 사용 가능한 공인IP 수는 64개이다. 네트워크에 연결되어야 할 PC는 총 120대이고 서버를 제외한 클라이언트는 외부에서의 접속은 필요 없다. 가장 효율적인 네트워크 확장방법은? 2002년 제4회, 2003년 제1회

　가. 공인된 IP를 ISP에 요청하여 라우터 및 클라이언트에 부여한다.
　나. 라우터의 NAT기능을 활용한다.
　다. DHCP서버를 사용한다.
　라. BOOTP기능을 활용한다.

05. 다음 중 NetBIOS 이름을 IP 주소로 사상(alias)하기 위해 사용되는 프로토콜은?
2003년 제3회, 2005년 제3회

　가. DHCP　　나. DNS　　다. TCP/IP　　라. WINS

06. 인터넷을 경유하여 로컬 네트워크에 접근할 때, 보안을 강화하기 위해 사용하는 프로토콜은? 2003년 제4회, 2006년 제2회

 가. PPP   나. PPTP   다. HDLC   라. CSLIP

07. NullMODEM Cable을 이용하여 Windows 98과 Windows 2000 Server를 Windows 98의 '케이블 직접연결'을 이용하여 연결하려고 했지만 연결이 되지 않을 때, Windows 2000 Server의 '로컬 영역 연결 등록 정보'에서 설치해야 하는 프로토콜은? 2004년 제3회

 가. NetBEUI   나. NWLink(IPX/SPX)
 다. DLC   라. TCP/IP

08. 인터넷 폰의 통신 프로토콜은? 2004년 제4회

 가. SNMP   나. RTP   다. NetBEUI   라. NetBIOS

09. 오디오와 비디오와 같은 실시간 데이터를 전송하기 위한 인터넷 프로토콜로, 인터넷 폰의 통신 프로토콜로 사용되는 것은? 2010년 제1회

 가. SNMP   나. RTP   다. NetBEUI   라. NetBIOS

10. NAT(Network Address Translation)에 대한 설명으로 옳지 않은 것은?
  2011년 제1회, 2012년 제4회, 2013년 제1회

 가. 사설 IP 주소를 공인 IP 주소로 바꿔주는데 사용하는 통신망의 주소 변환기술이다.
 나. NAT를 사용할 경우 내부 사설 IP 주소는 C Class를 사용해야만 정상적인 동작이 가능하다.
 다. 외부 침입자가 공격하기 위해서는 사설망의 내부 사설 IP 주소를 알아야 하기 때문에 공격이 어려워지므로 내부 네트워크를 보호할 수 있는 장점이 있다.
 라. NAT를 이용하면 한정된 공인 IP 주소를 절약 할 수 있다.

11. IP Address의 부족과 내부 네트워크 주소의 보안을 위해 사용하는 방법 중 하나로, 내부에서는 사설 IP Address를 사용하고 외부 네트워크로 나가는 주소는 공인 IP Address를 사용하도록 하는 IP Address 변환 방식은? 2011년 제3회, 2016년 제3회, 2017년 제4회
    가. DHCP 방식
    나. IPv6 방식
    다. NAT 방식
    라. MAC Address 방식

12. 인터넷을 경유하여 로컬 네트워크에 접근할 때, 보안의 강화를 유지하면서 가상사설망(VPN)을 지원해주는 프로토콜은? 2012년 제3회
    가. PPP
    나. PPTP
    다. HDLC
    라. CSLIP

13. 사설 IP주소를 공인 IP주소로 바꿔주는데 사용하는 통신망의 주소 변환 기술로, 공인 IP주소를 절약하고, 내부 사설망을 이용하여 인터넷에 연결하므로 보안을 강화할 수 있는 것은? 2014년 제1회, 2015년 제2회
    가. DHCP
    나. ARP
    다. BOOTP
    라. NAT

14. IPv4가 고갈됨에 따라 내부 네트워크의 사설IP 및 보안강화를 위해 네트워크를 분리하는 방법으로 내부에는 사설IP 대역을 사용하고 외부 네트워크에는 공인 IP를 사용하도록 하는 IP address 변환 방식은? 2017년 제1회
    가. IPv6 방식
    나. DHCP 방식
    다. Mac address 방식
    라. NAT 방식

15. 다음 중 VPN 터널링의 종류로 옳지 않은 것은? 2017년 제1회
    가. L2F
    나. L2TP
    다. NAT
    라. PPTP

16. IPv4가 고갈됨에 따라 내부 네트워크의 사설IP 및 보안강화를 위해 네트워크를 분리하는 방법으로 내부에는 사설IP 대역을 사용하고 외부 네트워크에는 공인 IP를 사용하도록 하는 IP address 변환 방식은? 2017년 제1회

가. IPv6 방식
나. DHCP 방식
다. Mac address 방식
라. NAT 방식

17. 다음 (A) 안에 들어가는 용어 중 옳은 것은? (2017년 제4회)

> (A)는/은 인터넷을 이용하여 고비용의 사설망을 대체하는 효과를 얻기 위한 기술로 인터넷 망과 같은 공중망을 사용하여 둘 이상의 네트워크를 안전하게 연결하기 위하여 가상의 터널을 만들고 암호화된 데이터를 전송할 수 있도록 구성된 네트워크라고 정의할 수 있으며 공중망 상에서 구축되는 논리적인 전용망이라고 할 수 있다.

가. VLAN
나. NAT
다. VPN
라. Public Network

정답

01	02	03	04	05	06	07	08	09	10
다	다	가	나	라	나	나	나	나	나

11	12	13	14	15	16	17
다	나	라	라	다	라	다

Part 3

홈 네트워크

Chapter 10 유선 홈 네트워크

Chapter 11 무선 홈 네트워크

Chapter **10**

유선 홈 네트워크

1 홈 네트워크의 개요
2 홈 PNA
3 IEEE 1394
4 USB
5 전력선통신(PLC)
6 이더넷(Ethernet)

CHAPTER 10 유선 홈 네트워크

제1절 홈 네트워크의 개요

1 가정 내의 홈 네트워크

① 디지털 홈(Digital Home) 구축
  ⓐ 정보가전기기 : 네트워크 기능이 부가
  ⓑ 이들을 상호 연결하는 홈 네트워크 기술 필요

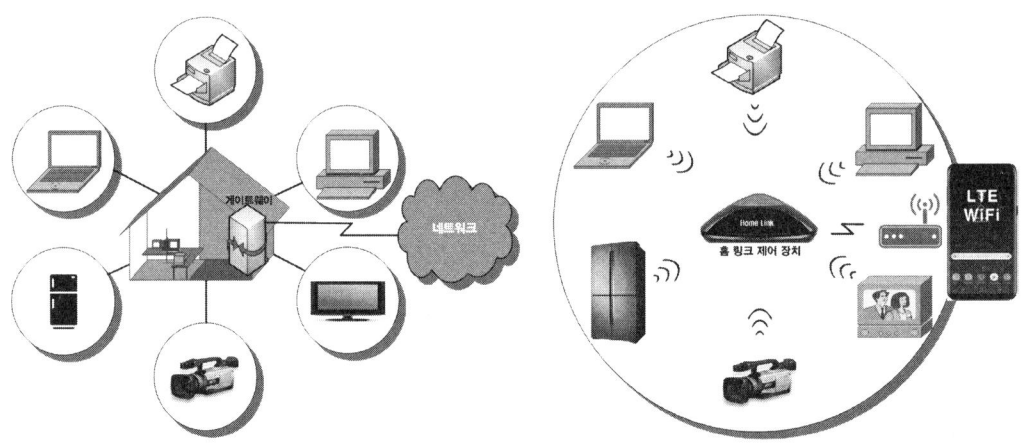

그림 10.1 유선 및 무선 홈 네트워크 구성

② 여러 단체로부터 표준화 추진
③ 홈 네트워크 기술의 형태
  ⓐ 유선
  ⓑ 무선
④ 유선형태의 대표적인 홈 네트워크 기술
  ⓐ HomePNA
  ⓑ IEEE1394
  ⓒ USB
  ⓓ PLC(Power Line Communication : 전력선 통신)

ⓔ Ethernet 등
⑤ 무선형태의 대표적인 홈 네트워크 기술
　　　ⓐ 블루투스(Bluetooth)
　　　ⓑ IrDA(Infrared Data Association)
　　　ⓒ 무선랜(WLAN)
　　　ⓓ 지그비(ZigBee)
　　　ⓔ UWB(Ultra Wide Band)
　　　ⓕ 홈 RF(Home Radio Frequency)
　　　ⓖ 무선1394 등

2 유선 및 무선 홈 네트워크의 기술 정리

① 유선 홈 네트워크의 정리

표 10.1　유선 홈 네트워크의 기술

구분	Home PNA	IEEE 1394	USB	PLC	Ethernet
표준	V1/V2/V3	1394a/1394b	V1/V2/V3	지역별	IEEE 802.3
속도	1/10/100Mbps	400Mbps/3.2Gbps	12M/480M/5Gbps	~10Mbps	10M/100M/1Gbps
전송거리	150m	4~5/100m	30m	100m	100m
노드 수	25개	63개	127개		1,024개
접속기기	PC, 전화기, 프린터	A/V기기, PC 주변기기	PC 주변기기	HA(홈오토), 통신기기	PC, 프린터
미디어	전화선	1394a : 구리선 1394b : 광케이블	케이블	전력선	UTP 케이블

② 무선 홈 네트워크의 정리

표 10.2 무선 홈 네트워크의 기술

구분	Bluetooth	IrDA	WLAN	ZigBee	UWB	Home RF	무선 1394
표준	IEEE 802.15.1	-	IEEE 802.11	IEEE 802.15.4	IEEE 802.15.3	-	-
주파수 대역	2.4GHz	근적외선(30~300THz)	5GHz(802.11a) 2.4Ghz(11b,11g)	868MHz 915MHz 2.4GHz	3.1~ 10.6GHz	2.4GHz 5GHz	3.1~ 10.6GHz
속도	V1 : 723.1Kbps V2 : 2.1Mbps V3 : 24Mbps	V1.0 : 2.4~115.2kbps V1.1 : 1,152와 4Mbps	54Mbps(11a, 11g) 11Mbps(11b)	20Kbps 40Kbps 250Kbps	480Mbps	1.6Gbps	110~ 440Mbsp
전송 거리	10m	수m	15~35m(11a) 70~100m(11b) 50~80m(11g)	75m 내외	10m~1Km	45m	10m~ 1Km
변복조	FHSS	-	OFDM(11a) DSSS/CCK(11b) OFDM(11g)	DSSS	DS-UWB MB-OFDM	FHSS	DS-UWB MS-OFDM
특징	에드-혹 음성채널 3	전자파 장애 없음 보안 높음	데이터 전송	데이터 전송	오디오/ 비디오	PC 기반 음상채널 6	오디오/ 비디오

3 홈 네트워크에 사용되는 변복조 방식

(1) 변복조 방식의 종류

　① DSSS(Direct Sequence Spread Spectrum)

　　☞ 직접 시퀀스 대역확산 방식

　② FHSS(Frequency Hopping Spread Spectrum)

　　☞ 주파수 도약 대역확산 방식

　③ OFDM(Orthogonal Frequency Division Multiplexing)

　　☞ 직교 주파수 분할 다중 방식

　④ DS-UWB(Direct Sequence-Ultra Wide Band)

　　☞ 직접 시퀀스-초광대역 방식

　⑤ MB-OFDM(Multi Band-OFDM)

　　☞ 다중 대역-직교 주파수 분할 다중 방식

(2) DSSS

　1) 직접 시퀀스 대역확산(DSSS)이란?

　　① 대역확산(Spread Spectrum)

　　　ⓐ 주파수 대역폭을 확산(Spreading)시켜 넓힘

　　　ⓑ 확산된 대역에 전송될 2진 데이터 신호를 확산시켜 전송

　　　　☞ 원래의 디지털 전송신호에 주파수가 높은 디지털신호(확산코드 : 주기가 짧

은 펄스열)을 곱(XOR)하여 확산시킴
② 2진 데이터 신호를 확산시키는 방법
ⓐ 각각의 비트를 다른 2진 코드(비트 패턴)로 변조
ⓑ 비트 패턴 : 칩 코드(Chipping Code) 또는 칩(Chip)이라 함
③ 데이터의 각 비트를 비트 패턴인 칩(Chip)으로 변조
ⓐ 사용주파수 전역으로 확산시켜 전송
ⓑ 이를 "의사 잡음(PN : Pseudo Noise)"이라 함
④ 수신시 칩이 다시 원래의 비트 단위로 변환되어 데이터 복원하는 방식
ⓐ 칩이 크면 클수록 원래의 데이터로 복원될 가능성이 커짐
ⓑ 하지만 더 넓은 대역폭이 요구됨
2) 가장 기본적인 확산대역 방식
3) 특징
① 기존 수신기로는 수신이 어려움
ⓐ 기존 무선 주파수(Radio Frequency : RF) 신호 : 신호가 특정 단일 주파수에 집중되어 신호세기가 강함
ⓑ 확산대역 신호
☞ 넓은 주파수대역에 퍼져 있어 신호세기가 매우 약함
☞ 기존 수신기는 신호세기가 낮은 광대역 잡음으로 인식
• DSSS 신호를 무시함
② 칩 코드를 이용해 신호를 전 대역폭을 이용해 확산 전송
ⓐ 대역폭 이용효율은 떨어지나
ⓑ 향상된 잡음비를 가짐
ⓒ 칩 코드가 다르면 같은 주파수대역에서 여러 스프레드 스펙트럼 시스템이 사용 가능
③ 사용 주파수 대역 : 2.41GHz
④ 변조방식 : BPSK, QPSK, M-ary PSK 등이 많이 사용됨

용어 설명

(1) BPSK
① Binary Phase Shift Keying : 2위상 편이변조
② 위상편이변조로 디지털 신호 0 과 1 에 따라 2가지의 위상을 가지는 변조방식
ⓐ 0° : 0
ⓑ 180° : 1

(2) QPSK

① Quadrature Phase Shift Keying : 4위상 편이변조, 직교위상 편이변조
② BPSK의 같은 주파수 대역폭에서 2배의 정보 전송 가능
③ 4개의 위상에 각각 2-bit의 디지털 정보를 대응시켜 전송하는 변조
　ⓐ 0° : 00
　ⓑ 90° : 01
　ⓒ 180° : 11
　ⓓ 270° : 10

(3) M-ary PSK

① M-ary Phase Shift Keying : M진 편이변조
② 여러 단계로 양자화 된 디지털 신호로 분포하는 멀티레벨(Multilevel) 신호(M : 레벨 수)를 전송할 때 MPSK나 QPSK 방식 사용
　☞ 전송효율을 높임
③ PSK 계열을 모두 포함
　ⓐ M=2일 경우, 두 종류의 신호 사용함으로 BPSK에 해당
　ⓑ M=4일 경우, QPSK에 해당

4) DSSS의 장점 및 단점
　① 좀처럼 다른 통신을 방해하지 않음
　② 전송 속도가 빠름
　③ n:1 통신에 적합
　④ 내장애성 면에서는 FHSS보다 뒤떨어짐

5) 사용분야
　① 무선 LAN의 IEEE 802.11b : DSSS를 사용
　　☞ IEEE 802.11 : FHSS를 사용
　② CDMA 디지털 셀룰러 시스템

(3) FHSS

1) 주파수 도약 대역확산(FHSS)이란?
　① 디지털 전송신호의 중심주파수(반송주파수)가 특정 주파수 대역에서 계속 이동되도록 하는 대역확산 방식
　　ⓐ 무선 통신에서 주파수를 고정하지 않고 시간에 따라 변화시켜 송신
　　ⓑ 전송신호의 반송주파수를 일정한 간격으로 그리고 무작위로 바꾸어 나가는 (hopping) 통신방식
　② N개의 호핑 후 주파수 변경 패턴은 반복됨(주기 : N)
　③ 원래 신호의 대역 : B, 주파수 호핑 대역의 수(채널 수) : n일 경우

☞ 전송신호의 대역(Frequency Spreading) = nB

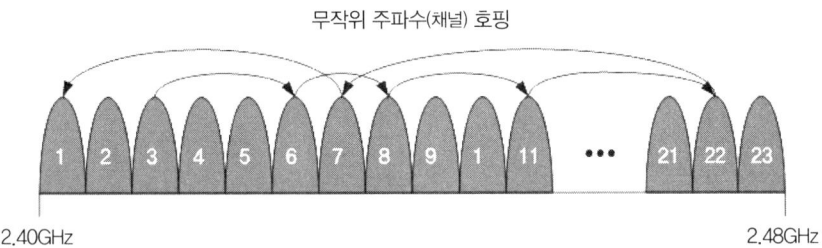

그림 10.2 주파수 도약 대역확산(FHSS) 방식

2) FHSS의 채널 수
  ① 23개의 독립 채널 사용
  ② 자동 할당되어 23개 채널 전체에 걸쳐 무작위(Random)로 주파수 채널을 도약하며 데이터를 송수신
  ③ 잡음이나 전파간섭 영향 받지 않음
    ☞ 도약 전에 대상 채널에 대한 잡음이나 간섭을 파악해 영향이 없는 채널로 도약하기 때문임

3) 사용 주파수대
  ① FHSS : 92.5MHz(전체 ISM 대역)
    ☞ ISM(Industrial Scientific and Medical) 대역 : 산업용, 과학용, 의료용, 가정용 등으로 사용되는 대역
  ② DSSS : 23MHz(전체 ISM 대역에서 Subband 중 하나)
  ③ 전파간섭이 대역 전체를 차단할 경우 전파간섭 차단 확률
    ☞ FHSS 〈 DSSS
    ☞ FHSS는 도약의 25%만 차단 : 23/92.5 * 100 = 25%

(4) OFDM
  1) 직교 주파수 분할 다중(OFDM)이란?
    ① 멀티 반송파 변조(Multi-carrier Modulation) 방식
      ⓐ 광대역 채널을 다수의 협대역 채널로 분할
      ⓑ 각각의 협대역 채널에 부반송파(sub carrier)를 할당
      ⓒ 각각의 부반송파는 orthogonal(직교) 주파수 : 위상차가 90°
    ② 멀티의 이동통신 사용자들이 직교 주파수를 변경하여 정보를 전송하는 다중접속방식

2) OFDM신호의 구성
   ① PSK(Phase Shift Keying)나
   ② QAM(Quadrature Amplitude Modulation)에 의해 변조된 부반송파의 합으로 구성

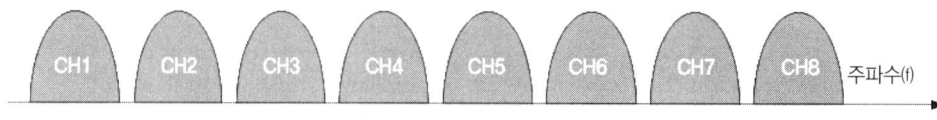
(FDM에 대한 부반송판들의 대역)

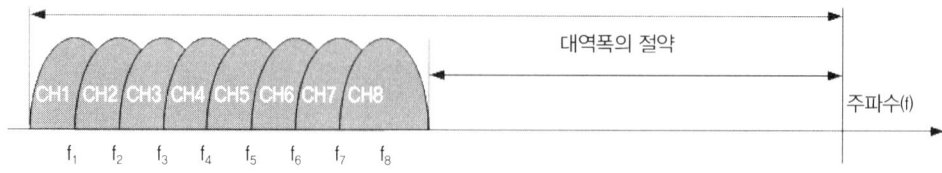
(OFDM에 대한 부반송판들의 대역)

그림 10.3 직교 주파수 분할 다중(OFDM) 방식

(5) DS-UWB
   ① 직접 시퀀스-초광대역(DS-UWB)
   ② 직접확산(DS) 방법으로 신호를 초광대역(Ultra Wide Band)으로 뿌리는 방식 : 스펙트럼 확산(Spectrum Spread)

(6) MB-OFDM
   1) 다중 대역-OFDM이란?
      ① 멀티 밴드 방식과 주파수 호핑(FH) 조합
      ② 멀티 밴드 방식 : 신호를 넓은 주파수 대역으로 직접 확산시키지 않고
         ⓐ 주파수 대역(3.1~10.6GHz)을 다수의 밴드(528MHz 단위로 14개의 subband)로 분할하는 방식
         ⓑ 각각의 subband : 128개의 subcarrier(128 tone)로 구성
      ③ 주파수 호핑(FH) : 반송파의 중심 주파수를 주기적으로 변화시켜 끊임없이 이동(Hopping)시키는 방식
   2) MB-OFDM의 특징
      ① 통신 밴드 그룹(band group) 내의 sub carrier를 차례로 주파수 호핑
         ☞ 주파수 호핑 방식 채택 이유
            초과밀 주파수 대역(2.4GHz)를 사용하는 장치들(WLAN, bluetooth, 전자레인지,

의료기기)은 서로 간섭을 받아도 통신이 끊어지지 않도록 하기 위해 주파수 호핑 방식을 사용

② 광대역을 다수의 subband로 분리하는 이유
   ⓐ 기존 또는 새로운 무선통신과 간섭이 발생할 경우
      ☞ 해당 subband에만 문제가 됨
      ☞ 해당 subband를 사용하지 않으므로 문제를 회피
   ⓑ 결국 장애 대처가 용이해지고 통신은 정상으로 유지할 수 있기 때문임

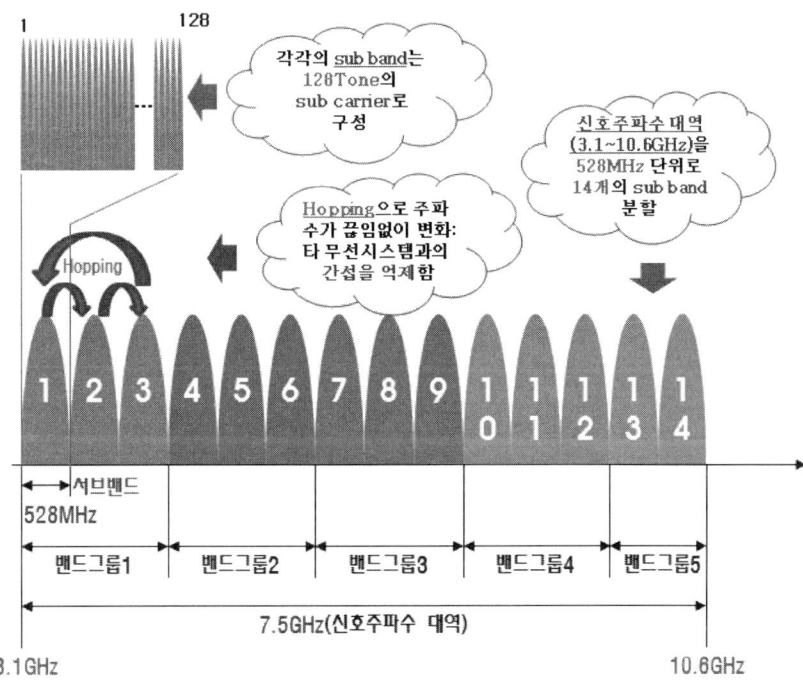

그림 10.4 다중 대역-직교 주파수 분할 다중(MB-OFDM) 방식

제2절 홈 PNA

1 홈 PNA란?

① HPNA : Home Phoneline Networking Alliance
② 가정에서 전화선을 이용하여 2대 이상의 컴퓨터들을 서로 공유할 수 있도록 하는 네트워킹 솔루션
    ⓐ 원래는 유선기술을 기반으로 한 홈 네트워킹 표준화 단체를 말함
        ☞ 3Com, 루슨트 테크놀러지스(Lucent Technologies), IBM, 휴렛팩커드(HP), 컴팩(Compaq) 등이 참가
    ⓑ 현재는 홈 네트워킹 솔루션(제품)을 총칭
    ⓒ 1998년에 홈 PNA 표준 사양서(Specification) 확정
    ⓓ 1999년 전화선을 이용하여 구축한 홈 네트워킹 제품을 출시

2 홈 PNA의 특징

① IEEE 802.3 Ethernet 네트워크와 UADSL(Universal ADSL : 전송속도 384K/1.54Mbps, 전송거리 7Km), Modem, ISDN 등과 완벽하게 호환

용어 설명

(1) ADSL
① ADSL이란?
  ⓐ Asynchronous Digital Subscriber Line : 비대칭 디지털 가입자 회선
  ⓑ 양방향 속도가 다름 : 비대칭형 → 전송속도와 거리가 반비례
    ☞ 송신 : 적은 대역폭을 할당 (이용거리를 최대화)
    ☞ 수신 : 많은 대역폭 할당 (속도 최대화)
  ⓒ 전화 : 낮은 주파수 / 데이터 : 높은 주파수를 사용
  ⓓ 한 전화회선으로 음성과 데이터를 동시에 지원
    ☞ 모뎀 : 전화와 데이터 통신 동시 사용 불가
    ☞ ISDN : 동시 사용가능, 데이터속도가 절반으로 떨어지는 문제
② 전송속도 비대칭성의 특징
  ⓐ 정보검색, 다량의 데이터 수신 등의 서비스에 적합
  ⓑ 대칭형 모뎀(SDSL, HDSL 등)에 비해 전송거리를 더 멀리 확장

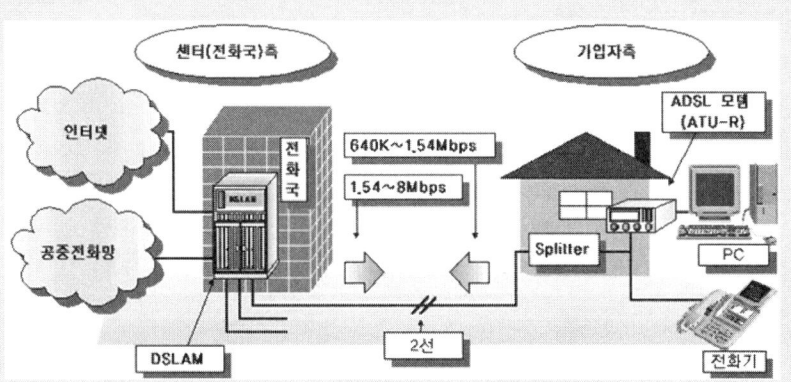

그림 10.5 ADSL망 구축의 기본구성 모델

표 10.3 ADSL의 특성

전송매체		TP(Twisted Pair)
회선수(가닥)		1(2)
대칭/비대칭		비대칭
전송속도	상향	1.5Mbps
	하향	8Mbps
최대전송거리		4Km
음성동시사용		가능
변조방식		DMT, CAP
DTE 인터페이스		10Base-T 이더넷, USB
응용분야		인터넷접속, VOD접속, 원격액세스, LAN-to-LAN 접속, 홈쇼핑, 대화형 멀티미디어, 원격강의/진료

※ DMT방식 : Discrete Multi-Tone, 전송특성이 우수하여 표준방식으로 많이 채택
　CAP방식 : Carrierless Amplitude Phase 방식

③ DSLAM
　ⓐ Digital Subscriber Line Access Multiplexer
　ⓑ 디지털 가입자선 접속 다중화 장치
④ 스플리터(Splitter)
　ⓐ 일명 "PS(POTS Splitter)"
　ⓑ 경계구간을 이용하여 음성과 데이터 신호를 구분하여 분리

(2) UADSL
① UDSL이란?
　ⓐ 일명 G.Lite, G-992.2 또는 DSL Lite라고 함
　ⓑ 스플리터가 필요 없는 새로운 ADSL기술

ⓒ PC업계(MS사, 컴팩 등)와 네트워크업계 주축 되어 제안된 기술
　　ⓓ 기존 ADSL에 비해 전송속도가 다소 떨어짐
　　　☞ 통신속도(1.5Mbps 이하) 저속으로 억제
　　　☞ 통신거리를 연장
　　ⓔ 장비 가격 저렴
　　ⓕ ADSL에서 문제가 되었던 이기종간 상호접속 기능을 지원
② UADSL망 구축의 기본구성 모델 및 특성

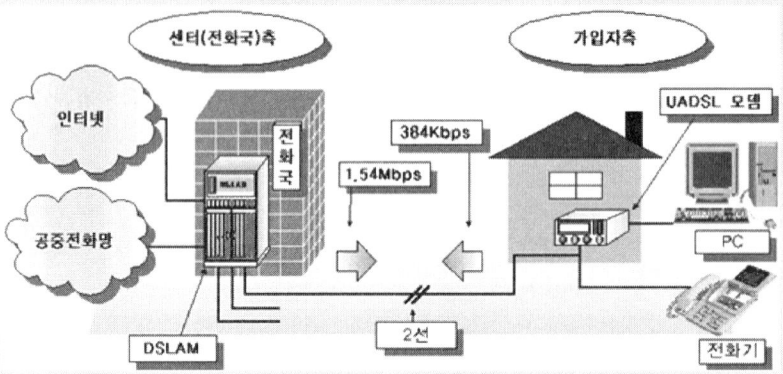

그림 10.6　UADSL망 구축의 기본구성 모델

표 10.4　UADSL의 특성

전송매체		TP(Twisted Pair)
회선수(가닥)		1(2)
대칭/비대칭		비대칭
전송속도	상향	384Kbps
	하향	1.54Mbps
최대전송거리		7Km
음성동시사용		가능
변조방식		DMT(표준화)
DTE 인터페이스		10Base-T 이더넷, USB
응용분야		인터넷접속, SOHO 서비스, 구내 서비스

※ SOHO : Small Office Home Office

② 데이터 전송에 사용되는 표준 전송방식 : CSMA/CD
③ 전화 또는 그 외의 다른 서비스가 사용하는 대역폭보다 높은 대역폭을 사용
   ⓐ 2MHz 이상 (HomePNA 2.0 전송속도 : 10Mbps, HPNA 3.0 : 100Mbps)
   ⓑ 네트워크 사용 중에 전화선상의 모든 방해전파를 피할 수 있음
   ⓒ 신호는 홈에서 전화선을 통해 이동하기 때문 외부조건과 관계없이 신뢰성이 있으며 안전함

3 Home PNA의 장점

① 한 컴퓨터의 인터넷 연결만으로 네트워크상의 모든 컴퓨터가 인터넷을 공유할 수 있음
② 10Mbps의 Ethernet 기술 또는 56Kbps의 모뎀 기술(V.90)과 결합된 제품출시 가능
③ 네트워크에 연결된 각 컴퓨터의 하드디스크, CD-ROM, 프린터 등의 자원을 서로 공유할 수 있음
④ 전화통화중에도 인터넷 사용은 물론 파일복사, 네트워크게임 등 내부 네트워크를 사용할 수 있음

4 홈 네트워크 시장의 전망

① Intel, MS 등 선진기관에서는 유비쿼터스(Ubiquitous) 사회의 시발점인 홈 네트워크를 차세대 성장 동력으로 정의하고, 홈네트워크 산업에서 우위를 점유하기 위해 홈 네트워크 미들웨어, 유무선 홈 네트워킹 기술 개발과 표준화에 주력
② IPv6의 도입과 유비쿼터스 환경으로의 발전과 더불어 지속적으로 홈 네트워크 분야의 발전이 예상됨

제3절 IEEE 1394

1 IEEE 1394란?

① 컴퓨터 개발자들은 기존에 사용하던 병렬 버스를 직렬 버스로 대체하는 방안을 연구
  ☞ 데이터 전송속도의 척도가 되는 대역폭을 제외하면 직렬 버스의 장점이 더 많기 때문
② USB와 같은 새로운 시리얼 버스 인터페이스 규격
  ⓐ 사용 편의성 측면 : 우수한 직렬 방식의 버스
  ⓑ 데이터 전송성능 측면 : 기존의 병렬 버스를 능가
③ 미국의 Apple(애플)사가 처음으로 개발
④ IEEE(전기전자기술자협회)에서 표준화(1995년)
⑤ 파이어와이어(Firewire)라고도 함

2 사용분야

고화질 대용량 데이터를 전송하는데 사용
① 디지털 비디오 녹화기(DVR : Digital Video Recorder)
② DVD(Digital Versatile Disc) 캠코더
③ 고해상도 프린터
④ 스캐너 등

3 IEEE 1394 케이블 및 포트

① 표준형(6핀 규격)
  ⓐ 전기공급 : 2핀(12V 공급)
  ⓑ 데이터 전송 : 4핀
② 미니형(4핀 규격)
  ☞ 데이터 전송 : 4핀

그림 10.7 IEEE 1394의 미니형과 표준형

4 전송속도에 따른 규격의 종류

(1) IEEE 1394a
  ① 400Mbps의 데이터 전송 모드를 지원
  ② 타 버스 방식과 비교
    ⓐ SCSI-2(병렬버스 방식) 규격 : 최대 데이터 전송속도 80Mbps 정도
    ⓑ RS-232(직렬버스 방식) 규격 : 19.2kbps

(2) IEEE 1394b
  ① 2000년에 데이터전송 및 전원공급 기능의 안정성을 개선한 규격
  ② 800Mbps~3.2Gbps

5 현재 USB의 활성화로 평가받지 못하고 있음

① USB는 별도의 라이선스 비용이 없다시피 하지만, IEEE 1394가 적용된 기기를 생산하기 위해서는 IEEE 1394를 개발한 업체들에게 상당량의 라이선스 비용을 지불
② USB와의 보급률 경쟁에서 밀림
③ IEEE 1394는 일반적인 명칭조차 통일되지 않았음
④ IEEE 1394는 해당 규격의 개발에 주도적으로 참여한 업체들의 기기 외에는 그다지 쓰이지 않게 되었음
⑤ USB 3.0이 나오면서 IEEE 1394의 최대 장점인 빠른 전송속도도 빛이 바램

용어 설명

※ WAP
① Wireless Application Protocol : 무선 응용 통신규약
② 셀룰러폰과 같은 무선장치들이 인터넷 액세스(웹, 전자우편, 뉴스그룹 및 IRC 등)에 사용될 수 있는 방법을 표준화하기 위한 통신 프로토콜들의 규격

제4절 USB

1 USB란?

① Universal Serial Bus
② 새로운 시리얼 버스의 규격
③ 개발 동기 : 아래 문제를 해결하기 위해 1996년 7개 회사(컴팩, DEC, IBM, 인텔, 마이크로소프트, NEC, Nortel)에 의해 USB 규격을 합의하여 개발
  ⓐ PC본체와 주변기기를 연결위한 다양한 포트(시리얼, 패러럴, PS2 등) 존재
  ⓑ 모양이 모두 달라 새로운 주변기기를 PC본체에 연결하기 힘든 경우가 있음
④ 윈도 98의 출시와 더불어 널리 퍼짐
⑤ 이후 이스라엘의 벤처 영웅 도브 모란(Dov Moran)이 USB 메모리를 발명
  ⓐ 2000년 이스라엘의 IT 업체인 M시스템(M-System)은 8MB와 16MB, 32MB 용량의 제품을 출시
  ⓑ 많은 데이터를 저장할 수 있으면서도 제품 크기가 작아 휴대하기 편함

2 USB의 특징

① PC의 분해와 복잡한 선 연결 등의 작업이 필요 없이 주변기기를 그냥 USB 포트에 꽂기만 하면 바로 사용
  ⓐ "플러그앤 플레이(plug & play)" 지원
    ☞ USB 별도의 설정을 하지 않아도 연결하면 바로 사용할 수 있도록 지원
  ⓑ "핫플러깅(hot plugging)"을 지원
    ☞ PC 사용 중에도 바로 연결하여 리부팅 없이 사용할 수 있도록 지원
② PC와 USB장치사이의 관계
  ⓐ Master-Slave 관계를 가짐
  ⓑ 최대 127개의 장치들을 사슬처럼 연결할 수 있음
③ 시리얼(직렬) 포트나 패러럴(병렬) 포트보다 월등히 빠른 속도를 지원
④ USB 케이블 내에 데이터선(2개)과 전원공급선(2개) 제공
  ⓐ 자체적으로 전력을 공급
  ⓑ 낮은 전력을 사용하는 주변기기들은 따로 전력 공급 불필요
⑤ 상당한 길이까지 선을 확장할 수 있음
  ⓐ 주변기기들이 PC 주변에 모여 있어야만 하는 단점을 해결

ⓑ 최대 사용길이 : 16ft(4.8m)
ⓒ 확장 : 유전원 USB 허브(또는 USB 리피터) 사용
⑥ PC용과 매킨토시용 모두 단일 어댑터로 작동
☞ 드라이브만 따로 제작
⑦ USB 메모리
ⓐ 내부 구조가 간단하고 기계적으로 동작하는 부분이 없음
ⓑ 상대적으로 잔고장이 적음
⑧ OTG(On The Go) 기능 제공
ⓐ 정의
☞ 주 컴퓨터의 개입 없이 주변기기(휴대기기 등)에 USB를 연결하여 사용할 수 있게 함
☞ 휴대용(portable) 장치(휴대폰, PDA, MP3 Player 등)간에도 동작될 수 있도록 수정된 USB 규격
ⓑ 표준안
☞ 2003년 7월 USB-IF(USB-Implementers Forum : USB 규격 담당)에서 표준안 발표
ⓒ 기존 USB 2.0 표준에 2가지 Protocol 추가
☞ HNP(Host Negotiation Protocol) : 주변기기 간에 Point-to-Point 통신이 가능하도록 각 장치가 제한적으로 Host 기능을 수행
☞ SRP(Session Request Protocol) : 장치들의 배터리 소모를 줄이기 위하여 상대 기기가 요청이 있을 때만 연결을 유지
ⓓ 전송속도
☞ LS(Low Speed) 모드 : 1.5Mbps
☞ FS(Full Speed) 모드 : 12Mbps
☞ HS(High Speed) : 480Mbps는 사용되지 않음
ⓔ 컨넥터
☞ 5핀
☞ host와 slave을 선택하는 ID핀이 추가되어 5핀
⑨ 단점
ⓐ 저장된 데이터가 손상되거나 유실되는 문제가 자주 발생
ⓑ USB 메모리 꽂으면 하나의 드라이브이기 때문 대개 이동식 디스크로 인식
☞ 파티션 인식 불가
☞ 바이러스 감염 문제에 노출

3 전송속도에 따른 규격의 종류

① USB 1.1
- ⓐ 최소 데이터 전송률(Low Speed) : 1.5Mbps
- ⓑ 최대 데이터 전송률(Full Speed) : 12Mbps

② USB 2.0
- ☞ 최대 데이터 전송률(High Speed) : 480Mbps

③ USB 3.0
- ☞ 2008년에 최대 데이터 전송률 : 5Gbps

제 5 절 전력선통신(PLC)

1 PLC란?

① Power Line Communication : 전력선 통신
② 전력선을 매체로 하여 전력선의 전원파형(60Hz)에 디지털 정보를 실어서 전송하는 통신방식

2 전력선 통신의 원리

① 전력선을 통신선으로 사용하여 전원과 통신신호를 다중화하여 동시에 전송(FDM의 원리)
  ⓐ 전원 : 60Hz(저주파)
  ⓑ 통신신호 : 100KHz~30MHz(고주파)
② 변조 방식

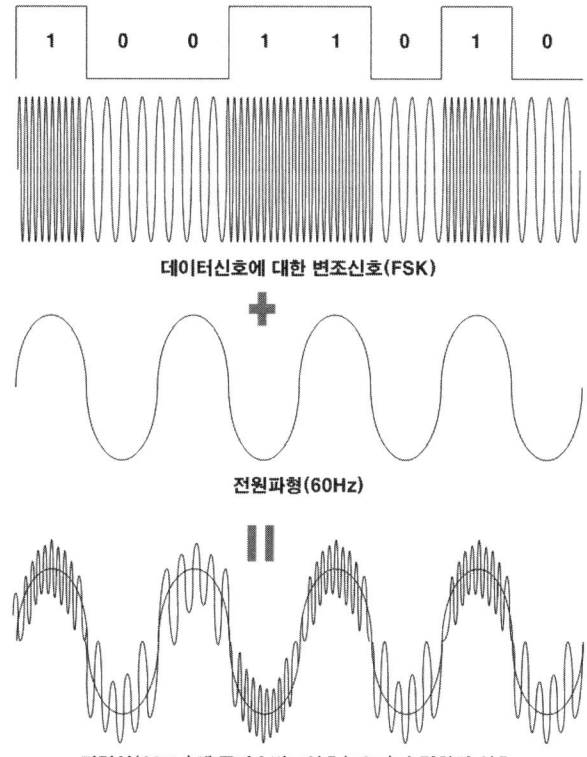

그림 10.8 전력선통신(PLC)의 변조 방식

3 PLC의 구성

① 저압전력선(AC 220V 또는 100V)을 사용하는 가정
  ⓐ 건물 외부의 변압기에서 옥내의 분전반을 거쳐 콘센트를 통해 전력을 공급받음
  ⓑ 통신단말기(예 : 컴퓨터) 사용자는 PLC 모뎀(MODEM)을 플러그를 통해 콘센트에 연결
    ☞ PLC 모뎀 : 전기신호를 통신신호로 변복조하는 장치
  ⓒ 이는 분전반에 위치한 PLC 게이트웨이에 연결됨

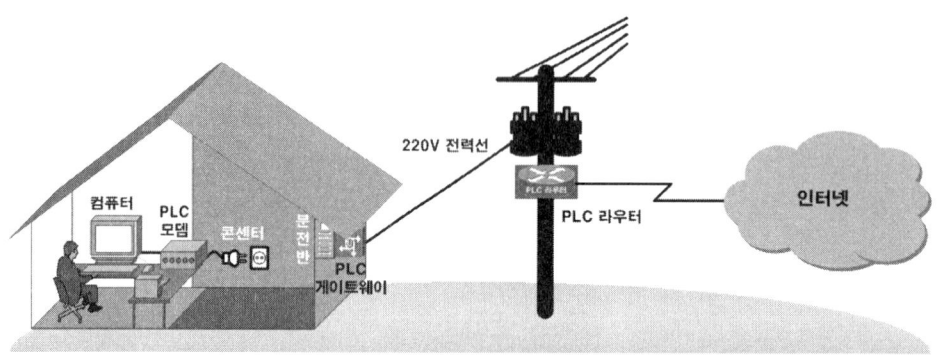

그림 10.9 전력선통신(PLC)의 구성

② 건물 외부의 변압기
  ⓐ PLC 라우터(Router)가 위치
    ☞ PLC 라우터 : 인터넷 백본(backbone)망과 연결하기 위해 전주에 설치되는 장비
  ⓑ 인터넷 백본에 연결 : 인터넷 접속이 가능

4 PLC의 사용 주파수에 의한 분류

① 저속 PLC : 10~450KHz, 최대 9,600bps
② 고속 PLC : 2~30MHz, 1Mbps 이상

표 10.5 전력선통신의 사용 주파수에 의한 분류

구분	저속 PLC	고속 PLC
사용 주파수	10~450KHz	2~30MHz
속도	최대 9,600bps	1Mbps 이상
활용 분야	홈 네트워크/홈 오토메이션/원격검침	고속 가입자망

5 PLC의 장단점

① 장점
  ⓐ 별도의 통신선로가 필요 없어 설치비용이 저렴함
  ⓑ 설치가 용이
  ⓒ 콘센트를 이용하여 간편하게 접근 가능
  ⓓ 다양한 응용분야의 시장에 하부 네트워크 구성이 가능
② 단점
  ⓐ 제한된 전송 전력
  ⓑ 높은 부하 간섭과 잡음
  ⓒ 가변의 신호감쇄 임피던스 특성
  ⓓ 주파수 선택적 특성
  ⓔ 표준화 부재
  ⓕ 국가마다 다른 전력계통 구성

6 향후 동향

① PLC는 기술적, 경제적인 측면에서 절대적 비교우위를 확보하지 못함
② 가입자 구성을 위해 선로 신규 포설이 어렵고, 한 변압기에 수용된 가구 수가 많을 경우엔 경제성이 있음
③ 고속 접속용 PLC는 아직 미상용화
  ⓐ 기존 가입자망 기술의 적용이 불가능한 지역과
  ⓑ 전화 보급률이 낮은 개발도상국의 전화 서비스 등에는 제한적으로 활용이 예상됨
④ 미국에서는 홈 네트워크를 지향하고 있어 정보가전 시장이 커질 경우 홈 네트워크의 한 가지 기술로 위치를 확보할 것으로 예상됨

제 6 절 이더넷(Ethernet)

1 Ethernet이란?

① 역사
 ⓐ "이더넷" 이름의 유래
  ☞ 빛의 매질로 여겨졌던 에테르(ether)에서 유래
 ⓑ 1973년에 고안된 이더넷은 제록스의 로버트 멧칼프에 의해 이더넷의 가능성을 제안
 ⓒ 1979년에 멧칼프는 제록스를 떠나 3COM으로 옮김
  ☞ 개인 컴퓨터와 LAN 사용을 촉진시키기 위함
 ⓓ 1980년 9월 30일 3COM은 DEC, 인텔 및 제록스와 이더넷 표준(DIX)을 촉진시키기 위해서 공동 작업 합의
② LAN을 위해 개발된 컴퓨터 네트워크 기술
③ OSI 모델의 물리 계층과 데이터 링크 계층을 정의
 ⓐ 물리 계층 : 신호와 배선을 정의
 ⓑ 데이터링크 계층 : MAC 패킷과 프로토콜의 형식 정의
④ 이더넷 기술(CSMA/CD)은 대부분 IEEE 802.3 규약으로 표준화(Carrier Sense Multiple Access with Collision Detection: 반송파 감지 다중접근/충돌검출)
 ⓐ 현재 가장 널리 사용
 ⓑ 토큰 링, FDDI 등의 다른 표준을 대부분 대체

표 10.6 IEEE 802 그룹의 표준화 내용

IEEE 위원회 그룹	표준화 내용
IEEE 802.1	워킹(Working) 그룹 소개(Introduction)
IEEE 802.2	LLC(Logical Link Control)
IEEE 802.3	CSMA/CD
IEEE 802.4	Token Bus
IEEE 802.5	Token Ring

⑤ 1980년에 제품화

2 MTU

① Maximum Transmission Unit : 최대 전송 단위
② 패킷의 최대 크기 : 1,500-byte
③ Ethernet(802.3)의 MTU : 1,492-byte, 토큰링(802.4) : 4,464-byte, 토큰버스(802.5) : 8,166-byte, FDDI : 4,352-byte, X.25와 ISDN : 576-byte

3 Ethernet 주소

① 일명 물리주소, 하드웨어주소, MAC(Media Access Control)주소라고도 함
② MAC 주소의 크기 : 48비트
③ 이 주소를 이용해 상호 간에 데이터를 주고받도록 만들어짐

4 Ethernet 프레임 (Ethernet Frame)

(1) Preamble

① 송수신의 동기화를 위해 사용
  ☞ 별도의 클럭(clock)을 사용하지 않음
② 7-byte
  ☞ "10101010"이 반복되는 7-byte 길이의 필드

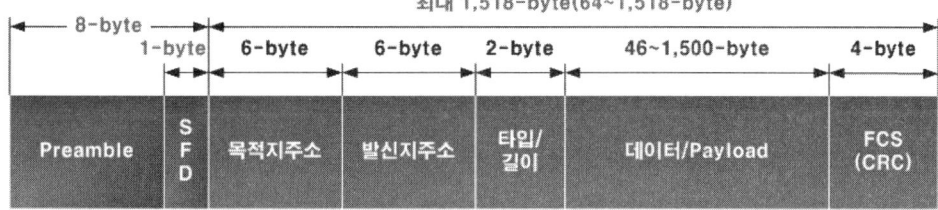

그림 10.10 이더넷(Ethernet) 프레임의 구성

(2) SFD

① Start Frame Delimiter : 시작 프레임 구분자
② 프레임 시작(SOF : Start Of Frame)을 알림
  ☞ SFD 다음에 목적지 주소 필드가 시작됨을 알림
③ 1-byte
  ☞ "10101011" 값을 가짐

④ Ethernet 크기를 나타낼 때 Preamble과 SFD 필드는 제외함

(3) Destination Address

　① 목적지의 MAC 주소 : Layer 2 주소

　② 6-byte(48-bit)로 구성

　　ⓐ 앞의 24-bit : OUI(Organizationally Unique Identifier)

　　ⓑ 뒤의 24-bit : 제조사의 일련번호

　③ Unicast, Multicast, Broadcast 주소 중 하나로 표시

(4) Source Address

　① 출발지 Ethernet 포트의 MAC 주소 표시

　② 항상 Unicast 주소

　③ 6-byte

(5) Type/Length

　① 타입(Type)

　　☞ 상위계층(MAC 클라이언트)의 프로토콜 종류 표시 : EtherType 표시

　　　예 상위계층 프로토콜이 IP이면 0x0800

표 10.7 프로토콜별 이더넷 타입(Ethernet Type)

이더넷 타입	프로토콜
0x0800	IPv4
0x0806	ARP
0x8035	RARP
0x8098	AppleTalk(Ethertalk)
0x8137	IPX
0x8191	NetBIOS
0x8600	IPv6
0x8808	Ethernet Flow Control
0x8809	IEEE 802.3(Slow Protocols)
0x8847	MPLS Unicast
0x8848	MPLS Multicast

　② 길이(Length)

　　ⓐ 1,500 이하이면 : 데이터 필드의 길이를 표시

　　ⓑ 1,536 이상이면 : 상위계층의 프로토콜 종류를 표시

③ 2-byte

용어 설명

※ **MPLS**
① MultiProtocol Label Switching
② 데이터 패킷의 IP 주소 대신에 라벨을 붙여 스위칭
　ⓐ MPLS망에서는 패킷이 L3까지 올라가지 않고 L2에서 라벨만 보고 스위칭
　ⓑ 속도가 빠름
　ⓒ 라벨(Label) : 20-bit의 숫자
③ IP 네트워크, 이더넷 ATM, 프레임 릴레이(Frame Relay)의 전송방식

(6) Data
　① 46-byte ~ 1,500-byte
　② 최대 1,500-byte의 크기를 한 번에 담을 수 있음
　③ 1,500-byte 이상의 크기는 단편화하여 전송

(7) FCS
　① Frame Check Sequence : 오류확인(Checksum) 부분
　② CRC 방식 사용

5 사용 전송 매체

① BNC 케이블
② UTP 케이블
③ STP 케이블

6 기기를 상호 연결시키는 장치

① 리피터
② 허브
③ 스위치 등

연습문제

CHAPTER 10

01. MTU 에 대한 설명으로 잘못된 것은? 2000년 제1회

가. Maximum Transmission Unit의 약어이다.
나. Physical frame으로 전송되는 datagram 크기의 상한 값이다.
다. MTU보다 큰 데이터그램은 단편화 된다.
라. 네트워크 망에서 대부분의 MTU의 크기는 일정하다.

02. 이더넷에서 수신란 정보 등을 기입한 헤더부분을 제외하고 실제 데이터를 집어넣는 영역의 최대길이는? 2000년 제1회

가. 53 바이트   나. 150 바이트   다. 1500 바이트   라. 제한 없음

03. 다음은 Ethernet 패킷에 대한 설명이다. 맞는 것은? 2000년 제3회

가. 헤더와 송수신 주소, 타입, 데이터로 구성된다.
나. 64~1024Byte의 범위를 가진다.
다. 각 프레임은 프리엠블로 시작하는데, 프리엠블은 32Byte의 크기를 가진다.
라. 수신자와 송신자의 주소는 해당 LAN 카드에 물리적으로 기록되며, 각 16Byte를 차지한다.

04. MTU에 관한 설명으로 틀린 것은? 2002년 제3회

가. RFC791에 따르면 MTU의 최대 크기는 65,535 바이트를 넘을 수 없게 되어 있다.
나. RFC1042에서 규정하고 있는 802.5 토큰버스의 MTU는 8,166바이트이다.
다. 커다란 MTU를 가진 네트워크에서 작은 MTU를 가진 네트워크로 데이터를 전달할 때 패킷은 라우터에 의해 분열된다.
라. 패킷이 분할되었는지 그렇지 않은지 확인하는 필드는 Reserved Flag 필드이다.

05. 전력선을 매체로 전력선의 전원파형에 디지털 정보를 실어서 전송하는 통신방식은?
2006년 제2회, 2009년 제3회, 2010년 제3회, 2015년 제3회

　　가. PLC　　　　　나. Bluetooth　　　다. WAP　　　　　라. WIPI

06. 이더넷에서 MAC 프레임의 발신지 주소는? 2007년 제1회

　　가. 이전 지국의 물리 주소　　　　　나. 최초 송신자의 서비스 포트
　　다. 최초 송신자의 물리 주소　　　　라. 다음 목적지의 물리 주소

07. 이더넷에서 헤더 부분을 포함한 최대 데이터 크기로 가장 올바른 것은?
2007년 제3회, 2009년 제3회, 2015년 제3회

　　가. 53Byte　　　　나. 65,535Byte　　다. 1,500Byte　　라. 제한 없음

08. 가정 내에 구축되어 있는 전화 배선을 이용하여 고속의 홈 네트워크를 구축하고 관리하기 위한 기술은? 2008년 제3회

　　가. IrDA　　　　　나. PLC　　　　　다. Home PNA　　라. IEEE 802.15

09. 컴퓨터 주변기기의 연결에 사용되는 다양한 커넥터 규격 호환 문제를 해결하기 위해 만들어진 직렬 전송버스 규격은? 2008년 제3회

　　가. PLC　　　　　나. IEEE 802.11　　다. IEEE 1394　　라. WAP

10. HomePNA 기술에 대한 설명으로 옳지 않은 것은? 2008년 제4회

　　가. 가정의 홈 네트워크를 유무선 통합 관리하는 기술이다.
　　나. 전송속도는 10Mbps까지 지원할 수 있다.(HomePNA 2.0 기준)
　　다. 전화사용과 동시에 파일복사, 네트워크 게임과 외부 네트워크 접속과 같은 다양한 기능을 동시에 할 수 있다.
　　라. 데이터 전송방식으로 CSMA/CD를 사용한다.

11. **전력선 통신에 대한 설명으로 옳지 않은 것은?** 2008년 제4회, 2009년 제3회
    - 가. 전력선 통신은 가정이나 사무실에 이미 구축되어 있는 전력선을 이용하여 데이터를 전송하는 방법이다.
    - 나. 전력선 통신은 신호전달을 위해 높은 대역의 주파수를 사용하기 때문에 가전제품에 치명적인 영향을 준다.
    - 다. 전력선 통신은 전력선을 통신매체로 사용하기 때문에 동축 케이블이나 광섬유 등을 이용한 통신과 달리 잡음이나 감쇄가 심하다.
    - 라. 전력선 통신은 100KHz ~ 30MHz 사이의 고주파 대역에 신호를 실어 보내고 고주파 필터를 통해 신호를 구분해 내는 방식이다.

12. **홈 네트워크에 대한 설명으로 옳지 않은 것은?** 2009년 제3회
    - 가. 집에 있는 정보 가전 기기를 네트워크로 연결해 시간과 장소에 구애받지 않고 이용할 수 있는 서비스를 말한다.
    - 나. 유선기술은 홈 PNA, IEEE1393, PLC, Ethernet 등이며 무선기술은 Bluetooth, 홈 RF, IrDA 등이 있다.
    - 다. 유선 홈 네트워크 기술은 일반 가정 내에서 PC 및 주변기기와 정보기기, 디지털 가전제품 등을 단일 프로토콜로 제어해 정보 공유를 자유롭게 하는 장점이 있다.
    - 라. 무선 홈 네트워크 기술은 케이블 배선이 필요 없고, 단말기의 이동성이 보장되는 장점이 있으나 유선에 비해 네트워크 구조 변경이 어렵고 설치와 유지보수가 힘든 단점이 있다.

13. **HomePNA 기술에서 데이터 전송에 사용하는 표준 전송 방식은?** 2010년 제3회
    - 가. TCP/IP
    - 나. CSMA/CD
    - 다. HDLC
    - 라. VoIP

14. **IEEE 1394에 대한 설명으로 옳지 않은 것은?** 2010년 제3회
    - 가. 미국의 애플 컴퓨터가 제창한 개인용 컴퓨터 및 디지털 오디오, 디지털 비디오용 시리얼 버스 인터페이스 표준 규격이다.
    - 나. 현재 IEEE 1394a, IEEE 1394b, IEEE 1394q 표준이 계속해서 진행되고 있다.
    - 다. IEEE 1394a는 디지털 비디오 녹화기, DVD 캠코더, 고해상도 프린터 그리고 스캐너 등 동급기기 간에 고화질 대용량 데이터 전송을 할 수 있다.
    - 라. IEEE 1394b는 IEEE 1394a 표준에서 다른 기능을 추가하여 만든 표준으로 800Mbps~1,600Mbps 전송속도로 통신 할 수 있다.

15. USB에 대한 설명으로 옳지 않은 것은? 2010년 제3회

가. USB 주변기기는 핫 플러그와 PnP 기능을 지원한다.
나. 포트의 크기가 작고 이론적으로 무한 개의 주변기기를 지원할 수 있다.
다. PC와 연결 시 별도의 설정이나 H/W가 불필요하다.
라. 다양한 장점으로 인해 세계적인 표준규격으로 정해져 있다.

16. USB에 대한 설명으로 옳지 않은 것은? 2010년 제4회

가. USB 1.1 규격은 Low Speed(1.5Mbps)와 Full Speed(12Mbps)를 지원하고 있다.
나. USB 1.1 규격의 Host Controller에서 USB 2.0 장치 연결이 가능하다.
다. 모든 USB 1.1 규격 장치들은 USB 2.0 규격 장치들과 같이 사용할 수 있으며, 2.0 규격으로 동작한다.
라. USB 장치는 PC와 Master - Slave 관계를 갖는다.

17. IEEE 1394 커넥터에 대한 설명으로 옳지 않은 것은? 2011년 제2회

가. 핀의 개수로 6핀과 4핀 커넥터를 사용하고 있다.
나. 신호 전송을 위한 두 개의 TP 케이블과 그라운드 및 전원선으로 구성되어 있다.
다. USB 케이블과 상호 교환 사용이 가능하다.
라. PC의 주변장치 사용 시 전원은 12V가 공급된다.

18. 컴퓨터 네트워크에서 사용되는 MTU에 대한 설명으로 옳지 않은 것은? 2011년 제2회

가. Maximum Transmission Unit의 약어이다.
나. Physical Frame으로 전송되는 Datagram 크기의 상한 값이다.
다. MTU보다 큰 데이터그램은 단편화 된다.
라. 네트워크에서 사용되는 MTU의 크기는 모두 같다.

19. **전력선 통신(PLC) 기술의 특징에 대한 설명으로 옳지 않은 것은?** 2011년 제4회, 2012년 제2회

   가. PLC 기술은 추가적으로 새로운 케이블 설치가 필요 없다.
   나. 홈네트워킹 시장을 지원하는 기술로 설치가 용이하다.
   다. 변압기에 연결된 사용자수에 거의 영향을 받지 않는다.
   라. 전력선을 매체로 통신하기 때문에 통신용 케이블이나 광섬유에 비해 구현이 어렵다.

20. **USB(Universal Serial Bus) 네트워크의 장단점에 대한 설명이다. 옳지 않은 것은?** 2011년 제4회

   가. USB는 HDMI(High Definition Multimedia Interface)로서의 특성과 주변 장치와의 용의한 연결이 장점이다.
   나. USB는 PNP(Plug and Play)기능이 지원된다.
   다. USB는 낮은 전력 공급원을 지원하기 때문에 소비전력이 높은 장치의 경우 독립적인 전원공급 장치가 추가적으로 필요하다.
   라. USB는 구조상의 문제로 PC와 같이 중앙에서 데이터 흐름을 처리해주어야 하는 기기가 필요하다.

21. **아래의 설명에 적합한 홈 네트워크 방식은?** 2012년 제1회

   - 디지털 AV와 같은 대용량전송에 적합하다.
   - 모드에 따라 100Mbps/200Mbps/400Mbps를 지원한다.
   - FireWire400, FireWire800과 같은 규격이 있다.
   - FireWire400에는 데이터 전송만을 위한 4핀 커넥터와 전원을 포함한 6핀 커넥터가 정의되어 있다.

   가. USB　　　나. Bluetooth　　　다. IEEE1394　　　라. IEEE 802.11

22. **다음 중 Home PNA에 대한 설명으로 옳지 않은 것은?** 2012년 제1회

   가. 유선 홈 네트워크 기술로 기존 전화회선을 사용하여 가정내 가전 기기들을 연결하는 기술이다.
   나. CSMA/CD방식을 사용하여 데이터를 전송하기 때문에 이더넷과 같이 스위치나 허브를 사용하여야 한다.
   다. HomePNA v2.0의 경우 10Mbps의 전송속도와 150m의 최대 전송거리를 갖는다.

라. 전화사용과 동시에 네트워크 게임, 파일 전송 등과 같은 다양한 기능을 사용할 수 있으며, 네트워크에 연결된 모든 컴퓨터가 인터넷을 공유할 수 있기 때문에, 여러 사용자가 동시에 인터넷을 사용할 수 있다.

23. 802.3 Ethernet 프레임 구조의 구성요소 중 옳지 않은 것은? 2016년 제3회
    가. 프리앰블(Preamble) : 7Byte
    나. 시작문자(SOF) : 1Byte
    다. 데이터 : 46~1500Byte
    라. 프레임 확인 시퀀스(Frame Check Sequence) : 5Byte

24. 원격지에서 정해진 네트워크 메시지를 보냄으로써 컴퓨터의 전원을 켜거나 절전모드에서 깨어나게 하는 기능을 무엇이라고 하는가? 2017년 제1회
    가. WOL(Wake-on-LAN)   나. VLAN(Virtual LAN)
    다. Remote Sensing   라. Remote Control

정답

1	2	3	4	5	6	7	8	9	10
라	다	가	라	가	다	다	나	다	가
11	12	13	14	15	16	17	18	19	20
나	라	나	나	나	다	다	라	다	가
21	22	23	24						
다	나	라	가						

Chapter **11**

무선 홈 네트워크

1 블루투스(Bluetooth)
2 적외선통신(IrDA)
3 무선랜(WLAN)
4 지그비(ZigBee)
5 초광대역(UWB)
6 홈 RF
7 무선 1394
8 용어 정리

CHAPTER 11 무선 홈 네트워크

제 1 절 블루투스(Bluetooth)

1 Bluetooth란?

① 정보통신기기(PC, 휴대전화, 프린터, 전화, 팩스 등)는 물론 가전제품(텔레비전, 냉장고 등)을 10m정도의 거리에서 무선으로 연결(증폭기 사용할 경우 : 100m) 해 주는 무선 인터페이스 규격
② 블루투스는 중간에 장애물이 있어도 통신이 가능
③ 저속 및 저전력 소모
  ⓐ 저전력용 블루투스 : Bluetooth 4.0
  ⓑ 일명 "BLE(Bluetooth Low Energy)"이라함
④ 피코넷(Piconet)이라는 소규모의 네트워크 구축이 용이
  ⓐ 최대 8대 기기(블루투스가 장착된 기기)로 구성
    ☞ Master: 1대, Slave: 7대
  ⓑ 모든 슬래브(Slave)는 마스터(Master)와 클락(Clock) 및 호핑 순서(Hopping Sequence)를 동기화
  ⓒ 마스터와 슬래브는 1:1 또는 1:n 통신
  ⓓ 활성화(Active) 상태와 정지(Parked) 상태 존재 : 피코넷에서는 8개국 모두 active될 수 있음

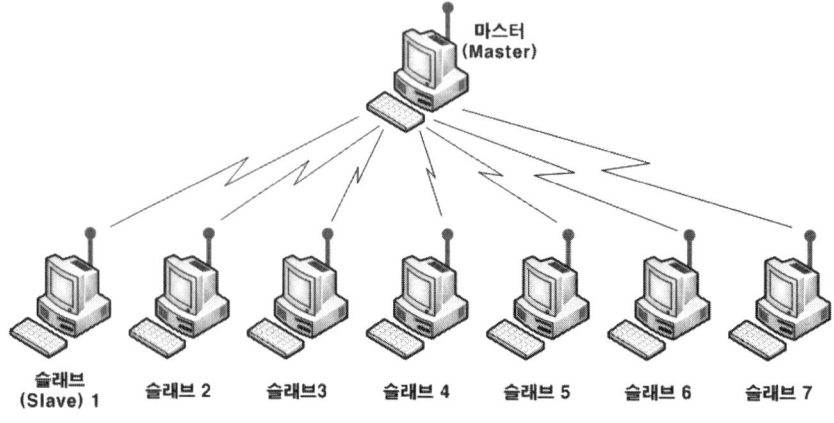

그림 11.1 피코넷(Piconet)의 구성

⑤ 스캐터넷(Scatternet) 구축이 가능
  ⓐ 여러 개의 피코넷을 연결하여 구성한 네트워크
  ⓑ 한 피코넷에서의 슬래브가 다른 피코넷에서 마스터의 역할 가능

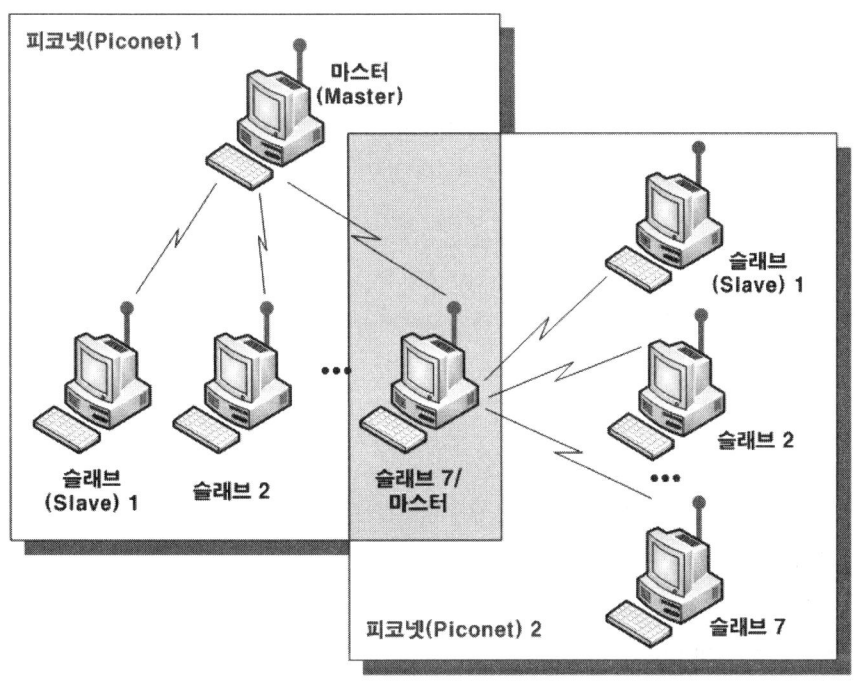

그림 11.2 스캐터넷(Scatternet)의 구성

2 유래 및 의미

① 유래
  ☞ 스칸디나비아 국가인 덴마크와 노르웨이를 통일한 바이킹으로 유명한 헤럴드 블라탄드(Harald Blaatand[영어 번역: Bluetooth])의 이름에서 유래
② 공식명칭
  ☞ SIG에서 Bluetooth로 결정
    ※ SIG(Bluetooth Special Interest Group) : 블루투스 개발을 이끌 통신과 컴퓨터 산업 분야 회사들 간의 컨소시엄
③ 의미
  ☞ 블루투스가 스칸디나비아(북유럽)를 통일한 것처럼 무선통신도 블루투스로 통일하자는 의미

3 사용 주파수 대역

☞ 블루투스는 ISM대역인 2.45GHz를 사용

용어 설명

※ ISM

① ISM이란?
  ⓐ Industrial Scientific and Medical
  ⓑ 공업용, 과학용, 의료용으로 할당된 주파수 대역
② 사용분야 : 전파사용에 대한 허가를 받지 않고 저전력의 전파를 발생하는 개인 무선기기에 많이 사용

4 속도 및 전력소모량

(1) 속도
  ① 버전 1.1과 1.2 : 723.1Kbps
  ② 버전 2.0   : 2.1Mbps
  ③ 버전 3.0   : 최대 24Mbps(3.0은 전송속도를 높이는 데 집중)

(2) 전력소모량
  ① 버전 3.0   : 15~20mW
  ② 버전 4.0 (BLE) : 1.5~2mW(4.0은 전력소모량을 줄이는데 집중)
    ⓐ 4.0 채택한 제품 : 동전모양의 초소형 배터리로 수년 이상 사용 가능
    ⓑ 따라서 무선기기뿐 아니라 원격진료, 스포츠와 피트니스, 보안, 홈 엔터테인먼트 등 다양한 분야에서 출시

(3) 블루투스와 와이파이(WiFi)
  ① 블루투스 : 유선 USB를 대체하는 개념
  ② 와이파이 : 이더넷을 대체하는 개념

5 Bluetooth 계층

(1) Radio Layer
  ① Internet 모델의 물리계층과 유사
    ⓐ 2.4GHz ISM 대역 사용
    ⓑ 각각 1MHz로 79개 채널로 분할
  ② FHSS 방식 사용
    ☞ 1,600번/초 도약(hopping)

③ 변조방식
  ⓐ GFSK(Gaussian FSK) = 가우시안(Gaussian) 필터 + FSK
  ⓑ 고속데이터 전송 시 많은 대역폭이 필요, 대역폭을 억제시키는 방식
④ $f_c = 2,402(MHz) + n$ (n=0, 1, 2, …, 78)

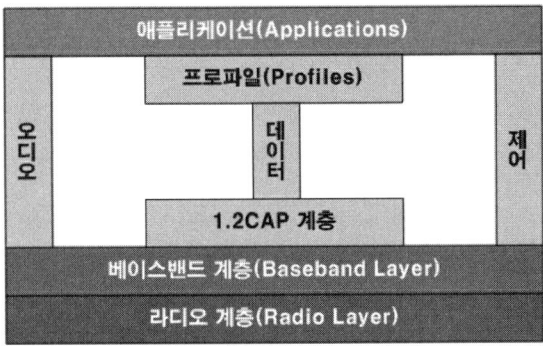

그림 11.3 블루투스(Bluetooth) 계층

 ※ 가우시안 필터(Gaussian Filter)

(1) Gaussian 필터란?
① 대역제한 필터
② 대역제한이란?
  ⓐ Low-Pass : 고주파 성분 제외, 저주파 성분만 남는 것
  ⓑ High-Pass : 저주파 성분을 제외, 고주파 성분만 남는 것
  ⓒ Band-Pass : 특정 주파수의 대역만 남기고 나머지 성분을 제외

(2) 사용 분야
① 저음 증폭
② 고음 증폭
③ 그래픽에서 해상도 변경 등

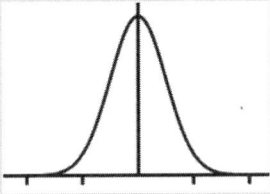

그림 11.4 전형적인 가우시안(Gaussian) 필터의 모양

ㅋ(2) Baseband Layer
　① MAC 서브계층에 해당
　　☞ 매체에 대한 사용자의 접근을 조정하는 메커니즘
　② Access 방식 : TDMA(Time Division Multiple Access)
　　ⓐ TDMA : 시분할 다중 접속
　　ⓑ 각각의 타임 슬롯(Time Slot)을 사용하여 마스터(Master)와 슬래브(Slave) 통신
　　ⓒ 오직 마스터와 슬래브간의 통신
　③ TDD-TDMA
　　ⓐ 각각의 직접 통신은 다른 홉을 사용
　　ⓑ TDD
　　　☞ Time Division Duplex(시분할 이중통신)
　　　☞ 동일 주파수를 사용하는 업링크와 다운링크에 다른 슬롯을 배정

용어 설명

(1) FDD
　① Frequency Division Duplex : 주파수분할 이중통신
　② 업링크와 다운링크에 주파수를 나누어 사용
　③ 송수신기 사이에 양방향 채널(duplex channel) 제공
(2) SDM
　① Space Division Multiple Access : 공간분할 다중 접속
　② 무선 네트워크에서 사용자를 분리하기 위해 사용자에게 별도의 공간을 할당하는 방법
　　예 셀 단위로 기지국을 세움

6 표준화

① 스웨덴의 에릭슨(Ericsson)사 주축으로 해서 생산된 블루투스가 전 세계적인 표준규격으로 자리 잡음
② SIG에 의해 표준화가 주도되고 있음
　ⓐ 전 세계 유수의 통신, 컴퓨터, 네트워크 관련 2,400여개 기업이 참여하고 있음
　ⓑ 에릭슨, IBM, 인텔, 노키아, 모토로라 등이 주도
　ⓒ 국내 기업은 칩개발 중인 삼성전자와 SK텔레콤 등 60여개 기업이 회원사로 참여 활동
③ IEEE 802.15.1 규격을 사용
④ 블루투스는 PANs(Personal Area Networks : 개인통신망)의 산업 표준

제 2 절 적외선통신(IrDA)

1 IrDA란?

① Infrared Data Association
② 적외선으로 데이터를 전송하는 기술

2 사용분야

① 근거리 무선통신에 의한 문서나 멀티미디어 정보를 전달하는데 매우 유용한 기술
② 최대 데이터 길이 : 2,048-byte

3 전송속도

① IrDA 1.0 : 2.4~115.2Kbps
② IrDA 1.1 : 1.152Mbps와 4Mbps

4 장단점

(1) 장점

① 빛을 사용하기 때문에 주파수 사용 허가가 전혀 필요 없음
② 넓은 대역폭과 높은 전송속도 : 1~4Mbps정도의 고속통신
③ 적외선은 벽을 투과할 수 없으므로 사무실내의 정보가 밖으로 새어나갈 염려가 없어 보안성이 높음
④ 무선이므로 기동성이 뛰어남
⑤ 소비전력이 적고 부품 가격이 저렴함
⑥ 근접 주파수에 대한 간섭이 없고 전자파 장해가 없음

(2) 단점

① 직사광선이나 형광등 및 백열등 같은 여러 가지 빛들이 잡음으로 작용
② 안개 및 대기 중의 먼지 등에 의해 장해를 받음
③ 통신 거리의 제한으로 한정된 거리에서만 사용가능

제3절 무선랜(WLAN)

1 WLAN이란?

① Wireless Local Area Network : 무선랜
② 전파나 적외선을 이용하여 무선 환경에서 기존의 인터넷 서비스를 제공할 수 있는 무선 액세스 망

용어 설명

(1) PAN이란?
① Personal Area Network : 개인통신망
② 생활환경을 기준으로 정의된 근거리 개인통신망을 통칭
③ PAN에 속하는 기술
    ⓐ 블루투스(Bluetooth)
    ⓑ UWB(Ultra Wide Band) : 초광대역
    ⓒ 지그비(ZigBee) 등

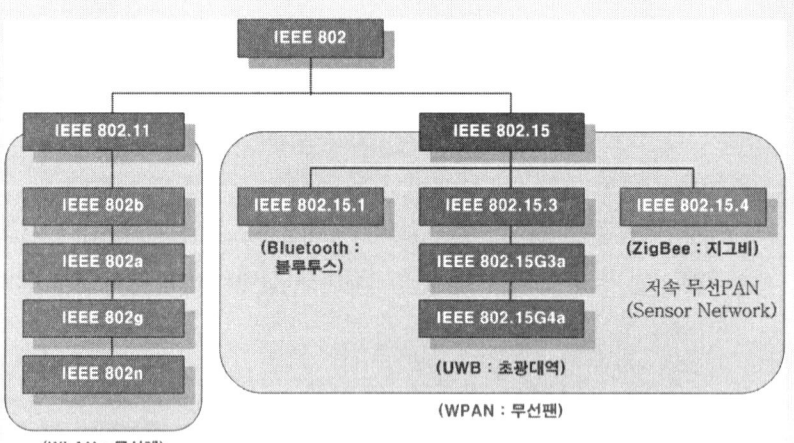

그림 11.5 무선랜(WLAN)과 무선팬(WPAN)의 표준

(2) WPAN이란?
① Wireless Personal Area Network : 무선개인통신망
② IEEE 802.15

2 WLAN의 2가지 접속방법

(1) 인프라스트럭처(Infrastructure) 모드
    ① 네트워크 기기를 통해 연결하는 것
    ② 네트워크 기기 : AP(Access Point)나 무선랜 공유기

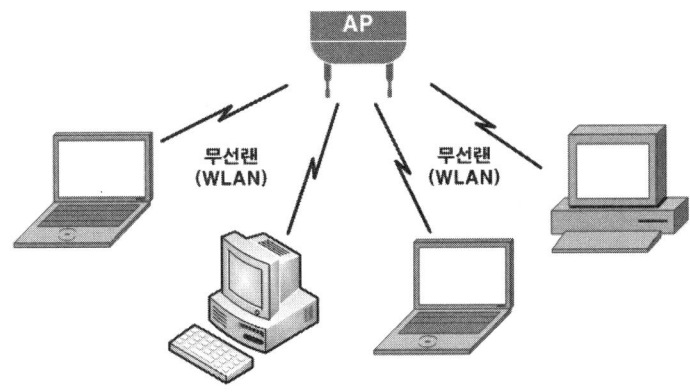

그림 11.6   인프라스트럭처(Infrastructure) 모드의 접속방식

용어 설명

※ AP

(1) AP란?
   ① Access Point : 무선 액세스 포인트, 일명 "공유기"라고도 함
   ② 다수의 무선 통신장치(예, WiFi 장치)를 무선 네트워크로 유선망에 연결해주는 네트워크 하드웨어 장치
   ③ AP는 보통 독립장치(Standalone)로서 유선망을 경유하여 라우터에 연결하여 사용함 : 그림 참조
   ④ 유선랜의 허브(Hub)와 같은 역할

(2) AP의 5가지 모드
   ① AP간의 일대일(Point-to-Point) 모드
      ⓐ 무선 브릿지(Bridge) 기능 : AP간의 일대일 연결기능
         ☞ 클라이언트의 연결 기능은 제공하지 않음
      ⓑ 모드 설정방법
         ☞ Advanced → Mode 메뉴 선택
         ☞ 각각의 AP에서 상대편 AP의 물리주소를 입력
      ⓒ LAN 설정방법
         ☞ 두 AP의 LAN 주소가 동일 : 충돌방지를 위해 주소 변경
         ☞ Home → LAN 메뉴 선택
         ☞ IP Address의 주소를 변경

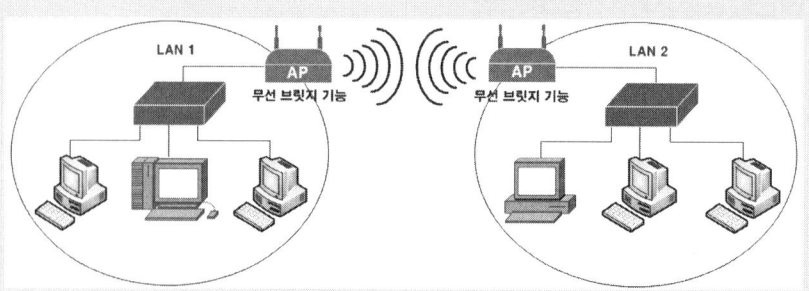

그림 11.7 AP간의 일대일(Point-to-Point) 모드

② AP간의 일대다(Point-to-Multipoint) 모드
　ⓐ 여러 대의 AP를 서로 연결
　　☞ 멀티포인트 브릿지 기능
　ⓑ 모드 설정방법
　　☞ 각각의 AP마다 SSID를 동일하게 설정
　　　※ SSID(Service Set IDentifier) : 무선랜을 통해 전송되는 모든 패킷의 헤더에 존재하는 고유 식별자, 클라이언트가 기본서비스영역에 접속시 다른 무선랜과 구분 위해 사용
　　・ 각 AP마다 Home → Wireless 메뉴 선택
　　・ 동일한 SSID와 채널로 변경
　ⓒ LAN 설정방법
　　☞ 각 AP의 LAN 주소를 다르게 설정
　　☞ 각각의 AP마다 Home → LAN 메뉴 선택
　　☞ [IP Address]의 주소를 변경

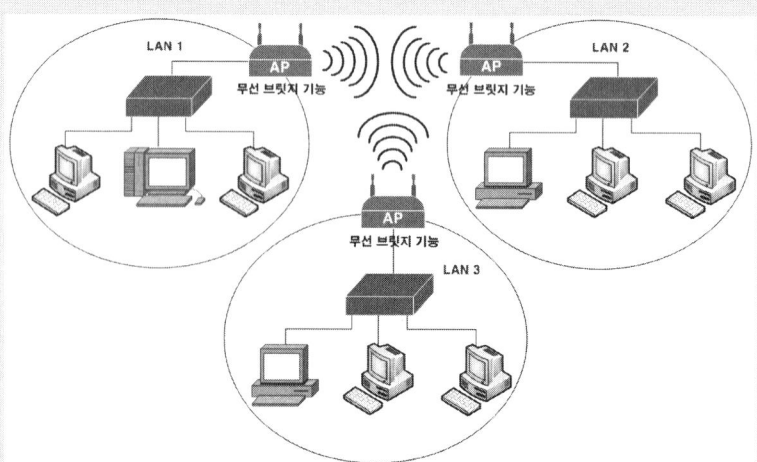

그림 11.8 AP간의 일대다(Point-to-Multipoint) 모드

③ 리피터(Repeat) 모드
  ⓐ 모드 설정시 무선으로 메인 AP와 연결하여 무선영역을 확장
  ⓑ ①과 차이점 : 클라이언트의 연결 기능을 제공하면서 AP와 통신을 하기 때문 대역폭이 감소
  ⓒ 모드 설정방법
    ☞ 확장영역의 AP에서 Repeater 메뉴 선택
    ☞ 메인 AP(리피터 AP)의 물리주소를 입력

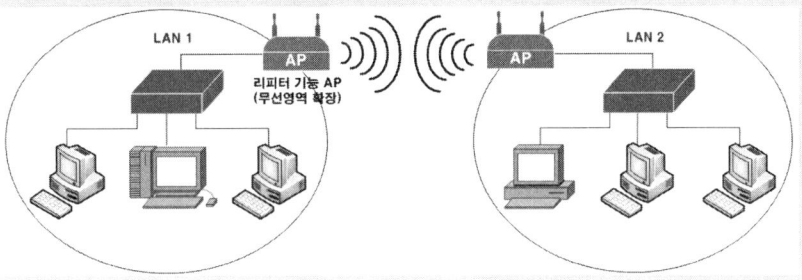

그림 11.9 리피터(Repeater) 모드

④ 무선 클라이언트 모드
  ⓐ 유선랜을 사용하는 장치([예] PC)에 연결
  ⓑ AP가 무선(어댑터)랜카드로 작동하여 무선네트워크에서 무선신호를 수신
  ⓒ 모드 설정방법
    ☞ 클라이언트 AP에서 Wireless Client 메뉴 선택
    ☞ 메인 AP의 물리주소를 입력

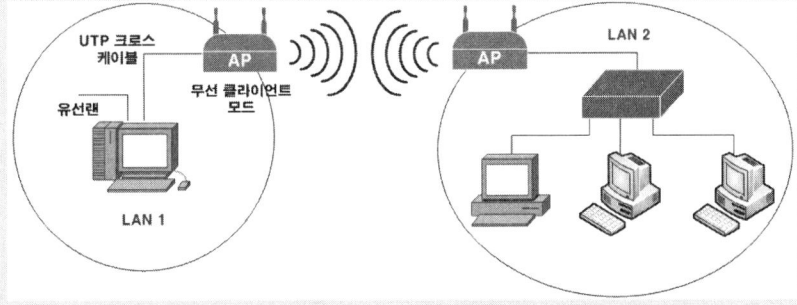

그림 11.10 무선 클라이언트 모드

⑤ 무선 액세스 포인트(AP) : 기본 설정
  ⓐ 인터넷 공유기능이 없음 : 인터넷 공유용도로 사용 불가
  ⓑ 인터넷 공유 필요시 인터넷 유무선공유기 사용

(2) 애드-혹(Add-hoc) 모드 또는 피어 투 피어(Peer-to-Peer) 모드

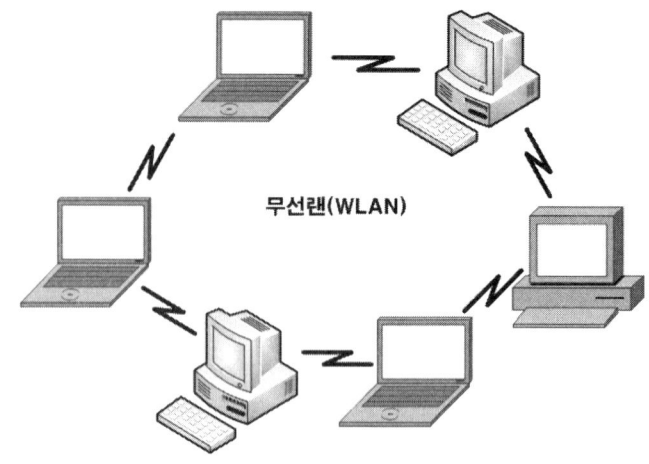

그림 11.11 애드-혹(Add-hoc) 모드의 접속방식

① PCMCIA(Personal Computer Memory Card International Association) 무선랜 카드나
② USB 타입의 무선랜 어댑터끼리 연결하는 것

③ 유선랜과 무선랜의 비교

표 11.1 유선랜과 무선랜의 비교

구분	유선랜(LAN)	무선랜(WLAN)
케이블	유	무
이동성	어려움	좋음
인터넷 공유	공유기 설치	AP 내장
설치	불편	간편
유지보수	불편	간편
네트워크 확장	네트워크 장비 증설	AP 설치
속도	10Mbps/100Mbps	IEEE 802.11a : 54Mbps IEEE 802.11b : 11Mbps IEEE 802.11g : 54Mbps

④ 무선랜의 표준

① 2.4GHz를 이용하는 무선랜 표준
  ⓐ IEEE 802.11b

ⓑ IEEE 802.11g
② 5GHz를 이용하는 무선랜 표준
☞ IEEE 802.11a

용어 설명

※ CCK
① Complementary Code Keying : 보완 코드 변조방식
② IEEE 802.11b 무선망의 데이터 부호화에 사용
   ⓐ 64개의 8-bit 코드
   ⓑ 잡음과 다중 경로 혼신을 방지할 수 있는 부호화 코드
   ⓒ DSSS 기술에서 사용

표 11.2 무선랜(WLAN)의 표준

구분	IEEE 802.11a	IEEE 802.11b	IEEE 802.11g
전송속도	54Mbps	11Mbps	54Mbps
전송거리	15~35m	70~100m	50~80m
주파수 대역	5.150~5.350GHz 5.470~5.650GHz 5.725~5.825GHz	2.400~2.4835GHz	2.400~2.4835GHz
사용 대역폭	480MHz	83.5MHz	83.5MHz
비중첩 채널 수	12-CH	3-CH	3-CH
변조방식	OFDM	DSSS/CCK	CCK/OFDM
인터넷 공유	공유기 설치	AP 내장	AP 내장

5 무선랜의 장점

① 유선랜에 비해 일정거리 내에서 이동성에 대한 자유로움이 보장
② IEEE 802.11b의 경우 : 100미터

제4절 지그비(ZigBee)

1 ZigBee란?

① 저전력 근거리 무선통신 프로토콜
　ⓐ 적은 소비전력으로 인해 소형화가 가능
　ⓑ 다른 무선통신 기술에 비해 저전력, 저비용, 저속(250Kbps)
② 반경 75m 내외의 근거리통신과 유비쿼터스 컴퓨팅을 위한 기술

용어 설명

※ 유비쿼터스(Ubiquitous)
① Ubiquitous의 뜻
　ⓐ 본래의 의미 : 라틴어로 "언제 어디에나 존재한다"는 뜻
　ⓑ 사용자가 컴퓨터나 네트워크를 의식하지 않고 장소에 상관없이 자유롭게 네트워크에 접속할 수 있는 환경
　　☞ 컴퓨터에 어떠한 기능을 추가하는 것이 아니라
　　☞ 우리 주변의 어떤 기기나 사물에 컴퓨터나 센서를 집어넣어 통신이 가능하도록 해 주는 정보기술(IT) 환경 또는 정보기술 패러다임
② 1988년 제록스사의 마크 와이저(Mark Weiser)에 의해 최초로 용어 사용하면서 등장
　☞ 유비쿼터스 컴퓨팅(Ubiquitous Computing)이라는 용어를 사용

2 표준화

(1) IEEE802.15.4 표준 : 2계층으로 표준화
　① MAC(Medium Access Control : 매체접근제어) 계층
　　ⓐ 데이터의 충돌방지 기술
　　ⓑ 전력소모를 줄이기 위한 방식들을 정의
　② PHY(Physical : 물리) 계층
　　ⓐ 매우 간단한 구조로 되어 있어서 저속의 데이터 전송률을 가짐
　　ⓑ 저가격 실현
　　ⓒ 사용 주파수별 속도 및 채널수
　　　• 868MHz : 20Kbps, 1-채널
　　　• 915MHz : 40Kbps, 10-채널
　　　• 2.4GHz : 250Kbps, 16-채널
(2) IEEE 802.15.4의 PHY와 MAC계층 위에 NWK(Network : 네트워크)계층(Security 계층 포함)과 APS(Application Support : 응용지원)계층으로 구성

① PHY와 MAC 계층 : 물리적 계층의 통신을 담당
② NWK와 Security 계층 : 고수준의 지그비 프로토콜
③ APS 계층 : 지그비 모듈을 제어하는 응용 소프트웨어

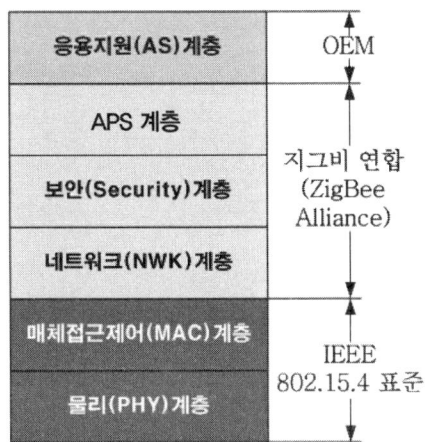

※ OEM : Original equipment manufacturer
(주문자 생산 방식)

그림 11.12 지그비(ZigBee) 프로토콜 스택(Stack)

3 ZigBee의 특징

(1) 통신 거리, 속도 및 연결 네트워크 수
    ① 반경 75m 정도의 근거리에서 27개의 주파수 중에 하나를 선택
    ② 저속인 250Kbps로 데이터를 전송
    ③ 최대 65,536개 네트워크를 연결할 수 있음

(2) 지원 네트워크 토폴로지(Topology)
    ① 기본적인 성형(Star) 네트워크
    ② P2P(Peer-to-Peer) 네트워크
    ③ 클러스트-트리(Cluster-tree) 네트워크
    ④ 그물형(Mesh) 네트워크
       ☞ 다른 무선 표준들이 지원하지 못하는 형태를 지원해서 복잡한 네트워크 형성도 가능

(3) 데이터 암호화 지원
    ① 32-bit 암호화
    ② 64-bit 암호화

③ 128-bit 암호화

표 11.3 ZigBee와 다른 무선통신 기술의 특성 비교

구분	지그비(ZigBee)	블루투스(Bluethooth)	근거리자기장통신(NFC)	와이파이(WiFi)
소비전력	매우 낮음	중간	낮음	높음
전송속도	250Kbps	24Mbps	106~848Kbps	11Mbps, 54Mbps
전송거리	75m	10m	20cm	100m
최대 채널 수	65,536	7	1	14
비용	낮음	낮음	낮음	높음

용어 설명

(1) NFC
① Near Field Communication : 근거리자기장통신
② 근접한 기기사이에 자기장 유도를 이용한 근거리 무선 접속 규격
③ 어느 방향에서나 통신이 가능
④ 사용 주파수 : 13.56MHz 이용
  ⓐ 13.56MHz RFID 기술 : 안정성이 높아 현재 모바일 지불결제(교통카드 등)에 사용
  ⓑ RFID : Radio Frequency Identification(무선인식)
⑤ 사용 분야
  ⓐ 모바일 기기의 지불결제 및 비접촉통신 기능
  ⓑ 소매업체들의 재고 파악 업무

(2) RFID
① Radio Frequency Identification : 일명 "무선인식"이라 함
  ☞ "전자태그", "스마트 태그" 또는 "전자 라벨"이라고도 함
② 반도체 칩이 내장된 태그(라벨, 카드 등)에 저장된 데이터를 무선주파수를 이용하여 비접촉으로 읽어내는 인식시스템
③ 영국에서 2차 세계대전당시 자국의 전투기와 적군의 전투기를 자동적으로 식별하기 위해 개발
  ⓐ 초기의 형태 : 태그가 크고, 가격이 고가로 군사용으로만 사용
  ⓑ 태그의 소형화, 반도체 기술 발달로 확대 적용
④ 종류
  ⓐ 능동형(Active) : RFID 태그에 전원이 필요
  ⓑ 수동형(Passive) : 리더기(Reader)의 전자기장에 의해 작동

4 응용분야

① 원격제어, 원격관리, 원격모니터링에 적합
② 가정자동화, 공장자동화, 산업자동화 등에 적용
③ 센서네트워크 분야에 활발히 이용

제5절 초광대역(UWB)

1 UWB란?

(1) Ultra Wide Band : 초광대역

 ※ 대역 정의

  ① UWB : 대역폭이 중심주파수(Center Frequency)의 25% 이상

  ② WB(Wide Band: 광대역) : 1% ~ 25% 미만

  ③ NB(Narrow Band: 협대역) : 1% 미만

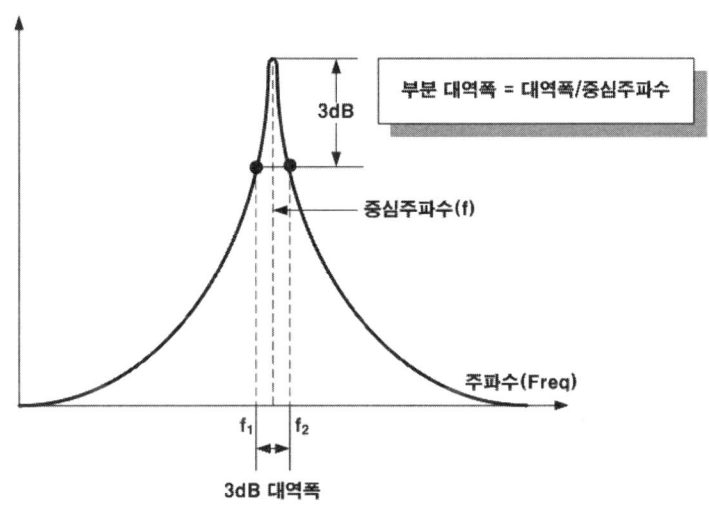

그림 11.13 중심 주파수와 대역

용어 설명

※ 3dB 주파수와 대역폭(Bandwidth)

(1) 3dB(데시벨) 주파수란?

① 일명 "반전력 주파수", "절점 주파수", "차단주파수", "저지주파수", "브레이크 주파수" 라고도 함

② 통과대역 상의 신호 전력(Power)이 반이 되는 지점의 주파수

 ⓐ 전력이득이 최대값의 0.5배

  ☞ 전력이득(G_p) = $10\log(1/2)$ = $-3[dB]$

 ⓑ 전압이득이 최대값의 0.707배 또는 ($1/\sqrt{2}$)배인 지점의 주파수

  ☞ 전압이득(G_v) = $20\log(1/\sqrt{2})$ = $20\log(0.707)$ = $-3[dB]$

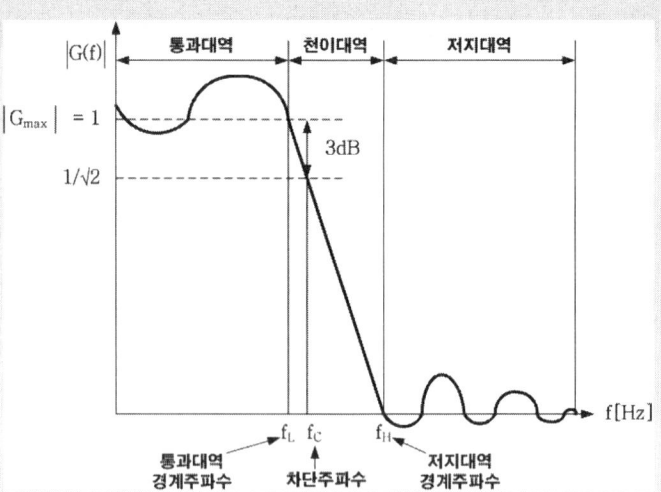

그림 11.14   3dB 주파수와 대역폭

(2) 3dB 대역폭이란?
① dB 대역폭 = 반전력 대역폭
② 3dB
　ⓐ 전압, 전류 등 신호 주파수응답 이득이 최고값에서 3dB 떨어지는 지점 간의 폭
　ⓑ 여기서, 3dB 떨어지는 점 : 최고값의 $1/\sqrt{2}$배 = 최고값의 0.707
③ 반전력
　☞ 전력밀도 스펙트럼(PSD : Power Spectral Density) 상에서 최고값 전력의 절반에 해당하는 반전력 대역폭

(3) 3dB 주파수를 이용한 필터(Filter) 설계
① 차단주파수
　ⓐ 전력의 1/2배
　ⓑ 또는 전압이나 전류 값의 $1/\sqrt{2}(=0.707)$배 되는 지점
　ⓒ 0.707배
　　☞ AC에 대해 전압과 전류의 크기 : 실효치(Effective Value)로 표시한 값
　　☞ 실효치를 사용하는 이유 : 예를 들어 저항(R) 양단에 AC를 인가하였을 때에 발생하는 열량이 해당 AC가 가진 최대치의 70.7%의 크기와 같은 DC를 흘러 보냈을 때의 열량과 같게 되기 때문임
　　☞ 즉, DC와 같은 열 효과가 있는 AC의 크기(실효치로 표시)
② dB단위를 사용하여 측정한 결과
　ⓐ 차단주파수 지점이 최고점보다 3dB 적은 곳에 분포되기 때문에 이 지점의 단위를 3dB로 통일해서 사용
　ⓑ 전력이득 = $10\log(P_b/P_t)$
　　☞ 여기서 P_b : 최저점(Point of Below)
　　　　P_t : 최고점(Point of Top)

ⓒ 전압이득 = 20log(Vb/Vt)
ⓓ 전류이득 = 20log(Ib/It)
③ 3dB 주파수를 이용한 필터 설계

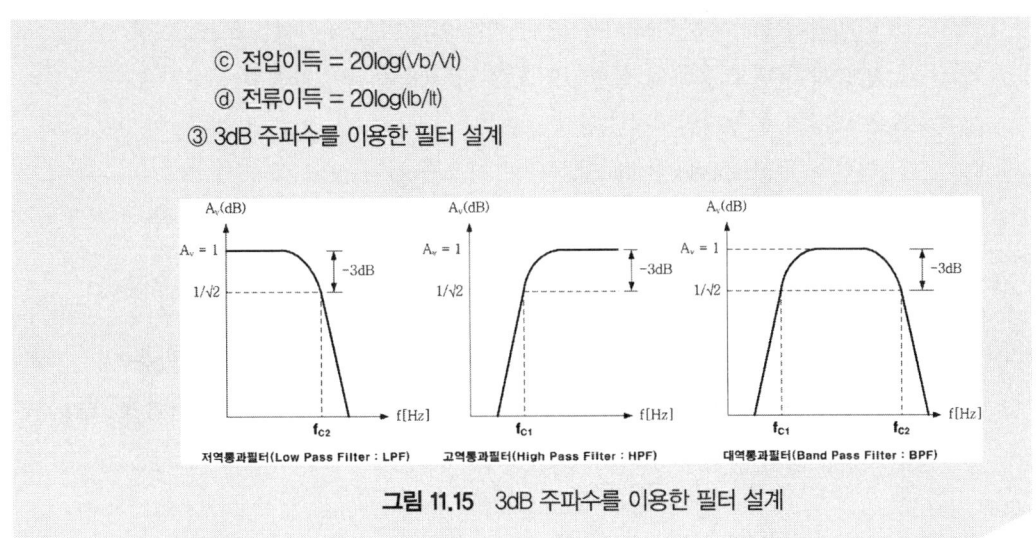

그림 11.15 3dB 주파수를 이용한 필터 설계

(2) 초광대역 무선통신 기술
　① 기존의 스펙트럼에 비해 매우 넓은 대역에 걸쳐

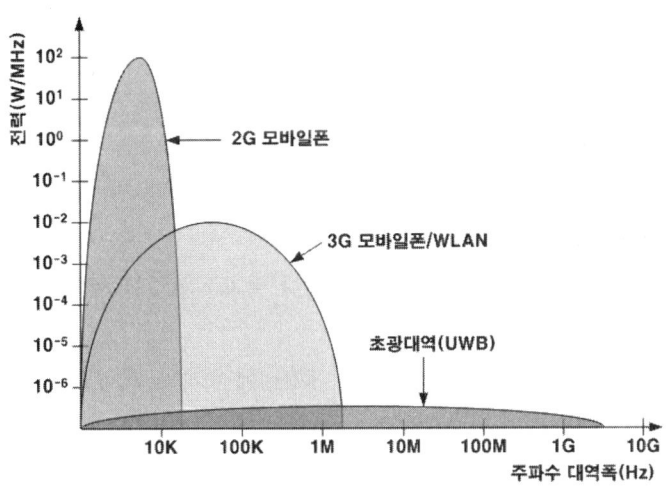

그림 11.16 초광대역(UWB)과 다른 무선통신시스템의 대역폭

　② 낮은 전력으로
　③ 대용량의 정보를
　④ 초고속 전송하는 무선통신 기술
(3) 정의
　① 넓은 의미의 초광대역 무선통신

ⓐ 비대역폭(중심 주파수에 대응하는 대역폭)이 20~25% 이상(500MHz 이상)
ⓑ 반송파의 변조 유무와 상관없이 근거리 고속통신이 가능한 무선기술
② 좁은 의미의 초광대역 무선통신
ⓐ 임펄스 무선(Impulse Radio)방식으로 변조를 하지 않고
ⓑ 임펄스형 단순 펄스(Impulse) 신호를 무선으로 송수신하는 통신방식
☞ 임펄스 : 1ns이하(수백 ns 정도)
(4) 지난 40여년간 미국 국방부에서 군사용 무선통신기술로 사용
① 1990년대까지 미국방부의 "블랙프로젝트" 레이더 기술에 적용되어 왔음
② 연방 통신 위원회(FCC : Federal Communications Commission)가 최근 민간에 개방하면서 관심

2 UWB의 주파수대역, 전송속도 및 전송거리

① 주파수 대역 : 3.1~10.6GHz
② 전송속도 : 480Mbps
③ 전송거리 : 10m~1km

3 특징

① GHz폭의 주파수 대역을 사용
ⓐ 이전보다 넓은 주파수대에 확산되어 통신이 이루어짐
ⓑ 초당 100~500M의 속도로 전송
ⓒ 따라서 고화질 대용량 동영상을 떨림이나 버그(bug)없이 전송가능
② 완벽한 홈 네트워킹 시스템 구현에 사용
ⓐ 전송거리도 블루투스(10m, Option으로 100m)에 비해 훨씬 길어
ⓑ 모든 디지털 가전제품의 선을 없앨 수 있게 됨

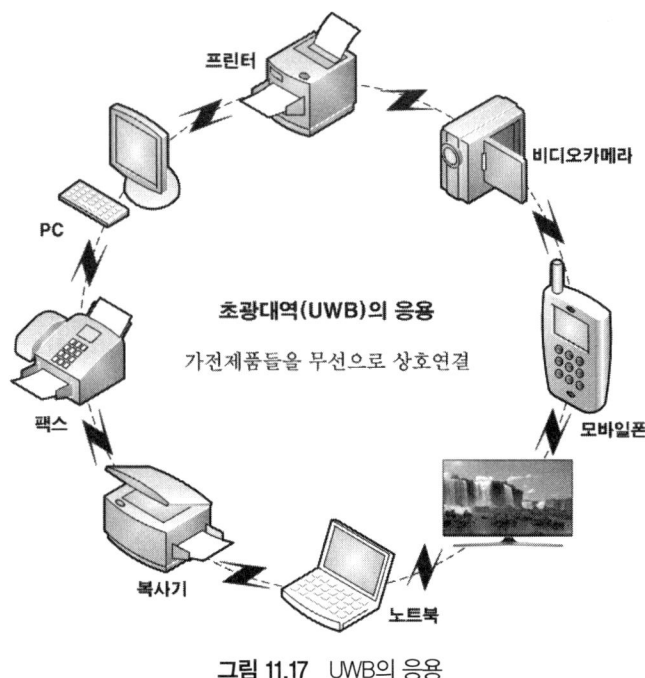

그림 11.17 UWB의 응용

ⓒ 소비전력이 적음
ⓓ 방해전파에 강함
ⓔ 고속통신이 가능
   ☞ 거리가 길어지면 극단적으로 속도가 저하 됨
ⓕ 땅 속이나 벽면 뒤의 물체를 찾아내는 레이더에 활용
   ☞ 위치검출의 정밀도가 높음 : 오차가 몇cm 이내
ⓖ 반경 10m정도의 근거리에서의 사용이 목적

제6절 홈 RF

1 홈 RF란?

① Home Radio Frequency(HomeRF, HRF)
② 근거리 무선통신 기술
　ⓐ 가정 내 환경에서 컴퓨터, 전화, TV, 오디오 기기 등을 무선으로 연결하는 하나의 무선 네트워크 표준
　ⓑ 최대 128대 접속을 지원
　ⓒ 접속제어 감식 : CSMA/CD의 변형된 형태
　ⓓ 2.4GHz의 대역을 사용

2 HRF의 주파수 대역, 전송속도 및 전송거리

① 주파수 대역 : 2.4GHz 대역과 5GHz 대역 사용, 주파수 호핑(FH)기술 사용
② 전송속도 : 최대 1.6Mbps
③ 전송거리 : 최대 45m

제7절 무선 1394

1 무선 1394란?

① 오디오/비디오(A/V)기기의 멀티미디어 통신방식의 대표인 IEEE1394와 무선기술을 접목시킨 기술
② 사용자의 요구 변화
    ⓐ 유선보다는 무선
    ⓑ 저속에서 고속
    ⓒ 단순 데이터 전송에서 대용량 멀티미디어 전송으로 변모
       ☞ 이를 충족시켜 줄 수 있는 기술이 무선1394 기술

2 특징

① 400Mpbs 이상의 고용량, 고속전송이 가능
② 캠코더의 동영상을 무선으로 디지털 TV에 실시간으로 전송
③ 디지털 TV나 A/V 멀티미디어 기기에 이용하면
    ☞ 선을 연결하지 않고도 디지털 TV나 PC 주변 기기를 작동할 수 있음
④ 사용분야
    ⓐ 유비쿼터스 및 홈 네트워크 부분에서의 정보가전 기기 분야
    ⓑ 방송/통신 융합서비스 분야 등 다양하게 사용

용어정리

1 Inverse Domain

(1) 인버스 도메인(Inverse Domain)이란?
   ① IP 주소에 대해 해당 도메인을 역으로 찾을 수 있도록 하는 서비스
   ② IP주소를 도메인 이름으로 변환하기 위해 네임서버에 설정하는 특수 도메인
   ③ 보통 ISP(Internet Service Provider)에서 IP를 할당 받을 때 같이 신청
(2) 인버스 도메인을 네임서버에 등록해 놓으면
   ① IP주소에 대응하는 도메인 이름을 조회할 수 있음
   ② kr, com 등의 최상위 도메인을 포함하는 도메인 이름

2 8B/5B, 8B/10B

① 8B/5B
   ☞ 블록 코딩방식 : 8-bit 단위를 5-bit의 코드로 변환
② 8B/10B
   ☞ 블록 코딩방식 : 8-bit 단위를 10-bit의 코드로 변환
③ 8B/5B와 8B/10B 사용분야
   ⓐ 1980년대 중반 IBM에서 광 채널(Fiber Channel)에 사용하기 위해 개발하여 특허 등록
   ⓑ FDDI에서 사용하는 인코딩 방법

연습문제 CHAPTER 11

01. 다음 중 무선 LAN 에서 사용되는 데이터 전송 기술이 아닌 것은? 2001년 제3회

　가. 적외선(Infrared)　　　　　나. Baseband
　다. Narrow-Band　　　　　　라. Spread-Spectrum

02. 무선랜의 구성 방식 중 무선랜 카드를 가진 컴퓨터간의 네트워크를 구성하여 작동하는 방식은? 2003년 제4회, 2014년 제1회, 2014년 제2회

　가. Infrastructure 방식　　　　나. AD HOC방식
　다. AP방식　　　　　　　　　라. CDMA방식

03. 2.4GHz에서 서비스를 제공하며 초당 11Mbps의 속도를 표준으로 하는 무선 랜 규격은? 2005년 제1회

　가. 802.11　　나. 802.11a　　다. 802.11b　　라. 802.11g

04. 최근 공중망 무선 랜 서비스가 상용화 되었는데 가입자는 접속장치에서 100m 반경이내에서 무선 랜 카드 장착 노트북, PDA 등을 통해서 서비스를 받을 수 있는 접속장치는? 2006년 제1회

　가. AP(Access Point)　　　　나. RF(Radio Frequency) Transceiver
　다. Router　　　　　　　　　라. Switch

05. 무선랜(Wireless LAN)에 대한 설명으로 가장 옳지 않은 것은? 2006년 제4회, 2014년 제4회

　가. 유선랜에 비하여 일정거리 내에서 이동성에 대한 자유로움이 보장된다.
　나. 무선랜은 액세스 포인트(AP)와 무선단말기로 구성된다.
　다. 무선랜은 주파수, 속도 및 통신방식에 따라 IEEE 802.11a/b/g 등으로 정의 되어있다.
　라. 동일한 액세스 포인트(AP)를 사용할 경우 주변 환경에 의한 전송속도 영향은 없다.

06. 무선 랜카드를 설치한 5대 이하의 PC를 액세스 포인트 없이 서로 간에 통신이 가능하도록 구성할 때 사용하는 모드는? 2007년 제3회, 2015년 제3회

가. 무선 네트워크 모드
나. 인프라스트럭처(Infrastructure) 모드
다. 애드-혹(Ad-Hoc) 모드
라. 무선 브리지 모드

07. 블루투스(Bluetooth) 기술에 대한 설명으로 올바른 것은? 2008년 제3회, 2009년 제4회, 2010년 제4회

가. 주파수 호핑 속도가 빠른 DSSS(Direct Sequence Spread Spectrum)을 사용하여 간섭에 강하다는 점이다.
나. 1대의 Master가 7대까지의 Slave를 연결하는 피코넷(Piconet)으로 구성되어 있다.
다. 주요 통신방식은 FDD(Frequency Division Duplex) 방식을 사용한다.
라. 부품의 전력 소모량이 크고, 그 부피도 큰 편이므로 소형 모바일 기기에 내장시키기에는 적합하지 못하다.

08. Access Point가 설치된 곳의 일정 거리 안에서 PDA나 노트북 컴퓨터를 통해 초고속 인터넷을 할 수 있는 기술은? 2008년 제4회

가. IEEE 1394   나. Bluetooth   다. WLAN   라. Home RF

09. IrDA 기술의 특징으로 옳지 않은 것은? 2009년 제4회

가. 전파가 아닌 빛을 사용하기 때문에 주파수 사용 허가가 필요 없다.
나. 다른 전자 장비와 간섭이 없다.
다. 거리에 상관없이 사용이 가능하다.
라. 직사광선이나 형광등 및 백열등 같은 여러 가지 빛들이 잡음으로 작용한다.

10. 무선 홈 네트워크 기술로 옳지 않은 것은? 2010년 제1회

가. Bluetooth   나. HomePNA   다. IEEE 802.11   라. HomeRF

11. IEEE 802.15.1 표준으로 승인된 규격으로, 가정이나 사무실 내에 있는 컴퓨터, 프린터, 휴대폰 등 정보통신기기는 물론 각종 디지털 가전제품을 2.4GHz 대역의 주파수를 이용해 무선으로 연결해 주는 근거리 무선접속 기술은? 2010년 제3회

    가. HomeRF   나. IrDA   다. WLAN   라. Bluetooth

12. 아래에서 설명하는 기술의 명칭은? 2010년 제4회, 2011년 제2회

    - 저전력, 저가격, 사용의 편리성을 가진 근거리 무선네트워크의 대표적 기술 중 하나로 IEEE 802.15.4 표준의 PHY층과 MAC층을 기반으로 상위 프로토콜과 응용을 규격화한 기술이다.
    - 원격제어 및 관리의 응용에 적합한 홈오토메이션 등에 적용되며, 유비쿼터스 센서 네트워크 환경 구축에 중추적 역할을 담당한다.

    가. WLAN   나. HomeRF   다. ZigBee   라. IrDA

13. AP(Access Point) 중심으로 여러 대의 노드가 연결되어 하나의 무선 네트워크 단위로 형성하는 무선 LAN 방식은? 2010년 제4회, 2012년 제2회

    가. Infrastructure   나. Ad-Hoc   다. Smart   라. PCMCIA

14. 블루투스에 대한 설명으로 올바른 것은? 2011년 제2회

    가. 범용 직렬버스로 인텔, 마이크로소프트, 컴팩, DEC, IBM, 캐나다 노텔, NEC 등 7개사가 공동으로 제안한 새로운 주변기기 접속 인터페이스 규격이다.
    나. 미국전기전자학회(IEEE)가 표준화한 고성능 직렬 버스(High Performance Serial Bus)의 규격이다.
    다. 기존의 통신기기, 가전 및 사무실 기기들의 종류에 상관없이 하나의 표준접속을 통하여 다양한 기능을 수행하도록 하기 위해 개발되었다.
    라. 전화선을 이용한 고속 디지털 전송기술의 하나이다.

15. 아래에서 설명하는 네트워크 방식은 무엇인가? 2011년 제4회, 2012년 제1회

   - 가정내의 정보 가전기기들이 하나의 네트워크로 통합되어 통신이 가능하도록 만든 근거리 무선 통신기술이다.
   - HRFWG에서 추진하고 있으며, 표준으로는 SWAP(Shared Wireless Access Protocol)이 있다.
   - CSMA/CD의 변형된 형태의 접속제어 방식을 사용한다.
   - 0.8/1.6Mbps의 전송속도와 최대 50m의 전송거리를 지원한다.
   - 최대 128대의 접속을 지원한다.

   가. HomeRF   나. Bluetooth   다. IEEE 802.11   라. IEEE 1294

16. 다음은 Bluetooth에 대한 설명이다. 옳지 않은 것은? 2012년 제1회

   가. IEEE 802.15.1 규격으로 일반적인 무선랜(IEEE 802.11b/g)와 같은 2.4GHz영역의 주파수를 사용한다.
   나. Bluetooth는 유선 Ethernet을 무선으로 대체하는 개념이다.
   다. 버전 2.0에서는 EDR(Enhanced Data Rate)를 통하여 2.1Mbps의 실제 전송속도를 지원한다.
   라. 클래스에 따라 최대 1~100m의 최대 전송거리와 1~100mW의 전송출력이 제한된다.

17. HomeRF에 대한 설명으로 옳지 않은 것은? 2012년 제2회

   가. 홈 네트워킹을 위한 무선기술로 블루투스보다 빠르다.
   나. HomeRF 1.0 표준에서는 최고 10Mbps까지 전송 속도를 지원한다.
   다. 2.4GHz의 대역을 사용하여 가정 내 PC를 중심으로 소비자 가전을 연결하는 홈네트워킹 기술이다.
   라. 데이터 및 음성 트래픽 모두 지원이 가능하다.

18. 100Mbps 이상의 전송속도를 제공하는 무선 LAN의 표준은? 2012년 제2회, 2018년 제2회

   가. IEEE 802.11a   나. IEEE 802.11b
   다. IEEE 802.11g   라. IEEE 802.11n

19. 다음 중에서 무선 LAN의 표준화를 담당하고 있는 기구는 어느 것인가? 2013년 제1회
    가. IEEE 나. IETF 다. ITU-T 라. ISO

20. 다음은 무선랜(WLAN or Wireless LAN)의 표준에 대한 설명이다. 옳지 않은 것은? 2013년 제1회
    가. 802.11a는 가장 일반적 WLAN의 형태로 2.4 GHz 대역을 사용하며, 이상적인 조건에서 최대 54 Mbps의 전송 속도를 지원한다. 변조 방식으로 직교 주파수 분할 다중화(OFDM)방식을 사용한다.
    나. 802.11b는 2.4GHz의 대역을 사용하며, 최대 속도는 11Mbps의 전송속도를 지원한다. 변조방식으로는 직접확산(DS)방식을 사용한다.
    다. 802.11g는 802.11b 보다 다소 빠른 54Mbps의 전송속도를 지원하며, 802.11b와 호환된다.
    라. 802.11n은 802.11a와 같은 듀얼밴드 기능을 지원하며, 기존의 세가지 a/b/g 모드를 모두 지원한다.

21. 무선랜의 구성방식 중 무선 랜카드를 가진 무선을 지원하는 기기(스마트폰, 태블릿 등)가 무선공유기를 통하지 않고 기기끼리 wifi를 연결하는 방식은? 2017년 제2회
    가. 4G 나. AD HOC 다. LTE 라. infrastructure

정답

01	02	03	04	05	06	07	08	09	10
나	나	다	가	라	다	나	다	다	나
11	12	13	14	15	16	17	18	19	20
라	다	가	다	가	나	나	라	가	가
21									
나									

찾아보기

영문

A

ACK 208
Acknowledge Number 205
Ack Number 202
Active Directory 321
AD 321
Add-hoc 428
ADSL 394
AH 187
AOD 366
AP 425
API 378
AppleTalk 373
Application 계층 21, 32
Archie 328
ARP 224
AS 289
ASN 325

B

base64 294
BGP 285
BLE 418
Bluetooth 418
BOOTP 22, 327
BPSK 389

C

CCK 429
CDMA 367
CEPT 367
Checksum 210

Chip 389
CIDR 164
CMIP 230, 324
CMIS 230
Connectionless-Mode 279
Connectionless-
  oriented 278
Connection-Mode 279
Connection-oriented 278
Connection-oriented
  Protocol 202
Content-type 294
CSLIP 371
CSMA/CD 35

D

Datagram 222
Data Link 계층 28
DDNS 322
DHCP 22, 294, 327
DHCPv6 327
DNS 66, 321
DQDB 40
DSSS 388
DS-UWB 392
DVD 398
DVR 398

E

EGP 70, 289
EIGRP 289
EOL 211
ESP 187
Ethernet 406
Ethernet 주소 407
ETSI 367

EUI 171

F

FCC 436
FDD 422
FDDI 34, 406
FHSS 390
FIN 208
finger 명령어 75
Flags 206
Fragment Offset 108
FTP 311

G

Gateway 285
GFSK 421
Gopher 328
GSM 367

H

H.263 368
HNP 401
Home Radio Frequency 438
HPNA 394
HTTP 317

I

IAB 106
IANA 109
ICANN 106
ICMP 216
ICMPv6 219
IDRP 290
IEEE 1394 398
IETF 106
ifconfig 명령어 79

IGMP   33, 70
IGP   70
IGRP   281
IMAP   22, 320
Infrastructure   425
InterNIC   65
IP   12, 222
ipconfig 명령어   77
IPsec   187
IPv4   96, 97
IPv6   96, 165, 168
IPX   279, 372
IrDA   423
ISDN   34
IS-IS   288
ISM   420
ISN   204
ISOC   106
ISP   290

J
JPEG   24

K
KRNIC   106

L
LLC 계층   38

M
MAC   33
MB-OFDM   392
MIB   325
MIDI   329
MIME   293
MMA   329

MP3   367
MPEG   24
MPLS   409
MSS   211
MTU   407
MUA   320

N
Narrow Band   433
NAT   376
NAT-PT   180
NB   433
NetBEUI   41, 280
NetBIOS   40, 280
netstat 명령어   75
Network 계층   27
NFC   432
NFS   40
NNTP   329
NOP   211
NWLink   280, 372

O
OFDM   391
orthogonal   391
OSI   12, 14
OSPF   283
OTG   401

P
P2P   431
PAN   424
PANs   422
PCI   20
PCM   367
PCMCIA   428

PDU   20
Peer-to-Peer   428
Physical 계층   30
Piconet   418
ping 명령어   79
PLC   403
PN   389
POP   22, 320
PPP   33, 371
PPTP   369
Presentation 계층   23
Pseudo Noise   389
PSH   209
PSTN   34

Q
QPSK   390

R
RARP   229
RFC   70, 109
RFID   432
RIP   281
route 명령어   79
RSA   315
RST   208
RTCP   366
RTP   366

S
SAP   18
Scatternet   419
SDM   422
SDU   20
segment   26
segments   31

Sequence Number   202
Session 계층   24
SGMP   325
Sliding Window   209
SLIP   33, 371
SMB   293
SMTP   22, 319
SNMP   324
SPF   291
Spread Spectrum   388
SPX   278, 279, 372
SRP   401
SSH   315
SSL   328
subband   392
subcarrier   392
SYN   207

T
TCP   12, 198
TCP/IP   32
TDD-TDMA   422
TDMA   422
TFTP   314

Timestamp   212
Time To Live   108
TLS   329
TOS   181
traceroute   80
tracert 명령어   80
Transport 계층   25, 33

U
UADSL   394, 395
Ubiquitous   430
UDP   198, 214
UDP 프로토콜   215
URG   208
URL   73, 295
USB   400
USB-IF   401
USENET   330
UTO   212
UWB   433

V
VCEG   368
VLSM   282

VOD   366

W
WAP   399
WB   433
Wide Band   433
Wi-Fi   420
WINS   375
WLAN   424
WPAN   424
WSCALE   212
WSOPT   212

X
X.25   284
XMPP   329

Z
ZigBee   430

한글

ㄱ
가상사설망　369
개방형 시스템 상호접속　12
개체　17
거리벡터 라우팅 프로토콜　291
계층　17
고퍼　328
관리스테이션　325

ㄴ
네트워크계층　27
네트워크접속계층　33
넷 마스크　133

ㄷ
다중화　200
대역확산　388
데이터링크계층　28
도메인 네임　65
디지털 비디오 녹화기　398
디캡슐화　20

ㄹ
라우터　274
라우티드 프로토콜　276
라우팅　274
라우팅 프로토콜　276
루프백 주소　177

ㅁ
마스크　133
매체접근제어(MAC) 방식　35
멀티캐스트　103, 163, 222
무선 1394　439
물리계층　30
물리주소　67

ㅂ
방화벽　377
백본　404
브로드캐스트　103, 222
비연결형 전송　279

ㅅ
서브넷 마스크　134
서브넷팅　132
서브넷팅 실무　136
서비스　18
세그먼트　26, 31
세션계층　24
소켓　198
순서번호 부여방식　204
슈퍼넷팅　146
스캐터넷　419
스코프　178

ㅇ
아키　328
애니캐스트　163
애드-혹　428
에이전트　325
역다중화　200
역캡슐화　201
연결지향성 프로토콜　202
연방 통신 위원회　436
와이파이　420
유니캐스트　103, 163, 222
유럽 우편 · 전기통신 주관청 회의　367
유럽전기통신 표준협회　367
유비쿼터스　430
응용계층　21, 32
의사 잡음　389
인터넷계층　33
인프라스트럭쳐　425

ㅈ
전송계층　25, 33
전자우편 주소　72
조각　108
중심주파수　390

ㅊ
칩　389

ㅋ
캡슐화　19, 201
클래스　99

ㅌ
텔넷　310
토큰링　37
토큰버스　36

ㅍ
패킷교환　204
포트번호　23, 69
표현계층　23
프레임릴레이　284
프로토콜　13, 18
플래그　178, 206
피어 투 피어　428
피코넷　418

ㅎ

하이퍼텍스트 317
핫플러깅 400
핸드쉐이크 202, 207

혼잡제어 202
확장헤더 183
회선교환 204
흐름제어 202

번호

8B/5B 440
8B/10B 440
64-bit 암호화 431

하기종
광운대학교 응용전자과 졸업(공학사)
중앙대학교 전자공학과 졸업(공학석사)
청주대학교 전자공학과 졸업(공학박사)
한국전기통신공사(현재 KT) 연구개발원 전임연구원
現) 강릉영동대학교 정보통신과 교수

TCP/IP 네트워크

2020년 3월 16일 초판 인쇄
2020년 3월 20일 초판 발행

저　　자	하기종
발 행 인	배영환
발 행 처	도서출판 현우사
등록번호	제10-929호
주　　소	서울시 영등포구 영중로 138-1(영등포동 8가 80-2) 드림프라자 B 901호
	Tel　02) 2637-4806, 4863　Fax　02) 2637-4807
홈페이지	www.hyunwoosa.co.kr
E-mail	okpress1208@naver.com
정　　가	24,000 원
I S B N	978-89-8081-563-0　93000

불법복사는 지적재산을 훔치는 범죄행위입니다.
저작권법에 의하여 무단전재와 무단복제를 금합니다.
이를 위반할 시에는 처벌을 받게 됩니다.